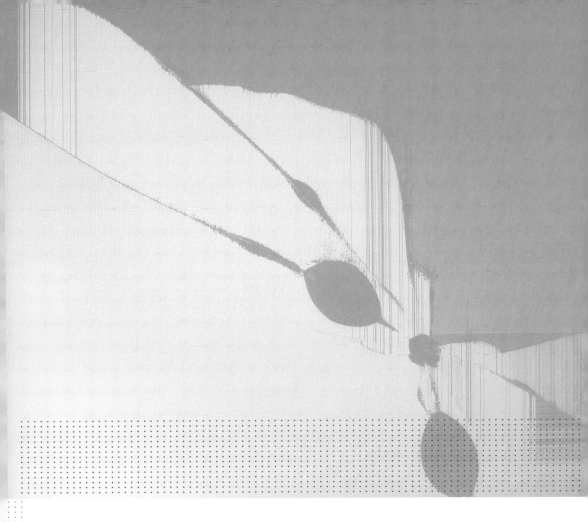

马克思主义语境下
当代语言哲学问题研究

朱荣英 著

中国社会科学出版社

图书在版编目 (CIP) 数据

马克思主义语境下当代语言哲学问题研究 / 朱荣英著 . —北京:
中国社会科学出版社,2017.1
ISBN 978 - 7 - 5203 - 0206 - 7

Ⅰ. ①马… Ⅱ. ①朱… Ⅲ. ①语言哲学—研究—西方国家
②马克思主义哲学—语言哲学—研究 Ⅳ. ①H0

中国版本图书馆 CIP 数据核字 (2017) 第 086596 号

出 版 人	赵剑英
责任编辑	田 文
特约编辑	陈 琳
责任校对	张爱华
责任印制	王 超

出 版	中国社会科学出版社
社 址	北京鼓楼西大街甲 158 号
邮 编	100720
网 址	http://www.csspw.cn
发 行 部	010 - 84083685
门 市 部	010 - 84029450
经 销	新华书店及其他书店

印 刷	北京君升印刷有限公司
装 订	廊坊市广阳区广增装订厂
版 次	2017 年 1 月第 1 版
印 次	2017 年 1 月第 1 次印刷

开 本	710×1000 1/16
印 张	22.25
字 数	346 千字
定 价	85.00 元

目　　录

引论　语言就是思想表达本身

众所周知，古代、近代的哲学不太注重语言的表达问题，直到现代逻辑的产生及其在语言学中的运用，才把语言表达问题提升到了一个新的高度，使人们普遍认识到语言表达本身就是在建构思想。一般的人（包括我们身边的师友与同事），如同传统哲学家那样，仅把语言视作思想交流的工具，认为语言表达并不重要，重要的是语言所表达出的思想，思想相对于语言来说则成为语言的内容，语言则是表达思想的形式。"语言工具论"最典型的说法莫过于邹广文的表达，"语言是人类思想文化的寓所，在人与对象世界的相互作用中，把自己的思想、感受通过语言来表达或记录下来，从而进行思想的沟通和文化的交流，这样语言便起到了一种中介作用"。[①] 当然，语言也可能表达不完整，甚至会产生"言不及义"、词不达意的情况，但无论怎样，在"言""意"之间，"意"总是高于"言"的。的确，这一般说来也没有错，语言确有这样的功能。但黑格尔说，"不错的"不等于"真实的"。显然，不能因为语言可以充当工具之用，就说语言只能是工具。现代语言哲学认为，思想的表达是通过语言来完成的，语言不仅表达思想而且还构建思想，语言就是思想表达本身，语言直接表达出思想，换而言之，语言就是思想的直接表达。"语言不止是表达思想和交流知识的手段，而且就是哲学研究的对象本身。"[②] 应把语言置于哲学研究的首要地位，作为最重要的研究对象来看待，而不能仅仅作为工具来考虑。因为，只有理解了思想表达的方式才能理解思想本身，只有通过表达才能理解思想，

---

① 邹广文：《当代文化哲学》，人民出版社 2007 年版，第 101 页。
② 涂纪亮：《英美语言哲学概论》，人民出版社 1988 年版，第 3 页。

表达是理解思想的唯一通道，离开正确的表达，思想无法显现自身，是表达决定思想而非相反。哲学对知识或思想的讨论，实际上就是对我们以什么样的方式来表达我们获得的关于外部世界的思想或知识的思考。哲学不能获得外部世界的知识，获得这种知识依靠的是科学。哲学不研究知识本身，而是研究知识是如何表达的，哲学是用来探讨我们究竟该用什么样的方式来表达这种知识的。理解知识的表达，其实就是在理解我们的思想本身，思想的表达只能通过语言，对语言的分析实质上就是对思想的分析。哲学是用来分析思想结构的，这种分析最适当的方法就是语言分析，语言的逻辑分析是一切哲学的起点。强调逻辑分析在哲学中的意义，认为哲学的任务即对科学的陈述进行逻辑分析，用罗素的话说，"逻辑是哲学的本质"。① 只要是真正的哲学问题，都可归结为逻辑问题，每个哲学问题当经受必要的分析和澄清时，就可看出它或者根本不是真正的哲学问题，或者是具有我们所理解的含义的逻辑问题。哲学是用来分析意义的，那么这种对意义的语言分析就是哲学最为基本、最为重要的任务。语言是用来表达意义的，意义是通过语言来显现自身的，不能撇开语言而谈论意义问题。语言与意义不可分，二者相互为用、互为一体（故而又叫语义）。语言是表意的，意义是语言表达的意义，语言是什么样的，意义就是什么样的，不同的语言表达出的意义也不同。没有语言的表达，就不可能有意义的发生，对语言的分析就是对意义的分析，意义就包含在我们用来进行表达的语言中。世界是我的世界，意义是我的意义，语言的界限就是我的界限，就是世界和意义的界限，世界及其意义存在于我的语言表达中，语言构造了一切，语言构造的世界是神秘的，"神秘的不是世界是怎样的，而是它是这样的"。② 如此，一个前提性的问题就引发出来了，即语义是纯粹主观的、本己的、私人的，还是客观的、公共的、普遍的？语言学上有一种心理主义的理解（如洛克、休谟的主张），认为语言所把握的人的观念是纯主观的东西，因人而异、因时而变，因而语义是私人的、本己的、不可交流的，

---

① 张庆熊等：《二十世纪英美哲学》，人民出版社 2005 年版，第 56 页。
② 俞吾金：《问题域转换——对马克思和黑格尔关系的当代理解》，人民出版社 2007 年版，第 148 页。

语言是一种不透明的光；现代分析语言学则认为，语言不是把每个人各自不同的主观观念表达出来，而是通过各种不同的表达而产生一个共同的思想并形成公共的、普遍的理解。对语义的解析不能诉诸心理而只能诉诸逻辑，对语言进行理解净化、形式化分析就是哲学的根本任务。语义当然可以不通过形式化、逻辑化的方法来表达，自然语言就是如此，但其语义含混、不能达到清晰的理解，经常产生误解。哲学对语言的逻辑分析，旨在打破语词对人类精神的统治，把思想从语言表达方式性质的影响中解放出来。唯有借助形式化的语言，才能准确而清晰地表达人们的思想，才能超越时空、民族、文化的制约而实现统一的理解。正如弗雷格所说："揭示解释有关由于语言的用法常常几乎是不可避免地形成的概念关系的假象，通过使思想摆脱只是语言表达工具的性质才使它具有的那些东西，打破语词对人类精神的统治的话，那么我的概念文字经过为实现这个目的而做的进一步改进，将成为哲学家们的一种有用工具。"①

这样看来，西方哲学所开启的这种语言学转向，从实质上看，是形式化、逻辑化转向。现代语言哲学认为，通过对语言进行逻辑分析，可以破解传统哲学中的许多重要问题。传统哲学中的许多问题，若只是用传统思维方式，是不能有效解决的，唯有运用现代分析哲学的现代求解方式才能有效做到这一点：既可以清楚传统哲学中类似形而上学那样的、毫无意义的伪命题（如世界是物质的还是精神的、物质是运动的还是静止的、发展是有限的还是无限的、等等），也可以为我们重构一种新的认识框架，虽然不可能获得终结性的最终答案，但至少可以提供一种有说服力的说明，提供一种必要的求解方式。"作为一种特殊的意识行为，语言表达有其独特的意向结构，这种意向结构可以赋予意识内其他一切层次的行为内容即'意义'以相应的概念形式，并显示在它自己的行为内容中，从而把这些非概念性的'意义'转变为概念性的'意义'即'意谓'（Bedeutung），后者是'一个用符号表达的意义'。"② 传统形而上学的问题之所以是无意义的伪命题，关键在于它是

① 张雄、鲁品越：《新时代哲学探索》（下），人民出版社 2014 年版，第 1912 页。
② 李景源：《新中国哲学研究 50 年》（中），人民出版社 2005 年版，第 1046 页。

以一种以无意义的形式表达了一个有意义的命题，它的根本错误在于它的表达形式。对形而上学的拒斥，根本的不是消解形而上学本身，而是用概念化的方式变革它的旧的表达方式，形而上学是无从消解的。哲学不在于追问语言背后的事实基础是什么的问题，不在于追问其经验蕴含，而在于追问其概念所显现出来的东西，而且是对人们所彰显的共同的东西，这在观念上的表达就是：赋予自己的思想以普遍性的形式，把它们描绘成唯一合乎理性的、有普遍意义的思想。"哲学讨论的许多问题也是无定论的，只有无定论的问题才是哲学问题。"① 哲学问题是永恒无解的，但哲学家们又常常义无反顾地解决下去。哲学史就是问题史，就是对同一个难题不断求解的历史，哲学累积下来的不是某种知识，而是不同的求解方式，是不同的求解方式不断变换的历史。

一种真正的科学哲学，并不提出也不企图提出关于人类或宇宙的命运问题的最终回答，而在于根据思维经济原则对语言进行逻辑净化工作，以消除思想上的混乱和智力上的迷惑。语义解析是现代哲学的核心问题，若语词或语义不明确，就会限制正确的理解与交流并可能产生误解。语词的意义不在于它指称的观念，而在于它的用法，它唯有在运用中才产生意义。语言的目的就在于作出判断，表达思想，而这唯有在整体性的语句中才能做到，独立的词是没有意义的，只有在特定的语境中、在具体而完整的运用中，它才能显现出真实的语义来。而在维特根斯坦看来，语言是用来表述经验的，这种表述必须局限在经验内部，不能超验地运用。凡是经验内的东西可以说，说了有意义，人们听得懂，凡是经验外的东西不可以说，说了也没有意义，人们听不懂，就要保持沉默。要使人们听得懂、有意义，就必须既要符合逻辑句法，又要表述经验内的事情，传统形而上学命题之所以会陷入荒谬绝伦的境地，原因就在于它要么不合逻辑句法、要么脱离了经验，不懂得语言的逻辑分析的重要性。哲学不应是多种相互对立的观念整合在一起的混合物，而应是一种能够清楚表达思想的规范性学科，不应是哲人们自己私人话语的随意流露，而应是能够获得普遍认同的集体性事业。维特根斯坦认为，哲学研究要"不问意义、只问用途"，不要试图处处寻找语言背后的经

---

① 洪晓楠：《哲学通论十五讲》，人民出版社 2012 年版，第 38 页。

验蕴含是什么，不要试图给每一个名词都找到它的事实的对应物。人们根本就不应提出这类问题，重要的不是提出词的意义是什么，而是要弄清楚词的用途是什么，任何一个孤零零的词都是没有意义的，它只有在具体的使用中（特殊的语境下）才显现出一种意义来。如果语言研究发生了这样的问题转换，人们就能从"寻找意义的对应物"这种怪圈中解脱出来，就能从旧形而上学思想方式的束缚中解放出来。语言并非是纯粹逻辑的构造物，它的深层结构不是静态的而是动态的，它深刻地映现着人类社会的日常生活，语言映现的就是一种生活方式。语言不仅仅有语词及其链接的方式与规则，它还包含人们使用它时的一系列复杂的操作活动，唯有将之整合起来并与人们真实的生活联系起来，才能理解其内在的意义。唯有在特定认知语境中才能获得真正的理解，"认知语境就是'人对语言使用的有关知识，是与语言使用有关的已经概念化或图形化了的知识结构状态'"。① 语言是一种公共游戏或工具，它必须遵循一种公共规则，它的意义完全在于用途，在用中显现意义，它不反映实在，无须寻找它的经验蕴含。哲学绝不能干涉语言的实际使用，而只能用于描述它的实际使用，它提供给我们的仅仅是使用的方式与方法，除此之外，别无用途。不应从心理联想上分析语言的意义，而应从它的实际行为中分析，应该把意义与它的指称分开，语言的意义并不表明语言与实在的对应，而只是表明在整个语言框架或信息网络中的融贯与一致。语言框架犹如一种地图，它的应用是非常广泛的，它隐喻的意义是多层面的，而且隐喻的多重意义不是自身所拥有的，而是理解者在根据自己的实际需要进行说明时赋予它的，究竟显现出什么样的意义来完全取决于人们在特定语境中的不同的解释。实用主义的语言观有其独到之处，对破除语言的经验性质及其形而上学操作具有独到价值，虽然不能摆脱相对主义和主观化的窠臼。现代西方哲学中的语言分析方法具有实用性，但不是唯一正确的方法，它只是为我们考察思想或知识提供了一种不同于其他哲学的方式罢了，对哲学的不同理解方式，我们应采取包容原则，它毕竟是一种可能性的理解，而这就意味着哲学的一种

---

① 周燕、闫坤如：《科学认知的哲学探究——观察的理论渗透与科学解释的认知维度》，人民出版社 2007 年版，第 248 页。

进步。

人们一旦超凡脱俗而进入奥妙无穷的哲学领域，首先看到的便是一个个流动的思想画面，在此没有高低上下之分，谁也不比谁更优越，谁也掩盖不了谁的光辉。人们对于任何一个极具复杂性语义的精神事件，必须采取"面面观"的方法才能使我们真正看清它的真实面貌和动态原像。对于什么是哲学智慧问题的求解，情况亦复如是。如叔本华所说，哲学就像一个九头怪，每个头上都长着一张口，每张口里都说着不同的话；然而，这9个头又都安插在同一个躯体上。这就昭示了，哲学家们虽然总是七嘴八舌、莫衷一是，但其研究理路与思想精髓却是内在统一的，他们拥有一个共同的现实基础。又如实用主义大师詹姆斯所说，哲学就如同一个旅馆，旅馆里有各种各样不同的房间，有一个公共走廊连接着不同房间的门。每一个哲学家都住在不同的房间里构造自己的哲学体系，有的在搞有神论，有的在搞无神论，有的在从事唯心主义形而上学，有的则论证这种形而上学的不可能性等，他们毕竟都要走出房间进行公共对话，而实用主义就是他们走出房间进行对话的公共走廊。"实用主义方法，不是什么特别的结果，只不过是一种确定方向的态度"，"不是去看最先的事物、原则，'范畴'和假定是必需的东西；而是去看最后的事物、收获、效果和事实"。① 哲学是纯粹自由的学问，它的智慧不像科学那样明晰而确定，虽然它常常提出疑问并试图予以解答，但是却不能肯定地告诉我们哪个答案是对的；虽然能扩展我们的思想边界，使我们摆脱习俗的控制，却无论如何不能提供给我们以真实可靠的知识。哲学智慧具有一种无定性或者待定性，这表明：哲学发展史不是知识的积累史，而是不同求解方式不断变更的历史。

在20世纪西方哲学运动中，无论是科学主义抑或人本主义的各个流派，都毫无例外地将语言问题纳入哲学研究的中心或核心地带加以强调，都把自己的目光聚焦在语言问题上，从而发生了一次语言学转向。为什么会将语言问题提升为核心问题呢，基于人们认识世界方式的不断改变，那么，世界的结构究竟是如何影响到人的思想的结构和语言的结

---

① 刘华初：《实用主义的基础——杜威经验自然主义研究》，人民出版社2012年版，第59页。

构的？显然，世界的结构与人的思想的结构和语言的结构是一种互动性关系，在通常意义上，语言的结构、思想的结构不过是用来描述或呈现世界结构的一种方式。由于语言与世界的互动关系，我们总是通过语言的方式来把握思想的方式，并通过思想的方式来把握世界的存在。从逻辑关系上，我们应该从世界的结构入手，世界是什么样的，就决定了语言是什么样的，或者说，对世界变化的理解，可以告诉我们，人的语言为什么会变成今天这个样子。但，从语言哲学出发，对世界的理解，正是我们理解语言的一个基本前提。我们要认识世界，就需要以一种特殊的语言方式来描述世界。世界的物种、生命形态之所以是多样性的，世界的结构之所以也是多重性的，这事实上取决于我们对世界的理解方式、语言描述方式的多样性、多重性。世界多样性的存在，决定于人的理解方式的多样性，人对世界理解的多样性，开拓了世界的多维存在。我们对世界的理解程度，取决于我们的理解方式和方法，究竟世界是什么，世界究竟是我们看到的这种存在形态，还是我们可以想象的可能的存在形态？世界原本如此，还是人们理解并建构的结果？如康德所说，人们理解世界的图像是什么，世界就是什么，世界实际上只存在于人们的表象之中。从很早起"人们就相信假如理解世界就是使世界能被思维所理解，那么，被理解的事物（即世界）的本性就被认为是类似于理解世界者的本性，或者说类似于它（在思维中）如何得到理解的方式"。① 认识的对象不是客观自在的，而是主体认识和建构的，主体的语言结构、思想结构是什么样的，世界就是什么样的。我们对世界的理解，构成了世界向我们呈现的样子，我们是通过对世界的理解来把握世界的，世界不是原本就如此，是人们理解的结果。当然，从科学实在论上看，世界的先在性、自在性，毋庸置疑，科学研究必须以此为起点，若对此也怀疑，不是别有用心就是理智有问题。但问题的关键在于，哲学所把握到的世界，并非完全就是经验事实中自在自存的世界，恰恰相反，往往是根据原来我们对世界的理解方式，来看待这个世界并指导我们去认识这个世界的，这就是哲学的世界观的意义。哲学世界观的形成并不是基于对自然存在的物质世界的认识，而是基于前人对世界的理解

---

① 陈修斋：《欧洲哲学史上的经验主义和理性主义》，人民出版社2007年版，第113页。

方式，我们形成的关于世界的所有观念，都不是通过经验的活动方式构成的，世界的存在恰恰是以我们对它的理解为前提的；质言之，我们所能够理解的世界恰恰是我们所构造出来的世界。对世界存在本身来说无所谓多样性或多重性，我们所说的世界的多样性、多重性，实际上是我们理解的结果，是我们对世界的重新构造。人类世界的进步恰恰依赖于人们对世界的理解程度，世界是什么，取决于当今的科学或哲学活动把世界理解为什么。

思想结构与语言结构之间的关系，也是如此。思想的结构就是我们对世界的理解程度，就是我们所形成的关于世界的意识内容（概念、判断和推理），对世界的理解构成了我们的思想内容。这种思想内容是通过某种特定的结构向我们展示出来的，这就是思想结构。它在不同层次上存在着不同的思想问题，构造我们思想内容、思想问题及其内在结构的能力就是理性能力。先天的直观认识形式构造了我们认识世界的时空框架，依据它我们形成了概念与范畴，并因而产生了认识或思想的结构，没有特定的思想结构无法形成特定的思想内容。思想结构又是凭借先验逻辑的理性能力展开的，没有这种理性能力，思想结构也无法构造出思想内容。思想结构、思想内容与理性能力之间的互动关系，构成了哲学思考问题的基本思维方式。语言在自然生成、自然进化过程中产生了多样性和多重性，这当然是由于民族及其文化的多样性造成的，那么，不同的语言是如何相互传译并达到相互理解的？这就必须分析语言的内在结构。索绪尔与乔姆斯基认为，语言结构具有多层次性，在表层彼此互异、不可直接交流的，又能够在深层达到彼此理解。语言在这种深层结构上的运用就是逻辑分析，它是哲学思维方式的特点所在，就是它保证了人能够基于并超越时空框架描述世界的能力。而人符合逻辑要求的语言描述，显现了人的思维的理性能力，也显现了人的语言的描述功能与动物语言的纯粹表达能力之间的巨大差异。譬如，由于人具有特殊的语言结构及逻辑分析能力，所以人具有特殊的内外感知力（时空感知）和历史意识，动物也有语言，能学习、有记忆，但它没有时空感和历史感，因为它没有人的那种深层的语言结构及逻辑分析能力。可以说，对语言结构的认知就是对人的理性能力的认知，我们对世界的理解恰恰是基于人的理性能力而对世界获得的理解，语言结构如何及理性认知能力怎样，直接决定了我们理解世界的状况。我们对自己了解多少，决定了我们对世界了解多少，我们的语言结构有多深、认识能力有多大，决定了我们认识世界的深度与宽度有多高和多宽。若对自己语言结构及逻辑分析能力不了解，就谈不上对世界有所了解。我们已然获得的知识，成为我们认识未知世界的前提，人类不可能终结对世界的认识。人的认识能力越大、越深入，就会发现我们对世界了解得是非常有限的，未被认识的世界其实更大、更远。人的认识能力的有限性与世界存在范围的无限性就形成了矛盾，人的理性试图获得最终认识的奢望与它实际上可及的有限范围也形成了矛盾，所以，人永远也不会形成关于世界的无限完满的认知，人对世界永远处于了解之中，绝不可能形成最终的或最后的解答。要解决这样的矛盾，不仅要像近代哲学那样发生认识论转向，着力研究人的理性认识能力，还需要对人类理性能力的具体表现方法——人的语言进行研究。语言是用来表现人类理性能力的基本方式与方法，是用来发现思想深处的逻辑结构及其认识能力的。我们对自己形成的思想结构的讨论，最终都要还原成对语言结构的讨论，人类理解世界的程度是通过自己的话语体系即以语言的方式展现出来的。要对世界结构有所理解，就要首先对我们的语言结构有所认识，语言的结构反映了我们的思想结构以及世界结构。在维特根斯坦看来，"思想的结构反映着世界的结构，命题的结构同样'映射着'世界的逻辑，这种结构和逻辑形式正是使思想和命题为真的基础，这样，一切思想和语言都必须而且只能成为世界的逻辑图像"。[1]

这三大结构当然具有同构性，但是，是语言结构决定后两种结构而不是相反，我们所有可思的东西的标志在于它可被表达，唯有可表达的东西才可思，不可表达的就不可思，就要保持沉默。易言之，没有脱离可说的思想，唯有通过语言并按照逻辑方法说出的东西才能被叫作思想，不能用清晰的逻辑语言表达的东西不能叫作思想。维特根斯坦认为，"一个人对于不能谈的事就应当沉默"。[2] 对语言结构的理解有时需要在语言之外进行，因为总有一些是不可说的（如思想的形式、世界

---

[1]　江怡：《当代西方哲学演变史》，人民出版社 2009 年版，第 633 页。
[2]　张之沧、林丹：《当代西方哲学》，人民出版社 2007 年版，第 179 页。

的本质、伦理问题、宗教问题等），不可说的难道就束手无策、真的什么都不用说了吗？当然不是的。不可说的东西还是要说的，只不过不再用逻辑语言去说，而要用另一种方式去说（去显现）。语言只是人生活形式的一部分而非全部，人生活在自己的语言中，人是一种语言性的动物，但人不是唯一依靠语言存活的动物，完全可以不用逻辑语言而用另外的方式来显现自己的生活。用逻辑语言不能说出的东西，是可以凭借另一种方式来显现的。怎样理解"能说的就要说清楚，不能说就要保持沉默"这句话呢？这是不是说，语言的界限就是世界的界限，世界就是我们语言所及的范围，语言界限之外的东西不能说，说出来也没有意义？显然不是的。如果是这样的话，语言的界限就真的限制了思想的范围、甚至窒息了思想的灵性，因为总有存在于语言界限之外、语言无法把握的那一边的东西。它是神秘的不可知之物吗？在维特根斯坦看来，它一点也不神秘，它也可以获得敞开，不过不是通过逻辑语言的方式。"维特根斯坦十分强调语言活动的意义，强调要在语言的使用过程中研究语言，认为不要把语言看作孤立静止的描述符号，而要看作体现生活的语言形式。"[①] 人要限制那些不能用逻辑语言来表达的东西，硬是出现在逻辑语言中，实际上就是为逻辑语言划界、为思想划界。也说明了人的所有的语言活动都可以用另外的一种方式向我们彰显自己的生活方式，不是非要采用逻辑语言的表达，这就是现代西方语言哲学新的发展方向——实践转向或生活转向。有人认为唯有现代西方分析哲学及存在主义哲学才对语言进行哲学研究，把语言哲学及其语言学转向问题说成是西方哲学的专有形象，忽视了马克思基于实践本体论所开展的语言学研究及其本体论意义。实质上马克思不仅批判分析了西方哲学史上的认识论转向、语言学转向，而且对其思想流变的未来走势作出了科学预判，认为它必然会通过后现代哲学的洗礼而实现实践转向。"我们以前仅仅从认识论的角度（甚至只把马克思主义哲学视为认识论，认为其没有本体论）来看待语言，把语言仅仅当作交流思想的工具，从而忽视马克思主义语言观的实践本体论意义，反倒把语言的存在论或本体论的观点归于西方 20 世纪的分析哲学、现象学哲学和存在主义哲学，

---

① 涂纪亮：《英美语言哲学概论》，人民出版社 1988 年版，第 153 页。

似乎只是到了维特根斯坦说了'我的语言的界限就是我的世界的界限'，把哲学问题化为语言问题，海德格尔说了'语言是存在的家，人以语言之家为家'，为语言找到了存在之根时，西方哲学和美学才形成了'语言学转向'，语言本体论意义才被发现。"① 如何"说不可说"，如何超越逻辑语言地去说，如何通过语言游戏去行事而不是去说事，这是现代语言学研究的重中之重，解决这一难题就必须到语言背后的生活世界里寻找答案。陈修斋先生认为，"谈理见极时，乃必至不可思议之一境，既不可谓谬，而理又难知……如天地元始、造化真宰、万物本体是已"。② 除此之外，可说的，就要清楚地表达出来，用逻辑语言的方式即命题系统来表达出来。所以，逻辑构造的世界，就是超越经验世界之上而不同于经验世界的纯粹形式化的世界。这种形式化的世界之所以也是有意义的、并反过来支配经验世界，就在于它是符合语言逻辑的内在要求，是可用逻辑语言获得清楚表达的。真正的思想不在于它说了什么，而在于它怎样去说，在于它以什么方式去说，它来源于符合逻辑原则的哲学推论，只要推论过程符合逻辑、没有导致矛盾或悖理，就必然导致思想的发生。那么，"非言之在"究竟是什么"在"？"不验之词"如何去验证？"不思之说"又该怎样言说呢？这就是本书着力研究的重点问题。

---

① 张玉能：《新实践美学论》，人民出版社 2007 年版，第 26 页。
② 段德智：《哲学人生——陈修斋先生 90 周年诞辰纪念文集》，人民出版社 2011 年版，第 363 页。

第一章 "非言之在"

——语言是"存在"的诗意家园

本章从分析西方哲学研究中"言必称希腊"的古代情结入手，详细剖解了自然哲学的语言学发端及其语用转向、西方哲学存在论的生存语境及其诗意表达、语言与存在的内在同一性及语言哲学中科学与人文的合流等问题，指出了西方形而上学对生活真意的遮蔽和对"最终的根"的遗忘，理性主义至上的研究路径造成了一片人文空地，唯有在诗意家园里才能领悟"在"的真谛。

第一节 哲学研究的语言学寻根

在近些年来哲学思考过程中，我常常感到有这样一个问题困扰着我，就是我在研究哲学时总是具有一种西方情结，其实这是一种语言学寻根。具有这种语言学寻根情结的人，不唯笔者独有，很是普遍。一般地，西方哲学同源于古希腊哲学，这种同源性成就了西方哲学思维特质的薪火相传与一脉相承，无怪乎后来历代哲人每每而情不自禁地要"言必称希腊"。之所以会产生这种素朴的"家园意识"、寻根情结，除古希腊哲学体现了当时思想的最高水平与最高成就外，更重要的还在于它提出并论证的世界观的神学语义，为此后西方哲学的发展确立了基本信念与发展路向，以至于作为文化轴心能为一切知识体系奠基。即使是它所暴露出来的各种困惑也成为一个永恒无解的哲学难题，深深吸引着历代哲人不断变换思路与方式对之进行无穷无尽的诉求与追问。在西方哲学陷入危机而功亏一篑的关键之时，也正是西方哲人借助上帝之名而"言必称希腊"之日。在语言学寻根中，凸显了古希腊哲学中的那种充满了荒谬怪诞的宗教情结与无可奈何的悲凉意味。

"言必称希腊"或者"言必及西方",从贬义上旨在表明"洋教条"、"西教条"对我们研究哲学的思想束缚。因为,的的确确,我们学界就是有些人喜欢唯西方或者希腊的马首是瞻,总是习惯于将任何一种问题都无条件地拉上西方哲学的思想平台进行诠释,总想给自己"吹一个西方式的牛",有意无意地将自己打扮成了西方思想的代言人,而丢掉了我们自己的问题意识,真是"种了别家的地而荒了自家的田"。问题的实质在于,研究者特别是哲学人为什么会有这样一种"言必称希腊",以西学为楷模、为标准的思维习性,为什么古希腊文明会成为任何一种哲学研究都摆脱不掉的思想梦魇呢?在充分估计西方哲学对中国哲学论坛造成积极影响的同时,又如何评价和辨识它的理性局限性及在中国哲学论坛上的泛滥而形成的虚假繁荣?西方哲学作为强势话语并逼迫中国哲学渐入窘境的当口,重建当代中国哲学新形态的方向与道路又在何处?笔者从西方哲学发展史的角度做一剖解,以便揭示西方哲学以神的名义所开拓出的世界观意义及其理性启迪。

古希腊神话是一个伟大的思想宝库,一切哲学上的思想萌芽几乎都以之为生长的土壤。在这些原始的神话里,普遍存在着一个基本的文化倾向,那就是它们都以各种各样的方式传递着神创世界的原始信念。原始宗教谱系认为,在人与世界之间存在一个基本的对抗,人无论如何强大也不能自己掌握自己的命运,人们只能管控自己人生旅途中的细小节点,总体命运人们根本驾驭不了。人和世界之外存在一个巨大的普遍本质的东西,它拥有无限完满的智慧和超然绝俗的无比威力。这种支配并驾驭人类一切生活的无上威力,虽然时不时地也通过各种方式呈现在世人面前,使得人们也能感觉到它的真实不妄的存在性,但人们却无论如何不能把握它的全貌,不能对其整体性的本质与终极目的有所言谈。每一个人的认识能力都太有限了,每一个人的智力都太渺小了,原本属于人的一切,其实人们自己都不能主宰。决定着一切事物的生灭变化、世界万物的生成发展、人间的死生祸福、民族国家的兴衰成败的,都不可能是单个的人的行为,而只能是至善万能的上帝的神来之笔才能描绘出来,上帝是万事万物成为其自身的唯一主宰与终极原因,是世界走向未来的必然规定与最后归属。人对世界的认识与感悟,微乎其微,根本算不得什么，只能大致揣摩它的些许端倪与个别形象。人类太弱智和愚钝了，以至于不配拥有"智慧"的美名，唯有上帝才是智慧的化身，通晓一切领域。"'智慧'这个词太大了，它只适合于神，而'爱智'这类词倒适合于人。"① 人类认识到的根本不是整体的世界，而只是世界中的有限之物；根本没有也不可能建构出什么世界观的学问，而只能拥有与自己的实际生活相接触的周遭世界的个别知识；人跻身于世界中，局限在生活的饾饤枝节上，人的智慧就太残缺不全了，就不能弄清楚世界的真正意义与存在的真正依据。唯有上帝才驻足于世界之外，才拥有真正大全式的智慧，整个地领悟世界的存在依据与意义。可见，古希腊神话将对世界本体的了解，归于超自然、超人间的神，在这本体论上显现了西方哲学唯心主义文化源头的神学特征。

在关于对世界本体的"真知"抑或"不知"的辩证关系问题上，苏格拉底说，我唯一所知的是我一无所知。基于此，上帝说苏格拉底是世界上最富有智慧的人。因为各行各业的智者都宣称自己无所不知，但是，在苏格拉底严格逻辑的拷问下，几乎都陷入了自我悖谬，不得不承认囿于自己的专业缺憾而有所不知。所以，苏格拉底感慨地说，未经思考的人生是最没有价值的人生。一切都需要在理性的法庭上接受逻辑的严格检验，要么放弃存在的权利，要么提供充分的存在理由，并以此而开启了西方哲学致思世界本质的理性主义研究路向。

在苏格拉底看来，有人认为，天是一个巨大的旋涡并绕地而行，也有人说，地如一个扁平的槽而支撑着天。其实，人们只是看到了外在的些许天象，而没有深究天如何被安排成了当下这种样子，又是什么力量将之安排成这样的。一般的人从来没有想到，把这些东西安排成现在这个样子，正是借助了上帝的无穷威力——要把它们安排得最好的力量。一般的人也不在事物中找出这种神力，却希望另外找出一个支撑世界的"阿特拉斯"（撑天神），比这种神力更强大、更不朽、更能包罗万象的所谓始源、始因、始基（如水、火、气等）。他们丝毫不去想，最高的善、最高的目的因——上帝，恰恰就是这种担当一切、包罗一切的力量，岂有他哉？然而，这正是苏格拉底最乐意知道的本原。在他看来，

---

① 张志伟等：《西方哲学问题研究》，中国人民大学出版社1999年版，第2页。

为什么世界如此存在，为什么世界竟然是这样的，原因就在于有一种神力使得世界如此存在。这个神力就是最高的善本身，世界内在地追求着完满，万事万物都被这样的目的因所决定、所牵引，自觉服从这种目的因的制约，这就是苏格拉底的世界观。显然，苏格拉底是用目的论来解释世界本体的，世界之所以井井有条、和合相生，都来自最高的目的（最高的善）即上帝的刻意安排。他认为，"神是有这样的权力，有这样的本性，能一下看见一切，听到一切，无处不在，并且同时照顾到一切事物"。① 而有限性的人无论如何只能识得有限、也只能拥有有限的力量，而不可能拥有这样至高无上的神圣智能。但是，却并不妨碍他们穷其一生去诉求这种神力，当然即便如此也不可能全部把握到那种至高无上的神力，而只能把握到至高无上的神力在细枝末节上的具体体现。

苏格拉底认为，正是上帝这种至高无上的神力，才把世界万事万物设计得如此之和谐、如此之完美，并且在最高的善、最高的目的驱使下，使得一切都那样有秩序、有意志、有目的地朝着更好的方向发展。苏格拉底的世界观是一种神学目的论，他直接影响了柏拉图和亚里士多德对世界的理解，并对中世纪经院哲学的神学世界观，乃至近现代哲学与科学的世界观都产生了重大影响，是西欧哲学历史上一个源远流长的世界观体系。这就是人们常说哲学研究要"言必称希腊"的一个原因，苏格拉底为我们提供了一个哲学作为世界观存在的神学语义与内在根据，这样一种思想虽然产生于古代，却没有停留于古代而远远超越了那个时代的限制而具有永恒的内在魅力，虽然产生在欧洲的古希腊却没有停留于古希腊，而早已影响到了全世界近现代哲学的普遍发展。根本原因在于，苏格拉底对上帝神力的推崇，触及一个人类存在的终极悖论，即人的有限性的存在却总渴望获得永恒的存在意义。这在世界观上必然牵扯出一个永恒无解的哲学难题，由于这一难题与人的存在是性命攸关的，因而任何一个时代的哲学家只要从事哲学思考，都不能将之绕开而必须对之进行解答，这也是搞哲学的人常常"言必称希腊"的一个由头。

苏格拉底的世界观为其弟子柏拉图所继承，并将之朝着唯心主义方

---

① 北大哲学系外哲史教研室编：《古希腊罗马哲学》，商务印书馆1962年版，第171页。

向大大推进了一步。在他看来，"当我们给许多个别的事物加上同一的名称，我们就假定有一个理念存在"。① 理念之于具体事物，有着非凡的意义。理念是事物的本原，它先于、外在于事物而存在，是超感性的、永恒不变的客观实体，理念创造并决定着个别事物，而个别事物则是易逝的、多变的、非真实的感性个体。理念何以能够规定事物之本质呢？这正体现了"得穆革"（上帝）这一造物主的伟大。"得穆革"依照永恒不动、自我同一的宇宙理念，它在世界万物存在之先就普遍存在着，它使得理念布满整个宇宙并与具体物质结合，各种物质由于宇宙理性的作用而具有了生命与灵魂，于是在混沌中逐渐有了形体，分化出水、火、气等元素来，而后由上帝将这些元素组合成了各种各样的事物。显然，是上帝创造了整个世界，并使事物具有了生命与灵魂。

由于理念是有层级的，它所形成的各种事物也是有秩序的，最高的善、最后的目的、至上的理念就是上帝本身。柏拉图不仅将世界二重化，划分了理念世界与事物世界，而且认为理念世界是可知不可感，事物世界是可感不可知的。人通过感觉经验可以认识具体事物而获得知识，但是人却不能通过感性经验而获得关于理念的认识，理念在人的感觉之外，人对之无从感知。人何以只能认识有限之物而获得有限性的知识，人为什么不能获得关于整个世界的知识而产生世界观呢？真正的原因在于，理念是上帝的宇宙精神内在地赋予我们的灵魂的，我们的灵魂原本就得到了居于天上的神的启示，"那时它追随神，无视我们现在称作存在的东西，只昂首于真正的存在"②，所以它对理念领域有所关照，具备了一切知识。后来，灵魂附着肉体后由于被之所污而遗忘了一切，唯有经过合适的训练才又回忆起了原本就有的知识。柏拉图将神视作最高的宇宙实体、最完满的善本身，把神的宇宙精神视作一切事物的终极原因，并赋予了人的灵魂以无限完满的知识，这种以神为中心的哲学是典型的客观唯心主义，而客观唯心主义的最终结局都通向了宗教神秘主义。

按照柏拉图的理论，是不是可以这样说，只有神才能从外部观照世

---

① 北大哲学系外哲史教研室编：《古希腊罗马哲学》，商务印书馆1962年版，第178页。
② 苗力田：《古希腊哲学》，中国人民大学出版社1995年版，第284页。

界、创设世界从而产生世界观那样的智慧，才能对世界存在的终极依据与整体性意义获得最权威的解释权，而我们单个的个人，囿于并生存于有限性的世界中，只能感知具体性的事物获得有限性的知识，而不可能感知整个世界而获得世界观的学问。正如某个哲人所说，很少一点哲学让你离开了神，但更多一点哲学让你又回到了神，柏拉图的言谈就是这样的明证。唯心主义是精致的宗教，而宗教则是粗浅的唯心主义。柏拉图客观唯心主义哲学影响久远，虽然绵延两千多年而至今不衰，在它的这个犹如太阳光辉的映照下，宇宙间似乎没有了任何新事物。怀特海就曾夸张地说，全部西方哲学史也不过是对柏拉图哲学的一种注解而已，黑格尔也说柏拉图是最具有世界历史意义的哲人，此后的哲学不过是对它的重新演绎。的确，他的这种带有浓重神学意味的客观唯心主义思想体系，从产生起直到以后各个时代，对于世界文化和人类精神的发展都发生了至关重要的影响，以至于"回到古希腊""回到柏拉图"成为各个时代的哲人们每当遇到重大挑战与危机时的共同口号与策略选择。

作为其弟子的亚里士多德当然直接承继了柏拉图的理论主张，认为哲学的智慧不是一般性的知识，而是最高的关于世界原初本原与原始动因的智慧。这种智慧是神圣的，并非所有人都有资格进行谈论的。因为人的本性在许多方面都充满了奴性，局限于对具体事物的分析而唯独忽视了对神圣智慧的敬仰，唯有神才拥有这样的特权。"神圣只有两层含义：或者它为最大的神所有；或者对某些神圣东西的知识"①，只有哲学才符合这两项条件。故而，在这种意义上，哲学就是神学。换言之，哲学是关于世界观的学问，实际上就等于说，哲学是关于神圣东西的学问。即使是那种具备了生活必需品而自由闲暇的人，出于自知、无知并渴望摆脱这种困扰，也只能对它热爱之却不可能拥有之。人们只能爱智慧，却不能拥有智慧，人们可以多方面地思考世界，却只能得到无限性世界的有限性的知识。

神圣性的世界观，可以说，因解决不了任何具体性的问题而显得很无意义，一切具体的科学知识因其有用性而显得很必要，但是没有什么知识能够像哲学智慧那样拥有神圣的性质与至高的品位。他分析说，各

---

① 苗力田：《古希腊哲学》，中国人民大学出版社 1995 年版，第 491 页。

种事物都是由形式与质料所构成，哲学不研究这些具体性的存在，不研究存在的表现或部分，对存在的某一方面或部分的研究是其他知识体系的事情，哲学只研究存在自身即"作为存在的存在"，这就是"第一哲学"即作为形而上学的世界观。哲学也不研究各种具体的运动，而只研究那个最初的、永恒的、唯一的自身不动却能引起万物运动的第一推动力。同样，哲学也不研究所有的实体，而只研究那种"在一切意义上都是最初的，不论在原理上，在认识上，还是在时间上"① 的最高实体。以此作为研究对象而产生的智慧就是最高层次的思想，这是思想对思想本身的思想。研究这种至高无上的思想，成就了人生的最大快乐。因为这种思想的神圣性能够使研究者分享神所永享的福祉，这当然是一种受宠若惊的事情，不是一般人有能力诉求的。神是有生命的、永恒的至善，由于它不断地生活着，从而将永恒归于神。

在"哲学即神学"的论述中，亚里士多德所成就的哲学思想的神圣性特征与世界观意义，不仅为古希腊哲学定下了基调，也为整个西方哲学史定下了基调，构成了西方思想文化的第一个轴心时代，树立起不可超越的永恒的思想丰碑，赢得并见重于后世哲人，是情理之中的事。总之，以苏格拉底、柏拉图、亚里士多德为代表的古希腊哲学，不仅体现了古希腊思想的最高水平与哲学的最高成就，而且他们提出并论证的世界观的神学性质，为此后的西方哲学的历代发展确立了基本的观念与方向，甚至能够为一切哲学体系奠基。即使是其中暴露出的各种问题与困惑，也成为紧紧吸引历代哲人不断变换思路与方式对之进行无穷无尽诉求的巨大吸盘，"言必称希腊"又有什么可奇怪的呢？

整个中世纪哲学都是沿着古希腊哲学所开辟的思想路线而演进的，在其教父哲学、经院哲学和文艺复兴的各个时期，都强烈要求回复或再生其原有的思想传统，这可谓是一个时时处处都"言必称希腊"的复古时代。教父哲学是古希腊哲学与宗教信仰媾和而产生的第一个新形态，其产生的理论依据具体说来主要是：

从宗教寻求理性理解与支持的角度来看，新兴的基督教出于自身理论建设的需要，渴望借助并通过古希腊哲学获得统一性的理论建构以达

---

① 苗力田：《古希腊哲学》，中国人民大学出版社 1995 年版，第 507 页。

到真正的自我意识，进而以理性的统一确保实践的统一。古希腊哲学也是当时古罗马社会上层人士所青睐的意识形态，这样，基督教为了获得上层人士的认同、理解、支持与皈依，必须"言必称希腊"并与之在思想上保持一致，通过并借助古希腊的哲学词句、术语或者学说来论证与阐释自己的信仰，宣称"真哲学即真宗教、真宗教即真哲学"。当时的古罗马社会长期动荡，导致哲学研究的核心问题发生了实践转向，即从关注理论理性到关注实践理性，人生的意义、灵魂的安宁成为哲学探讨的主题，如何达到人神相通、人神交融而保证灵魂拯救，不唯是宗教家也是哲人们津津乐道的共同话题，正是双方的相互取悦和趋同，使得对古希腊哲学的研究深入到神圣领域成为可能，推进了古希腊哲学的神圣化。另外，当时基督教借助古希腊文化同世俗思潮的论争、同各种异教思想的论战，也加剧了基督教的希腊化、哲学化。在内外交困的情形下，教会中多多少少具有哲学修养的信徒挺身而出，普遍借用古希腊哲学思想，在理论上论证与捍卫宗教信仰，促使了古希腊哲学与宗教的紧密结合，形成了古希腊哲学中世纪化的第一个新形态——教父哲学。

西罗马帝国被异族灭亡后，作为硕果仅存的基督教文化，更加热切地在学理深层"言必称希腊"，试图通过与古希腊哲学的联手而赢得广泛信徒的自觉信仰，于是就很自然地产生了古希腊哲学中世纪化的第二个理论新形态——经院哲学。经院哲学不像教父哲学那样只是在外在方面各取所需，它与古希腊哲学思想的结合是深层的交融。在总体上已经不再以创立教义、制定神学内容为己任，而是通过借用古希腊哲学精髓从理论上深入论证、阐释教义的合理性、超验性，化解并克服圣经、教父哲学中存在的诸多的内在矛盾和不协调之处，使得神学世界观更进一步体系化、理论化、哲学化，为人类展示了一个无限超感性的神域世界，开拓并丰富了哲学世界观的神圣性与超验性。

古希腊哲学中作为理性思维艺术的辩证法被引入神学思维，宗教中的开明因素和理性因素大大增多，特别是12世纪后由阿拉伯人保存的古希腊文化的复归，大大引入了柏拉图主义和亚里士多德主义，宗教界人士为了适应宗教事业和时代发展的需要，力证古希腊哲学之于神学的必要性和重要性，强调古希腊哲学中柏拉图与亚里士多德的思想在论证、解释与捍卫宗教信仰方面的不可或缺性，从而把古希腊哲学与宗教的结合推向鼎盛，使得"言必称希腊"具有神圣性的光辉。若没有宗教对古代文化的保护和利用，古希腊哲学将付诸东流；反过来，若没有神学信仰对哲人心弦的神圣感召，古希腊理性也很难引入神圣领域之中。通过教会，新世界的理性才能进入旧世界的大门，并使古代文明获得新生。然而，吊诡的是，此时通过古希腊哲学的理性论证，神学具有了绝对权威而哲学则沦为了神学的婢女，哲学与宗教之间的不可调和性终于既削弱了理性能力也损害了信仰，随着文艺复兴时期自然的发现及人的发现，经院哲学逐步退出了历史舞台。

从 14 世纪到 16 世纪，随着新航路的开辟和地理大发现及世界资本主义生产关系的形成，新兴的资产阶级要求不仅在事实领域而且在精神领域都要发生革命性的变革，渴望以普遍崛起的科学精神作为新时代的精神原则，把宗教信仰从世界统治的宝座上推下来，把它拘禁在处于历史潮流彼岸的那个狭窄领域之内，以收集整理古希腊文献为突破口进而开展了一场波澜壮阔的文艺复兴运动。这种文艺复兴，表面看来是一种守旧或者复古，但实际上"并不是为古人'招魂'"，而是基于新时代思想发展的最新需要，"为全新的近代哲学吟唱'序曲'"①。此时的人文学者大量发掘、整理、研究了古希腊文明尤其是它的哲学思想，几乎每一个古希腊哲学流派都得到了复活，苏、柏、亚哲学思想的引介对文艺复兴运动引起了巨大反响。

当然，这种对古典哲学的复兴，也不是简单重复古典哲学的既有词句或者教条，而是从哲学上对人文主义思想作出符合资本主义文化逻辑要求的新阐述、新发展，并借此张扬了做人的意义和自由解放精神。古典文化在资本主义文明基础上的复兴，使得"古代希腊思想家的每个学派，亚里士多德学派、柏拉图学派等，都在那个时候找到它的信徒，但是与古代的信徒完全不同"②，这表明它完全是在借"复古之名"而行"再生之实"。文艺复兴运动在"言必称希腊"的声浪中，虽然矫正与恢复了被中世纪阉割了的古希腊文化，使得人们了解了古希腊哲学思

---

① 张志伟：《西方哲学史》，中国人民大学出版社 2002 年版，第 192 页。
② ［德］黑格尔：《哲学史讲演录》，贺麟、王太庆等译，商务印书馆 1981 年版，第 338 页。

想的整体面貌与意义，为近代哲学的开启提供了一个可靠的立足点，但毕竟这种复兴还是保留了过多的旧体系、旧内容、旧思想，无论如何不能构成新时代发展所需的内在精神动力。其实，文艺复兴中的古希腊哲学，只不过是中世纪崇拜古代权威的思想遗迹和新思想不够成熟的一种畸形表达，是用古希腊的旧瓶装资产阶级文化革命的新酒，随着资产阶级文化革命的进一步深入发展，旧思想残余的神圣灵光逐步被剥落，人们开始从新角度、以新方式重新思考哲学与宗教的关系，新时代的思想曙光已呼之欲出。

其实，在哲学上"言必称希腊"的时代又何尝只有中世纪呢，近代哲学不也是处处都在言谈古希腊哲学的近代意义吗？人类的理性文明进入到近代以来，非比较的研究再也不可能了，古今中西的视域整合，几乎成为每一个哲人研究哲学问题的基本方法与思维习性，以这样那样的方式复述、重思、再现与梳理古希腊哲学，就成为势所必然而不得不然的事。文艺复兴和宗教改革都使古希腊哲学迈上了通往近代哲学的康庄大道，通过收集、整理古希腊文献使近代哲学与古代哲学发生了承继关系，使得近代哲学在汲取古希腊精神养分的基础上获得层次上的跃迁，而通过宗教改革则消解了外在的神学权威，走向了人的内在性，为近代哲学彰显人的主体性原则与自由精神奠定了思想基础。近代哲学在经院哲学的废墟上重建的哲学文明，并没有彻底抛弃古希腊哲学传统，在不同程度上受惠于基督教某些观念的深刻影响，不可避免地具有神学上的不彻底性特征，常常将哲学思维引入神圣性领域以调和哲学、科学与宗教之间的矛盾。正如德尔图良所说，正因为荒谬，所以我才相信。当近代哲学和科学用理性或者逻辑去整理经验时，导致了统一的世界被一分为二，即可知世界与未知世界，哲学与科学以可知世界推知未知世界时又常常陷入二律背反，使人深感哲学之先验幻象的荒谬和科学之驻足于现象的意义缺失，要求用宗教信仰去弥补理性的巨大裂隙。

秉承了古希腊哲学传统的近代哲学用已知推定未知时，只能认识和征服有限性的已知世界，而恰恰遮蔽了整体性的未知世界，只能获得一些碎片性的有限知识而不能获得关于世界整体的知识。面对整体性的未知世界，哲学与科学因为束手无策而深感遭遇荒诞的恐慌与困惑。而宗教信仰虽然是荒谬的，却恰恰完成了哲学、科学所不可能完成之事，为我们提供了一道通往圣域的思想走廊，成功解决了将永恒性的未知变成了本体论上的已知。可见，是古希腊哲学所主张的世界观的神圣性为近代哲学解了围，弥补了理性思维的残缺不全，将理性引入圣域并在本体论上将已知与未知统一起来。① 正是在这个关键的预示性时刻，近代哲学家的"言必称希腊"，调和了科学与信仰、理性与信仰的矛盾，为理性限制了地盘并为宗教辟开了自我生成之域，才使得人们深感宗教是哲学的必要补充，借此也感到唯有在上帝的庇护下哲学才获得了世界观的完整意义，唯有借助古希腊文明中的神圣灵光才照亮了近代哲学的非同寻常，这样看来，近代哲学世界观的神圣性中却又充满了荒谬的宗教情结与无可奈何的悲凉意味。

近代哲学在"言必称希腊"的基础上建构了以启蒙主义为特征的新时代精神，彰显了主体性原则与反思批判精神，将哲学思维引向了学理深层并在新的基础上恢复了古希腊哲学对自然的认识和对真理的探求，无论从形式上抑或从内容上都以更丰富、更完善、更系统的方式承继了古希腊世界观的神圣性内蕴。但是，更重要的问题还在于，近代哲学还将一种宗教情怀引向了内在的精神领域，成功地解决了近代哲学家所面临的理性困惑，在世界观的神圣性方面发扬光大了古希腊传统思想的奇妙之点。每当近代哲学面临理性危机且极有可能功亏一篑时，哲人们都将上帝搬出来以弥合理性与信仰、科学与宗教之间的裂隙，笛卡儿让上帝挡住了物质与精神的矛盾，康德也让上帝出面铺平了现象与物自体之间的鸿沟。譬如，在康德看来，知性思维只能用于把握感性世界的有限之物，作为"世界整体本身"的物自体所构成的神圣领域，那是不可知的，人们只能信仰之、崇拜之、可思之却不可知之，若非要以知性思维对之进行把握，就会陷入先验幻象的悖谬中。因为，解释世界整体的根据必然不在世界之中而在世界之外，人们可获得关于具体事物的知识，而对于完整世界的意义则把握不了，世界的意义必定是在世界之外，处于世界中的人无法言谈世界的整体意义及其内在根据。

近代哲学"言必称希腊"，旨在以宗教来调和与化解知性思维自身所面临的理性危机，显而易见，是上帝为理性与科学挡住了荒谬，让不

---

① 张法：《从四句哲学名言看西方哲学的特质》，《中国政法大学学报》2013 年第 4 期。

可能变成了可能，只要信仰上帝，一切理性困惑都可以迎刃而解，哲学世界观的神圣意义也可昭然若揭。真正令人感到惊奇的不是世界为什么会如此，而是世界竟然如此，用知性的因果范畴去统摄世界，只能获知有限之物的"何以如是"，对于充满了无限性、复杂性因果链条的整个世界之"竟然如是"，却茫然无措，对此唯上帝可解。正如爱因斯坦所说，宇宙中最不可理解之事，就是宇宙是可以理解的。易言之，理解世界上万事万物的方式是多种多样的，它们都对具体性的事物作出了一种理解，这种理解都有自己特定的使用范围，而不能僭越自己的范围而试图去理解宇宙本身。而且，何以人会对之作出这样的理解，人这样理解究竟是否正确，对此则不好理解。故而，最不好理解的就是为什么会有这样那样的理解，这样的理解是否恰当，那样的理解能否把握世界本身，因为人处于世界之中，对于这种种的理解就难以理解。唯有"言必称希腊"，在"内心有一个上帝的信仰"，才能对世界的整体意义作出统一的终极理解；唯有借助上帝的救赎，才能理解科学与理性所不可理解的"Being"之真义①；也唯有保持对神的敬畏，才能摆脱知性思维之困惑，使自己保持应有的思维高度与自省状态而不至于为事物性的思维方式所俘虏，从而在神性的启示与感召中，诱导自己的思维超越知性藩篱而获得深入发展。另外，现代及后现代哲学也常常"言必称希腊"，其对希腊文明的"复归式"诉求抑或"考古学"发掘，也常常感慨"只还有一个上帝能够救渡我们"②，这其中自有另一番深意。

综上所述，古希腊哲学作为西方哲学的发源地，构成了一种能够经久不衰而又浴火重生的源头活水，此后在它源远流长的发展演变中所论及的所有问题，几乎都可以追溯到古希腊哲学中去。古希腊哲学以爱智为契机、以思辨为工具、以求善为目的的神圣意义，犹如一个巨大的吸盘，再三诱导哲人对之无穷无尽的反思；其致思世界之本体、追问宇宙之始基，捕捉万物之规律、诘问生命之意义的研究格调，也奠定了西方哲学几千年发展的理性传统和文化轴心，极大地丰富了人类文明和思想

---

① 俞吾金：《哲学是"关于世界观的学问"吗?》，《哲学研究》2013 年第 9 期。
② ［德］海德格尔：《存在与时间》，陈嘉映译，生活·读书·新知三联书店 1987 年版，第 1289 页。

文化的精神宝库，为人类理性思维的蓬勃发展辟开了一条坦途，以至于后来各个时代的哲学家们每每情不自禁地要"言必称希腊"。近代、现代、后现代、新后现代的西方哲学，都同源于古希腊哲学，这种同源性成就了西方哲学思维特质的薪火相传与一脉相承。无怪乎，就连哲学大师黑格尔也曾感慨地说，"一提到希腊这个名字，在有教养的欧洲人心中，尤其是我们德国人心中，自然会引起一种家园之感"。① 这种"家园"意义在黑格尔哲学体系中表现得淋漓尽致，不唯黑格尔辩证法的逻辑思想及其内在结构，是彻头彻尾希腊式的；甚至他的整个哲学系统及其哲学表述方法，都是希腊式的。

邓晓芒先生讲："这不光是说，在古希腊辩证思维中可以找到黑格尔辩证法的历史根据，而且应当理解为：通过对古代辩证法、它产生的必然性、它的表达方式、它所遇到和要解决的问题等等的仔细分析，我们可以找到理解黑格尔辩证法的最内在、最深刻的逻辑契机。"② 海德格尔在谈及这个问题时认为，整个西方哲学都处在古希腊文明的阴影之下，无论如何不能摆脱它的影响，再也不可能没有古希腊哲学参与其中的理论研讨了。他说："纵观整个哲学史，柏拉图的思想以有所变化的形态始终起着决定性的作用。形而上学就是柏拉图主义。尼采把他自己的哲学表述为颠倒了的柏拉图主义。随着这一已经由卡尔·马克思完成了的对形而上学的颠倒，哲学达到了最极端的可能性。"③美国当代著名文化哲学家杰姆逊认为，马克思哲学所实现的这一颠倒，同样没有真正终结对古希腊哲学的一再"回复"。马克思对柏拉图所开创的形而上学传统的颠覆或者"终结"，其实是以另一种方式对它的续写或者再写，它所主张的仅仅"写在纸上"的物质世界之整体画面，无非是在空泛模糊的意义上对古希腊形而上学传统的某种现代招魂，因为"其写作

---

① ［德］黑格尔：《哲学史讲演录》，贺麟、王太庆等译，商务印书馆 1981 年版，第 187 页。

② 邓晓芒：《思辨的张力——黑格尔辩证法新探》，湖南教育出版社 1992 年版，第 12 页。

③ ［德］海德格尔：《面向思的事情》，陈小文、孙周兴译，商务印书馆 1996 年版，第 59 页。

方式与陈旧古老的哲学论文的写作方式如出一辙"。① 在现当代西方哲学中对古希腊哲学的固恋是如此之抢眼，以至于哈贝马斯在反思这一哲学传统时，也说道："撇开亚里士多德这条线不论，我把一直可以追溯到柏拉图的哲学唯心论思想看作是'形而上学思想'，它途经普罗提诺和新柏拉图主义、奥古斯丁和托马斯、皮科·德·米兰德拉、库萨的尼古拉、笛卡儿、斯宾诺莎和莱布尼茨，一直延续到康德、费希特、谢林和黑格尔。古代唯物论和怀疑论，中世纪后期的唯名论和近代经验论，无疑都是反形而上学的逆流。但是他并没有走出形而上学思想的视野。"②

无独有偶，在今天我国哲学研究中，对古希腊哲学移情别恋的"家园"复归意识，也比比皆是，以至于各种视域下的哲学诉求几乎都对古希腊哲学流连忘返。即使是马哲的言谈、中哲的体验，也以古希腊哲学的核心精神为契机、为平台而展开，似乎哲学意义的当代开启只能通过古希腊哲学来完成，"言必称希腊"成为一种无法摆脱的心理情结，致使不少人对我们自己的哲学合法性都充满了怀疑，这不能不引起我们的深思。正如黑格尔所讲："只有当一个民族用自己的语言掌握了一门科学的时候，我们才能说这门科学属于这个民族了。这一点，对于哲学来说最为必要。"③ 在我们的哲学思考中，指称希腊或研究希腊，原本无可厚非。但，"言必称希腊"或者主张仅仅回到希腊，就有些喧宾夺主的意味了。

研究希腊不是为了复归或者语言寻根，而是为了从学理深层乔清，古希腊思想中有哪些潜在的东西可以实现现代转化，为什么当代哲学研究无法摆脱它的巨大阴影而周期性地将之作为热门话题，它的内在生命力对激活当代哲学有何裨益？换言之，古希腊哲学中究竟具有何种现代性意涵以及它要经过怎样的现代转化和当代表述，才能在今天中国的语

---

① ［美］杰姆逊：《晚期资本主义的文化逻辑》，陈清桥译，生活·读书·新知三联书店1997年版，第18页。

② ［德］哈贝马斯：《后形而上学思想》，曹卫东等译，译林出版社2001年版，第28页。

③ ［德］黑格尔：《哲学史讲演录》，贺麟、王太庆等译，商务印书馆1981年版，第157页。

义中得到发掘与利用。若为了确保我们哲学研究的合法性，就放弃我们自己的问题意识、文化使命与时代良心，而唯古希腊这一马首是瞻，以古希腊哲学的问题研究替代我们自己亟待解决的问题思考，这与其说是一种思维惰性，还不如说是一种责任推脱。当然，用不着奢望在短时间内就能治愈"言必称希腊"这一精神软骨病。譬如，有人通过中西思想对比认为，"从严格的意义上，中国有思想没有哲学，有技术没有科学"①；有人甚至认为，"从较强的意义上来说，用'哲学'概念的本义审视和检核的结果，发现中国没有所谓'哲学'，不仅没有独立的'哲学'这样的学科，甚至连够得上'哲学'水平的思想也没有，于是，'中国哲学'这个概念不能成立"②；更多的学者认为，即便是中国有些个哲学思想，也只是哲学在中国，而中国根本无自己的哲学，中国因没有自己的哲学思想而缺乏自己的慧根与灵性，即认为中国哲学缺乏"合法性"。这"实际上是讨论中国有没有西方'philosophy'意义上的'哲学'，能不能采用西方哲学的研究范式研究中国哲学，以及如何更好地借鉴西方哲学来研究中国哲学等问题"，"这种'合法性'之有无，对于一般在中国的外来哲学并不重要，因为它们并不想取得在当今中国思想世界的主流地位；但对于中国马克思主义哲学却十分重要，因为中国马克思主义哲学只有取得了作为中国哲学的'合法性'，才有资格成为当今中国哲学的主流形态，否则，这种主流地位或迟或早会被文化保守主义消解掉"。③ 但，笔者坚信只要有敢于超越与扬弃古希腊哲学并为我所用这种崇高信念，在哲学研究中通过融通中西而达到理性自觉与自信，建构出属于我们自己的中国版的马克思主义哲学新形态，就不会遥遥无期了。

第二节　自然哲学的语言学发端

古希腊哲学发端于语言的"倒谓功能"，泰勒斯用"水"指称世界

① 张有奎：《形而上学之后：马克思的实践哲学思想及其流变》，人民出版社 2013 年版，第 53 页。
② 洪晓楠：《哲学通论十五讲》，人民出版社 2012 年版，第 25 页。
③ 李维武：《中国哲学的传统更新》，人民出版社 2012 年版，第 293—295 页。

本质的努力，实际上，就是在积极探询哲学语言超越日常使用而获得普遍表达的努力，这种努力在以后的发展中形成了一种"逻各斯"的精神传统。沿着这种致思理路，从巴门尼德开始经过苏格拉底、柏拉图到亚里士多德，凡是哲学语言都力图通过思想把握"作为存在的存在"，在此过程中逐步形成了一种抽象的概念王国，原本以语言与存在的关系为研究对象的存在论哲学，却演变成了以存在的意义及其范畴体系和逻辑结构为对象的形而上学。此后的哲学失去了"对存在的最初直觉"和诗意表征，而发展成为理性主义至上的"逻辑的东西"并被自己的纯思活动遮蔽了"最终的根"。

西方古希腊哲学家都是一些自然哲学家，"最早的希腊哲学家同时也是自然科学家"[1]，其探讨的理论主题是如何认识自然奥秘、万物本质的问题，即自然界林林总总的事物中究竟有没有、有什么样的"始因"或"始基"的问题，这是他们共同关注、共同探询世界本原或万物本体的哲人之问。在他们看来，世界上的事物不可能是一盘散沙，它们的流动也不可能是杂乱无章的，总有一种事物统摄这一切的存在与流向。那么，这种统摄一切的东西究竟是什么，大家众说纷纭、莫衷一是，有的认为是水、有的认为是气、还有的认为是火，更有人认为是无定型的"阿派朗"，如此等等，但都认为有那么一种东西是万物之本、自然之源、世界之始，一切事物皆因之而生、因之而变，死亡后又复归于它。可见，与中国古代哲学或古印度哲学在思想发端上具有明显差异，西方古希腊哲学都是一元论哲学，认为世界具有一个统一的基础、原则或动力，而印度抑或中国古代哲学都主张世界是几种原初物质复合而成，"阴阳说"、"五行说"、"八卦说"及印度的"四根说"，都是多元论的说教。

现在我们就从发生学意义上追问哲学的起源与发端。据历史记载，泰勒斯的"水是万物的本原"的论断，是哲学史上的第一个命题，而且是第一个唯物主义命题，他第一次摒弃了用自然世界之外的东西来把握世界本质的唯心主义做法，而是从自然界本身中探析自然奥秘的真正本质，这就意味着一种新的意识形式即哲学的诞生。"水"不仅是万物

---

[1] 《马克思恩格斯选集》（第3卷），人民出版社2012年版，第868页。

之本、世界之始，也是万物变化的根本动因，不仅是本体论意义上的，而且宇宙生成论意义上的。正如亚里士多德在《形而上学》中所说的那样，"那些最早的哲学研究者们，大都仅仅把物质性的本原当作万物的本原，因为在他们看来，一样东西，万物都是由它构成的，都是首先从它产生，最后又化为它（实体始终不变，只是变换它的形态），那就是万物的元素、万物的本原了。因此他们认为，既然那样一种本体是常存的，也就没有什么东西产生和消灭了……这一派哲学的创始人泰勒斯就把水看成本原"。① 有人认为，从上引《形而上学》第 1 卷第 3 章的论述看，亚里士多德并没有直接说泰勒斯提出世界"本原"或者万物"本体"这个范畴，他只是说"最早的哲学研究者们，大多数只把物质性的东西当作万物唯一的本原"以及"这一派哲学的创始人泰勒斯认为水是本原"。② 换言之，泰勒斯只是认为世界的本原是"水"，但"水"并不是一切事物的本质，他没有也不可能从实质上认定世界本质一定是水而不是其他东西，只是从发生学意义上认为一切东西都与"水"有关。在笔者看来，这其实并不矛盾，提出"水"是万物之源就是对自然之原、世界本体的肯认，只不过当时因为没有描述世界本体的统一范畴，泰勒斯只能以一种具体物质形态命名之，"水原说"其实就是哲学本体论的最早形式，无论其具有何等的朴素性、简单性、猜测性，它已经是对世界统一本体的描述而非对生活现象的直接指认。

显然泰勒斯的"水原说"的确是来自对生活现象的直接观察，万物的确因水而生、因水而存，死亡后又复归于水，一切事物总是千变万化的，而唯独水是不死不灭、恒常存在的，水永远具有自身的同一性，"它作为实体，永远同一，仅在自己的规定（πάϋεσι）中变化"。③ 当年，面对这一问题，亚里士多德也曾经从哲学上推断说，泰勒斯"之所以得到这种看法，也许是由于观察到万物都以湿的东西为滋养料，而且热本身就是从湿气里产生，并靠潮湿来维持的（万物从其中产生的东西，也就是万物的本原）"；还说，"他得到这种看法，可能是由于这

---

① 北京大学哲学系外哲史室：《西方哲学原著选读》（上），商务印书馆 1958 年版，第15—16 页。

② 汪子嵩等：《希腊哲学史》（第 1 卷），人民出版社 2014 年版，第 131 页。

③ 《马克思恩格斯选集》（第 3 卷），人民出版社 2012 年版，第 867 页。

个缘故，也可能是由于万物的种子都有潮湿的本性，而水则是潮湿本性的来源"。① 今人也有推断说，泰勒斯"水原说"是来自他存在的环境所导致的海洋崇拜，是一种原始图腾崇拜意识在作祟，只能从原始宗教文化上找原因而不能从生物学上附会，"水原说"只能是原始宗教的祭拜理念而非什么哲学本体论或者生成说。有人从中国古代哲学中探询泰勒斯"水原说"的文化内涵，认为水善处下、上善若水，水能够"润生泽物"，是一切"生命的原则"② 和有生命的事物所呈现出的生机勃勃的象征符号，认为"水原说"是一种文化价值理念或者原始文化标识。更有甚者，如黑格尔所说，特别是西塞罗在这个问题上走得更远，他根据某个伊壁鸠鲁学派成员的记载，进一步将这种曲解了的世界心灵解释成为一种神秘的"创造者"，认为米利都学派的泰勒斯的"水原说"，揭示的是"神则是用水创造出万物的精神"。③ 基于此，黑格尔认为从造物主意义上解释"水原说"，这纯粹是一种空话。因为，泰勒斯是否相信神造论，其实这与我们的问题无干，哲学本体论问题所谈论的不是假设、信仰、民间的宗教，即使他提出过"神用水造物"的思想，我们也不能借此而对世界本质有更多认识，因为"这是毫无意义的空话"。④ 关于为什么泰勒斯将水视作哲学的起源，在哲学史上形成了一种思想公案，见仁见智，众说不一。在黑格尔看来，泰勒斯将水认同为世界万物的客观本质，是一切事物自身反映自身的"实在"，这是从本体论角度讲的，"因此哲学的开端便在于把世界认作水——一种有单纯的普遍性或一般的流动性的东西"。⑤ 虽然，黑格尔还从哲学思想的义化根源上来注解"水原说"，认为"古代的传统是：一切都从水中产生，水便是誓言"⑥，但是，黑格尔根本否认"水原说"的文化、宗教上的神秘意义，认为仅仅依赖于对水的崇拜不足于说明哲学思想的构

---

① 汪子嵩等：《希腊哲学史》（第1卷），人民出版社2014年版，第132页。
② 张志伟：《西方哲学史》，中国人民大学出版社2002年版，第30页。
③ 汪子嵩等：《希腊哲学史》（第1卷），人民出版社2014年版，第145页。
④ 《马克思恩格斯选集》（第3卷），人民出版社2012年版，第867页。
⑤ ［德］黑格尔：《哲学史讲演录》（第1卷），贺麟、王太庆等译，商务印书馆1981年版，第184页。
⑥ 同上书，第185页。

成，必须从哲学的思辨性特质上说明这一点的本体论、世界观意义。泰勒斯所说的水不是一般意义上的自然物质的"水"，而是具有普遍性精神原则的形而上的"水"，它不是神话意义上的海神或者水鬼，而是用之说明一切得以发生的总依据，用这种普遍性的精神原则将大千世界进行一个总概括。可见，在很小的意义上，黑格尔离开了神，但是，在更高的意义上，他又回到了神。

黑格尔哲学与宗教有所区别，但是，不是原则性上的区别，正如邢贲思所说，这种区别不是本质的，"从本质上说来，宗教神学和黑格尔唯心主义哲学之间并没有什么不同。宗教捏造了一个神，把它说成是凌驾于世界之上的万物的创造主；黑格尔的哲学则提出了一个'宇宙精神'，把它也说成是凌驾于世界之上的万物的创造主，黑格尔所说的'宇宙精神'，实际上就是神的别名"。① 在黑格尔看来，"水"就如绝对的实体一样，作为绝对形式，自己同自己相区别。一方面它是这样的总体，即以前的被动实体，它是原始的东西；作为从规定性出来的自身反思，作为单纯的整体，在自身中包含它的建立起来的东西，并且在其中被建立为与自身同一，即普遍的东西；另一方面又是这样的总体，即以前的原因的实体，同样作为从规定性出来到否定规定性的自身反思，这样，它作为与自身同一的规定性，也同样是整体，但被建立为与自身同一的否定性，即个别的东西。换言之，"在普遍性的环节上，即在纯粹思想的领域或本质的抽象成分中，本质就是这样的绝对精神，它首先是预先假定的东西，但不是始终封闭的东西，而是作为因果性反思规定中的实体性力量而为天和地的创造者，但在这个永恒的领域内毋宁说只是产生者自己本身作为它的儿子，它始终在与这个有区别者的原始同一性中，又同样永恒地扬弃自己作为与普遍本质有区别的东西这个规定，并且通过这个扬弃自己的中介之中介，最初的实体本质上就是作为具体的个别性和主体性，就是精神"。② 这种绝对的、普遍性的实体或者精神，不是别的什么，其实就是上帝的代名词。

---

① 邢贲思：《哲学和启蒙》，人民出版社1980年版，第174页。
② ［德］黑格尔：《精神哲学——哲学全书》（第三部分），杨祖陶译，人民出版社2006年版，第380页。

其实，这些看法都有一定的猜测性，这种猜测也有一定道理，因为看到了水所具有的一般性、普遍性意义，但是仍然没有看到"水原说"的本体论意义和唯物主义实质。对此，恩格斯倒是看得很明白，认为泰勒斯的"水原说"虽然极具朴素自然观的特征和"物活论"（认为"万物都充满着灵性"，一切事物都具有灵魂）的杂质，但是"在这里已经完全是一种原始的、自发的唯物主义了，它在自己的起始时期就十分自然地把自然现象的无限多样性的统一看作不言而喻的，并且在某种具有固定形体的东西中，在某种特殊的东西中去寻找这个统一，比如泰勒斯就在水里去寻找"。① 在这里，"水"不再是一般意义上的水了，而是具有了哲学的思辨性神韵，哲学家已经将之当作一个世界万事万物之普遍性的原则来运用了，超越了一个有限性个体的感性局限性而进入到一个包罗万象的并可用来解释一切的普遍概念中去了。

古代哲学的发端，实质上就表现为一种哲学概念的营建，一种哲学语言的追寻和探访，因为当时没有任何一个概念能够运用于描述整个世界的普遍性原则与特质，这种概念还有待于创造，故而权且用蕴含着一般性原则与特质内容的具体的物（水、火、气等）来代替。一方面，原初的具体物质形态是成千上万的、林林总总的，用某一种或某几种物质形态描述世界性的特质，的确具有某种方便性，甚至也可以解释出一些带有普遍性的内涵，但它毕竟只是一种或其中的某几种，用它或它们指称世界万事万物的本体或者本质，实际上在逻辑上就是悖理的，用特殊代替一般实际上就说不通；另一方面，用特殊指称一般，普遍受到质疑的问题就是，如水、火、气等，一种具体之物，它或它们是怎样超越感性具体的制约而达到哲学上所说的世界观意义并被作为一种普遍性的原则处处使用的呢？

哲学语言发端的这一难题，在古代那里没有获得自觉的认识，今天人们从"言"与"在"的关系上才真正破解了这一难题。解铃还须系铃人，化解哲学语言发端的难题还要从语言本身去寻找。任何一个具有实际含义的实词，其本身当被运用起来时，就会发生意义的翻转，就会产生最语言学现象——"倒谓功能"。实词本身就表达了一个普遍性的

---

① 《马克思恩格斯选集》（第3卷），人民出版社2012年版，第867页。

东西，实词本身就蕴含着普遍性的一个概念，实词本身与它所表达的内容即意谓就自然区别开来了，实词既是指这一个具体的物，也是指一种物所拥有的普遍的本质，当人言及一个具体的物时，同时就会把这个物所代表的一类事物及其属性表达出来，"一"就是一切，一切就会成为"一"。康德曾经对此作过很晦涩的揭示，他认为"一般杂多的联结（conjunctio），决不能通过感官进到我们里面来，因而也不能同时一起被包含在感性直观的纯形式里；因为它是表象力的一种自发性行动，并且，由于我们必须把它与感性相区别而称作知性，所以一切联结，不论我们是否意识到它，不论它是直观杂多的联结还是各种概念的联结，而在前一种联结中也不论它是经验性直观杂多的联结还是非经验性直观杂多的联结，都是一个知性行动，我们将用综合这个普遍名称来称呼它，以借此同时表明，任何我们自己没有事先联结起来的东西，我们都不能表象为在客体中被联结了的，而且在一切表象之中，联结是唯一的一个不能通过客体给予而只能由主体自己去完成的表象，因为它是主体的自动性的一个行动"。① 黑格尔在其《精神现象学》一书中对之也曾经作过十分明确的说明，在他看来，"当我们说出感性的东西时，我们也是把它当作一个普遍的东西来说的"②，语言"具有这样的神圣性质，即它能够直接地把意谓颠倒过来，使它变成某种别的东西"③，转变成一类事物的共相。

从黑格尔的说明中我们可以看到，哲学实质上就是从语言上起源的，哲学中的所有问题都几乎与语言的神圣性质有关，无论未来哲学发展中所展示出来的本体论、认识论、辩证法、历史观等一切内容，无不与哲学语言的奇特功能内在相关，换言之，这些内容都是哲学语言学上努力建构的产物。正如有人所说的那样，"黑格尔探索到语言的这种特性，揭示出人的认识中，主观与客观、本质与现象、普遍与个别相互反转、倒置的逻辑线索，把它归结为语言的颠倒功能并加以神圣化"。④

---

① ［德］康德：《康德三大批判合集》（上），邓晓芒译，人民出版社 2009 年版，第78 页。

② ［德］黑格尔：《精神现象学》（上），贺麟译，商务印书馆 1979 年版，第 66 页。

③ 同上书，第 73 页。

④ 张雄、鲁品越：《新时代哲学探索》（下），人民出版社 2014 年版，第 1714 页。

用一个感性个体来表达一个普遍概念，实际上，就是把表达感性个体的实词所蕴含的普遍性层面化作共性或共有的东西，并将之提升到一个更高的、更普遍的层面来运用，不是以特殊代替一般，恰恰相反，而是在普遍中把握特殊。这当然是一种伟大的哲学创举，泰勒斯也就是在这个意义上成为哲学的鼻祖的。哲学发端于这种语言的颠倒，质言之，通过探询语言的"倒谓功能"以揭示哲学的缘起，"这不是没有根据的，而是根植于语言本身的本质"。① 泰勒斯用"水"指称世界本质的努力，实际上就是在积极探询哲学语言的努力，努力用一种蕴含普遍性意涵的东西来指称世界本体的努力，试图超越日常语言而构思哲学语言的努力。

此后的古代哲人探询哲学语言的努力及其形成的"逻各斯精神"。阿那克西曼德不满意泰勒斯用一种具体的物来认定世界的本体，认为世界是无限性的，它的本源是无定型的"阿派朗"，而不是什么具体的物，他开始运用有限与无限这对范畴来进一步明确世界的本体或者本质。在他看来，世界上存在的任何一种东西，只有两种情况，要么就是本源的，要么就是来自本源的，它不可能在这两种情况之外存在。而对于本源的东西而言，可以说都是无限的；反过来情况却不同了，无限者却没有本源，它只能成为其他事物的本源。因为说无限者有本源就等于说它有限，无限的东西作为本源是不死不灭的，而来自本源的东西即产生出来的东西，都要达到一个有限性的终点。"水"之所以能够成为世界本源，是因为它自身蕴含着某种普遍性的东西，这种普遍性的东西就是无定型性，而这种性质又受到具体感性阈限，不如将世界的本源直接认定为一种无定型者即"阿派朗"，任何一个具体之物都是有限的，而一个自身是有限性的东西，是不能够成为其他事物的本源或本质的，要断定世界的本体必须对之进行更高的抽象概括，"万物由之产生东西，万物又消灭而复归于它，这是命运规定了的"。② 正是在无限者无限的变化中才产生了世界的万事万物，它们在数目上是无限多的，宇宙就是

---

① 邓晓芒：《思辨的张力——黑格尔辩证法新探》，湖南教育出版社 1992 年版，第 15 页。

② 北京大学哲学系：《古希腊罗马哲学》，商务印书馆 1982 年版，第 7 页。

这样生成的。可见，阿那克西曼德的意义在于，将一切事物中的某种共同的属性提升到宇宙本体的地位加以强调，使得世界本源脱离了具体之物的感性界限。但是，问题在于无限者究竟是什么，"阿派朗"不可能一点具体的内涵也没有，它不可能只是飘散在空中而不落实在具体之物上，成为世界本源的东西不可能是不可捉摸、飘忽不定、无法言说的东西，而必须是既具有普遍性的本质又能够从一中产生出多，显然"阿派朗"作为一种扑朔迷离的"中间物质"或者"水"的某种属性，不是这样的东西，它还没有能够让人们以之对世界本源获得满意的解答。

而他的学生阿那克西米尼则不满意用纯粹否定的东西来描述世界本体，世界本质不可能是一种无法言表的、不可名状的东西，必须从一切无定型事物中找到最无定型性的东西来认定世界本体。他找来又找去，认为世界的本源是"气"，因为它具有无定型的性质，可以解释万物的至高本体；又由于它自身具有两种对立的势力即凝聚与稀释，故而可以解释世界万物的生成变化。"气"自身具有无定型性的特点，用之解释一切物的无定型性，毕竟还要受到自身独特个性的制约，不能为一切事物的生成变化提供终极的动因。只有摆脱一切感性个体的具体界限，探索摆脱一切纯粹否定性的"无"，才能建立一种普遍共相的概念以揭示世界本体究竟是什么。而按照亚里士多德的说明，在毕达哥拉斯那里，这种情况有了一次重大的飞跃。他试图摆脱感性的局限而从抽象中获得对世界本体的把握，他反对从感性个体中引出世界普遍本质的做法，认为不能从感觉对象中引出始源或始因。而相反，始源或始因则是为了引导一切事物"达到一种更高级的实在"①，而"数"就是这样的东西，它是一种抽象的定型，它是无限多的，而又是永恒不变的"小点"，存在于各种各样的和谐关系中。正是以此出发，后来的赫拉克利特从和谐关系中引出了"逻各斯"——普遍的尺度的概念。

与其他自然哲学家一样，赫拉克利特也试图从世界万物中找寻世界的本体或本源，用感性自然的某物来说明自然界的一切事物的缘起与本质，认为"火"是万物的始基，"这个世界，对于一切存在物都是一样的，不是任何神创造的，也不是任何人所创造的；它的过去、现在、将

① 北京大学哲学系：《古希腊罗马哲学》，商务印书馆1982年版，第39页。

来永远是一团永恒的活火，在一定的分寸上燃烧，在一定的分寸上熄灭"。①"火"是唯一的、变动的，它没有实体和固定的边界，它产生了一切物，"一切都是火的转换"②，一切变为"火"，"火"又变成一切，整个世界统一于"火"；不仅如此，"火"还是宇宙万物的生成因，一切皆流、无物常住，"火"按一定分寸的燃烧与熄灭成就了万事万物的生成变化。它的突出贡献在于，一方面，不再从世界之外去找寻一种神秘的无定型者，来解释一切事物变化与发展的原因，而是从自身寻找自己发展变化的原因，为"实体自因"说打下最初基础。在他看来，世界的本源既是无定型的东西，又是能自己给自己定型并给其他一切物定型的东西，这个东西在自然物中只能是"火"，"火"中存在的对立面的统一就是一切的生成因，这就克服了以往世界万物外因论的谬误。

另一方面，认为"火"按照一定分寸燃烧与熄灭，"火"能自身运动，能如灵魂一样，赋予事物以灵性，实际上就是万事万物生成变化的一般规律即"逻各斯"。"逻各斯"就是万物变化的规律、尺寸，它显现为各种各样的关系，其中对立统一关系是根本性的关系，特别是存在与非存在、踏进与不踏进的关系更具有根本性，并以此演变成并被后人不断提升为了"理性"的一般概念。"逻各斯"不是个人的东西，从语言层次上看，它是每个人共有的东西，它是一般、共相，人的智慧就在于认识"逻各斯"，感性只能认识事物的现象并得出某些意见，而唯有获得"逻各斯"的那种理性认识才能获得真知。他认为人们可以不听我的话，但要听从"逻各斯"的话，唯有"承认一切是一才是智慧的"③，认识的根本任务就是把握这种支配一切、指导一切、驾驭一切的、创造一切的共同尺度，是每个人的灵魂共有的"逻各斯"，它才是万事万物运动变化的基本规律与根本原因，是支配一切事物的对立面统一的运动法则，掌握了它，人才能按照自然行事。他提出要把握万物如何驾驭并贯穿一切以及为什么"一切是一"的问题，其实"都是要理

---

① 北京大学哲学系外哲史室：《西方哲学原著选读》（上），商务印书馆1981年版，第21页。
② 北京大学哲学系：《古希腊罗马哲学》，商务印书馆1982年版，第17页。
③ 汪子嵩等：《希腊哲学史》（第1卷），人民出版社2014年版，第391页。

解不同的万物背后的统一性"①,"逻各斯"就是这种内在统一的实质性的东西。这种每个人都具有的灵魂而且又是万物存在的尺度与规律的东西是什么,换言之,什么东西既具有主观意义同时具有客观意义,它既是主观意义的表达与展示,又是自己所展示出来的东西,即人人必须遵循的规律,这种东西不是别的什么,其实就是人的语言。语言作为普遍的尺度就是世界存在的"逻各斯"意义实际上是语言赋予的,"逻各斯"暗示了一种不可言及的东西的存在,那就是世界的共同本质。人的语言既是主观的又是客观的,既能表达意谓又能揭示"意指",是人与自然分化与统一的媒介或基础,"语言是人的东西,同时又是自然的东西,它是对象化了的人的东西和人化了的对象的东西"。②

语言是人与自然沟通的媒介,又是人与自然分化的基础,它能揭示出使一切都在变化而它自己不变的根本,能够指称世界万物的灵魂与基质,正如马克思所说,"人的第一个对象——人——就是自然界、感性;而那些特殊的、人的、感性的本质力量,正如它们只有在自然对象中才能得到客观的实现一样,只有在关于一般自然界的科学中才能获得它们的自我认识"。③ 而且,在马克思看来,语言作为感性的自然要素,是主客观的统一,"思维本身的要素,思想的生命表现的要素,即语言,具有感性的性质"。④ 哲学对世界本体的把握,实际上表现为对概念或语言的追寻,这种追寻却在赫拉克利特的"逻各斯"中回到了语言自身。当人们纷纷议论该用一个什么样的词语来表达世界万物的统一基础与起源时,他说就用"词语"这个共有的东西来表达吧。语言就在本体论中获得了一次语用学上的重大提升,把语言的本性赋予了世界以本体地位,语言自身的特质能够使世界统一、万物皆流的普遍原则获得敞亮,这是哲学在语言学上获得的一次重大的觉醒,也是哲学获得语言学发轫的关键性环节。这就是西方哲学的"逻各斯精神"或者"逻各斯传统","这种'逻各斯'在代表一种世界的统一性原则时,更代

① 汪子嵩等:《希腊哲学史》(第1卷),人民出版社2014年版,第413页。
② 邓晓芒:《思辨的张力——黑格尔辩证法新探》,湖南教育出版社1992年版,第24页。
③ 《马克思恩格斯文集》(第1卷),人民出版社2009年版,第194页。
④ 同上。

表了一种精神——希腊哲学乃至整个西方哲学一以贯之的人文精神"①，它赋予了万物以本体，使得人的语言及其所表达的存在合二而一，语言成为存在化的语言，存在成为语言性的存在，"言"与"在"获得了初步的然而却是明确的统一规定。如有的论者所说，"在西方哲学史中，赫拉克利特哲学的'逻各斯思维'，它的思维逻辑是与自在存在的'逻各斯'（logos）一致的，自发地做到了哲学的逻各斯思维与自在存在的'逻各斯'的统一"。②

赫拉克利特的这种"逻各斯精神"或者传统，认为世界的本源存在又不存在、人踏进又不踏进同一条河流，显然极具辩证性；当然，也具有朴素的自发的特点，毕竟是以感性直观为对象的，"这种观点虽然正确地把握了现象的总画面的一般性质，却不足以说明构成这幅总画面的各个细节；而我们要是不知道这些细节，就看不清总画面。"③ 应该说，直到巴门尼德的存在论学说，才为古希腊哲学人辟开了一条探询世界本源的新的路径，"巴门尼德关于存在的思想具有划时代的意义，对于希腊哲学乃至整个西方哲学的形成和演变产生了不可估量的影响"。④在巴门尼德的《论自然》中，他主要论证了有互相联系的两个问题：一是存在与非存在的对立；二是真理之路与意见之路的区分。关于存在的探讨，形成了真理之路，关于非存在的探讨，形成了意见之路。对存在与非存在的对立，他认为，如果认为一种东西存在又不存在，这就会陷入悖理，"我们不能这样说和这样想：只有存在物是存在的。因为存在物的存在是可能的，非存在物的存在则不可能"。⑤ 即存在者存在，它不可能是非存在。存在是唯一的、连续的，是永恒的、不死不灭的，是不动的、完满的，是可述说的、可思想的，"作为述说、作为思想一定是存在的东西，因为存在存在，非存在是不存在的"⑥，"如果没有思

① 韩秋红等：《西方哲学的人文精神》，人民出版社2010年版，第56页。
② 倪志安：《马克思主义哲学方法论研究》，人民出版社2007年版，第122页。
③ 《马克思恩格斯文集》（第9卷），人民出版社2009年版，第23页。
④ 张志伟：《西方哲学史》，中国人民大学出版社2002年版，第45页。
⑤ 北京大学哲学系：《古希腊罗马哲学》，商务印书馆1982年版，第51页。
⑥ 苗力田：《古希腊哲学》，中国人民大学出版社1989年版，第93页。

想表达于其中的存在的东西，你便不会找到思想"①，换言之，存在与思想是同一的。在他看来，我们不能从直接当下的具体存在物中寻找世界万物的本源，应该超出感性具体去探询具有更高本质的东西，感性具体的存在者如水、火、气等，的确是存在的，但总会变成非存在，唯有使存在得以存在的存在本身才是唯一、永恒、完满、不动的存在，"存在者存在。……存在者本身产生出来的，也不能消灭，因为它是完全的、不动的、无止境的。它既非过去存在，亦非将来存在，因为它整个在现在，是个连续的一"。②

以往的自然哲学家们在"言"与"在"的关系上存在诸多局限性，其根本的认识误区在于——他们对世界本体或本源的探讨，只局限在可观察的、可经验的基础之上，把非存在的具体物当成了存在本身。其实，经验的对象都是可变的、易逝的，都是处在生灭变化中的具体事物，都是一些偶然的非存在或者终究会变成非存在，对这种非存在进行思考和追问，只能获得一些各式各样、莫衷一是的"意见"，而不能通达普遍必然的共相或者本体，这条路是行不通的。除此之外，哲学只能有一条路可走，那就是超越或者摆脱具体感性的局限，深入揭示事物存在的真谛，或者说，以存在作为哲学拷问的对象，追问存在何以成为存在而不能变成非存在，这就会获得普遍性的真理，这是一条探询真理的道路。"但是巴门尼德告诉我们，思想与存在同一，思想的东西与存在的东西是一，因此我们不能去想那'不存在'的东西，'思念'不是'想'那过去存在而今已不复存在的东西，历史性的'思想'是把过去、现在、未来统一起来思考，因此，'思想'作为'回忆'是'思念''曾在'的事，过去、现在、未来都是'存在'，构成 Dasein 的世界。"③ 因为，唯存在者存在，非存在等于不存在，人们的认识只能以存在为对象，而不能追问根本不存在的东西。这样看来，唯有存在才能被思考、被言说、被述及，非存在是不能被思考、被言说、被述及的，

---

① 苗力田：《古希腊哲学》，中国人民大学出版社 1989 年版，第 96 页。

② 北京大学哲学系外哲史室：《西方哲学原著选读》（上），商务印书馆 1981 年版，第 32 页。

③ 叶秀山：《思、史、诗——现象学和存在哲学研究》，人民出版社 1999 年版，第 205 页。

因为它根本就不存在，即使是言说它，也没有什么意义。反过来也一样，唯有能够被思考、被言说、被述及的，才能存在，根本不能被思考、被言说、被述及的东西，根本上就是虚无，所以，"作为思想和作为存在是一回事"。① 顺着这样的理路，后来的学者们很自然地得出了这样的结论，事实上真正存在的存在者不是真正的存在，唯有被语言述及的存在，才是真正的存在。存在不在语言之外存在，就内在地存在于语言中，存在就是语言的产物，语言就是存在的真正本质，也是存在的真正界限。

哲学语言力图把握"作为存在的存在"及其形上理路的形成。巴门尼德将存在确定为哲学研究的对象，在西方哲学史上具有最要意义，从此哲学人不再固恋于一种或者几种原初的物质形态，并武断地将之认定为世界万物的本体或者本源，不再过多地追问自然的根据或者构成成分是什么的问题，而是进一步探索世界万物统一的基础、普遍的本质是什么的问题，为本体论哲学的发端既找到了理性支点、奠定了基础，又为它以后的发展指明了方向。与原来追问时间上在先的实际本源不同，巴门尼德追问的是作为逻辑上在先的东西，这种逻辑上在先的东西不是具体的某种物，而是一切万物的统一的存在根据即"存在本身"。表明了存在之于存在者，不是生成性的本源，而是本质性的依据，他追问的不是具体的万事万物产生的源头是什么，而是万物存在的内在统一的本质或者依据。这种东西通过人们的感觉是把握不到的，通过感觉只能获得意见，唯有通过思想或者理性才能获得真理，即，使一切存在者得以存在的存在本身。为什么在巴门尼德的存在学说中蕴含了本体论或者形而上学的理路，是因为"'存在'概念在语言学上与印欧语系所特有的系词结构有着极具密切的联系"。② 他所说的"存在"一词，就是希腊语系中的系动词"是"（be），它从抽象意义上可以指一切东西的普遍性存在，从具体意义上也可以指具体某种物的实际存在，汉译中没有对应的词，权且译作"存在"。在古希腊人那里，人们对物的言说

① ［古希腊］亚里士多德：《形而上学》，苗力田译，中国人民大学出版社1993年版，第93页。

② 张志伟：《西方哲学史》，中国人民大学出版社2002年版，第45页。

（"言"）与物本身（"在"）没有得到明确区分，"言"即是"在"，"在"即是"言"，"言"、"在"混一、彼此不分，物存在于语言的描述中，语言所描述的存在，就是事物本身的真实存在，没有在语言之外的存在，能够被表述的必定是存在，非存在不能被表述。

当哲学人企图在变动不居的自然万物中去追寻永恒不变的世界本源时，巴门尼德却发现没有任何一种具体的存在物是永恒不灭的，它们都曾经存在着，但都归于寂灭，真正在变中不变的东西，只能是系动词的"存在"，"存在"或者"是"不会因为主语与宾词的变化而变化，更不会因为外在事物的生灭变化而变化，它永恒不变地"存在"或者"是"，这个"存在"或者"是"就是使万事万物真正"存在"或者"是"的语言学根据，所以哲学追问的不是时间上在先的本源，而是逻辑上在先的存在或者本质。一切"思想只能是关于存在的思想，因为你找不到一个没有它所表述的存在的思想"①，非存在不能被言及、被表述，故而根本不是存在。"'存在'兼有联系动词'是'和实义动词'有'的意义；'非存在'并不是不存在，而是指它不是存在。"② 唯有可以言说、可以思议者才是存在的，因为能被思维者与能存在者，不是二分的，根本上是同一的。那些不存在者，你既不能认识也不能说出，你找不到一个思想是没有它所表达的存在的。这样看来，能被表述就一定能被思想，而能被思想就一定是被表述了一个存在，所以"言"与"在"是内在合一的。正是在这个意义上，黑格尔说，"真正的哲学思想从巴门尼德起始了，在这里面可以看见哲学被提高到思想的领域"。③他提出了存在与非存在、思想与存在的对立统一关系，就是在他的存在学说里人们发现了辩证法的真正起始，换言之，"思想在概念里的纯粹运动的起始；因而我们就发见思维与现象或感性存在的对立，自在物与这一自在物之为他物而存在之间的对立，并且我们发见客观存在本身所具有的矛盾（真正的辩证法）"。④ 而且还说，"在这个学派里，我们看

---

① 汪子嵩等：《希腊哲学史》（第 1 卷），人民出版社 2014 年版，第 634 页。

② 黄颂杰：《古希腊哲学》，人民出版社 2009 年版，第 38 页。

③ ［德］黑格尔：《哲学史讲演录》（第 1 卷），贺麟、王太庆等译，人民出版社 1956 年版，第 267 页。

④ 同上书，第 253 页。

见思想本身成为独立自由的了；在爱利亚学派所说的绝对本质里，我们看见思想纯粹地掌握其自身，并且看见思想在概念里的运动了"。① 巴门尼德存在学说的最大贡献在于，从语言本身的辩证内涵、从系词结构的特质上找到了哲学的真正开端，或者如黑格尔所说，找到了纯思的辩证运动的真正起点，从而摒弃了原来从自然物身上寻找哲学始源的种种误解。

巴门尼德将真理与意见区分开来，认为凡是能够被述及的都是存在，"存在"就是"对于真理的可靠的言辞和思想"②，而凡是人们在语言中加以固定的东西都是空洞无物的非存在，"非存在"就是对众说纷纭的各种意见的说明。由于语言作为普遍的尺度——"逻各斯"，是因人而异的，人们依凭它可以进行各种各样的强词夺理，因而关于"真理的可靠的言辞"也会莫衷一是。正如普罗塔哥拉所说，"人是万物的尺度，是存在的事物存在的尺度，也是不存在的事物不存在的尺度"。③ 这就陷入了悖理，认为真理不仅是多元的而且是相对的，实际上就是取缔了统一的真理与普遍的尺度。高尔吉亚则认为，语言不能变成存在，存在也不能变成语言，"语言不是主体和存在物，所以我们告诉别人的不是存在而是语言"。④ 语言与存在不是等同的，具体存在一物与我们言及一物是根本不同的。譬如，存在的事物都有处所，存在的事物被人言说，我们不能以此说语言也有处所，我们"不能从语言的存在感知事物的存在"⑤，事物的具体存在与把握在语言中的存在是截然不同的，作为可见的具体事物的存在与言及的存在毕竟是两回事，我们用来感知事物的手段与用来感知语言的手段也是两回事，不能混为一谈。"不是我们的语言转达我们之外的东西，而是我们以外的东西表达语言。"⑥ 哲学语言要成为"在"的真理，必须摆脱感性的局限而成为

---

① ［德］黑格尔：《哲学史讲演录》（第 1 卷），贺麟、王太庆等译，人民出版社 1981 年版，第 253 页。

② 北京大学哲学系外哲史室：《古希腊罗马哲学》，商务印书馆 1957 年版，第 51 页。

③ 同上书，第 138 页。

④ 苗力田：《古希腊哲学》，中国人民大学出版社 1989 年版，第 193 页。

⑤ 叶秀山：《前苏格拉底哲学研究》，生活·读书·新知三联书店 1982 年版，第334 页。

⑥ 北京大学哲学系外哲史室：《古希腊罗马哲学》，商务印书馆 1957 年版，第 143 页。

普遍的东西，它不仅不能受到感性的限制，而且必须具有统摄一切的能力；更重要的是，哲学语言唯有从感性自然的东西中超拔出来并发展为普遍的原则，才能把潜在于人们思想意识中的普遍概念明确地呈现出来，才能透过各种纷乱的意见以发现真理。正是受到这种思想的启示，苏格拉底才提出了他的"概念论"哲学。认为对常常处于变化中的感性东西的认识，是不可能有知识的，只能得到意见；真正的知识是对唯一不动的存在的把握，真理来自思想与存在的一致性，来自对千变万化中永恒不变的东西的追问，来自对"是什么"的问题的追问。自然万物生灭不定，但其中永恒不变的普遍性东西，构成了事物的本质，哲学追问的不应该是具体的"在者"，而应该是这种内在的本质和存在的依据即"是什么"。唯有认识了事物的"是什么"，才能获得普遍本质并形成知识。"苏格拉底寻求的是本质，因为他是探讨推理（三段论证，syllogize），而'事物是什么'正是三段论证的出发点；如果还没有能使人得到本质知识的辩证能力，就不能去思考相反的东西，也不能研究是否有同一门学问是研究相反的东西的。"① 换言之，苏格拉底正是以探询事物"是什么"为支点，开辟了古希腊哲学对形上本体的致思之路。

苏格拉底追问的事物"是什么"，就是一事物就其自身而言决定它是这一事物的定义或者"概念"，决定一事物是它自己而不是别的事物的东西，其实就是事物的本质，弄清事物自身的本质也就是弄清事物的概念，把握了"是什么"的概念也就是揭示了事物的本质。柏拉图正是在这个基础上建立了他的"理念论"。"理念"显然是从"是什么"的定义而来，其基本的规定就是"由一种特殊的性质而表明的类"②，是超越个别事物之外并作为其存在根据的实在。柏拉图将世界一分为二，认为相对于感性世界，还存在着一个"理念"世界，可感的具体事物是多种多样的，而"理念"则是变中不变的共相；前者是意见的对象，后者是知识的对象；前者相当于我们所说的现象界，后者相当于我们所说的本质界；一个是可感世界，一个则是可知世界。可感的事物

---

① 汪子嵩等：《希腊哲学史》（第2卷），人民出版社2014年版，第357页。
② 苗力田等：《西方哲学史新编》，人民出版社1990年版，第64页。

因为"分有"了或者"模仿"了"理念"，它才获得了存在的理由，事物是多，而"理念"是一。"理念"是事物的共相、普遍的本质，是事物存在的根据，是事物模仿的模型，也是事物追求的目的。一个事物就有一个事物的"理念"，所有的事物的"理念"集合起来便成为一个"理念"世界，它是现象界的主宰与目的。"理念"本来是从事物中抽象出来的共相或者本质，它只是思维中的存在而并非真正的存在，现在却变成了比具体事物还具有实在性的实体，"理念"之所以能够变成实体或者实在，这仍然是西方哲学语言的特殊魔法使然。黑格尔相信语言能够将意谓倒过来成为共相，"将它所表达的东西变成表达（或模仿）它的东西"。① 语言本来是传递思想的工具，现在却成思想研究的对象；语言本来是用于表达存在的，而现在语言却成为了需要表达的存在，"尽管语言所表达的东西与所说的语词不是一回事，但语词只是通过它所表达的东西才成其为语词，也只有融于被说的东西中，语词才具有其自身感性的存在"。② 事实的确如此，语言本来是用来表达感性事物的，一旦抽象出来并形成概念体系，它就成了一个普遍的尺度或者原则，它就超越了感性事物并成为衡量它的东西了，正如马克思所说："语言是思想的直接现实。正像哲学家们把思维变成一种独立的力量那样，他们也一定要把语言变成某种独立的特殊的王国。这就是哲学语言的秘密。在哲学语言里，思想通过词的形式具有自己本身的内容。从思想世界降到现实世界的问题，变成了从语言降到生活中的问题。"③

西方古代哲学从泰勒斯经过赫拉克利特到巴门尼德，又从巴门尼德经过苏格拉底到柏拉图，其基本的致思取向都是一样的，那就是企图通过思想来把握存在、揭示万事万物的内在本质与根据，随着这种致思理路不断深化和进化，情况出现了重大的转机，本来以存在为研究对象的存在论哲学，却演变成了以存在的意义及其范畴体系和逻辑结构为对象的形而上学。古希腊哲学发展到了柏拉图，哲学开始意识到自己要发展成为世界的普遍理性或最高真理，寻求哲学语言（逻各斯）的努力，

---

① 邓晓芒：《思辨的张力——黑格尔辩证法新探》，湖南教育出版社 1992 年版，第 30 页。

② 何卫平：《解释学之维——问题与研究》，人民出版社 2009 年版，第 151 页。

③ 《马克思恩格斯全集》（第 3 卷），人民出版社 1960 年版，第 525 页。

演变成了要建构一种抽象的概念王国的努力，并渴望通过范畴体系内部的相互关系以发现新的哲学思想。语言从目的变成了手段，理性也变成了单纯的工具，语言的颠倒功能已经完成，理性对生活的诗意表达已经穷尽，而哲学语言变成了抽象的独立王国，哲学作为形而上学的理性体系开始走上了抽象化、精确化、纯粹化的漫漫长路。首先进行这项逻辑化工作的是亚里士多德，他把研究"作为存在的存在"的学问视作"第一哲学"。在他看来，存在有两种，一种是"由于偶性的存在"；一种是"由于自身的存在"。前者是说某种属性偶然地隶属于某一种事物，后者是指在本性上属于主体自身的东西。哲学不以前者而以后者为对象，这种作为自身存在的东西就是范畴所表示的。作为"第一哲学"的形而上学，它不以所有的存在为对象，也不研究存在的某一部分、某一方面，这不是哲学的任务而是科学的工作，哲学要对存在自身进行研究即研究作为存在的存在，换言之，存在之为存在的根据，"存在着一种研究作为存在的存在，以及就自身而言依存于它们的东西的科学"① ——这就是后来被人称为"形而上学"的哲学。这里他所说的"作为存在的存在"，是指存在本身而不是存在的表现或者部分，存在与本源相关，这个本源是存在一切意义的内在依据，"尽管存在的意义有这样多，但'是什么'还是首要的，因为它表示实体"②，其他各种存在的含义皆因此而产生，对存在的研究实际上就演变为对实体的研究。实体从最根本意义上说就是主体自身，它是自身的原因又是其他事物的原因，它没有自己的对立物，永恒地只是"这一个"。实体又分为第一实体（具体个体）和第二实体（包含个体的种和属），实体是质料与形式的统一，而形式才是实体"是其所是"的根本原因。亚里士多德使哲学语言逻辑化了，失去了原来特殊的"倒谓"魔力。这种逻辑化不是亚氏的发明，而内在于语言的辩证本性及其运动中，是形上理性发展的本能使然，没有这种逻辑化，辩证思维是不能清晰地表述为一种理论体系并走向成熟的。

---

① ［古希腊］亚里士多德：《形而上学》，苗力田译，中国人民大学出版社 1993 年版，第 84 页。

② 苗力田：《古希腊哲学》，中国人民大学出版社 1989 年版，第 506 页。

语言在一定阶段上的抽象化、逻辑化和精确化是必需而有益的，也是势所必然、不得不然的，在语言的发展中就凝结了理性的主体化趋势，这构成了古希腊哲学"逻各斯"的语言本质。而后人在用理性的方式恢复古希腊哲学语言的逻辑本能时，也采用了同样的理性方法，致使哲学语言内蕴的努斯精神及其丰富的生活语义被窒息了，哲学变成了一维性的"逻辑的东西"——纯粹理性的哲学。必须以诠释学出发进行生活还原，才能宣示被自己的理性遮蔽了的"最终的根"。如苏联哲学家奥伊泽尔曼所说："在海德格尔看来，如果说在古希腊哲学中，语言的本质直接由'逻各斯'反映，那么以后的哲学则失去了对存在的最初直觉，现代人只有经常回归到哲学的古希腊源头才能接近存在。"①可见，亚里士多德对哲学的逻辑化、理性化，掩盖了早期哲人的诗意语言、也取代了柏拉图生动活泼的对话体，西方哲学以诗化和艺术化的语言所描述的努斯精神及其丰富的暗示性意义，均处于晦暗之中，以语言形式建构逻辑形式的努力注定是要失败的。对此，要牢记马克思"语言还原"的教导，"哲学家们只要把自己的语言还原为它从中抽象出来的普通语言，就可以认清他们的语言是被歪曲了的现实世界的语言，就可以懂得，无论思想或语言都不能独自组成特殊的王国，它们只是现实生活的表现"。②

第三节　西方哲学的语言学转向

现代西方分析哲学对形而上学的批判有过于偏颇之嫌，其偏颇之处在于刻意追求语言使用的逻辑性和科学性时，人为地挤压了语用学的合理空间与有效范围，致使在哲学的逻辑净化过程中消解了真实的思想魅力，不能为思想找寻一个可供栖息的诗意家园。存在主义语言学转向的目的正在于突破语言的这种逻辑限制，以便为人类找到一条探察存在真义的可能路径。而后现代主义语言学转向所倡导颠覆一切的解构行为，又造成了文化的荒漠化、零散化、集权化和独断化，使之不可能成为一

---

① ［苏］T. H. 奥伊泽尔曼：《元哲学》，高晓惠译，人民出版社 2013 年版，第 81 页。
② 《马克思恩格斯全集》（第 3 卷），人民出版社 1960 年版，第 525 页。

种主导人类文明向前向上发展的精神力量。了解这一点，对认识和建构马克思主义语言哲学极具理论意义。

近代西方经验论哲学在语言分析研究中的深入开展取得了一系列成就，但仍然留下了许多重要的疑难问题有待深入思考。譬如，认识主体具有自我反思、自我构造的能力，但这能不能成为认识得以产生和发展的根本基础？认识是主体对外部对象的反映和再现，但是认识的结果是否可靠，要由什么来检验？另外，人的语言所及的世界是真的存在抑或只是语言的产物，形而上学与本体论所描述的世界究竟有没有意义？如果有意义，又该如何界定这种意义？诸如此类的问题还有很多，这意味着西方哲学在经验主义认识论上的语言学转向使自身逐渐走向了终结或者死亡，抑或通过语言学转向而为自己辟开了一种自我生成之域；西方哲学从近代到现代再到后现代的语言学转向中，经历了从本质主义思维到生成主义思维再到解构主义思维的转换，那么这种思维方式的转换是否意味着传统的本体论与形而上学真的就是日暮途穷了？抑或通过后现代哲学的洗礼而实现了凤凰涅槃、浴火重生？对此，西方近现代逻辑经验主义、存在主义及后现代主义的哲学家们为破解这些难题提供了种种求解方案，从理论上梳理这些求解方案的得失，对我们今天发展和创新马克思主义本体论、认识论和语言学都不无裨益。

首先，从经验论哲学对语言使用界限的逻辑分析谈起。在近代西方哲学认识论研究中历来存在着一个最顽固的经验论教条，即认为人们的一切知识都不能从主观自生，都必须从感觉经验里获得；当然，要验证一个命题或者一个理论究竟是真是假，这不能仅仅在主观范围内找答案，而必须有赖于经验事实的检验，或者能被经验证实，或者能够被经验证伪，或者至少在逻辑上存在可证实、证伪的可能，或者能够最终还原为某种经验事实。易言之，我们的知识之所以正确，那是因为我们的观念与外部的存在之间具有一种内在契合关系，或者说，观念和外在事物之间存在着一一对应的、内外符合的关系。这就是说，我们关于外部世界的思想与这个世界本身的关系如何的问题，对这个问题的回答只有靠经验来裁决。一切观念都来源于感觉经验，任何观念如果在感觉中找不到来源或者没有感觉经验与其相对应，那就表明这种观念只能是一种虚假的观念，它给我们提供的知识也只能是一种虚假的知识。照此类推，一个理论或者命题压根不存在经验蕴含，没有经验事实的验证或者不能够被推翻，逻辑上永真的东西，那就证明它只能是虚假的或者是没有意义的。而现代西方哲学对这种经验实证原则提出了各种不同的看法，譬如维特根斯坦，他提出了用"图像论"来回答这个问题。① 在他看来，语言描绘世界，世界就是语言的图像，这说明语言的本质与作用就是对事物的描述，语言给我们提供的是一幅描述世界的图像。能够说清楚的就要说清楚，不能说清楚的就要保持沉默。图像是关于现实事物的符号，它之所以能够如实反映或者再现经验事实，是因为事物的图像原本就与现实之间具有某种逻辑上的相似关系，语言及其符号的内在逻辑结构与客观事物本身的内在结构存在一致性，这种结构上的内在一致性或相似性，就是维特根斯坦可实证性原则的理性依据。

但是，语言是通过命题来表述事实的，每一个命题都是一个事实的图像。构成命题的语言符号和构成事实的要素之间存在着一一对应的关系，语言符号在命题中的逻辑结构与构成事实的各个要素之间的事实结构，具有彼此一致的图像形式。既然每一个事实都是由一系列的原子事实所组成，那么描述这一事实的命题也应该由同样多的语言单位所组成，每一个最小的语言单位实际上就是一个句子或者命题，它都一一对应地反映了真实的存在事物，语言的最小单位和单个的事实之间存在一一对应关系，这种描述最简单事实的句子就是语言学所说的基本命题。最小的、不可再分的客观事实不是偶然堆积在一起的，它们之间具有某种客观的内相关关系，体现在语言描述上，也必然使之具有某种互相关联的逻辑结构，各种基本命题组成一系列命题系列，那么，任何命题都可以通过逻辑分析归结为基本命题中的经验蕴含。每一个命题都是对一个事实的肯定或否定，这种事实既可以是现实中存在的"正事实"，也可以是想象出来的"负事实"。哲学的任务就是既要研究现实的事实又要研究可能的事实，并对全部可能的事实作出合理的解释和说明，以揭示事实的全部可能性。命题的逻辑空间也就是由全部"正事实"和"负事实"组成的，逻辑上存在的可能性空间，当然要比真实的事实空间大得多，逻辑的可能性永远大于、多于现实的可能性，现存世界只是

---

① ［德］维特根斯坦：《逻辑哲学论》，郭英译，商务印书馆1985年版，第20页。

多种逻辑可能空间中实现了的一个真实世界，除此之外，逻辑空间中还有许许多多可能实现或者不能实现的能在世界，这就是借助我们的思维想象出来的意义世界。如果只描述"正事实"，那就会形成真命题，它如实地反映了外部存在，完全可以被经验事实所确证，对这类事实所形成的真命题都是自然科学所研究的命题；如果描述的是可能世界中的命题，那这类命题陈述的是一种"负事实"，构成了一种虚拟命题，因为它同样描述了逻辑空间中可能存在的事实，虽然它不能被经验直接证实，但它可以经受逻辑上的分析，因而它仍然是有意义的命题，对这类可能事实所形成的虚拟命题都是人文科学所研究的命题。可见，在经验上没有意义的命题，却可能是一些具有特定人文价值的命题。譬如：在审美关系领域和价值关系领域，经常会存在一些凭借内在体验或"内识"而能够心领神会的东西，这些东西是不可分析的、不可推断的、不可传达的，它纯粹是人们在高峰体验中获得的一种神秘感知的情感状态，可意会不可言传、可品鉴不可推敲，纯属本己性、私人性的情感认知，我们人生意义的"内识"或自省，这些都是一些不可言说的神秘对象，对人的"生存命义"均具有不可或缺的重要价值。只有那些没有表述任何事实的命题，才是需要清除的虚假命题。如果既没有表述"正事实"，从而不被经验所证实；也没有表述"负事实"，从而也不被逻辑所证实，这样的命题就只能是一种没有任何意义的虚假命题。以此说来，传统哲学所说的形而上学命题，既不揭示"正事实"也不揭示"负事实"；既不存在于经验事实中，也不存在于逻辑空间中，既不能被经验事实所验证，也不能够接受逻辑分析，是我们的思维和语言把握不住的，我们不能对其存在与否及其可能性作出判断，因而这类命题纯属没有任何意义的虚假命题，需要认真地予以清理。

其次，逻辑经验主义的语言学转向及其理性缺憾。在逻辑经验主义者看来，讨论存在、本质、无限、有限等本体论问题，纯粹是形而上学的问题，既不能证实也不能够证伪，就要从哲学思想总体中剔除出去，绝不能使之败坏或者污染了哲学思想。因为哲学的本质在于语言分析，哲学就只剩下了一种真实的任务，就是对以往病态的哲学语言进行逻辑净化，任何一个语言表述体系只要经得起逻辑分析，就是科学的表述，绝不可以将之看作是一种指向外在对象的理论，换言之，任何一种语言都不可以看作是蕴含着一个关于所谈的对象的实在性的表述，只要它经受住了逻辑上的分析，即使没有经验蕴含也可以得到确证。这表明，任何哲学家的理论学说都具有某种本体论的立场，或者说，任何一个规范的理论，都需要在本体论上承若一个存在，以便给这个理论体系提供一个事实上的支持，这是理论得以成立的基本前提。没有本体论承诺的理论，也极容易陷入虚妄的解释中，起码从外表上不能给人以可信赖的印象。这样说来，任何一个本体论对于它的解释者来说都是最为基本的，也是不可或缺的东西。语言哲学家的基本任务不是去为哲学命题进行疗治，而是通过对之进行语言分析来澄清其本体论的立场，以便使得语言本体论化，使得存在与语言达到内在一致。本体论回答的真实问题就是关于是否有物存在及如何存在的问题，对之又有两种完全不同的表述：第一个问题是，究竟是否有物实际存在？第二个问题是，事物是真的存在还是只是语言构造了一种存在？前者作为形而上学的教条，形成的是关于本体论的事实判断。语言学者认为这类命题根本没有任何明确的意义，需要予以清除；后者就是逻辑经验主义者所说的本体论承诺的问题，这个问题存在于语言的范围之内，经得起逻辑的分析，所以是有意义的问题。传统形而上学的对象，都是一些似是而非、虚幻不实的伪对象，它们根本不能被经验证实或证伪，尽管它们也蕴含了某种本体论的前提，但这种前提只是叙述上的一种需要，并非真的存在。

康德认为，"我们为了这一目的所可能选择的所有的途径，要么是从确定的经验及由这经验所认识到的我们感官世界的特殊性状开始，并由此按照因果律一直上升到世界之外的最高原因；要么只是以不定的经验、即经验性地以任何某个存有为基础；要么最后抽掉一切经验，并完全先天地从单纯概念中推出一个最高原因的存有"。① 这就是说，一种思想必定蕴含本体或者承诺本体，这种本体或者真的存在，或者只是语言的产物、思想的构造。换言之，在第二个意义上，本体论上所承诺的物，并不涉及有物真的存在的问题，而只是涉及这个语言指称所言及的范围之内有物真的存在。在一个规范经验论中，即使它所言及的经验对

---

① ［德］康德：《康德三大批判合集》（上），邓晓芒译，人民出版社 2009 年版，第411 页。

象并非真的存在，但它们仍然可以在这个理论体系中因为得到了某种言说而被认定是"存在"的，而人们也完全可以且只能在语言的使用中谈论它是否存在的问题。根据经验本体论的对世界的语言上的承诺，当然无法判定其真假对错，只能判断它是否方便地用来说明问题，我们知道它们并不能言及何物实际存在，因而不妨采取宽容的态度，暂且承认任何理论都有权在它的语言范围之内假设某物的存在，以便为实际的表述提供一个本体论前提。

分析哲学的语言学派从逻辑上对形而上学的批判是有一定说服力的，它的确有助于我们从经验论上克服许多形而上学命题及其所蕴含的逻辑错误，但是这还不足以彻底消解形而上学的弊病。因为人们虽然由此可以认识到语言自有语言自身的界线，但这并不意味着人们就不能设想界线的另一边，而且这种在语言之外的设想，实际上很有必要，并不像科学分析主义哲学所认为的那样，承诺一种本体是无足轻重的，或者说是一种纯粹的假设。在康德看来，"当我们把自己的注意力投向一个对于先验哲学陌生的对象时候，那么，一方面不要在题外话上放纵自己而损害了系统的统一性，我上次讲到，就是不要陷入到那些心理学的和经验性的东西里面去，要把那些情感性的东西，包括后天经验的心理学对象，我们要暂时把它们排开；但另一方面，也不要因为对于我们这个新的话题说得太少而使之缺乏清晰性或说服力"。① 形而上学或者本体论，的确如分析哲学家所认为的那样，混淆了语言与实在的关系，误把语言等同于它所表述的对象，将语言所及的实在看作实在本身，然而分析哲学家也未尝不是如此，他们同样犯了这种错误。在他们看来，世界上只有一种存在，那就是语言所及的存在，但语言的界线表明，总有语言所不能企及的存在。由于分析哲学过于强调语言的纯洁性和纯粹性，它不但缩小了经验论语言学所表述的实际范围，而且无意识地压缩了哲学思想的描述范围，使之小化、窄化了认识对象。一旦人们把哲学语言仅仅理解成纯粹的科学语言，那么本质主义者完全有理由在哲学上论证本体论存在的充分依据，使得思想的领域比语言的范围更宽泛，本体论仍然可以在语言界限之外找到存身之处。这说明，的确存在着某种不能

---

① 邓晓芒：《〈纯粹理性批判〉句读》（下），人民出版社 2010 年版，第 406 页。

被表述的神秘的东西，它不能被分析、不能被表述但又确实存在，人们只能对之信仰，而不能对之进行科学证实，这实际上就为宗教信仰保留了地盘。

概而言之，分析哲学对形而上学的批判有过于偏颇之嫌，其偏颇之处不仅在于刻意追求语言使用的逻辑性和科学性时，人为地挤压了哲学语言的所指空间，从逻辑上净化了一些哲学丰富而微妙的生活意义，大大地贬损了哲学思想的生活指向性和内在魅力，而且当它以科学语言的标准来衡量并指责形而上学或本体论的荒疏之时，也人为地缩小了人类知识的存在范围。这种唯科学主义的倾向，将科学语言看成人类唯一正当的语言，将科学知识看成人类知识的唯一典范和唯一形式，于是，那些无法归入科学语言和科学知识范围的广大领域，如道德情感、人生信仰、欲望动机等问题，都被抛在了一边，都被证明是非科学的东西。其实，这些被分析哲学家所抛弃或遗忘的东西，恰恰具有比科学本身更重要的人文价值。

再次，再分析存在论哲学的语言学转向及其内在弊病。在海德格尔所开启的存在哲学的语言学转向中，不是把哲学分析的工作严格限制在对作为逻辑工具的语言的分析上，而是恰恰相反，语言分析并不驻足于语言之内，而是为了突破纯粹的科学语言对思想的桎梏，以便发现哲学语言在成为逻辑认识的工具之前，早已与客观存在具有某种原始的相属关系，从而可以为人类找到一条探查存在的意义、存在的真谛的可能路径。在他看来，形而上学或本体论不具有科学的意义，形而上学或本体论所谈论的语言学问题，却具有人文主义的思想意义，而不是说它没有任何的意义。

实际上，正是因为分析哲学试图使之成为"一种貌似科学的东西"，才使它误入了歧途。因此，与形而上学刻意通过逻辑分析的方式来清除或消解形而上学或本体论的做法不同，包括海德格尔在内的存在论哲学家，则试图深入发掘语言的本体论化的可能性，以便分析人类的语言与存在之间所具有的内在关联，进而使哲学研究重新回到被形而上学遗忘的存在之路，通过解蔽、去蔽的方式以展露人的本真生存。在张世英先生看来，"本己的人、达到本真状态的人深深懂得死亡是一种'此在刚一存在就承担起来的去存在的方式'的道理，懂得'刚一降生，人就立刻老得足以去死'的道理，懂得'只要此在生存着，它就实际上死着，但首先和通常是以沉沦的方式死着'的道理"。① 他分析说，形而上学的失误并不在于它的问题和对象没有意义，而在于它企图利用某种科学方法去通达存在。当形而上学用科学方法分析存在时，因它忽略了"在"与"在者"的区别，故而恰恰造成了"在"的遗忘。而存在论哲学的真正目的正在于通过区分"在"与"在者"的差别，以追问和探讨人的本真存在的真实意义。一切"在者"皆自己积极地去生存而存在，故而"在"总是"在者"的"在"，换言之，"在者"的意义因"在"而生、因"在"而显，一个"在者"有没有及有什么意义，完全是"在者""在"出来的。如果我们试图追问在的真义，那么就必须找到这样一种存在者，它能够对自己的存在发问并与它的存在有某种"领会"关系，这种特殊的存在者就是我们所说的"此在"——人的存在。由于"此在"是人开展出来的境域，它永远处在非现成性的自我生成过程中，作为"可能之在"对它的存在有所作为，故而"此在"就是生存，所有存在的意义都只能通过"此在"的生存活动积极地开展出来。又由于"此在"对它的存在的理解或言谈，内在的规定着它的存在及意义，那么这种语言就与存在结下了不解之缘。② 这样，语言在本质上就与人的存在具有了相属关系，语言不仅仅是人与人之间交流的工具，而且具有了本体论的意义。

在海德格尔看来，存在及其意义完全是由人的"此在"开展出来的境域，"此在"生存的结构分为"显身"、"理解"和"言谈"三个互相渗透的环节。"此在"作为可能之在，由于面对诸多存在的可能性，它自身就承担着可能的重负，它被抛入存在的可能性之中而显身；"此在"作为未完成的可能之在，对它的自身的存在总有某种理解和筹划，它如何理解自己的存在它就怎样存在，它对存在的理解内在地规定着它的存在方式。海德格尔认为，作为我们自己向来所是的存在者，"此在"这种特殊存在者的特殊性就在于，它的存在向来就是一种时间

---

① 张世英：《天人之际——中西哲学的困惑与选择》，人民出版社1995年版，第395页。
② [德]海德格尔：《存在与时间》，陈嘉映、王庆节译，生活·读书·新知三联书店1987年版，第15—17页。

性存在，且不得不作为时间性而存在着，因为它是有终结的，它被抛入有限性里。① 从西方存在论的意义上说，理解离不开言谈，或者说，理解的衍生形式就是言谈，语言根源于言谈，言谈就是对"此在"的可理解状态的积极"勾连"。可见，语言并非仅仅是人类思想交流的工具，而是作为"此在"的人展开自身而获得存在的生存方式，在本体论上语言与存在具有了内在关联，它意味着人的"此在"这种特殊存在者是以揭示人的本真生存而存在着的。现成性的存在者其实并非真的存在，存在之为存在就在于它的积极显身、理解和言谈，正是由于这种积极的存在方式，才开展出了人作为人的本真意义和"可能之在"的诸多境域。

　　哲学的工作不在于对语言进行纯粹的逻辑分析，而在于使"此在"摆脱把自己凝固化为非本真的存在状态而获得本真生存，并义无反顾地通过自己的生存活动去开展自己存在的诸多可能性的生活境域。人的"此在"因站出来活而"在"出新意来，而人则由"此在"之能在而显现出真正意义上的存在，"此在"就担负着使存在得以显身的特殊使命。只要"此在"以"能在"之本真的方式存在着，无论它怎样生存，都是对存在的一种显现。从而表明，"语言是存在的家"，人在说话，话也在说人，唯有当"此在"言说之时，它才真正成其为人，才以本真的方式存在着。人现身在自己的语言中，语言是人的存在的精神家园，能随时随地地从这个家中穿来穿去，以这种方式通达本真存在。语言作为人的存在境域，人栖居在语言所筑造的家中，诗人和哲人是这个家园的看护者，他们通过自己的言谈使各种"可能之在"的真义，得以开敞。语言的根本意义就在于对存在真义的揭示和敞亮，语言作为存在的澄明，就具有解蔽和去蔽的功能，而只有诗意的语言才能做到这一点，所以说，人总是在诗意地栖居。我们用"'人诗意地栖居'来表达他的人与自然、人与大地的同在关系：人诗意地栖居在大地上，并不是'离弃大地、悬浮于大地之上'，毋宁说是'把人事向大地，使人归属大地，从而使人进入栖居之中'"。② 诗人由语言本身所蕴藏的内在丰富

---

① 江怡：《当代西方哲学演变史》，人民出版社 2009 年版，第 96 页。
② 李荣：《马克思实践哲学的他者解释》，人民出版社 2011 年版，第 231 页。

性引导着，聆听、应和着这种本然所是的语言，把存在的真义带出晦暗而获得显耀，从而使它的"可能之在"源源不断地开掘出来，并向我们展现出它的未来形象。

海德格尔把人的存在看作是一种语言性的存在，而人的世界也就是语言的世界。语言并非只是人们认识世界和相互交流的工具和手段，而是世界乃至人的存在显现自身的方式，人因为拥有语言而为语言所拥有，世界和人都存在于语言之中，语言是人拥身于世、寄存于世的生活家园。可见，海德格尔的这种存在本体论具有非常的深度和魅力，他对本质主义思维方式的批判以及要求将语言从逻辑形式中解放出来的尝试，无疑具有广泛而深入的影响，并对未来哲学的走向亦将有着不可估量的思想价值，成为现代西方哲学走向后现代的逻辑之桥。其不愧为20世纪最伟大的思想家之一。

最后，探讨后现代哲学的语言学转向及其消极后果。20世纪晚期，在西方兴起的后现代主义哲学思潮，继承了海德格尔对本质主义思维方式的批判，采取了一种解构主义的思维方法，试图消解"逻各斯中心主义"和"在场的形而上学"，以更加彻底、更加激进的方式开启了一轮批判形而上学的热潮，力图以解构的方式来消解人们关于外部世界的合理性、秩序性、规律性、整体性的逻辑表述而形成的理性主义、本质主义和整体主义。针对以人为中心来建构等级制的理论体系的研思方式，后现代主义哲学以碎片化、延异性、离散性的风格试图对之进行全面颠覆。尽管他们采用的颠覆形而上学和本体论的方式仍然是通过哲学的语言学转向来实现的，但是语言的魔力在这里显现的既不是对哲学弊病的治疗，也不是对存在之本质的展露，而是对一切带有总体性或者系统性踪迹的东西的彻底埋葬。在后现代哲学那里，语言被看作是一个非中心的差异系统，以写作之无限开放且意义多重的文本来取代以直接性在场为前提的"语音中心主义"，试图通过粉碎一切整体、破解所有结构来防止思想的独断性、保守性和集权化。

在他们看来，形而上学的元话语或者权利话语方式以及它所构造的宏大叙事结构，都以合法化的知识霸权、意识形态的强势话语窒息和扼杀了思想和文化的活力。为此，他们强调思想和文化的多元化、多样性、异质性和差异性，哲学研究的重心发生了迁移，从以主体性为中心转向了交互主体性或主体间性，从个人语言学转向了社会语言学。于是，哲学理论不再是个别主体对客观对象的个别感悟或内在体验，而成为一个共同体的普遍共识或者成为各种信念之间的一致性或协同性，解构了系统和整体、消解基础和中心、颠覆主客二分式的思维方式，就成为后现代语言学的基本特征，他们认为主体死了，人也死了，属于形而上学的一切都被埋葬了。①

在后现代哲人看来，后现代社会不断走向熵化、僵化和颓废，整个社会的各个阶级之间、政治意识形态之间、资本和劳动之间、高雅文化与低级文化之间的区别或界限崩塌了，哲学、社会和政治理论的一切旧有的边界和区别都溶解为一种无差别的模拟物的流动之中。后现代世界是一个缺乏意义的、无深度的、虚无主义的世界。由于意义要求深度、不可见的基质、隐藏的维度和稳定的基础，而当这一切都被消解以后，理论就只能在空虚中漂泊，不停泊在任何宁静的港湾。在他们看来，现代或者现代性是一个有深度的世界，都具有宏大的叙事结构，譬如，马克思的理论把政治、文化和社会生活解释为经济的副现象，弗洛伊德根据欲望和无意识来解释一切，这些都是用深度模式来剥开实在的神秘面纱，揭示现象背后底层的实在和构成实在的那些分量。这种深度模式和宏大叙事结构，形成了语言霸权和精神桎梏，严重束缚了思想的空间和意义的范围，因而应该彻底地予以消解。他们主张，在后现代社会，一切都是可见的、透明的、明晰的、运动的。死亡的意义和冰冻的形式符号变成了相同东西的新的结合和互换。在语言学范围内，一切可能的语言形式的功能都已穷尽，理论也穷尽了自身。在这里没有更多的可能的空间，一切事都做完了，这些可能性的极限都达到了。后现代哲学已经完全消解了它的全部理性总体及其意义世界，在一片精神废墟上残留的都是碎片，后现代哲学家仍需要做的一切事情都只是在摆弄碎片。抛开整体、摆弄碎片、趋向边缘、制造衍义，这就是后现代哲学的基本主张。

后现代主义哲学，从某种意义上说，也发生了一场语言学转向，并

① 朱荣英：《西方哲学的语言学转向及其生存意境》，《河南大学学报》2003年第1期，《新华文摘》于2003年第6期全文转载。

对现代社会进行了一次深刻的批判，构成了西方哲学家关于晚期资本主义文化逻辑的一种理论反省。当资本主义发展到后工业时代，生产方式、社会生活、思想方式、传播方式、语言风格以及意识形态都发生了深刻变化，晚期资本主义文化逻辑及其语言表述中的内在矛盾暴露得更加充分，这就不能不促使哲人们从更高的理论层次来反思步入后现代的资本主义发展的前途和命运，反思后现代社会运动中的一切弊病，反思作为晚期资本主义理论基础的理性主义、本质主义的正确与否。在这种后现代反省过程中，后现代者看到了资本主义在发展到后现代阶段，由于过度的现代化、物化和异化给人类的生存发展带来的致命危害与弊端。譬如，由于高扬了人的主体性能力并形成了人类中心主义，从而把人和自然的关系理解为征服被征服、改造被改造、利用被利用的关系，以至于无限制地一味向自然索取，自然环境和生态平衡均遭到严重破坏，地球越来越变得不适合人的生存，人的生存家园被摧毁；由于过分强调科技工具理性的价值，而泯灭了人文理性价值，导致了人的异化和人的自由的丧失，导致了对精神文明和道德信仰的忽视，理性主义、科学主义变得越来越不近人情，越来越与人为敌了；由于理性主义的绝对统治，形而上学的总体性、整体化形成了对人的新的精神压制，产生了近乎恐怖的思想禁锢和压迫人的意识形态。

可见，一方面，后现代哲学在其语言学转向中，的确抓住了现代主义的诸多弊病，击中了它们的理论要害，是对西方哲学发展的一次深刻的理论反省，也是企图跳出形而上学与本体论哲学藩篱的一次大胆尝试。尽管这次尝试并不成功，但它仍然为当代西方哲学的发展开辟了新的自我生成之域。有人认为这种新生之域就是历史领域，哲学没有了自己的底线而蜕变为了历史科学，"大约到 20 世纪 70 年代，后现代主义由于'语言学转向'（linguistic turn）而进入历史学"。① 也有人认为"由于受到'语言学转向'和解构主义的双重影响，后现代主义者撇开'主观—客观'问题，从历史著述的形式、概念和原理中来审视现代历史学"。② 然而，另一方面，有人认为，后现代哲学的"出文入史"并

---

① 张剑平：《新中国历史学发展路径研究》，人民出版社 2012 年版，第 569 页。
② 刘华初：《历史规律探究》，人民出版社 2013 年版，第 144 页。

没有取得积极的成就，因为后现代哲学对现代性的批判，毕竟是一种无所建树、只事消解的批判，它采取完全否定的态度将哲学引向了一种自我毁灭的歧途，使之陷入于崩溃性的逻辑中，在自虐、自残、自杀中走向了末路。在后现代语言学转向中包含了许多思想毒素如非理性主义、极端相对主义、无政府主义、历史虚无主义等，造成了文化的荒漠化和零散化，使之不可能成为一种主导人类文明向前向上发展的先锋哲学，不可能成为一种有着广阔发展前景的哲学新形态。它对本体论和形而上学彻底否定的一切努力最终都归于失败的事实表明，形而上学和本体论是无从消解的，它与人的生存和发展休戚相关。而且它作为人类理性希图超越自身的有限性以通达无限的自由境界的最高理想，是值得人们为之倾注毕生精力和心血进行艰苦卓绝的探索的东西。虽然它作为科学是不可能的，这一点已经为逻辑经验主义者所证实，但我们不能因此就放弃对它的研究、批判和反思。因为哲学并没有形成现成的精神成果供我们享用，它的智慧只存在于反思与批判之中，人们对之不能坐享其成，而只有在反思追问中拥有，它在每个人的生存和发展过程中无处不在，研究它、反思它的过程，其实就是我们每个人在关心我们自己、回望灵魂生活、提升精神境界、获得终极关怀的过程。

第四节 语言哲学的生存论命义

古希腊哲学以自然释自然，从世界自身出发，对于世界的统一性、规律性进行初步地揣摩和关注，这种对世界本体的形上致思，一开始就表现为一种语言学上的诉求。换言之，将某种或几种原初的具体物质形态所蕴含的一般性、普遍性剥离出来，并以之去解释世界万物的共同本质，这种做法实际上表现为企图营造一种概念化的语言，即以某个最具抽象性的概念去充当万物的始基、始源和始因。感性的具体是怎样摇身一变而成为抽象的世界理性的呢？这来自西方语言所特有的神圣性质。在西方语言中，任何一个实词本身已构成普遍，语言能直接地把意谓颠倒过来，使感性、具体的东西转变为共相、普遍的东西。可见，在西方古代，哲学发端于语言或者说正是由于语言所特有的颠倒功能，才产生了最初的哲学。

西方古代这种营造语言的努力，由于将生活经验的有限性与幻想、憧憬的无限性纠缠在一起，将自然物体的感性形象和宗教语境中的抽象理性混杂在一起，从而使最初的哲学语言又具有浓重的喻象性、混杂性、猜测性。这种特征也印证了马克思所指出的，哲学语言作为自然的语言，是对象化了的人的东西和人化了的对象的东西，哲学语言一开始就是"感性的自然界"① ——一种充满暗示性、诗意性、具有丰富自然底蕴和生活要素的生存论语言。

西方哲学语言的这种二重性，在柏拉图的理念论中表现得最为典型。一方面，柏氏将统一的世界一分为二，即理念世界和生活世界，并将前者变成一种脱离生活内容的"独立的力量"，这时哲学就以"词的形式"成为一个独特的概念王国——抽象语言的王国。② 本来，哲学语言的建构是为了更广泛地描述生活事实，但语言固有的魔法使这种语言一经确立便走向了生活的反面，从目的变成了工具，从而踏上一条条理化、抽象化、逻辑化的不归之路。另一方面，柏氏裂世界为二是以主客混一的方式做出的，在统一的世界内主客浑然一体，这与近代在成熟理性基础上的主客二分是两回事。由于主客混一，哲学概念化的语言中就混杂了意象性、生活性的内容。这样，怎么样使哲学语言的逻辑骨骼具有丰富的生活血肉，就成为柏拉图哲学的内在矛盾。解决这一冲突的关键在于弄清"语言的秘密"（"倒谓功能"），因而，哲学如何回归生活的问题，就演变成为概念语言如何回归生活并经生活诠释而转变成生存语言的问题。柏拉图颇具诗意的语言和充满生活情调的"对话体"，就是这种"语言还源"的最初努力。然而，亚里士多德对哲学语言的逻辑化工作使柏氏语言中所包含的微弱的生存语意完全泯灭了，语言失去了诗意的生活情态，而成为固定的、精密而枯燥的抽象符号。相反，亚氏却苛责柏氏因使用了"空虚的语言和诗意的比喻"③ 等不成熟的"表象方式"，从而遮蔽了哲学的生活意境。可见，亚氏对柏拉图哲学语言的批判，可谓找错了地方。总之，在西方古代哲人那里，语言的逻辑化

---

① 《马克思恩格斯全集》（第 42 卷），人民出版社 1980 年版，第 129 页。
② 《马克思恩格斯全集》（第 3 卷），人民出版社 1960 年版，第 525 页。
③ 北京大学编：《古希腊罗马哲学》，商务印书馆 1982 年版，第 287 页。

与生活化构成了哲学发展的内在张力。

在文艺复兴新思潮哺育下成长起来的西方近代哲学，发生了由本体论向认识论的转向，哲人们不再追问世界的本体是什么这一问题，而在致思人们究竟有否以及有何能力去通达这个本体的问题。康德是这种主张的开创者。从语言学角度看，康德首开批判理性之先河，其哲学批判的真正意义和根本性质在于：限制了理性语言的超验使用，豁显了生存语境的本体论意义。康德裂世界为二即现象与物自体，并以主客二分为考察维度，强调人们没有理性的认识能力从而透过现象把握物自体（本质），二者之间横亘着一条不可逾越的鸿沟；但人的理性又总有非分之想，期望触及本体，这样便导致了二律背反、产生了先验幻相陷入荒谬。因而，主张必须为理性划界，限制概念语言的随意使用，这就为不可知的信仰领域保留了地盘。

从理论理性上看，物自体是认知的界限，对之概念语言失效；但从实践理性上看，它却是人的自我生成之域，恰恰是生存语境的澄明之所。一方面，物自体"不能知之、却可思之"。康德认为，物自体尽管不可认识，作为思考的对象却总存在着，并且，作为思维存在体确保或承诺了与之相对峙的感性存在体。这里康氏逐步敞开了"物为人而存在"的生存语义。另一方面，物自体不是感性直观的对象，却是非感性直观的对象。物自体虽是感性认识的界限，但假定有一种非感性直观的对象，这样就产生了引导知性永远追求而又永远无法通达的理想世界。康德认为，承认有超越概念语言的理想世界，其意义非常重要，即对认识具有积极的引导作用，成为使认识在经验领域内达到最大限度的统一和系统化的动力或功能。但遗憾的是，康德不仅没有看到这种非感性直观的对象实际上就是人的生存论境界，而且认为这种境界只是一种假设，我们无从知道它是否存在，是否有可能存在，更不能以概念语言去把握它。

总之，康德作为近代理性主义者没有提供出一套描述人的生存境界的生存论语言，但却为理性假设了一个生存目标、一个生存理念、一个想象的焦点，从而，范导知性在经验之外进行无穷的思考，为人的自我生成开辟了理性语言所不能企及的新天地。所以，康德的物自体，不仅仅是信仰的领域，更是人的自我生成之域，它是概念语言的界限，却是非感情直观（生存语言）的豁显处。但是，康德为生存语境所开辟的这一小天地，又在黑格尔庞大的思辨唯心主义体系中窒息了，精致的概念语言再次取得了辉煌的胜利，生存语境只不过演变成了思辨理性的注脚而已。

走出黑格尔思辨樊笼的西方现代哲学，无论是科学主义抑或人文主义，都高举拒斥形而上学的大旗，实现了哲学的真正意义上的语言学转向。其共同的根本旨趣在于：不再探讨世界的本体是什么以及人们有何能力通达这一本体的问题，而致力于考察本体是真的存在抑或只是人的语言的产物的问题。科学主义各流派以推崇实证科学为标榜，认为一切科学知识必须建立在来自观察和实验的经验事实的基础上，经验是知识的唯一来源和基础，理性的概念语言必须局限在经验范围以内，不能超验地使用。实证哲学的根本特点正是认为人的理性必然不能说明一切高不可攀的玄妙奇迹，所谓世界的本体、规律等不过是人的感觉经验之间的不变的先后关系和相似关系而已，纯属心理想象的产物。传统的以概念语言为特征的形而上学，舍弃可实证的科学问题不去探讨，而极力钻进永恒无解的虚妄之中，只能证明它们是一些伪科学。对此，唯一正当的做法是悬置起来、存而不论。这样，全部哲学的根本任务就在于对语言进行批判。罗素的"摹状词理论"、维特根斯坦的"图像论"以及石理克、卡尔纳普的"经验实证原则"等都竭力建构出一套理想的科学语言或者人工语言，以代替词语含混、易发生多种无谓论争的、多解释性、多议义性的日常语言。本来，科学主义语言转向的根本目的在于推翻理性主义的非法建筑，终结概念语言一统天下的格局，但由于持科学主义立场，贯彻经验实证原则，使得在语言批判中始终未能脱去思辨理性的窠臼。

相反，日常语言学派拾起了被科学语言学派轻易抛洒的带有诗意的生存论语言，并使之得到弘扬。日常语言学派认为，各种形而上学的论争以及导致科学谬论产生的根源，不在于日常用语本身的含混不清、逻辑混乱；而恰恰相反，在于没有正确的使用这一语言。日常语言与生活具有紧密的切近性，丰富多彩、不断变化，最适宜揭示人的生存情状、生存境界，是最为理想的语言。而传统的形而上学由于不懂得语言只是一种工具，它们必须在用中才有意义，而离开语言的日常使用，孤立、静止地去考察语言的意义或价值，枉费心思地去找寻它们的对应物，是不会有什么结果的。人们之所以会把许多废话列入哲学，其原因正在于我们对概念语言的生存意蕴关注的太少。所以，真正的生存论哲学产生于"语言放假的时候"。① 现代哲学首要的任务是要治疗理性语言的精神病，用生存论语言去"对理智上的着魔进行斗争"②，强调必须把概念语言的用法带回到日常生活的使用中，让理性语言还原为生活语言，哲学不仅不能干涉语言的生活使用，反而应积极倡导这种使用，唯有如此才能敞开哲学语言所具有的生存论视界。这种视界的现代旨趣应是：哲学语言应放弃概念化、逻辑化的使用，而转向诗意的生存语言的使用。只有那些对人的生存具有切身性的语言，才是值得哲学去面对和思考的。如果与生活无缘，只一味致思形上本体，必陷于疏芜。

对语言本质的不同理解，尤其是对语言的不同使用，实际上反映出不同的哲学立场：以黑格尔为代表的形而上学者立意建构系统化的概念语言，认为，哲学的任务在于先入为主的、独断的思辨体系做逻辑化的工作；分析哲学的科学语言学派却坚持要对传统哲学家所深信不疑又未加实证分析的概念语言进行存疑待审，通过治疗传统哲学的失语症而廓清各种视界，其语言分析的旨趣在于排除语言的随意性、主观性，强调语言与事实的相符合；日常语言学派则主张语言的意义在于它的用途，语言只是一种游戏或工具，其根本功能不在于保证它与事实相符，而在于引人上路，为人过幸福的生活进行谋略，给人提供一套生活应对技巧，其语言分析的使命在于摆脱语言的逻辑化束缚而转向日常使用，并以之彰显人的生存的语言学本质；与以上几种主张不同，胡塞尔现象学的语言学转向则意在揭示：语言表达行为之于表述对象的激活、实现和生成的关系，其根本宗旨在于诉求主客互动中的生存论语境，通过"意向性"理论而阐明语言之于人的本质的自我生成性内容，这样就揭示出了对哲学语言作人的生存论理解的新方式。

在胡塞尔看来，哲学语言并非是借助于特定的概念而对感性具象在

---

① ［德］维特根斯坦：《哲学研究》，汤潮、范光棣译，生活·读书·新知三联书店1992 年版，第 29 页。

② 同上书，第 67 页。

经验内的摹写，而是借助于一定的表象物或诗意的生存语言而指向纯粹的先验意识，并最终使人的本质在意指活动中得以敞亮。因为，语言表达活动既是一种要求意识与意识对象达到合一的表象活动，同时也是诉诸形象或想象而自由地对表象活动进行重新统觉和再创造的授意活动。由于通过意向性的授意，原来用于表象的语言符号就生成了一种崭新的意义，转变成了表义的语言符号，语言表达本身也成了具有丰富生存论内涵的人学语言。因而，语言表达是否具有生存论的意义、关键不在于它是否与经验本身相符，也不在于它是否符合逻辑格式，更不在于它是否激发或唤起了人的某种情感，而在于语言表达自身所特具的统觉样式或授意方式。

海德格尔师承其说，认为语言不仅仅是人的认识能力，而是人的天性，语言总是内在地使人的本质开敞，对语言的经验将触动我们最内在的"此在"，因为人在语言中有他最本真的居处。人活在自己的语言中，语言是人"存在的家"。这种语言是揭示人的本真状态的生存论语言，它自己说话从而也将人说出。易言之，人在说话，话也在说人。但在日常语言中，人却沉沦于"共在"中，在喋喋不休中人人说着言不由己的话，人人都过着非本真的生活，自己的真我（存在）处于遮蔽状态，只有在神秘的情绪体验——畏、烦、死中，人才出离沉沦，直面此畏，向死而生。

同时，海氏认为诗具有思想性，而哲学具有诗性，要打碎传统形上理性的概念语言的桎梏，必须以诗去思。在他看来，思与诗内在一致，共生于人的本质生命的内在本源处，因而思与诗比邻，诗的语言若非最恰当的表达人的本我的方式，至少也是最有启迪性的表达方式。甚至认为，人诗意地栖居，只有借助诗意的表达，人才进入澄明之境；说那些不可说的、未出场的、可能的、无限的生存神意。还说，古代哲人之所以热衷于诗化语言，并非是不成熟的表现，恰恰相反，正是它们的成熟和精当之处。可见，由柏拉图原创性建构的生存语言，在海氏"思的诗"中得到了真正的回应。

与西方哲学语言学转向有别，马克思哲学则力主站在实践基础上，实现哲学由抽象语言向生存语言的转换，从而才真正敞亮了哲学的生存论视界。在马克思看来，哲学是思想的产物，思想不可离开语言且必须通过语言来表达。"对哲学家们来说，从思想世界降到现实世界是最困难的任务之一。语言是思想的直接现实。正像哲学家们把思维变成一种独立的力量那样，他们也一定要把语言变成某种独立的特殊的王国。这就是哲学语言的秘密，在哲学语言里，思想通过词的形式具有自己本身的内容。从思想世界降到现实世界的问题，变成了从语言降到生活中的问题。"①但由于西方哲学理性本身的自我纠缠和高度的抽象性，致使语言陷入歧途和理智洞穴，不仅不能直接表达思想，反而成为思想实现的理障，因而语言转向的根本任务竟变成了这样：从思想世界降到现实世界的问题，变成了从语言降到生活中的问题。"我们已经指出，思想和观念成为独立力量是个人之间的私人关系和联系独立化的结果。我们已经指出，思想家和哲学家对这些思想进行专门的系统的研究，也就是使这些思想系统化，乃是分工的结果；具体说来，德国哲学是德国小资产阶级关系的结果。哲学家们只要把自己的语言还原为它从中抽象出来的普通语言，就可以认清他们的语言是被歪曲了的现实世界的语言，就可以懂得，无论思想或语言都不能独自组成特殊的王国，它们只是现实生活的表现。"②哲学只有从"抽象出来的普通语言"还原到"现实世界的语言"才是文明的活的灵魂。

实际上，"我们看到，从思维过渡到现实，也就是从语言过渡到生活的整个问题，只存在于哲学幻想中，也就是说，只有在那种不会明白自己在想象中脱离生活的性质和根源的哲学意识看来才是合理的。这个大问题，由于它总是闪现在我们这些思想家的头脑中，当然最终一定会迫使这些游侠骑士中的一个人出发去寻找这样一个词，这个词作为词构成可寻觅的过渡，这个词作为词不再单纯是词了，这个词用神秘的超语言的方式指出从语言走到它所标示的现实客体的道路，简而言之，这个词要在一切词中起一种和救世主—圣子在人们中所起的基督教幻想的作用一样的作用。这位在哲学家中头脑最空虚和最荒唐的哲学家一定会把哲学'结束'掉，因为他宣布他本身之无思想就意味着哲学的终结，因而，也意味着胜利地进入'肉体'生活。他在哲学上的无思想本来

---

① 《马克思恩格斯全集》（第3卷），人民出版社1960年版，第525页。
② 同上。

就已经是哲学的终结，正如他不能说出来的言语意味着任何言语的终结一样"。① 西方哲学从古到今所经历的各种语言学转向，归根到底就是要实现概念语言向生活语言的转变而已，马克思所提出的语言还原的主张，可谓与之内在相通。因而，在当代中国如何站在现代实践的制高点上，以马克思实践观为基础，打通各种"语言转向说"的理论视界，尽早建构马克思的实践生存哲学体系，就成为当务之急。

另外，当代中国学界正流行着一种失语症，出现了哲学拒绝公众理解的概念化现象，哲人们擅长于只是在书斋里进行语言革命，陶醉于象牙塔中的"阳春白雪"，品味着只有少数业内人士才欣赏得了的高级精神奢侈品——概念语言，而置社会历史发展所产生的深层次矛盾和当代重大的社会科学问题于不顾，这种严重脱离现实生活的语言状况，也从另一方面印证了马克思倡导"语言还原"的现代意义。

语言学转向是西方哲学的一个根本传统，它并非只是现代哲学的特性，而早在古代、近代就已成为一个重要内容。但在古代、近代哲人那里，语言学转向主要是转向理性化方面，其生存视界尚晦暗不明。现代哲学的语言学转向，立意拒斥形上理性，但由于主要是转向于语义或者语形，其固有的生存论视界，仍未得到朗显。直到海德格尔主张哲学应向语用方面转变，强调生存意境的诗意接受，才真正洞见西方哲学语言学转向的真谛。但后现代哲学竭力消解一切语言霸权，试图建构没有任何语言强制的哲学，致使其生存论视界再次处于遮蔽状态。

西方哲学的语言学转向，并非始自现代，在古希腊时期就已产生了这种转向的最初萌芽。古代哲人以某种或者某几种自然物诠释万物本质时，就表达了一种营造哲学语言的努力。在当时，语言既是人的主观思想的表达，又是表达出来为众人所接受、所认可的共性的东西。个性（水、火、气等）中蕴含着共性，这个共性又是不可言说、神秘的世界本源。以个性代表、指称共性，就只能求助于特殊的哲学语言——"逻各斯"。饶有趣味的是，在古代哲人那里，"逻各斯"中又蕴含着表征人的生存目的性的努斯精神，换言之，在概念语言中，又交织着生存语言。这样，努斯与"逻各斯"、语言与生存、理性与生活之间的对立

---

① 《马克思恩格斯全集》（第3卷），人民出版社1960年版，第528—529页。

与统一，便成为推动西方哲学发展的原动力。"逻各斯"、语言、理性属于形式方面的规定，一旦给出就趋向稳定，而努斯、生存、生活则属于内容方面的规定，总有一种冲出任何限制，并一定要朝着合乎人的目的的方向贯彻下去的趋势，犹如形式与内容的互动关系一样，语言与生存原本也是互动、互渗、辩证统一的，它们之间的矛盾和张力正是推动西方哲学不断地自我深化和自我扬弃的内在机制。

柏拉图"理念论"中二元对立的理念世界与经验世界的关系，实际上就是概念语言与生存语言的关系。但亚里士多德不满意柏氏生存语言的含混性、随意性，而用"形式质料说"系统地建构出了单一的、理性的语言王国。由于这种逻辑上的净化工作，致使充满生存语义的努斯精神被遗忘，生存论意境处于遮蔽状态，哲学的内在生成机制遭到封杀，从而才演绎出了中世纪神性泯灭人性、神话替代人话的理性扭曲史。欧洲近代的文艺复兴，实质上是对古代那种概念语言与生存语言相互推动的哲学发展机制的复兴，它的核心命题——思维与存在的关系问题，也就是语言与生存的关系问题。康德在其著名的"三大批判"中，表述了"语言是思想之家"的观点，这对理解西方现代、后现代哲学的语言学转向，的确是一把总钥匙。在康德看来，语言决定了对世界的理解，语言的不同决定了思维体系的不同，正是由于人们语言上的悖论，从而使生存论视界晦暗不明。只有限制理性的超验使用，并真正回到实践理性中去，才能为哲学的生存意境豁显保留一席之地。遗憾的是，这种努力又在黑格尔庞大的思辨唯心主义体系中最终窒息了；现代哲学无论科学主义抑或人文主义学派，大都拒斥形上理性、倡导哲学的语言学转向，但皆因只是转向于语义或语形，因而未能冲破理性的藩篱，也没有使哲学的生存真义得以敞开。其间，尼采的"意志论"、柏格森的"生命哲学"、胡塞尔的"意向论"等，虽触及哲学语言的生存论真谛，却仍未摆脱理性主义的纠缠。

哲学提供给人的是一种终极关怀，其发展到一定程度，确实能达到那种不可说、不能说、不可表达、无法概念化的境地。面对这种情况，西方近代分析哲学家认为，能说的就要说明白，不可说的就要保持沉默，语言不能超越经验使用，否则只能导致虚妄；而我国的佛学也认为，终极关怀本身是"无"、"空"，不仅不可说，实在无从说起，对之不仅应放逐理性、悬置理性、给它加上括号存而不论，而且应封杀理性。正所谓"语言是银，沉默是金"。但真正的哲学不是只说那些可说的、能说的；相反，只有对那些不可思议者之思议、不可言说者之言说，才是真正的智慧。对此，西方哲学家海德格尔的"诗化"哲学，强调哲学应转向语用，并以此达到生存意境的诗意接受，确实别开生面。

海德格尔在早年用"此在"诠释存在，当他的思路遇到了不可克服的障碍时，他才发生了语言学转向。海氏将诗作为祭品，庄严地祭献给真理，确有一定的合理性：追溯诗的真迹，探索诗意中的真理，可倾听到别人听不到的异域之音，领略同样是现实的、但却又并非出场的那种远阔无垠的异域风光；而且，诗与思内在相通，思入诗中，可摆脱理智洞穴的自我纠缠，感受诗化理性，让生存真义在诗中朗显，照亮人生存在的真实境界。其实，折中于理智与情感二者之间的便是诗，其特点是能将宇宙万物情感化，并可自由地以想象凌驾于事实之上，绕过理性专任情感，在诗美中给人提供终极关怀，安顿人的灵魂。诗的表达方式之所以能做到这一点，关键在于它能将抽象的理念化成虚幻的场景，说那些不可说、言不尽的东西；还在于它能化虚幻的想象为生活的实感，引人凡中入圣、活出一种超远的境界来。正是缘于此，北京大学教授张世英先生主张用中国古典诗去弥补当代哲学中因一味张扬概念语言所造成的生存价值空场，以诗美点亮人的生命情感的内在本原，并借以扭转因物欲膨胀而造成的人文理性低迷、精神家园杂芜丛生的局面。

与海氏主张的诗意接受有别，中国古代儒家主张以"喻象"语言去开释"事物之则"和"经生之理"。中国古代哲人认为，思极则奇，极深而研几。换言之，"极"不是不可说、无可说，而是以"几"显之。如何以"几"显道呢？认为，虽"言不尽意"，但"立象以尽意"，通过观物取象、观象悟道，再据道制器、以器示其道。诚如王弼总结的那样，因"象出于意"，故"尽意莫若象"；因"象生于意"，故"可寻象以观意"。这样示人以物象和比喻，不仅不能"晦其道"反而能够凸显其道。"以象明理"的方式与"以诗释思"的方式一样，虽不是最恰当的哲学表达方式，但的确也能给哲学的语言表达带来某种有益的启示。

兴起于20世纪80年代的西方后现代哲学，更加注重哲学的语言学转向，力图以"解构"的方式全盘消解西方的形而上学传统。后现代哲学针对西方哲学史的那种一味致思形上本体、纯化概念语言的诉求，猛烈地进行批判，认为这是一种语言霸权和文化帝国主义，它违背了哲学给予人的"安身立命"的本性，残害了哲学发展的现实性根基和内在灵魂；极力主张破解"语言中心主义"，试图粉碎概念语言所造成的整体化、逻辑化和集权化；主张消解以概念语言为基础而建构出的"元话语"或"权力话语"系统，认为这种貌似合理的文化霸权、语言沙皇，实在是窒息和扼杀了当代人学的生存论语境，哲学的一切智慧和灵性正走向灭亡，并极力倡导哲学语言的多样性、多元化、异质性、分延性、边缘性等。

在德里达看来，西方哲学的历来传统都是追逐语言的逻辑化、概念化，它的整个文化背景、思维方式和研究传统都深深地植根于这种概念语言的本性或基础之中，这种语言不仅不能使哲学的生存论意义完全自我呈现和得到清楚明白的当下理解，而且恰恰相反，造成了言说者与听众之间的距离、差异和隔阂。由于它缺乏直接性、生活性和大众化，极易造成理解上的障碍，混淆哲学语言的生存论语义。因而，应以生活语言、生存语言取缔书面语言、概念语言。

在福柯看来，理性这个沉睡的巨人在西方古典世界中觉醒时，发现到处都是混沌和无序，开始着手赋予世界以概念性的形式和理性的秩序。它力图通过语言学上的努力，以概念化、逻辑化的方式来归类和控制一切经验形式，人类的各种各样的生存情态、生存语义、生存矛盾和问题等，都被置放在一个具有先在强制性的概念框架中进行推论式的演绎，这种概念语言的推论式建构，使得人类的一切生存行为和志趣都受制于现代语言的"帝国主义"干涉和文化霸权的统治。因而，哲学语言学转向的根本任务在于消除对生存语言的非法强制和理性缠绕，以便敞亮哲学的生活意蕴；消除概念语言参与各种意识形态对现代人的压制，以便彰显现代人的生存命义；消除概念语言对哲学语言本质的颠倒和歪曲，以便建构没有语言局限的哲学。因为，哲学语言本身不是一种稳定不变的结构，不以追逐中心化、概念化为目标，相反，哲学语言具有个体性、离散性、差异性，哲学语言所传达的生存论要义就散布在一连串的意指、能指与所指的转换过程中，撒播到社会生活的每一个领域，占满日常生活的全部空间。若非要阉割哲学语言的生活内容，制造纯概念化的语言，实在是与哲学的使命和人类自由的本性相冲突。

西方后现代哲学是经历了现代理性（价值理性和工具理性）高度发展甚至极度膨胀基础上的一种自我纠偏活动，在其"消解"的神秘面纱后面掩饰着的是重建精神家园、高扬人文理性的诉求。因而，当代中国哲学的未来发展，的确能与之在现代性之后或之外进行平等对话，以便汲取其中所蕴含的各种各样的合理因素，激励当代思想界精英为建构中国马克思主义哲学的新形态作出更大的贡献。但同时应看到，西方后现代哲学毕竟是一种崩溃的逻辑，是一场精神性的大萧条，是哲学的自杀行为，其前途和生命力非常有限。因而，切忌不能被他们华丽的词藻所诱惑，亦步亦趋地去效仿他们，甚至建构什么"后现代的中国哲学"，这样做不仅于事无补，反而迷失了自我。

语言学转向作为一条轴线贯穿于西方哲学发展的整个历史，是考察西方哲学动态历史原象的一个根本维度。但由于各个历史时期哲学所面对和思考的时代课题不同，因而其语言学转向在各个阶段的根本旨趣互异：在古代哲人那里，由于主客混一，表达对象的语言与语言所表达的对象混一，这样，其哲学的努力就表现为建构一种概念语言，以概念语言的方式来把握和再现外界世界的逻辑结构，致使语言的逻辑与世界本身的逻辑混同。可见，古代哲人主要致力于哲学语言的逻辑净化。在近代哲人看来，人的语言只有一种，却被迫适应于两个不同领域和不同层面的问题，即生存问题和哲学难题。但由于哲学是一种非常特殊的形上领域，适应于生活领域的语言根本无法同时也适应于哲学领域，换言之，生存语言根本无法通达哲学所要言谈的对象，因而只有将生存语言绝对"纯化"，才能建构真正的哲学语言。这是近代哲学语言学转向的根本任务和特点。

现代分析哲学语言学转向的目的在于：通过对概念语言进行逻辑分析和批判，说明我们所生活于其中的世界乃是语言所及的世界，换言之，哲学的世界仅仅是语言的产物，但由于人的语言构成了世界的界限，不能超验地使用，这样概念语言只能表述经验以内的东西，限制了概念语言的使用范围；而现代人文主义哲学则认为，我们就生活在自己的语言中，为语言所包围，语言是存在的家，正所谓：不是人在说语言，而是语言在说人。对人的这种语言学生存本质的揭示，传统的概念语言无效，只有"诗"这种真正的人学话语才能做到。因为人诗意地栖居，只有在朦胧的诗意中，人才能由语言本身蕴含着的内在丰富性所引导，聆听、应和这种本然所是的生存语义，并在其中感悟自己的生存命义，使人的生存本质走出晦暗。

后现代哲学的语言学转向干脆对上述一切努力统统封杀，强调破解一切语言中心论，击碎整体主义，克服理性的总体化和纵向思维，取代传统哲学的元话语和宏大叙事方式，而倡导由中心到边缘、由整体到碎片，彻底摧毁语言霸权对人造成的各种非法压制。其语言学转向的目标是消除统一的语言，语言死了，人怎样说话都行。西方哲学的语言学转向发展到后现代，陷入了困境。只有立足于马克思科学的实践观基础，实现由概念语言向生存语言的还原，才能真正走出这一困境。在马克思看来："思维本身的要素，思想的生命表现的要素，即语言"①，语言不仅是思维的工具，更是用以表现生命真义的思想要素。它既是人的东西又是自然的东西，是人的自然化与自然的人化的辩证的统一。

这种理想语言并非西方哲学传统中的概念语言，与中国禅宗主张的那种"不立文字"、"悟透无语"、"以心印心"的佛学话语亦有根本区别，而更接近海德格尔所推崇的那种充满暗示性、隐喻性，具有丰富生活底蕴的诗学话语。当然，马克思认为任何"意会"只能借助"言传"，最诗化的语言也需借助公认的逻辑规范，从而获得公众的普遍理解；语言既是思想的"直接现实"，亦可演变成思想的理障，形成特定的语言霸权，窒息哲学的生活智慧，泯灭哲学语言特有的人学灵性，并认为这就是西方哲学语言的秘密所在。从而指认西方哲学变革的关键在于实现语言学的根本转向。西方哲学是否、如何以及在何种程度上从抽象的概念语言降到生活中去，实现哲学语言的生活化，实现概念语言向生存语言的还原的问题，是它能否及如何实现由思想世界降到现实世界的关键问题。而解决这个问题的"关键的关键"，则在于是否及怎样以实践为基础，在人的生存的内在本源处——生成性实践活动中，确证语

---

① 《马克思恩格斯文集》（第 1 卷），人民出版社 2009 年版，第 194 页。

言和思维的现实性力量。唯此才能冲破概念语言的牢笼，变"无字天书"为"有字人书"，使语言真正成为表征人的生存境界和生命真义的思想要素，换言之，使抽象的语言转变成现实性、生成性实践的内在环节，实现语言与生存的内在统一。这才是西方哲学语言学转向的真正使命和现代旨趣。

第五节　形上语义的生活化还原

从上一节可以看出，古希腊哲学对世界本体的致思表现为一种语言上的诉求（既有概念语言又有诗意语言），亚里士多德的系统构建使哲学语言成了单一的理性的"独立王国"，其内在的生存意蕴处于遮蔽状态；近代康德首开批判理性之先河，限制理性不能超验使用，为使哲学的生存意境的豁显而保留了一席之地。很遗憾，对理性本身的再启蒙，或者说，对理性使用范围的划分，后来经过黑格尔的努力，使实体变成了主体，一切皆被绝对理性吞没了。此后，在科学主义、人文主义高举拒斥形上理性大旗而发生语言学转向中，虽然对人的理性使用范围及其能力作出了限制，但语言分析并没有破解形而上学的难题。

西方形上理性的历史发展大致经过了这样一个理论路向：从研究自然世界的本体论发展到研究理性世界的认识论再到研究生活世界的存在论，大致走了一条从存在到认识再到语言的过程。这条路向表明，虽然西方哲学发展史实质上是形而上学的建构史，但在其发展的各个阶段（存在论、认识论、语言学或生存论），并不缺乏以指向生活为根本理论旨趣的理论表达。因为，西方哲学史压根就是一种复调式的哲学营建，是熔理论理性、价值理性和实践理性为一炉的哲学类型。即使是在人的生活之上和之外所建构的自然世界理论（本体论或存在论）和理性世界理论（认识论），最终都蕴含着立足实践生活并真诚地服务于实践生活的生存论意义（生存论）。可见，生活指向是西方哲学各个形态的固有内容，是其整个理论体系中的不可或缺的组成部分——实践策略和实践理性。西方哲学各个形态最终都是指向生活的，生活化是一个恒久性的特征。即使是一些极端式的哲学形态，如怀疑主义哲学、经院哲学、宗教哲学以及后来的实证主义哲学、证伪主义哲学等，也都有它们的生活之根，而且最终都落实并服务于人的特殊的世俗生活。西方哲学虽然面对的是外部世界（自然、社会、科学、理性等），但都是立足于人的生活而理解和建构的，它们所表达的都是人对自己生活的真实感悟，是对人生的体验和觉解，是关于人生意义、价值、目的和归宿的理性诠释，它虽以自然世界、理性世界的认识为基础，但都以人的存在及其活动的性质、意义和价值作为考察支点。西方哲学从来没有脱离过人的生活世界，相反是以之为基础，又强烈地指向着它。当然，由于它们对生活理解和表达的方式不同，在具体研究中必然会出现不同的理路和风格。然而，不论外在形式差异再大，人、人的生活始终都是贯穿于西方哲学发展史中的动态亮点。正是从这个意义上讲，西方哲学是最大意义上的人学。相反，说西方哲学不"以人为本"或者存在人学空场，才没有任何学理依据。在邓晓芒先生看来，整个希腊哲学史在比较明显和表面的对"逻各斯"的追求和确立底下，潜流着一股生存论的本体冲动，到柏拉图这种冲动才以异化的方式得到了明确的表达和客观的规定。因为在柏拉图那里理性得到了非凡的超拔，已经远离了普通人的生活，而成为了只供少数精神贵族欣赏和把玩的高级精神这奢侈品，理性不是任何人反躬内视或通过引导就能达到的，只有少数天赋极高的人通过长期苦修苦练才有可能豁然贯通，达到那种神圣的迷狂境界，从而割切一切尘缘、抛弃一切感情生活，全身心融入形而上学的自我营建中。这一形上致思之路，使西方哲学长期摆脱了感性世界，成了纯粹逻辑自我构造的特种逻辑学。这种形上操作以追求和探索宇宙万物之普遍、一般、无限、绝对的统一根据或最高本质为其唯一使命，由此便塑造了一种远离生活世界的"逻各斯"精神，反而使哲学的另一主要内容的努斯精神（生存论冲动）处于湮没不彰的状态。但，"逻各斯"精神毕竟不能取代努斯精神，因为它自身存在诸多缺陷不说，它还只是人认识世界的一种视界，而并非所有内容，只是人对待外在世界的一种态度而非根本的存在方式，只是一种唯科学主义的知性思维方式，而非人类文明进化的唯一方向。有人认为，"从其对西方思想文化乃至人类命运的终极关切来看，也是有见于西方外在超越精神的种种弊害，现代新儒家旨在通过建构其人生境界理论为人们提供另一种超越方式以满足人类向往形上超越的精神追求，并试图帮助现代人走出早已困陷于其中的意义危机"。① 所以，西方哲学始终没有能够消解哲学的生活指向，尽管它以异化的形式存在着，伴随着人文主义各派的多方阐释，努斯精神还是挣脱了"逻各斯"精神的束缚并不断得到强化，并作为西方人学发展的主导精神，吸引着一代又一代思想者为之作艰苦不懈地探求。

今天我们重新讨论这一问题的关键在于，指出西方哲学史上各个形态的哲学都有自己的生活观，都有指向生活的那部分构成要素，并不是为了表明西方哲学都是"以人为本"的人生智慧，在其发展的各个阶段都不缺乏丰富的人学底蕴。相反，意在表明，虽然它包含着指向生活的生存论冲动，然而这种生存指向在科学主义及其致极性思维方式的桎梏中，已被过分茂密的理性枝叶窒息了，从而只能以"异化的方式"得到与人为敌的悖论性表达。真正作为世界观整体中的内在构成要素，生活哲学不同于生活中的哲学，也不是对生活的浅表体认和庸俗表达，当然也与哲学的生活、哲学家个人的生活情感有别，而是其本体论、认识论向外拓展和再现的一个现实性领域，是其哲学理性的现实支点和根本旨趣。应该说，只要是完整而科学形态的哲学，都有这方面的内容，都有它特殊的生活观照。相比之下，西方哲学的许多流派，它们虽有各自的生活观，却不一定都是生活哲学。真正形成关于生活的理论体系或生活哲学，那是现代以后的事情，确切地说是西方哲学发展到现代和后现代阶段以后的事。生活转向，是西方现代哲学的一个特殊形态（特殊阶段），而非西方哲学的共同特征和集体形象。西方哲学的生活转向虽然由来已久，但真正形成以生存论为核心的生活哲学是在其生存论转向（或生存论革命）中完成的。在西方哲学由本体论向认识论转变（认识论转向）和由认识论向语言学转变（语言学转向）中都形成了各种各样的生活观，但只是在其由语言学向生存论转变（生存论转向）中才真正建构了生活哲学或哲学的生活世界理论。现代西方生存论上的变化引起了哲学形态的根本变革，也是现代西方哲学走向后现代的显著标志。由于生存论哲学关注的不再是存在是什么、本质是什么的本体论

---

① 李明：《生命存在与心灵超越——现代新儒家人生境界说研究》，人民出版社 2011 年版，第 373 页。

问题，也不再追问人有没有、有什么样的能力去通达存在（本质）的认识论问题，更不关心人的语言能否表达以及如何去表达存在的语言学问题，而是直接关涉人的生存目的和意义、人的生存悖论与矛盾、人的生存质量与境界等诸如此类的生存论疑难。生存论范式和生活观念的根本变化，必然使构成哲学的基本要素发生一系列的改变，从而导致哲学走向后现代之后各种新形态的生成与转换。

如果说现代西方哲学都具有强烈的现实性品格，都试图超越传统哲学一味解释世界本体、建构认识理性的纯粹理性形态的话，那么，西方后现代哲学则具有更强烈的实践指向、生活指向，它们以回归生活为根本旨趣，以贴近时代、贴近生活为根本目标，以揭示生活本质、破解生命密码、改造现实生活、重构生活世界意义为其理论的价值导向和重大使命。而且，西方后现代的哲学表达，大都不甘心自己落入时代性、地域性之中，而是以极尽破除时代局限和地缘特征为能事，追求一种能颠覆一切理论结构和传统框架的永恒性的理论营建，并试图在颠覆旧叙事方案的基础上树立起一面具有世界历史意义的文化招牌来。这就引出了一系列棘手的问题，西方后现代哲学的生活世界理论如何融入各个民族化的精神空间？西方后现代哲学作为理性与生活互动的产物，它要成为提升生活价值的精神纽带，就必然要求它与生活、与时代、与各个民族的理论实践一同跃进，而这就意味着它必然不断地要与各个民族的文化实践、意识形态、时尚观念等进行双向沟通、重组和整合，从而呈现出层出不穷的衍生形态，为此必须放弃自己原有的贵族化立场而需要进行文化竞争和生活渗透，为适应生活需要而确立起一个个民族性的文化立场，一个个实验性的精神姿态。但这些后现代的生活观能担当哲学理性的形上诉求吗？能保持自己精神指涉链不被中断、精神义理不断层吗？它的民族化的多元呈现是巩固并强化了它的哲学要义的整体性和一致性呢，还是造成了某种意义放任、精神流失、文化缺位呢？是它严重改变了现实并成为当代生活的必要要素而且已渗透到实践之中，还是它自身被生活实践严重的扭曲变形而被迫成为附着于生活表面的文化泡沫呢？这些问题，不是纯粹的理论和学术问题，而是真真切切的实践和生活问题，对之不能抽象地谈论，而必须切入生活现实之中，根据生活的变迁、根据多元文化的融合、民族化与世界化的双向互动、时代与理性的深度契合，对它作出新的选择并以恰当的路径和出口实现精神形态的转生和再生，从而才能达到学术性与现实性、民族性与世界性、时代性与历史性的有机统一。

一般说来，一切哲学都源发于其对人类生存和发展的终极牵挂，其内在本源处都蕴含着挥之不去的形上情结，即使是处于后形而上学转向中的生活哲学，仍然无法消解其形而上的内在牵引。最近有人指认，哲学向生活世界转向所带来的哲学革命，最终都要落到重建形而上学这个哲学之根上，形上理性不可避免也无法绕开。否则，若生活哲学缺乏形而上的感召力，就会无所适从，四处漂泊，迷失自己的精神家园，从而丧失思入生活并引领时代前进的重大的影响力和整合力。哲学对生活的多边切入、意义播撒并非要消灭形上理性，而是要拯救形上理性，是要重建形而上学的生存根基。正如有人说的那样，"哲学介入人的生活，就必定不是对感性生活的盲目认同，而是需要超越实存状态，并提供一种对于人类生存境界的终极性的理解与阐释"。① 相反，如果将哲学的生活化转向理解成一种意义放任、精神流失的运动，这是对它的真正误解。因而，这些对生活世界的回归，绝不是让哲学元素随意地附着于生活的表面或者停留于生活的直接性事实里，更不是让哲学遗忘了自己的终极关怀，而以庸俗的方式向生活示好，而是要始终围绕对人的终极关切而展开。即使是那些刻意追求放下贵族身份、倡导"素位而行"的后形而上学转向中的哲学形态，实际上无论如何都离不开对决定人类生存和发展的最根本力量的形上追寻，离不开对人的终极牵挂和伦理担当。正是从这个意义上讲，笔者曾再三指认，生活哲学并不是生活中的哲学，也不是传统哲学中那部分指向生活的生活观，而是关于生活的哲学理论体系；不是从外部展开的生活之思，而是从内部对生活的哲学营建，生活哲学本质上是关于人的生存与发展的理性之思，是以哲学的把握方式对人的价值、人生意义问题的终极追问。生活哲学的智慧，是关于人与世界关系的最高智慧，是人自我关切、自我设问进而实现人的自我生成、自我超越的哲学表达，生活哲学的起点和终点都是人类的生活

---

① 韩庆祥：《思想是时代的声音——从哲学到人学》，新世界出版社 2005 年版，第84 页。

世界，一切关于人的生存与发展问题的论争，本质上也都是关于人如何提升自己的主体地位、如何拔高人的生存境界、如何强化人的生命质量的争论。在李文阁看来，既然生活在本质上是人的自我生成，自我完善的过程，而生活的本质也就是生活的价值或意义，因此所谓生活的价值或人生的意义也就是人的自我生成、自我完善。事实上，以哲学的方式研究生活世界，若不深入到人的生存的"自我生成性"的本质，充其量只能获得关于生活碎片的认识，只能得到一些支离破碎的生活中的小见识，而无法使之上升为一种整体性的理论系统，最终因缺乏形上之思而成为无中心、无主题的生活常识。这种常识性的生活体验，无论多么复杂而微妙，都不值得称道，因为它们不可能真正抓住人的本质和生活的根本，更不可能以之为支点建构起科学的生活哲学。

那么，当代哲学该怎样既回归生活又超越生活呢？这内在地造成了生活世界理论研究中的一个关键性问题。事实上，长期以来，学界同人关于生活世界理论的任何研讨也都是围绕这一问题展开的，只不过由于近年来随着意识形态生活指向的日益突显，这一问题更加突出、更加棘手罢了。"从这个意义上说，人学在当代中国的兴起并成为当代中国哲学研究的一大亮点，其根本意义不在于人学是不是哲学或是不是具有哲学特点的学科，而在于'人'这一长期被遮蔽了的问题终于成了当代哲学理论必须直面的问题。"① 如何解决生活哲学研讨中这一悖论性的哲学难题，内在地决定着各种学术研究的进路，也标志着生活哲学研究者在超越传统本体论的道路上走出了多远。 方面，哲学要发挥它对时代的感召作用，就不能不思入生活、贴近生活，而要获得关于生活的深刻提炼和系统表达，又不能附着于生活表层，而必须超越生活现实结构，而对之作形上运思，这就形成了形上和形下的内在张力；另一方面，哲学要获得超越于生活世界的理论视界，如果不借助神学信仰、封建迷信或者文学虚构的话，那就必须通过特殊的理性抽象，从生活的具象元素和情感细节中抽象出一般性的生活本质，从丰富的生活经验中概括出人学意义的根本内容。而任何抽象和概括也都是经验实事向意识事

① 熊芳等：《毛泽东眼中的人——毛泽东人学思想解读》，人民出版社 2004 年版，第7页。

实的逻辑转化，若没有足够的感性经验、生活内容，这种转化是不可能实现的，而仅有丰富的经验内容和感性系统，若缺乏对之作理性的提升和科学的运思，它仍然不能成为构成生活哲学的内在要素，这便构成了经验与理性的"二律背反"。为解决这一理性难题，当代西方哲学家营建了各种各样的生活世界理论，用哲学的方式对生活世界进行了多样性的意义构造，这带给我们很深的理论启示，但总体上它们都是些极端式的表达，只说出了某些片面性的东西。

对生活哲学及其生存悖论的传统探讨，大都走进了偏重经验系统的准存在主义误区，没有实现哲学对生活本质的真正还原，不能从本质处响应生活、理解生活和重构生活，而现代西方的存在论也一味忙于构造"纸上的世界"，对真正的生活世界参与度严重不够，甚至先行地拒绝了生活理解，因而也没有为解决这一理性难题找到恰当的出口，更遑论为当代哲学研究开辟回归生活的新方向了。深入细致地反思一下，我们就会发现问题的实质，传统哲学的生活观及西方哲学的生活理论都只是指向了生活，或者说张扬了一种指向生活的实践性姿态，而并没有真正思入生活、抓住生活的根本，它们只是整个哲学运思活动的外在部分和附属的环节，而没有成为构成哲学的内在要素（实质和灵魂），其对生活问题的谋划获得的理论意义更多的是哲学自身之外的而非自身之内的，还没有真正接触到生活哲学的实践基础问题，没有从理论上弄清为什么说生活、实践的观点才是哲学首要的和最为基本的观点。因而，尽管都对生活作了一番哲学上的涂抹，其实只是说出了片面性的真理，没有映现出生活的全部哲理，对我们解决生活哲学的内在悖论，其理性意义是有限的。关于生活世界的意义构造问题，是渗透于人的全部生活并贯穿于人类生活始终的最大问题，因而，也是困扰人类理性并激发人类理性不倦求索的永恒主题。"对从德国哲学的最有生命力的阶段的直接关系中成长起来的马克思说来，全部人类历史实践中的问题始终是人自己的问题，这一事实是不证自明的，以至于无须再加以讨论了。"①

随着生活哲学各种问题讨论的不断深入，特别是由于生存论视域的突现，实践作为生存论的本体承诺，就必然引入生活哲学的形上运思之

---

① 陈学明等：《二十世纪西方马克思主义哲学》，人民出版社 2012 年版，第 199 页。

中。借助实践本体以成全生存哲学的形上诉求，就成了成功解决生存悖论的真正出口，实践范畴也自然成了全部生活哲学的奠基之石。像其他理论领域的论争一样，生活哲学中的一切理论悖论一碰到实践这块魔石，这个问题不是获得了圆满解决，而是自动消解了。毫无疑问，马克思主义科学实践观的确为我们解决人的生存悖论提供了真实根据，能对人的本质、人的世界、人的生活作出科学的说明，像许多学者论证的那样，实践生存论的确为我们彰显了一个极具确定性内涵和积极意义的生活世界理论，借助并通过它，学界对生活世界的理论研究确实超越了传统框架的束缚和西方后形而上学的纠缠，一度深化了对生活世界的哲学思考。但应该看到，实践是解开生活世界之谜、人的本质之谜的关键点，然而没有也不可能解决生活世界理论中的所有问题。换言之，实践只是为我们解决生活悖论提供了一把总钥匙，能否打开解决这一悖论及其他问题的理性大门，还有待于我们借助马克思科学实践观对之做创新性的研究。因为马克思的实践生存论是一种批判性或革命性的生活观，它面对的是资本主义异化的生活现实，因而主张通过彻底颠覆这个不合理的生活基础来实现哲学对生活世界的意义构造。而我们已处于一个新文明时代，我们面对的是一个繁荣稳定的生活世界，按照科学发展观努力构建社会主义和谐社会这一新的生活环境，必然要求我们以一种建设性而非解构性的生活理论去思入生活并引领时代的前进，必然要求建构一种能从人的生命的内在本原处真正把握住现实生活之根本的新生活观——实践生存论。可见，当代哲学对生活世界的回归旨在为之找到一种能从人的生存与发展的根基处响应生活的影响力和能够将人的生活的全部丰富性内容和意义引向人自身的召唤力，而以科学实践观为基础而建构出的当代中国化的马克思主义各种新生活观，就能担当起这一理论重任，从而实现对人的生活的真正还原和对人的价值的积极重建，就能彻底解决在后形而上学转向中产生的一切理性悖论，对人和人的生活所产生的各种理性困惑作出真正属于马克思主义的实践解决。

第六节　笛卡儿难题的语言学求解

为破解笛卡儿身心两离又内在统一的哲学难题，近代经验论和唯理论曾做了种种试解，但最终倒向了唯心主义而只在主观观念中实现了身心统一。现代经验论对这一求解感到失望；与之相反，试图将精神的因素归结为物质的因素而予以求解，即通过对语言进行逻辑分析来消除形而上学弊病，但又因语言的固定界限而窒息了思想的内在活力，故现代存在论才主张通过实现语言学转向以突破语言的逻辑限制，在生存命义中找到一条破解笛卡儿难题的可能路径。然而，吊诡的是，将"此在"视作语言性的诗意存在，仅仅为求解这一难题找到了一种虚幻可能而非可行之策，只有诉诸马克思实践观才有望获得正确求解。

在西方近代哲学中，认识论问题是其最基本的哲学问题也是其最基本的特征之一，它不仅源远流长、博大精深，而且曾经长时段地占据西方近代哲学的核心地位，是近代哲人十分关注的最重要的问题之一，在它追求世界的内在统一性、致思世界本源的背后，深藏着为人类一切知识体系奠基的理性奢望与思想动机，这是因为它与人类的终极关怀内在相关，是与人的存在意义性命攸关的难题。致思世界本体获得统一的认识论依据，具有丰富的内涵、广阔的疆域、抽象的思辨和宏阔的玄想，是其他任何哲学问题所不能比拟的，构成了近代西方哲学思维中最复杂、最令人困惑、也是最具有理性魅力的哲学难题。这里不避浅拙，愿从近现代西方哲学研究主题的多重变奏入手，以历史与现实之视界交融的方式，采取历史与逻辑相统一的方法，从古今中西历史大视域出发，尽可能系统地展现笛卡儿哲学难题及其种种求解方案带给我们的理性启示，以期能够引起学界的普遍关注与深入思考。

近代哲学的认识论转向与笛卡儿哲学难题的生成。本体论曾经是古代西方哲学的核心论域，作为最亮的动点，它在相当长的时期内，被视作一切科学体系和文化门类的最终基础和内在根据。它通常是关于宇宙万物最普遍、最一般、最根本、最高的根据和基础的知识体系，在人类知识的一切领域中，形成了一道十分奇特的文化景观，产生了挥之不去又缠绕心头的形上迷思和理性梦魇。只是在受到了怀疑主义的挑战、质疑和诘难后，才开启了它的认识论转向。因为本体论问题虽然历史悠久、难以克服，但它的基本概念却是不够清晰的，始终未能达到一般的确定性，哲人们在世界的本质究竟是什么以及该以什么样的方式去研究它的问题上，始终都没有达到过最起码的共识。本体论问题显然不是孤零零的一个问题，而是一组或者一系列的问题，它构成了一个有内在联系的问题域，比如：万物流变的基础是什么、究竟有没有永恒不变的存在本质，宇宙万物统一的根据或者基础是什么，整个世界统一的规律和秩序是什么，人类有没有能力认识它又该怎样去认识它，如此等等。古代本体论关心的核心问题，概括起来就是"世界存在的本质是什么"的问题。从巴门尼德对"在"与"在者"的划分到苏格拉底对"概念"问题的追问，从柏拉图对"理念"及其等级的把握到亚里士多德对"实体"性质的分析，他们的基本思维方式是一致的，这就是通过思想来把握存在，试图通过实现"思维与存在的同一"来把握世界万物的本质。但在如何把握存在的本质、世界的本源这一问题上，他们又众说纷纭、莫衷一是。随着研究的深入和研思方式的进一步转换，在古代哲人那里，逐渐从以存在为对象的存在论研究，演变成了以存在的意义为对象的形而上学问题的研究。主客二分、形上致思的研究方式与方法，就成为古代西方哲学史的主流导向。

诚然，在古代哲学的本体论中，囿于其主客二分思维方式的局限，在某种程度上，它尚没有将思维与存在严格区别开来，哲人们相信事物就像我们所思想的那样。认识论是不发达的，知识的可能性问题没有得到解决，"存在与思维的同一"是直接呈现在思想中的，主客体的统一也是无须论证的，但是这种统一不是经过认识论论证后的自觉统一，而是在思想中实现的自然的混一。"他们大多是武断地宣称本原是什么，至于知识的可能性等问题则尚未进入他们的视野。"① 即便如此，它仍然遭遇到了怀疑主义对它的挑战、质疑和诘难。在怀疑主义者看来，在未考察人类的认识能力之前，就武断地宣称事物的本质就像它所直接呈现的那样或者不像它所呈现的那样，并武断的宣称我们能够获得关于外在世界之本质的确定性的知识，而且认定我们的知识是具有绝对真理性的最高知识。怀疑主义者的挑战、质疑和诘难，显然击中了古代本体论的致命缺陷。犹如一种思想的清醒剂，它要求后来的哲学家必须为本体论提供认识论的理性支持，必须具备敢于面对问题的勇气和探索的精神，以便为重建形而上学的基础作出重新思考。随着人类认识活动的不

① 张志伟：《西方哲学史》，中国人民大学出版社2002年版，第142页。

断深化和发展，近代哲学家们逐步意识到了我们所认识到的事物和事物自身可能是不一样的，从而开始了深入分析知识的内在根据和我们的认识能力，并把认识主体确立为认识的逻辑前提。可见，本体论必须以认识论为基础，世界本质的规定及其最高基础的描述必须依赖于我们的认识活动和理论建构，以便从认识上说明其选定的认识对象是能够为我们所认识的，我们的确具有相应的认识能力以通达这种对象，当然也需要从逻辑学的角度形成关于外部世界及其本质的知识体系。应该说，笛卡儿哲学就是基于这种思想变革的实际需要而产生的，它响应理性发展所需并挺立时代潮头，在经院哲学的废墟上试图为人类重建理性根据。

作为近代哲学奠基者和唯理论创始人的笛卡儿，对二元实体进行了缜密思考，认为哲学作为一切知识体系的基础必须是从一个清楚明白、无可置疑的基本原理推演出来的严密的科学体系。它从普遍怀疑的立场出发，要求对一切知识采取怀疑的态度，只接受那种被理性明确认定是真实的东西，将一切可疑的东西暂时搁置起来，为形而上学寻求那种无可置疑的基本原则。在笛卡儿看来，当我们对一切知识实施普遍怀疑的时候，唯一不能怀疑的就是"我在怀疑"这一活动本身，即"我思故我在"。以"我思"而非"存在"作为形而上学的基础，这的确开启了认识论上的一场革命，它将蕴含于本体论背后的主体性因素予以凸显出来，为近代哲学的主体性原则奠定了统一的理性基础。笛卡儿的心灵观彰显了人类的理性的至上性，高扬了人类的主体性原则，认为人类理性能够摆脱一切偏见与传统的束缚而给我们提供绝对可靠的方法进而为一切知识体系奠基。

然而，吊诡的是，笛卡儿哲学又是一种典型的二元论哲学，其自身的内在逻辑包含着不可靠的理性缺失和不可克服的内在矛盾，面临诸多的理论困境。他一方面认为，自然界的一切运动和变化，都严格服从于机械运动的规律，自然界完全是一个必然的领域。另一方面又认为，在此之外，还存在一个自由自觉的领域，即人类的灵魂、心灵或者意识属于自由的领域。他把世界分裂为两部分，一个是自由的精神世界；一个是必然的自然世界。这样必然和自由就处于彼此对立之中，身心也处于二元对立之中。身心本质上是不同的，但实际上又是内在统一的。本质不同的东西如何获得内在统一，这就是笛卡儿哲学的难题。对之，笛卡儿作出了如下几方面的论证：他提出了"自然信念"的理论，借无限完满的上帝之手试图实现身心的统一；他提出了"重力比喻"的理论，重力与物体的结合是整体性的，重力的这些特征能够为我们解释身心一致提供一个恰当的类比，表明身心是密切结合在一起的，犹如重力和物体是密不可分的一样；他又提出"神经网"的理论，认为神经如同一张网，散布全身，它是身心统一的媒介，身心正是通过它而实现相互作用和内在统一的；另外他还提出"松果腺"的理论，认为身心的结合来自大脑最深处的松果腺，它是位于大脑实体中间的某个非常细小的腺体，它把悬在身体上的某种元气从前腔流到后腔，从而实现了身心交感。可见，笛卡儿对身心统一的论证不仅是牵强附会的，而且是毫无根据的，身心关系问题成为笛卡儿哲学中不可解决的一个难题。

笛卡儿哲学难题的近代求解方案及其理论缺陷。笛卡儿身后的近代哲学家，不论是经验论者抑或唯理论者，为消解他的身心二元的哲学难题，都曾作出了种种努力，但最终都以失败而告终。近代的唯理论者如斯宾诺莎，认为笛卡儿曾经将"实体"归结为：并不需要借助任何其他事物的存在就能自己独立存在的东西，但他所说的上帝、心灵和物体，没有一个不是与实体的定义自相矛盾的，为消解这种二元对立，他曾经提出实体一元论来取缔笛卡儿的二元论。但由于他的一元性的实体中又保留着两个相互对立的属性（思维与广延），实际上并没有克服二元论，而是形成了一种特殊的身心平行论，或者是身心两面论。斯宾诺莎的"实体自因"理论认为，实体是在自身内并通过自身而被认识的东西，实体独立自存，自己生成自己、自己说明自己。这种实体就是"神"，宇宙间只有"神"这一个实体，一切事物都存在于"神"之内，都依赖于"神"而存在、凭借着"神"而显现意义。"神"是万物的内因，万物都预先为"神"的绝对本性与无限力量所决定，"神"的意志或者力量（神智或者神力）造就了万事万物的存在法则及其发展规律。

显而易见，斯宾诺莎试图通过将笛卡儿的思想与广延降低为同一个实体的两种基本属性的方式，来化解他的身心二元的矛盾。思维与广延是实体的本质属性，二者在思想上是同一的，"观念里的次序和联系"与"事物的次序与联系"是相同的。凡是在知性中把握的实体的本质属性都隶属于实体自身，思想的实体与广延的实体都隶属于同一个实体，不仅思维与广延完全等同，而且实体的属性与实体自身也完全等同。思维与广延不是两个不同的实体，而是同一个实体的两个不同属性，它们都内在表现了实体的本质，只是表现方式不同罢了，思维中的东西与广延中的东西内在一致。这样，表面上精神实体的一元论就取缔了笛卡儿的身心二元论。但是，思维与广延毕竟又是两种不同的性质，既互相对立又互相限制。由于他坚持不同性质的东西不能相互影响，思维与广延之间的矛盾实际上不能调和。虽然他把这种身心二元称为身心平行或者身心同时发生，但是仍然存在二元论的思想残余。

再如另一位唯理论者莱布尼茨，在他看来，实体作为万事万物的本质，必须具有不可分的单纯性和内在的统一性，绝不可能是二元对立的；必须是在其自身之内就具有能动性和自因性，是自己保证自己的统一，而绝不可能依靠外在的原因而实现统一。这样的实体就是精神性的"单子"，它是客观存在的、无限多的、非物质的、能动的精神因子，它构成了万事万物的灵魂与内在目的"隐德莱希"。这种单纯的精神实体具有知觉和表象的能力，由于各种"单子"的知觉力与表象力的不同，"单子"间存在着质的差别，从而构成了"单子"的等级系列。整个宇宙就在"单子"中，世界就是各种"单子"相互联系的总体，从无意识的植物"单子"到人的理性的灵魂"单子"，又到全能全善的上帝的"太上单子"。上帝是最完满的"单子"，一切事物皆为之所造。上帝在创造每一个"单子"时就预见到了它们的全部发展状况，预先安排好了各种不同的"单子"的和谐一致与内在连续，就如美妙的交响乐，整个宇宙就是"单子"们的和谐演奏。以此出发，莱布尼茨批判了笛卡儿的身心二元论或者平行论，认为上帝造就了身心"单子"的前定的和谐。灵魂与身体虽然各自遵守着自己的独特规律行事，但是它们并不是彼此两离的，它们在上帝的召唤中又会合在一起，上帝使一切"单子"保持和谐一致，一切"单子"也自然是对同一个上帝的表象。精神性的"单子"一元论，实际上并没有克服笛卡儿的二元论，因为这种"单子"理论，认为自然从来不飞跃，物质是一片死物，身心、心物仍然是对立的。只不过一切灵动都来自上帝，一切变化与同一，都是上帝预定的，上帝使得万物存在又保持同一，这又背离了实体自因的基本规定。

　　与唯理论者在方法上有别，近代的经验论者比如洛克，他认为，人们得到的一切知识都来自经验，都是外部事物映现在心灵上东西的即观念。所谓上帝及其天赋观念等的说法，只是心灵的虚构，根本不是真实可靠的。心灵在自身中知觉到的东西就是观念，那种在我们心灵中产生观念的能力就是主体性。事物的性质与在心灵中产生的观念，既是互相区别的又是互相对应的。事物的第一性质如运动、体积、形象等，不论为我们知觉与否，它都为事物本身所固有，是它的原始性质。而事物的第二性质如色、香、声、味，并非真实存在，是第一性质的变形。这两种性质都能在心灵中产生观念，第一性质的观念是真实的，而第二性质的观念纯粹是主观反映，并不存在与之对应的客观原象。这样，受笛卡儿影响，洛克认为存在着三种实体观念："感觉"使我们相信有广延的物质实体，"反省"使我们相信有能思的心灵实体，"追求完满"使我们相信有神明的上帝实体。然而与笛卡儿不同，洛克认为这些实体不过是主观的产物，不过是心灵的组合而已，并非真实地存在于人的心灵之外。

　　对此，另一位唯心主义经验论者巴克莱说得就更明确、更彻底，在他看来，观念只能与观念相似，本质不同的东西是不能相互结合的，观念不可能与存在于心外的物质交感，物之所以被感知，那是因为它原本就是观念。笛卡儿的身心、心物二分的做法是错误的，洛克的两种性质的区分也是没有道理的。因为对象与感觉原本是一个东西，一个观念与感知到另一个观念其实也是一回事。观念的存在就在于被感知，一切实体存在与否及如何存在，都依赖于感知它的某种心灵实体，在心灵实体之外根本不存在所谓的物质实体。物纯粹是观念的复合，在观念中不存在身心二元、心物二分，唯物主义所说的"物质"纯粹是一种虚假意识，物质实体是一个抽象的名词，是最抽象、最不可思议的东西。这样，他就以观念的一元论克服了身心二元论，主客体在主观观念内部实现了统一。这种唯灵论与唯我论的主张，其实也不能克服笛卡儿的哲学难题。中西哲学属于两种不同的心灵哲学，"同样重视心灵，同样讲心灵哲学，但是中西方着眼点不同，发展趋向也不同"①，中国心灵哲学中的主客交感实现的很自然，而西方哲学中就很牵强附会。因为，西方哲学的心灵向度是自相矛盾的，既然本质不同的身心、心物不可能交互作用，它又如何在人的心灵中引发观念呢，只能感知观念而不能感知事物，那观念又来自何处呢，感知不到的东西就真的不存在吗，观念复合出来的东西就一定不是虚妄的吗？可见在纯粹的经验论内部，由于其自身的缺陷，笛卡儿的哲学难题仍然得不到解决。

现代经验论者对笛卡儿哲学难题的求解及其理性困惑。现代经验论者对近代哲学的唯理论抑或经验论的种种求解方案感到失望，不满足于在主观观念中所实现的身心统一、心物不二，认为在纯粹的精神领域特别是借助上帝的威力所实现的统一，只能是一种权宜之计，根本不能解决笛卡儿的哲学疑难，要解决就必须辟开另外的新路径。即不是将物质的东西归结为精神的或者观念的东西，把物等同于观念，让主观心灵吞噬一切。而是恰恰相反，将精神因素归结为物质因素，从而获得主客体的统一。易言之，不是把物质实体归结为精神，用心灵吞没一切外在事物，使一切都依赖于主体的心灵而存在；相反，而是把心灵、意识归结为物质的属性或者功能，把人的心灵的各种活动直接混同于人的身体的机械运动。这实际上是以身体的机械活动吞没了主观的心灵活动，身心矛盾在机械唯物论的立场上获得了统一。

现代经验主义哲学的分析学派自始至终都坚持着这种解决方法，"出现了形形色色的理论，特别是在 20 世纪 60 年代以来，出现了'唯物主义'占主导地位的倾向，即把精神现象看作是一种特殊的物质现象，以此来消解笛卡儿的二元论问题"。② 思潮，为消解笛卡儿身心二元的哲学难题，它们更是把精神现象直接视作一种特殊的物质现象，试图消融精神实体而归于物质实体中，以物质实体吞没精神实体，对心灵及其功能作机械唯物主义的理解。这种看似唯物性很强，而实际上则是一种彻底的唯心主义的求解方案，几乎在整个现代经验论的分析哲学论坛上一度占据了主导地位。现代经验论者尤其是分析学派的哲学家们，

---

① 蒙培元：《心灵超越与境界》，人民出版社 1998 年版，第 69 页。
② 张志伟：《西方哲学问题研究》，中国人民大学出版社 1999 年版，第 105 页。

对笛卡儿哲学难题的求解不再诉诸纯粹的理性抑或经验，不再探讨身心究竟谁是真的存在及如何存在的问题，也不再考虑能不能认识及如何去认识身心关系的问题，而是关心语言能不能及如何描述二者关系的问题，身心及其关系是真的存在抑或只是语言的构造，语言所描述的存在就是我们认识的界限，一切存在及其意义都依赖于语言的表征，在语言中根本不是二元的而是内在统一的，这就是"所谓的'语言学的转向'"，它"把语言问题放在首要地位，甚至把全部哲学问题归结为语言问题"，把哲学的全部方法归结为语义分析。①

比如，卡尔纳普认为笛卡儿哲学之所以会导致二元论的悖论与谬误，关键的原因并不在于我们在经验上抑或在理性上是如何断定认识对象的（本体是什么），也不在于我们有没有及有什么样的认识能力去通达对象（如何去认识），而是在于我们的语言对世界对象的描述出了问题。笛卡儿的身心二元或者心物两离，完全是用语方面的错误而导致的，如果使用一种清晰明白的、统一的科学语言去表述对象就不会出现二元论的谬误。在他看来，如果用物理主义及其方法就能够对认识对象作出绝对完全的科学描述，因为物理语言是一种普遍性的科学语言，世界上发生的一切事件、身心经历的一切活动，都可以用物理语言来描述，心灵中闪现的每一个观念、每一个心理学的命题，也都可以转译为仅仅包含物理语言的科学表述，用"实质的说话方式"而非"形式的说话方式"来揭示内心的心理活动。物理语言的客观性、主体间性和普遍性，确保了我们在运用它描述一切事件时避免了二元论的错误。一切心理事件都可以翻译成用时空坐标来表示的物理事件，一切生理的抑或心理的活动都可以归结为身体中发生的物理现象，人的一切心理情绪与表情都可以翻译成用物理语言来表达的、可观察的物理行为，这样心理的东西、主观的观念就都变成了物理的东西，从而就取缔了笛卡儿的心物、身心二元的对立，笛卡儿哲学难题也就自然消解了。

又如，日常语言学派的赖尔认为，笛卡儿的心物二元、身心不一的错误，完全是一种语言学上的弊病，纯粹是一种范畴错误，即他把主观的观念摆放到了不包括它的逻辑类型中去了。真正发生的一切，只有物

---

① 刘大椿：《科学哲学通论》，中国人民大学出版社1998年版，第241—242页。

理现象、物理事件与物理过程，一切表面上关于精神的、心灵的活动的叙述，其实都是关于身体行为的叙述，根本不存在只有本人才能感知的隐秘的内心世界，一切精神现象都可以归属为物理现象。笛卡儿二元论的错误就在于在身体的活动之外去寻找精神的活动，把精神及其活动看成是不同于身体及其活动的东西，认为精神是存在的、唯一真实的活动，其实只有身体的物理活动和生理行为，若把心、心灵、精神放置在并不包括它的物理范畴中，自然就会出现二元论的谬论了。可见并不存在精神的东西，人们用于表达精神行为的那些概念只是指精神活动，而这种活动完全可以转译成身体的物理事件。正是人们的行为方式才使我们认识到人们具有某种心理属性，心灵的精神活动决不是什么神秘的私人性活动，而是可以观察的物理行为，笛卡儿二元论的错误就在于将精神的概念视作精神的实体，将精神性的活动和物理的活动看成是并行不悖的两种活动，将精神与物质看成是世界共同的本源，其实世界只是物质的一元性世界，行为只是物理的一种行为，语言也只是统一而科学的物理语言而已。在笔者看来，这种语言学上的分析看似科学，其实其缺陷是明显的，它否定了人的内部经验、心理感受，根本否认精神活动的私人性、本己性，不承认有精神现象的存在，不承认人的意识经验的实在性，将精神活动作机械化的物理性处理，抹杀了人与物的本质区别。

再如澳大利亚的哲人阿姆斯特朗认为，人的心理状态就是大脑的生理状态，每一种心理状态、精神现象和心理活动过程，其实就其实质看来，完全等同于一种大脑神经系统中的生理状态、生理现象和生理活动过程。一切精神的现象、心理的活动与心灵的感知，都可以还原为身体的生理行为、物理事件与物质现象。在大脑的神经中枢系统的工作原理上，身心与心物都是大同的。他分析说，心、精神、心理状态完全等同于大脑的中枢神经系统，大脑神经系统的活动纯粹是一种物质性的活动，一切心理行为完全可以根据这一神经系统中的事件来表达。根本不存在什么精神性的对象，在大脑的神经中枢中发生的一切都是物理学的事件，没有非物质的东西，一切心灵活动及其精神事件的唯一性质就是在物理学和化学中所承认的那些物质性的东西。心灵不过是物质性的大脑功能之有机形式的一种特殊排列罢了，精神不是一种非物质的东西，而是物质的大脑及其派生物，心灵状态等于脑神经中枢的运转状态，心理状态及其运动过程其实就是物质性的大脑的工作原理，二者在生理机理上是完全同一的，二者在物质性的实质上也是完全等同的。在阿姆斯特朗看来，神经中枢上的统一性消解了二元性悖论，身心问题被消解成为一个科学的细节问题，神经生理学完全可以为笛卡儿哲学难题的求解提供正确的方案，心物一体、身心合一就都得到了论证，笛卡儿的二元论的哲学难题就不攻自破了。在笔者看来，笛卡儿的二元论是消除了，但是精神领域里一切奇妙的思维之花却被机械性的生理学一笔勾销了，神经系统的同质性解释将五彩斑斓的精神世界化为乌有了，以此实现的心物一体与身心合一，在哲学上不是一种进步而是一种倒退。

现代语言哲学对笛卡儿哲学难题的破解及其内在局限。总的看来，现代分析哲学所开辟的语言学转向，毕竟探求了哲学研究的新途径，但是通过语言分析来消除笛卡儿难题又的确具有多种局限性：将理性认识的界限转化为语言学的界限，窒息了语言的内在活力。因为语言的确可以有不同的功用，能够表达不同的对象和问题，但由于哲学领域与生活领域毕竟存在本质的差别，适用于生活领域中的语言究竟能否也能成功地运用于哲学领域就成了一个问题。如果用同一种语言来同时表述本质截然不同的两个领域中的问题，就会造成语义混乱，产生像传统笛卡儿哲学难题那样的理性悖论。自从笛卡儿这一难题诞生之日起，就一而再再而三地有人质疑形而上学的合法性基础，再三追问形上理性究竟能否使用日常语言来通达哲学的对象。其实，从语言哲学的角度，形而上学的问题不仅仅是我们的日常语言能否通达对象的问题，更重要的在于，形而上学的对象究竟是真的存在抑或仅仅是语言的产物。"语言使人与世界相通相融，语言开启了世界，建构了世界，或者说，世界由语言而敞开、而有意义。"① 换言之，哲学所把握的世界并非真的存在，而只是语言的一种特殊构造。在西方语言的形成过程中，由于其特殊的颠倒功能，原本没有任何意义的"存在"本身却成为了哲学的研究对象。

那么，"存在"究竟是独立存在的对象还是只是一种语言的现象？在一些人看来，以"存在"为研究对象的形而上学或者本体论，不过是哲学语言的误用罢了。因为"存在"只是连接概念之间的系词，它

---

① 张世英：《哲学导论》，北京大学出版社 2002 年版，第 194—195 页。

本身没有任何实际意义，以之为对象进行哲学思考，纯粹是"乌托邦"的虚假营造。"存在"概念在语言中的产生是一回事，我们用它来表征某种对象的存在完全是另一回事，无论"存在"概念产生时具有多么明显的语言学因素，这都不妨碍我们运用这一概念去表达另外的一种意义。所以，"存在"身上的语言学悖论，并不能够证明西方哲学本体论的无意义性。在康德看来思维与存在本质上是不同的，因为存在不是宾语，存在并不表述事物的任何属性，当我们说某物存在时，并不能由此说明的确实有某物存在。因为"存在"仅仅是在语句中起连接作用的系词，它并不实际指称某种事物，把"存在"加诸事物上并对之进行言说，丝毫不能为它添加任何新的属性或内容。要断定一种事物具有某种属性，必须有经验上的依据，而与语言上的表述方式无缘。他的这一思想在近现代西方哲学的语言学转向中引起了广泛的兴趣。将"存在"作为形而上学的对象，并将它看作语言的构造，的确可以消除形上理性的虚幻性。这虽说是一种最方便快捷的方法，然而却不是一种行之有效的方法。如果说我们生活在语言之中，并被语言所包围，那就意味着任何语言现象都有可能被我们赋予新的意义，从而成为我们认识或者考察的对象。

通过语言分析来消除笛卡儿难题的确具有多种局限性，然而它毕竟开辟了哲学语言学转向的新途径。在古代和近代哲学那里，表述某种对象的语言与语言所表述的对象之间似乎是没有区别的，至少他们没有意识到这种区别。就此而论，现代分析哲学所开辟的语言学转向，的确功莫大焉。现代分析学者将理性批判转化为语言批判，将理性认识的界限转化为语言学的界限，旨在通过对语言的逻辑分析，来说明哲学所把握的世界实际上是语言所及的世界。因而，人的语言就是世界的界限，世界就存在于语言之中，在这个界限之内，一切都是可以言说的，说出来人们也能够听懂，而超出这个界限，一切都不可言说，只能保持沉默。哲学家从普遍关注本体的存在和关注通达这一本体认识能力，转化成了普遍关注人们的语言及其误用的问题，语义分析成为哲学研究的唯一主题。分析哲学认为，形而上学的错误在于对语言的误用，当它诉诸语言去表达存在的时候，实际上谈不上真假对错，因为它根本没有实际意义，它所言及的存在实际上只是一种主观虚构，根本没有实际的对应物。当然，在分析哲学家内部也有细微的差别，其中逻辑学派认为日常语言是有缺陷的，它经常掩盖了语言本质的逻辑形式，形而上学这种乌托邦的东西就是由此而来的。而日常分析学派则认为，日常语言并没有缺陷，在日常语言中意义得到了直接呈现，不会造成误解，形而上学问题的产生恰恰是由于人们使用日常语言的错误方式造成的。尽管有这些细微差别，但是它们拒斥形而上学的立场是非常一致的，正如维特根斯坦所说，能够说的就要说清楚，不能说的就要保持沉默，语言是银，沉默是金。

可见，分析学派语言学转向的根本目的不在于通过调适哲学的把握方式而拯救或者重建形而上学，也不在于为通达世界本体探寻认识通道，而在于通过对语言进行逻辑分析而为思想划定界限，以此来求解笛卡儿难题。在它看来，我们语言的界限就是我们的世界的界限，换言之，我们的世界只在我们的语言所及的范围之内，整个世界都停留在语言之中，语言所及之外的东西根本没有任何意义。通过对语言进行逻辑分析，我们弄清了语言的界限，知道了什么是可说的、什么是不可说的，我们只能说可说的，说不可说是做不到的。笛卡儿难题的产生就在于哲人们总是僭越了语言的界限，试图对那种不可说的东西进行言说。有的哲学家对此虽然采取了宽容的立场，认为形而上学不过是一种纯粹的本体论承诺，但它所言及的存在，只是在哲学中得到了一种言谈，而并非实有此物，只不过是在理论上的一种有用的假设罢了。

现代分析哲学试图通过对语言进行逻辑分析来消除笛卡儿哲学的错误，的确是一种很有意义的探索，在某种程度上也具有一定说服力，有助于帮助我们澄清形而上学命题中所蕴含的许多逻辑错误。但是它还不足以从根本上消解形而上学的所有问题，更不可能彻底颠覆形而上学的把握方式。因为通过他们对语言进行逻辑分析，的确让我们看到了语言自有语言的界限，但这并不意味着我们就不能设想语言界限之外仍然有物存在，而且这种设想也并不像分析哲学所说的那样根本无足轻重，实际上它很可能比分析哲学本身更重要。语言分析学派混淆了语言与存在的关系，把语言所及的存在看成了事实存在本身。对它而言，只有一种存在，那就是语言所及的存在，语言的界限就是存在的界限，一切事物只能存在于语言中，语言之外的东西根本无法想象。这就导致了"语言的唯我论","语言的界限就是我的界限"①，反过来也一样。但是分析哲学也有它内在的局限，其错误在于把语言和存在混同，语言的界限只是表明了总有语言所不能企及的存在，但这并不能说明语言不能企及的东西就真的不存在。由于分析派的学者过于强调对语言进行逻辑分析的重要性，试图通过对语言弊病的克服来消除形而上学，实际上并没有达到这一目的。特别是过于强调语言的纯洁性，不但缩小了语言的范围，而且缩小了思想的范围。如果我们把语言仅仅理解为如此纯洁的科学语言，那么形而上学也完全有理由认为思想的领域比语言的范围更宽泛，乌托邦性的本体论仍然可以找到它的栖身之地。可见，分析哲学对笛卡儿难题的批判也有过于偏颇之嫌，它对语言进行逻辑净化的同时，也缩小了语言使用的合法范围，从语言之逻辑形式的角度，限制或者窒息了人类语言自身的内在活力，从而也缩小了人类认识的思想领域，将自己局限在逻辑分析这一狭小的天地，使得语言学的转向陷入作茧自缚的陷阱中。

现代存在主义哲学对笛卡儿哲学难题的破解及其弊病。与现代分析哲学通过对语言进行逻辑分析来根治语言弊病并以此破除笛卡儿难题之目的不同，现代存在论学派所实现的语言学转向的根本目的，不在于把哲学的全部工作仅仅局限在对语言进行逻辑分析这一狭小的天地，而恰恰在于试图突破语言的逻辑工具性的限制，发现语言在成为逻辑工具之前就已经与人的存在及其本质保持一种原发性的相属关系，弄清语言与存在的这一内在关联，旨在找到一条揭示身心合一及世界和人的存在意义的可能路径。在现代存在论者看来，通过对语言进行逻辑分析，证明了形而上学作为科学是不可能的，但这并不意味着形而上学问题本身的无价值性，实际上正是因为妄图实现形而上学的科学化才导致了它陷入歧途。与分析学派通过逻辑清扫以破解笛卡儿难题的道路不同，存在论学派试图通过深入挖掘语言与存在之间的内在关联，使哲学的运思重归早已被传统形而上学遗忘了的存在视域，以此实现身心融合。在存在论者看来，现代语言分析学派的失误并不在于它的问题和对象没有意义，而在于它试图利用某种科学方法（逻辑学的语言分析）来达到对存在

---

① 夏基松：《现代西方哲学》，上海人民出版社 2006 年版，第 150 页。

的言谈。当它从本体论上承诺有物存在的时候，由于它忽略了"在"与"在者"的区别，因而自始至终就处在了对"在"的遗忘之中，其哲学史就是"在"的遗忘史，所以有必要重提存在哲学问题，真正将语言与存在的关系提升到本体论的高度予以把握，以便能够深入到人的基础存在领域来实现对人的意义的领会。

"在"和"在者"是有差别的，一切在者皆因存在而在，而在总是在者的在。如果我们试图追问存在的意义问题，那就必须找到这样一个在者，它能够对它的存在发问并与它的存在保持某种内在的相属关系，即通过言谈、解释和领会来直接展示存在的意义。这种在者就是我们向来所是的"此在"，其根本用意在于表明人是通过自己的生存活动来展现自己人生意义的。简言之，意义是人自己"在"出来的，是自我的生存活动开拓出来的。"此在"的生存活动是存在得以开展出来的基础领域，是人的本质和意义的展露口，"此在"的存在就是通过人的生存活动而奋力开拓出来的。由于人对自己的存在的理解，内在地规定着他的存在样态，因此，人的存在与人的语言就处在原发性的相属关系中，语言与存在结下了不解之缘，语言也就成了人的存在的本质。对于存在论者来说，语言在本质上不仅仅是人与人相互交流的工具，而是变成了与人的存在本质具有内在关联的一种东西，因而语言就具有了基础本体论的意义。

"此在"对人生意义的开拓、对存在本质的展示，分为三个相互渗透的环节：情绪、理解、言说。"此在"作为"可能之在"，由于面对诸多存在的可能性，所以它自始至终就承载着生存的重负，正是在作为现身情态的情绪中，"此在"之"在"就处于被抛状态，即人生在世，就被抛入多种存在的可能性之中。既然"此在"是"可能之在"，"此在"对它的存在意义和本质就总有理解和筹划。它如何理解自己的存在，它就怎样存在，"此在"对存在的理解，实际上就规定着它的真实存在。解释就是对理解的展开，也就是对生存情态的一种展现。"人的存在基于语言"，而且"语言的真正本质，即它实际上规定了我们存在的可能性"。[①] 语言在"此在"的展开状态中，有其内在根源，从存在

① 张汝伦：《思考与批判》，上海三联书店1999年版，第579页。

论的意义上来说，语言根源于言说，而言说乃是存在论意义上的语言，就是对多种可能性的存在的一种谋划，言说内在的牵连出了人的存在本质和意义。所以，语言并不是附加在人身上的外在功能，而是作为"此在"的人展开自身、生成自身、成就自身的一种特殊的存在方式。可见，语言与存在具有内在的关联，它意味着"此在"这种存在者是以解释世界意义、人的本质的方式存在的。这样，语言在存在论哲学那里就具有了本体论的意义，为了真切的把握语言的存在本质，就必须从现代分析学派的逻辑桎梏中解放出来。当我们从生存论入手来揭示"此在"的存在状态的时候，就从根本上颠覆了语言分析学派关于"在"与"在者"的划分。对于生存论者来说，所有一切存在着的东西实际上原本就已经存在了，只不过它们是以潜在的方式存在着，即"可能之在"。这里的"此在"是一种动词，即通过自己的活动来展示自己的存在本质。已经定型的存在并不是在而只是在者，存在之为存在就在于它的自我显现，就在于它能够"去存在"。唯有"此在"作为一种非现成性的、永无定型的、开放性的存在，才能对自己的本质进行筹划。所以，现代存在论学派实现语言学转向的目的，就在于使"此在"摆脱自己已经凝固化为现成存在这种非本真的生存状态，而本真地开拓出自己的在世状态，义无反顾地去开展自己的存在可能性。"此在"与语言处于原发构成的相属关系中，"此在"因存在而存在，而"此在"在生存中显现出本真的存在，故"此在"就担负着使人获得本真生存、显现自我真意的使命。简言之，只要"此在"才能以可能之在的本真方式存在着，无论它如何生存，都是对存在意义的一种显现。

在现代生存论者中海德格尔放弃了通过"此在"来破解笛卡儿难题的道路，而试图直接通过语言的揭示作用来开启哲学新图。在其本体论上，语言对本质的开启作用就得到了特别的发挥，以至于他说语言是存在的家。人必须首先聆听然后才能言谈，语言不是人的发明，不是人说话，而是语言自己说话，唯有当存在言说时，人才真正成为其人。语言是人的存在的栖身之地，人栖居在语言所构筑的家园之中，哲人们就是通过自己的言说而使存在的本质得以开敞，人的生存真意就保存在自己的语言中，哲人们的看守实际上是对人的存在本质的敞亮。语言的根本意义就在于对人的生存本质的揭示和敞亮，因此，语言便与存在保持着一种特殊的始源关系。"语言不仅是'存在之家'",也是存在的庇护之所,"在词语破碎处,无物存在",没有语言,存在无从开敞,语言将人带入是其所是之地,"语言是有生命的,它蕴含着存在与生存的深层缘构"。① 那么什么样的语言才是真正具有原发意义的语言呢?在海德格尔看来,是一种诗性的语言。人诗意地栖居,诗人由语言本身所蕴含的内在丰富性所牵引,聆听应和这种本然所思的语言,就存在着的本然所是将存在者的本质由晦暗带进险要之地,让世界万物向我们展示它的意义。

在某种意义上说,分析学派强调划清语言的界限,试图运用逻辑分析来消除形而上学,而存在学派则致力于突破科学语言的逻辑界限,而实现对人的生存本质的敞亮。二者同样把人的存在看作是一种语言性的存在,人的世界也就是语言所及的世界,但是他们对语言世界的理解是不相同的。语言不仅仅是思想交流的手段和工具,而是人的存在真意的自我显现的展露平台,所以,人因为拥有语言而成为本真的存在者。这种分析对以后的哲学走向影响深远,其意义无论怎么样估计都不会过分。但是,在我们看来,本体论问题无论如何不能仅仅归结为语言学问题。因为,语言学虽然是研究本体论的基本方面,甚至是不可或缺的基础或前提,但是如果我们把本体论问题完全限制在语言学范围之内,那就完全本末倒置,就丧失了人类理性追问形而上学的根本目的和意义。尽管语言学的探讨有助于我们澄清笛卡儿哲学难题,甚至提供了解决这一难题的一个基本维度,但它毕竟不是对这一问题的基本解决,在语言学范围之内,这个难题始终是无解的,只有诉诸马克思的科学实践观,这个问题才有望得到科学的解决。

笛卡儿哲学难题的种种求解方案带给我们的理性启示。以上从西方哲学研究主题的多重变奏(即由本体论到认识论再到语言学)入手,在学理上所揭示的笛卡儿哲学难题及其求解方法,能给我们带来很深刻的理性启示:

在西方近代哲学中,作为唯理论与理性至上主义的肇始者与开创者,笛卡儿以"我思故我在"的普遍怀疑方法,辟开了近代哲学推崇

---

① 邹诗鹏:《生存论研究》,上海人民出版社 2005 年版,第 288—289 页。

人的主体性原则的新视域，引导了哲学由本体论到认识论的转向，将理性的至上性与主体的能动性第一次凸显出来，其理论意义的重要性和实际影响的久远性是不言而喻的。这不仅仅是因为他对精神的"我思"给予能动性的解释，为人们提供了第一个通达世界本体的认识通道与理性支点，而且其提出的哲学难题也构成了本体论和认识论的交汇点、近代思维与现代思维的会通处。他对认识对象的二元划分、主客两离以及他的基础主义的思维方式，引起了哲学史上诸多哲学家的竞相研讨，使得各个哲学派别对这个问题都必须首先作出回答，对这个问题的求解内在构成了近现代哲学的全部意义。尤其是他对心身二元关系问题及其理性困惑的分析，以表象论为基础的认识难题的追问，更是成为他身后的哲学派别无法绕开的理论怪圈，以至于成为把握西方哲学史研究主题多次转换的一条总线索，成就一个个以唯心主义方法研究认识论、语言学、存在论的哲学体系。他把世界万物统一于主体性的精神内部，以主体性的"我思"统摄一切自然本体，通过消除本体的这种外在形式"物质的累赘"而赋予心灵以无限的能动性，从而揭示了在灵魂中人如何借助上帝的召唤而将心物与身心内在统一起来，将思维作为自我的本质，进而又将自我变成了精神实体，这一切的确开了西方哲学以唯心主义研究身心关系问题之先河。这表明，笛卡儿对人的理性和主体性的彰显，既顺应了时代潮流、体现了人类思维发展的规律，又凸显了他追求思想解放、向往意志自由的人文情怀。

笛卡儿哲学难题是最富挑战性、最具活力的问题之一，在近现代心灵哲学、心智哲学的研究中得到了前所未有的展开，虽然随着这一问题的深入研究它已经发生了偏转，但是并没有失去作为理论源头和始作俑者的理性魅力。即使是在当今西方心智哲学中所讨论的许多身心关系、心物关系问题，在原则上仍然没有超出笛卡儿哲学难题的原初视阈，因为笛卡儿哲学难题触及了一个在世界及人自身之外除了物质的东西外究竟还有没有精神元素的存在这一根本问题。在笛卡儿证明身心区别与心物对立时，从思维的反向规定上显然接触到了心灵的本质是什么的问题。但是，他仅仅表明了身心的差别、心物的对立，说明了心灵不是什么，没有进一步揭示出心灵究竟是什么，心灵的本质是如何规定的。他的后继者正是沿着这一难题所开辟的理论道路而展开研究的，或者以一种精神实体吞噬物质客体，认为是上帝的精神力量预定了一切事物的和谐，或者把心灵中的意识现象、心理活动过程看作是物质及其活动的一种特殊形态，以此来消解二元论的哲学迷思，这在很大程度上丰富并发展了我们对于心智本质的理解。但是，正如以上所分析的那样，心物关系、身心关系问题实际上是一个很复杂的哲学问题，这个问题仅仅在机械唯物主义者内部或者仅仅在唯心主义、唯灵主义内部，都不能得到正确的求解。笛卡儿身后的哲学家们对破解哲学难题做了种种努力，但他们的分析只是为我们提供了关于心智本质理论的一个个片面的理解，没有也不可能揭示出心智本质及其发展规律的全部内涵，离开实践观和辩证法对它所做的任何求解都只能是徒劳的。

笛卡儿哲学难题开启了近代认识论的转向，使得认识论的问题成为近代哲学研究的中心，其试图在基础主义和表象论的研究框架中寻求知识的合法性和确实性的努力，在现代哲学中的确遭到了越来越多的哲学家的挑战与质疑。为了破解笛卡儿哲学疑难而奠定认识论的稳固基础，一些哲学家曾经设想从客观实在的确定性来保证认识的确实性，为认识论找到一个外在赋予性的理性根基，在受到怀疑主义的批判后，这一立场自然就被颠覆了。相反，另外有些人按照笛卡儿的思路，主张为认识论找到一个内在赋予性的基础，这一思想在现代哲学家那里，得到了不同形式的弘扬。他们普遍认为，认识论的确实性基础，不是外在赋予的而是心灵赋予的，是心灵不得不为自身确立的，知识的基础最终是在人自己的心灵中发现的，这种基础虽然不是来自心灵中不证自明的天赋观念，但是，的的确确又是来自主观心灵的内在构造。诚然，也有一些现代哲学家对笛卡儿哲学难题进行了重新审视和反思，认为笛卡儿开创的所谓内在赋予性的认识论基础，虽然一定程度凸显了主体性，在人类认识史上起到了思想启蒙的作用。但是，随着对近代主体性哲学及其理性主义路线的过多张扬，以至于它又反过来成为了窒息人类认识能力、限制人类认识视域的思想桎梏。过度膨胀的主体性哲学及其理性至上、理性万能的思维模式，又发展成为了一种内在压抑人类认识的新的绝对，一种僵化的思维方式曾经长期滥施淫威于认识论领域，造成了思想的独断化和极权化并扼杀了人类的认识能力与思想活力。这逼迫现代哲学又开启了新的一轮研究主题的转换。

　　以哈贝马斯为代表的现代哲学家，反对以主体为中心的心智哲学路线，主张从以主体性哲学为核心向以交互主体性（或者主体间性）哲学为核心的转换，从个人中心的认识论转向社会化的认识论，从心灵赋予的认识论基础转向社会交往赋予的重叠共识，从个别主体对客体的镜像反映转换成了认识共同体在问答逻辑中生成交往互惠。因而，解构主体性哲学及其理性至上主义路线，反对基础主义和表象论，批判主客两离与身心二元的思维方式，就成为现代哲学的一个基本导向。现代哲学的另一个基本导向是语言学转向，具体又有两种不同的努力方向：一种是现代经验分析学派，主张对哲学的语言进行逻辑分析，试图通过医治哲学语句的弊病来达到破解笛卡儿哲学难题的目的，但是又以语言的界限窒息了思维的灵性；另一种是存在主义的语言学转向，这种尝试唤醒了思的自觉与人的解放，但是将非理性的主体体验代替社会实践，仍然存在致命缺陷。现代哲学从逻辑与语言关系的角度对笛卡儿难题的求解，虽然无果而终，但是仍然具有重要意义，即使是今天"这种研究，也是哲学在当代演进的一个重要突破口"。①

　　在现代语言学转向之后所开启的后现代转向，以激进的方式试图完全取缔近现代思维方式，取缔认识论和主体性哲学，试图破解结构、击碎整体，颠覆一切带有主体性踪迹的任何认识论，这又使近现代认识论哲学的一切努力陷入一场崩溃性的逻辑中，通过理性的自残与自杀而走向了自我消解。可见，破解身心二元、心物两离如何实现统一的笛卡儿哲学难题，似乎成为了近现代哲学乃至后现代哲学研究的共同主题，至今坚信二元论立场的人可谓已经凤毛麟角，但是笛卡儿哲学难题的阴影仍然没有散去，它又以更加多样化的方式吸引着当代哲学家对之进行深入的拷问。笛卡儿自己曾经说，身心二元如何统一的问题，其实并非一个形而上学的问题，而是一个科学的问题，只有期待科学事业的巨大进步才有望解决。恰恰相反，马克思则认为，破解这类思想迷思以及其他哲学怪论，检验人的思维是否具有现实性和力量，"这不是一个理论的问题，而是一个实践的问题"②，只有在实践中而不是心灵中才能确立

---

① 张祥龙：《现代哲学观念》，北京大学出版社 1990 年版，第 176 页。
② 《马克思恩格斯选集》（第 1 卷），人民出版社 2012 年版，第 134 页。

认识论的真实基础，才能验证主体性认识能力及其认识成果的科学性，离开实践的思维纯粹是经院哲学的病态思维，消解身心二元对立只能借助于实践，正如马克思所说的那样："全部社会生活在本质上是实践的。凡是把理论引向神秘主义的神秘东西，都能在人的实践中以及对这种实践的理解中得到合理解决。"① 引导哲学论争走上邪路上去的一切奇谈怪论，都只能以此解决，舍此并无他途。

第七节　语言与存在的逻辑同构

在西方，无论是古代抑或是近代哲学家，都认为语言与存在是内在同一的，作为"存在的存在"只是存在于语言中，语言是存在的本体论依据。海德格尔将语言视作"此在"敞亮自身的存在方式，"此在"由语言本身所蕴藏着的内在丰富性语义所牵引，聆听、领悟并应和着这种本然所是的存在意蕴。而在伽达默尔看来，能被理解的存在就是语言，凡是能被语言表述的东西并不存在于它自身之内，而是存在于它所表述的语言中并作为被理解的东西而存在。人及人的世界生成并存在于语言中，语言是存在的直接显现，语言与存在的内生性关系，构成了西方哲学发展的语言学视域和存在论根基。

黑格尔曾说，西方哲学的语言"具有这样的神圣性质"，它能够直接地使感性的具体转变为普遍的共相，这种"颠倒意谓"的奇特功能使之能够在普遍中把握住特殊。隐含于语言本性中的这种辩证本能，使语言成为存在的根源性依据并与之保持一种内生性关系。换言之，不是语言表达存在，而是存在内生于语言，语言是存在的直接实现。本文从西方哲学发展的语言学视域及其生存论基础入手，通过辩证地考察存在性的语言与语言性的存在，旨在阐明语言对存在真义的显发作用以及语言与存在的内生性关系，这对于推进我国语用学的当代发展将不无裨益。

在古希腊哲学家那里，语言与存在原本就具有同一性，作为语言与作为存在是一回事。正如巴门尼德所说："能够被说和被想的与是者是

① 《马克思恩格斯选集》（第1卷），人民出版社2012年版，第135—136页。

同一个东西。"在他看来，一切存在物都存在，但是它们总有一天都将不复存在，唯有使一切存在物得以存在的"存在"本身是永恒不变的真实存在。显然，这种"存在"之于存在物，不是生成性的而是本质性的。柏拉图认为，凭感觉经验只能认识有形有状的存在物而不能通达存在本身，换言之，感性认知不能捕捉到作为一切存在物之本质的存在，唯有通过理性认识并借助语言才能获得对形而上的本质的理解。亚里士多德则认为，存在唯有获得语言的理解才是真实的，作为"存在的存在"其实就是语言，"存在"只是存在于语言中，存在的一切属性与规定都以语言为前提和基础。近代哲学家康德继承了这种在语言中把握存在的研究思路，认为"存在"作为存在物的根据，具有最大的普遍性，它不可能像自然哲学家那样，用某种或者某几种原初的物质形态（水、火、土、气）去命名，而只能求助于特定的概念或者语言对之进行抽象把握，离开语言我们根本不能直接规定存在是什么。黑格尔也认为，由于存在与存在者并不处于同一个层面上，感性认知绝不能解决两个不同领域中的问题，否则，不是将存在限制成为存在者，就是把存在者误认为存在本身。感性认知只能对存在物有效，对存在者及其表象描述得无论如何逼真，也依然不能得出关于存在之本质的思想来。基于这种分析，黑格尔得出了这样的结论：通过语言把握存在的努力，就是通过语言把握宇宙自然本质的努力，语言的界限就是世界的界限，语言与存在是直接同一的，语言是存在的本体论依据。

对于语言与存在的关系问题，现代哲学家基尔凯戈尔认为，唯物主义者所说的物质世界并非客观存在的，换言之，它只能存在一时而非永恒的存在，它只是一种存在者而非存在本身；黑格尔的唯心主义者所说的绝对精神亦非客观存在的，它也只是人的理性高度抽象出来的一种存在者。物质或者精神，说到底都不是世界的本源或者存在根据，世界万物的真正存在及内在统一的依据，只能说是人的主观自我。这种自我不是自己的主观经验抑或理性认知，而是纯粹个人的主观情感、意愿、动机、欲望等非理性的内心体验，人的存在及整个世界的存在都要归结为个人非理性的体验。内在或内心体验就是一切，离开了它一切就根本不存在，一切存在于内心的体验中，并通过自己的行动及其结果来表现。非理性的个人体验是万事万物的本质与本源，一切都是它的派生物或者具体表现。对之认识不能依赖人的理性或逻辑，而只能依赖非理性的直观，根本不存在所谓客观真理，只具有主观真理，真理存在于纯粹个人的主观性体验中、主体的内在精神中，它只相对于个人而存在，只相对于人的主观性才有意义。这种纯粹体验性的存在，实际上就是一种语境性的存在，一切都不能离开语言而存在，换言之，一切都只能是语言性的存在，一切都存在于语言中，语言就是存在、存在也就是语言，二者互为一体、相互依存。

对此，海德格尔做了更深入的考察。在他看来，"在"与"在者"是有根本差别的，以往的哲学把这样那样的"在者"（唯物主义的物质之在，唯心主义的精神之在）作为研究对象，发生了"在"的遗忘，忽视了对最根本的"在"的追问，哲学史就是"在"的遗忘史。一切"在者"都是已经存在或者已经显现出存在的东西，它具有明确的对象性、既成性、固定性或者规定性，人们可以考察它是什么或者不是什么，并可以根据它的既有的内容和现存的规定来这样说明它或那样理解它，总之，它是一种完成了的存在或者说是存在的一种完成形态。而"在"则不同，它不是某种具体的存在者，它不具有存在者所具有的那种对象性、规定性，而只是存在者的存在根据或者"存在之存在"的理由，它是不可界说的，不可推论的、不可分析的。海德格尔认为语言在本体上具有先验性，能被理解的存在就是语言，理解就是在语言上取得一致性。同具体事物相比，对我们的世界经验的语义分析是先验的，语言和世界的关系并不意味着世界成为语言的对象，毋宁说，知识和陈述的对象已经包含在语言的世界见识之中了，世界存在于人的语言中，它本身就是语言的产物，离开语言就没有了存在，语言就是存在的界限。任何一种对存在的理解，都不能摆脱语言的阈限和语义的处境。

存在是什么以及存在的意义怎样，都与语言内在相关，唯有语言才能揭示存在是如何存在的以及是如何显现自身的，语言是存在的本源之处和敞亮之所。无论感性认知抑或理性认知都无法接近并通达存在，相反，只能离它越来越远，要把握存在必须诉诸人的语言。他分析说，一切存在者皆因存在而存在，但是，存在也总是存在者的存在，若要把握本真的存在必须通过"此在"的生存。"此在"的与众不同之处就在于它不是现成凝固的、与自己的存在漠不相关的存在者，而是为了存在而存在的、始终处于"去存在"之中的积极存在者。而且，更为重要的还在于，"此在"总是借助语言而领悟自己的存在性状，并且通过这一领悟而规定着自己的存在意义、筹划着自己未来的生存理想。可见，这种生存性的领悟，对于人的本真存在来说简直就是性命攸关的。存在问题的解决既不能依赖于感性的体认，亦不能依赖于理性的玄思，而只能通过语言的表征。语言的表征或领悟，能通达存在的始源状态，敞亮其"去存在"的在世本性和生成本质。"此在"的本真存在状态就是他的言说状态，他正是通过积极的言说而与世界实现水乳交融的，"此在"的言说就是存在的显现，唯有通过对"此在"的领悟与表达，才能使存在的真义得到敞开。也就是说，存在完全是语言性的存在，"世界体现在语言中；并不是因为我们在世界中存在而具有语言性，而是语言使我们获得了在世界中存在的共同性，唯有在语言中，'我'与世界相互联结，构成了世界整体，语言代表了一种'世界性'"。①

从以上对西方哲学关于语言与存在之内在关系的简要回顾可知，西方的存在论蕴含着深厚的语言学背景，从这种意义上说，存在本身就是语言的产物，存在与否以及如何存在，完全取决于语言对之如何描述。人的存在被视作语言性的存在，人的世界也被视作语言的世界，存在内在于语言中并为之所包围。语言都是表述存在的，存在不可能脱离语言，而必须通过语言来显现，离开语言的存在与离开存在的语言，都是不可想象的。然而，吊诡的是，当我们用语言表述存在的时候，被语言所表述的往往不仅有存在本身，而且还有存在者，语言陷入"一仆二主"的尴尬局面，它被迫同时适应于两个完全不同层次的问题，这样我们就面临最严重的质疑：语言能否通达存在以及究竟什么样的语言才能通达存在，换言之，"存在"究竟是真的存在抑或只是某种语言的产物？对此，逻辑经验主义者就曾认为，存在只是联结概念的系词，它本身并没有真实的语义。因而以存在为研究对象的存在论，其实只是误用语言的结果。但是，与之不同，绝大多数存在论者都坚信，存在与语言是内在同一的，存在就内在于语言中，存在为语言所包围，而任何语言都有可能赋予存在以特定的含义，并成为真实的存在。如果存在能够用

---

① 江怡：《当代西方哲学演变史》，人民出版社 2009 年版，第 120 页。

语言来表达，那它就是可理解的，也就是真实无妄的；如果不能诉诸语言来表达的存在，那就应该对之保持沉默。存在就是语言所及的对象，存在借语言而开敞，存在因被语言述及而澄明。当语言表述存在时，就是表明有物在场且如此亮相，存在如果离开语言，其生存真义就只能处于遮蔽状态。表述某种对象的语言与语言所表述的对象之间没有区别，完全是一回事，语言与存在是"一而二二而一"的关系。用语言来把握并再现存在时，语言的逻辑和语言的结构就直接变成了存在的逻辑与存在的结构。存在的世界就是语言所及的世界，人的语言就构成了存在的界限和世界的界限。在语言界限内一切皆可述说，说出来的不仅有意义而且能够被理解，超出语言的界限则处于不可言说的领域，非语言性的存在不仅没有意义而且不可理喻。

但是，在现代西方语言学家看来，语言毕竟不同于存在，语言所及的范围也不都是存在的范围。首先，语言与语言表述的对象不能混为一谈。因为语言表述的未必一定是存在，也可能是非存在。具有乌托邦性的事物也同样可以被言说，根本不存在的东西甚至非常荒谬的东西也可以被表征，总不能因为它们得到了言谈或者表征就认为它们是真的存在着。其次，语言的确有自己的界限，但是我们不能用语言的界限去限定存在的界限，语言的界限之外不仅有物存在，而且语义更为宽广，被语言所描述到的存在，只是世界中的一小部分内容，许许多多的存在是无法诉诸语言的。语言所不能企及的存在，就是维特根斯坦所说的"不能讲述的"、"神秘的东西"，它不仅确实存在而且语义更为复杂。正所谓，言有尽而意无穷，言近而旨远。如果用语言的界限去限定存在的界限，使存在成为语言性的存在，那不仅人为地缩小了语义的范围、世界的范围，而且人为地限制并窒息了语言自身的内在活力。

看来，只有突破语言的界限，才能发现语言与存在之间的内在关联，揭示出语言的存在论根据。那么，如何才能突破语言界限而发现语言与存在的那种根源性依据呢？对此，海德格尔有自己非同寻常的主张，这方面他走着自己独特的路。在海氏看来，存在不是既成性的而是生成性的，"此在"始终处在不断的自我生成与自我筹划之中。"此在"的存在就是生存，存在通过"此在"的生存活动而出场，存在的意义是人在生活中"在"出来的。"此在"对它的存在的理解规定着它的意义，这种始源性的存在经验就与语言结下了不解之缘，语言是"此在"与存在相属的本质领域，语言敞亮存在的本质，存在的本质就是语言。为什么语言作为"此在"的始源生存经验，对于释解存在之谜具有极其重要的意义？在他看来，"此在"的生存语境就是"烦恼"、"理解"和"言谈"，由于"此在"被抛在多种"可能之在"中，就须对它的存在进行理解与筹划。如何理解就如何存在，"此在"对存在的理解规定着它的存在，解释就是理解的展开，而言谈就是解释的外露。可见，语言在"此在"的展开状态中具有根源性意义。从"此在"的生存论角度看，语言与存在的确是内生性相关，语言就是"此在"展开自身并获得出场的生存方式。通过并借助存在的语言视域，"此在"显现自己的生存本质并赋予存在以人学意义。

那么，人是如何通过拥有语言而被语言所拥有的呢？海氏认为，首先，语言是存在获得自我开展的生存境遇，是"此在"本真存在的基本情态。任何"定在"（已经成型的存在）并非存在而只是存在者，存在之为存在就在于它在语言中的现身，在"可能之在"中"去存在"。语言（理解与筹划）是"此在"突破凝固化的"定在"而获得生成性与开放性生存的基本性状，是"此在"摆脱非本真的存在并义无反顾地开展自己本真在世的生存境遇。其次，语言与存在乃处于源发构成的相属关系中，"此在"因语言的理解与筹划而存在，存在则由"此在"之言谈性的能在而不断开拓着自己的真在，语言担负着使存在得以显现自身的庄严使命。只要"此在"仍然以言谈这种能在性的方式而存在，无论它如何言谈都是自己生存情态的显现。正所谓，人在说话，而话也在说人。这样，通过"此在"的生存所破解到的存在之谜，其实就是通过语言的揭示作用而开启到的存在真义。"语言是存在的家"，语言不是人的发明，更非交换思想的工具，而是存在的境域和家园，不是人说话而是语言自己在说话。唯有当语言开示出存在真义时，人才真正的站出来活，并活出自己的真性情来。最后，语言还构成"此在"之"亲在"。存在之能在或者"此在"之真义在语言视域中得到开启的过程，就是"此在"于语言中亲自存在、自我现身的过程。人栖居在语言所构造的家园中，思者与诗人是人生存意境的看家人，在本质处运思并诗意地送达，开敞并完成着存在的真我。因为，人由语言本身所蕴藏着的内在丰富性的哲理和诗意所牵引，聆听、领悟并应和着这种本然所是的"飘飘诗情意、淡淡哲理香"，通过种种方法而将存在之真谛带出晦暗并向世界万物开放。总之，存在总是通过语言而显现，存在在思想中形成语言，语言的本质是存在的展示和寓所。不是人支配语言而是语言支配人，语言比人更强大，正是它创造了存在，譬如，"诗就是通过言词的含意，捐赠出存在"，"只有思与诗才是人的言说的本真方式"。①

伽达默尔继承了海德格尔把对存在问题的探究与语言内在联系起来的思路，并在对存在作语言性把握的过程中，实现了语言学的生存论转向，进一步把语言看成是存在的本源性基础和生成性境遇。也就是说，他把"此在"的本质归结为语言，并置入生存情态这一敞开的场所中，语言就成为人的生存真义获得"遮蔽"与"解蔽"的内在张力。存在的语言性，构成了人之为人的基本特性，以诗意的语言述说着人存在的价值。"此在"就是诗意性和语言性的存在者，他受到哲理和诗意的感召，领悟到做人的真谛。但是，不同于海氏的是，伽氏从理解的历史性、语言性等方面系统地建构了以语言"理解"为核心的基础存在论。在语言与存在之间的关系问题上，伽达默尔也接受了海德格尔把二者的基础归结为诗意栖居的思想，并从生存论的角度发展了二者的相属关系，在交互作用中，使语言与存在走向了进一步融合。在伽达默尔看来，"能被理解的存在就是语言"②，在语言的破损处无物存在，存在的真义唯有在语言中才能被照亮。他说："这种对事物的理解必然通过语言的形式而产生，但这不是说理解是事后被嵌入语言中的，而是说理解的实现方式就是事物本身得以语言表达。"③ 语言在理解中具有优先性，诠释学预先假设的一切东西不过只是语言。凡是理解都需要解释，整个理解过程其实就是一种语言解释的过程，语言解释是达到相互理解并产生重叠共识的关键环节。理解决不是将自己置入他人的语境中，重新领会他人的愿意或者重构他人的思想，理解乃是与某人在某事上经过一问一答而形成的意见一致，理解总是相互理解。正如他自己所说的那样，

---

① 夏基松：《现代西方哲学》，上海人民出版社2006年版，第287页。

② 洪汉鼎：《理解的真理——解读伽达默尔〈真理与方法〉》，山东人民出版社2001年版，第27页。

③ 同上书，第276页。

"整个理解过程乃是一种语言解释过程"①，理解的真正问题以及那种巧妙地控制理解的尝试，其实都是与语言学内在相关的问题，语言是谈话双方得以相互了解并对某事取得一致意见的中心点，理解过程就是通过语言的融合和语义的再造而找到共同语言的过程。

具体说来，首先，语言使历史与现实得到融合。语言在文字中获得存在的时代意义，以文字形式传承下来的一切东西面对一切时代都是同时代的，任何时代的人都可获得理解，理解的意识并非只是重复了某些以往的东西，而是参与了一种当前的意义。通过对文字的理解，以往的存在脱离了具体的现实，而被抽象为一种一般性的存在，这种存在使它成为永恒的并与每一个现在共在，语言具有一种把过去与现代整合起来并获得共存的功能。其次，语言融合就是世界融合。世界就是我们所理解的世界，世界的界限就是我们所理解的界限，世界的普遍性就等于语言的普遍性，语言观就是世界观，世界只是相对于它的语言而存在，并被它的语言所规定。最后，语言与人同在、与世界同在。语言不是给予人的，也不是人造的，语言与人、与人的世界一同发生、一同存在，这是一种本质性的事实。因为，语言是"人之所以为人的本质结构"，语言不是世界中的一个具体事件，而是人获得本真存在的基础，正因为人拥有了语言，人才拥有了世界。世界就是对于人而存在的世界，而非对于其他事物而存在的世界，但世界对于人的这个本真存在却是通过语言而实现的，不是人创造了语言而是语言创造了人，人在语言中自我生成并对世界无限开放。总之，伽氏认为，凡是能被语言表述的东西并不存在于它自身之内，而是存在于所表述的语言之中。人及其世界能被理解，其意义不存在于它自身之内，而是作为被理解的东西而存在。质言之，人及其世界的意义生成于理解中、存在于语言中，能被理解的存在就是语言，语言是存在的直接显现，语言的存在性与存在的语言性内在统一于理解中，这集中体现了语言与存在之间双向互动的内生性关系。"语言与世界、语言与存在的关系绝不是如'鱼'与'筌'之间的完全外在的关系，世界在语言之中成其为世界，语言在世界得到表达之处成

---

① 洪汉鼎：《理解的真理——解读伽达默尔〈真理与方法〉》，山东人民出版社 2001 年版，第 281 页。

为语言，二者是血肉相关、相互交融、合为一体的关系。"①

第八节 科学与人文的语言学合流

现代科学主义强调语言的外在经验性，认为只要建立一种理想的人工语言或者严格恪守语言的日常规则，就能消除传统哲学的逻辑混乱或语义分歧；而现代人本主义则强调语言的内在体验性，认为人的心灵深处潜藏着先验的语言结构，正是它无意识地赋予了语言以意义。二者在各自的语言学转向中找到了共同的契合之点，即语言的意义并非固定不变而是由人的语言行为决定的，并在互渗互动、不断靠拢中实现了合流，共同孕育出了后结构主义语言学。吊诡的是，后现代语言学主张对现代语义进行肆意肢解以拼装出多元异质的后学语义，这又导致了现代语言学自身价值的被遮蔽，也使得现代科学主义在融入人本主义之后而日益走向衰落。现代西方两大思潮的语言学转向旨在解决世界本体究竟是真的存在抑或只是人的语言的产物，传统形而上学究竟是"一切科学之科学"抑或只是思想构造的结果。两大思潮在语言学上的这种现代转向，内在地反映了西方哲学发展的思想逻辑、时代特点和文化特质，从整体上凸显了现代文化体系之有序性发展的特殊话语风格和语用学上的主要成就，也是现代西方哲学两大思潮从相互对立、相互排斥走向内在认同、视域整合的思想通道和链接之点。而后结构主义语言学对现代语言学的内在消解，实际上使现代语义陷入一种自我崩溃性的逻辑中，使后学语言变成了纵情肆意的文字游戏和魂如飘絮的不定性之物。从学理上弄清现代语言学转向的根本志趣及其后学出口的悖论性，对于当代外国语言学和应用语言学的深入研究以及如何应对后现代哲学的挑战，都极具的理论意义。

现代西方科学主义思潮的语言学转向，从根本上讲，不同于此前的本体论转向和认识论转向，旨在打破主客二分的思维方式，与近代经验论哲学划清界限以便为现代哲学找寻新的语义出口。现代西方哲学的语言学转向，具体又分为科学主义思潮的语言学转向和人本主义思潮的语

① 张之沧等：《当代西方哲学》，人民出版社 2007 年版，第 328 页。

言学转向。在现代科学主义的语言学转向中，它严格地恪守了从古代到近代的经验论传统，认为应该打破主客二分的思维方式，与近代经验论哲学划清界限以便为现代哲学找寻新的语义出口。原来的人文主义或本体论哲学之所以会陷入思想混杂且语义误用，是因为各个学科彼此毫无联系，随着大学科时代的到来，各个学科之间的联系加强了，科学共同体需要建立专属于自己的统一的语言体系，以避免在交流中产生歧义或误解。建立统一科学语言的努力，正是现代经验主义的庄严使命。在他们看来，传统形而上学的错误并不在于它的对象超越了我们的认识能力或者说对之作了超验使用，而在于它的对象和问题根本上就不存在，依据这种乌托邦的领域而产生的命题也只是虚假的伪命题。要拒斥形而上学，就必须将科学主义的经验实证原则贯彻到底，实现人类一切知识形态的自然科学化，对传统哲学的话语体系进行语义分析和逻辑分析，以便建立一种理想的人工语言即物理学语言，以替代传统人文主义思想领域中极易引起误解的私人性语言。逻辑实证主义就认为，一切知识只有能被经验证实或者证伪的，就是科学的和有意义的，一切命题或者句子只有能够还原为经验事实，才是科学的真命题，否则，没有任何经验蕴含的命题（如形而上学中的绝大部分命题，既不能被证实也不能被证伪）就是毫无意义的伪命题，理应排斥在科学大门之外。对于经验实证原则及其意义划分的经验标准，大多数学者一开始都没有任何异议，但是随着研究的不断深入，人们不断发现很多的具有普遍意义的科学命题也都是全称性的综合命题，既不能被经验证实也不能被经验证伪，难道它们都是非科学的没有意义的伪命题吗？而且，任何一个科学理论都是由诸多命题和句子所组成的整体性的理论体系，它的柔韧性很强、张力很大，并非脆弱得一经经验事实的验证随之就被推翻了。事实上，任何科学理论都不是孤立的，而是与其他理论内在关联在一起的，这些与之相互关联的理论就构成了它的背景知识，当发现经验事实与科学理论不一致时，是该理论本身错了或是它的背景知识错了，这往往很难确定。科学理论内部是分层次的，处在最核心地带的范式或者硬核，被各种保护带保护着，只有与经验事实直接接壤的部分很容易被证伪，而范式或者硬核是不容易受到冲击的。历史上新旧理论的更替，并不意味着旧理论被驳倒了，而只是说随着社会历史条件的变化，科学共同体各个成员原来共同遵循的心理习惯和理想信念发生了变化，科学理论本身无所谓真假对错，何时也不能被经验事实证实或者证伪，新理论战胜旧理论是大多数人在心理上的信念改变而非经验蕴含的增多或者减少。再者说，观察都受理论的污染，任何观察都是在理论指导、暗示、牵引下的观察。换言之，经验和理性是互融互参的，经验事实既可以证实一种理论也可同时证伪这种理论，理论的科学性及其意义问题并非固定不变，只能随着不同语境的变化而变化。一个科学命题或者一种科学陈述，它的语义并非恒常不变，并非有自己一一对应的经验意涵，它的意义完全在于它在科学理论整体中的具体运用。究竟如何调整科学理论整体并赋予一个科学命题以特殊意义，这完全取决于它对科学家群体进行科学研究的实践活动能否带来方便和实用。这样，要想建立一种对各种科学都适用的理想而统一的人工语言，实际上是做不到的。而日常语言学派认为，试图建立统一的人工语言而拒斥形而上学并达到语义清晰，事实证明这只是一种永远也实现不了的梦想。要消除传统哲学的弊病，必须回到日常生活中去，只要严格遵循日常语言规则，语义就不会被弄混。因为，日常语言所宣示的语义是直接呈现的，交流者往往彼此心知肚明、当下领会，绝不会出现歧义或者误解。语句的语义并不在于它的经验蕴含，而在于它的具体使用，之所以必须"不问意义"而"只问用途"，是因为理论只有在具体使用中才有意义。语言或者理论其实只是一种游戏或者工具，它的语义是不确定的，要随语言游戏规则的变化而变化，换言之，理论的意义完全内在于生活方式中并最终取决于人的语言行为。行为是常变而多样的，意义显然也是相对而多元的。科学主义语言学转变证明了经验实证原则及其科学工具理性的局限性，它只有不断被修正、不断退让甚至被放弃，它的立场才能得到捍卫。现代科学主义思潮对经验还原立场不断修正、退让和放弃的过程，其实就是它在后现代主义这个理论平台上向现代人本主义思潮不断靠拢、融通与合流的过程。

现代西方人本主义思潮渊源于近代的唯理论哲学，是传统唯理主义思想体系的现代表述和精神接续。现代西方的唯理论哲学表现为现代西方人本主义的各个流派，唯意志主义、新康德主义和生命哲学是它原初的几个形态。在它们看来，世界的本体是人的意志或者生命欲望，这是一种非理性的自我和盲目的欲望冲动。对它的认识既不能靠经验归纳也不能靠理性思维，因为二者只能认识处在特定时空中的符合充足理由律的表象世界，它们根本不能把握世界的真正本质——非理性的欲望冲动和生存意志。认识和把握这种生存意志只能靠生存意志本身的神秘内省，使自己沉浸在直觉中并获得直接领悟。尼采甚至认为，只有靠酒神的烂醉狂欢才能激发意志的无穷潜力，从而体验到神秘的生存本质。而科学知识不过是科学家从自己主观愿望出发，去诠释外在现象的强力意志的产物，是人们征服并掌控自然的生存意志的一种显现而已。新康德主义和生命哲学接续了这种非理性的主观构境的思路，认为物并非客观存在，它本身就是一种神秘经验，说到底就是一种主观观念，是纯粹思维的自由创造物。科学认识的过程既非反映客观存在的过程，亦非对经验事实的整理过程，而是纯粹思维按照先验逻辑能动创造的过程。思维不仅创造认识对象的形式，也创造它的内容，认识的对象不过是心灵的自由创造物，对象并非是心灵之外的实在物。世界是主观构造的自我世界，认识活动就是系统地、逻辑地处理意识内部各种关系的活动，各种科学知识或者文化符号，纯粹是思维的一种语言游戏或者临时假设，任何理论都不存在所谓一一对应的经验蕴含，也不存在与外在对象是否符合的问题。而作为人本主义诠释学开山鼻祖的胡塞尔认为，哲学诠释学不是对外在经验的解释而是对先验逻辑的理解，外在经验是主观的而且因人而异，而先验的主观性和纯粹的自我意识，才是真正的认识对象。对于纯粹意识及其观念系统的认识，不能采用经验主义的科学方法，因为它只注重科学语言的外在经验性，只注重理论的经验蕴含和如何与外在对象相符合的问题；也不能采取理性主义的方法，因为它只注重理性的逻辑推演而同样忽视科学语言的内在省思，只注重在逻辑上如何实现自洽的问题；相反，而只能采取现象学的还原方法，借组本质直观以引导人们进入哲学领域并领会那种先验的自我意识，因为人文语言具有内在的体验性，无论靠外在的经验描述或者内在的逻辑推理，都不能把握到非理性的自我意识。本质的直观是一种非逻辑的洞察力，它在对事物进行直观时就能一目了然地看到一切事物的本质和意义。因为，事物的本质和意义并非事物本身所固有的，而是自我意识赋予事物的，只有借助心灵的内在体验才能领会到先验自我赋予了事物以什么样的意义。而在其弟子海德格尔看来，世界是纯粹自我的世界，存在就是非理性的主观性存在，世界的本源既非经验亦非理性，而是非理性的内心体验。作为精神性自我的内心体验，才是真正的存在，而经验和理性不过都是具体的存在者。以往的哲学都纠结于具体的"在者"而忽略了真正的"在"，哲学史是"在"的遗忘史。存在主义哲学的根本任务就在于透过各种非本真的存在而发现本真的存在。同样，对这种"本真之在"的认识不能靠理性推理或者经验检验，而要靠非理性的内在体验，"在"并非"在者"，它不具有"在者"的给定性，"它是不可界说的"。作为"本真之在"的体验要通过语言来显现，语言就是"在"的展露口，存在在思想中形成语言，语言是存在的寓所。这里所说的语言不是理想的人工语言或者日常语言，而是能够言说"在"的本真方式的诗意语言，诗性话语是说不可说的那种内在体验的最好语言。所以，人总是诗意地栖居。诗意固然是富有灵性的，如果符号化、形式化，就会导致"在"的被遮蔽。但"在"是"共在"，并非个人之在，体验也是共同体验，因而诠释具有公共性和历史性，语义必然是不确定的，要随诠释环境的变化而变化。可见，现代人本主义语言学转向旨在解决世界本体究竟是真的存在抑或只是人的语言的产物，科学知识及其语义并非来自对外在事物的经验，而只是思想构造的结果；毕竟只有我们的诗性语言才能通达内在的体验，但是只有建立主体间性的现代公共的诠释平台才能实现群体性交流。这种努力使现代人本主义在语言学转向过程中，向现代科学主义不断靠拢并最后实现了合流，当然这种情形是在受到后现代主义哲学的强势影响以后才发生的。

后现代主义语言学转向的过程，从理论上表现为结构主义语言学向后结构主义语言学发展的过程。在后结构主义者看来，语言是一个由多种相互联系的命题所组成的话语体系，它具有表层结构和深层结构，而后者支配着一切语言现象的性质和变化。语言的这种深层结构并非来自外在事物或某种先验逻辑，而是由人的心灵的心理机制无意识地创造的。换言之，它是由人的心灵无意识地投射于语言之中的，心灵的语言构造力决定着它的深层结构的内在秩序。对于这种无意识地支配着人的语言行为的、先验性的语言机制及其构造力的认识，当然不能依据经验的观察或者逻辑的推理，而只能采取后现代主义的"征兆阅读法"。福柯在其"知识考古学"中将这种方法的特征描述为非连续性、断裂性、边缘性和碎片性，唯有通过话语革命及其语言游戏，才能将那种不同寻常的卓异之物诠释出来。在拉康看来，语言具有内在性和超验性，人的内心先验地蕴藏着语言的构造力，它无意识地制约着人的语言行为。句子或者命题的语义并非是外在赋予的而是内生性的，是由先天的语言构造力投射于语言系统中的。但是这种深层结构及其构造力并非固定不变，它随着具体语境的变化而变化，所以语义也是变化无常、多元异质的。语言系统就是这种充满自主性、能动性的文化网络，是一种受内在法则支配而运转的自动机和游戏机，人参加到语言游戏机中就被它捕捉并被动地拼装为一个附件，不由自主地创造着专属于自己的意义域。人不自觉地受语言内在性的制约，就形成了话语主体的无意识，不是无意识创造语言而是语言创造无意识。以此类推，后现代的写作纯粹是非功利、非介入、非指涉、非经验性的游戏写作和零度写作。零度语义虽然不传达任何客观性意义，但它并非没有意义，而是一种意义缺席的"在场"或者是有意义的缺席，其意义在于以写作的方式获得愉悦。所以，语言纯粹是一种游戏活动，文本语义随理解视域的不同而变化，不受读者、作者和文本的任何制约，可以随心所欲地赋予它以任何意义。而在德里达看来，语义是不断播撒和延异的，解构主义语言是开放性、分延性的语言。它既没有固定不变的语义也没有统一性的理解，一切都处在变化之中，整个语言踪迹就是既在场又不在场，永远处在漂泊游弋之中，语义是话语主体随机而定的，彼此不可交流、不可通约。语言行为纯粹是供人消遣的东西，阅读是寻求快慰的享乐活动，它常常能够在裂隙之间追加意义，在各种"语言网眼"中增补不属于或者多出于原作者和原文本的意义。使一切文本成为交互文本，使一切语义成为不断分延的歧义，语义多元且无边衍义替代了语音中心和一元结构。后现代的异质标准和异教主义反对任何形式的统一性和一元性，而后现代语言的差异性、离散性和分延性，恰恰意味着它向着自由个性、无限空间的开放。后现代结构主义语言学所找寻到的语义出口，实际上是一种语义的自我崩溃性陷进，它使得一切写作和阅读都成为不可能和不必要了，一切都游戏化了、荒诞化了，语言学理论及后语言系统都演变成了纵情肆意的文字游戏，语义也成了魂如飘絮、飘逝游弋的不定性之物，语义既不受文本意图和作者意图的任何限制，更不受读者意图及其认知期待的任何牵引，一切都变得随心所欲且尽情享乐，语言学变成了大众化的文化娱乐。后现代语言学的内在悖论就在于，它在对语义进行任意颠覆和尽情肢解中，无意识地导致了语言学自身价值的被消解，使得一切文化诉求都成为重新切割和肆意拼装多元语义的"耗散熵"，也使得后结构主义语言学转向成了一场没有任何积极成果的颓败的思想结局。正如夏基松先生所说："后现代主义哲学的流行虽然是对两大思潮的合流与扬弃，但在实质上更多的却是科学主义融入人本主义而衰落。"① 那么，关键的问题在于，它未来的正当出口何在，一种可能的、极具意义的后现代语言学该是什么情形？其实，"后后现代主义"或者"新后现代主义"语言学者，对此也深感忧虑，他们为之设想了多种多样的研究思路，但是总归一点就是后现代必须在现代的语义中实现再生。正如后现代大师利奥塔所说，后现代并非绝对否定现代，而是对它的自我拯救和积极重振，"后现代主义无疑是现代的一部分，后现代主义并不是绝路上的现代主义，而是它的'新生'"。② 也许在丧失了深度感、历史感和实在感，在进行了一番纯粹虚无的异质性、杂乱无章的延异性操作后，后现代主义只有回过身来再融入现代结构主义语言学之中，才能找到真正的语义出口。

在后现代哲学家看来，人的语言或者人的文字，与世界的"在场"或"不在场"无缘，语言不指称"在场"或"不在场"，语言抑或文字都只是人的一种符合或代码，它不表达或表述任何东西。因为，"在场"或"不在场"是互相牵连在一起而不断变动中的，从有限的"在场"往往能够品鉴到、体验到无限性的"不在场"，"在场"是现实的而"不在场"同样也是现实的，它只是没有出场而已，而且唯有将"在场"与"不在场"在无限性的联想中，才能整合为一种完美的存在。完美世界的发现与表达不是靠语言分析、意义分析而能找到的，它需要人的非理性的想象与非逻辑的链接，需要诗意的超越与语言的休

---

① 夏基松：《现代西方哲学》，上海人民出版社 2006 年版，第 281 页。
② ［法］利奥塔：《后现代性与公共游戏》，谈瀛州译，上海人民出版社 1997 年版，第121 页。

息。任何一个"在场"的东西或者成分，都不可以不涉及另一些"不在场"的东西或者成分而单独运作，每一个成分都由存在于其自身内部的、共处在同等系列的其他成分的踪迹组成，没有任何东西是简单的"在场"或"不在场"，它们只是整体世界得以存在的踪迹的一些痕迹。这种踪迹不是一种"在场"或"不在场"，而只是一些关于"在场"或"不在场"的幻影，它不断运动、变换和超越自身，它没有自己固定的位置，不断地抹去痕迹并留下踪迹，不传达什么固定性的语义或者含义，一切都处在自我涌动和无限延异之中。正如"全息学"所说的那样，牵一发而动全身，哪怕是一粒微尘都能映射出整个世界的一切信息。这就是说，语言的语义与外在的存在无关，语言只与语言自身内在关联，它在内在的关联中彰显一种意义。语言的意义与语言之外无关，它不指称什么"在场"或"不在场"，它的意义完全是在语言符号系列自身的分延中自我构造的，语言与存在无缘、无涉、无干，语言的意义也是在不断地游动而闪烁的，完全处在飘浮和腾挪中，没有意涵和所指，也没有什么规定性的存在需要宣示，它纯粹是一种文字游戏或文人的一种玩法，它不可思考和分析，当然也无须思考与分析。因为世界就根本没有什么固定的意义，语言与其他的存在一样，都是人的游戏人生的一种工具而已。科学主义与人文主义的语言学派，在后现代哲学的语言游戏的道路上，从语言学—诠释学—语用学—符号学的一次次转向中，语言最终离开了语义自身，实现了一次重大的自我变革，使二者最终走在了一起，实现了语言与存在悖反性的思想合流。

第九节　哲学理趣如何诗意表达

诗有别趣，虽不关理路，却蕴理于情、托理以事。以诗去思，思诗相映成趣，可达双美，情理并茂。哲学的诗化或诗的哲学化，思诗相合、情理一贯，理因物显、情以理达，给人以弦外之音、言外之意，留下多少空白、想象与忧思，敲打着人们的心灵、磨炼着人们的情志、激荡着人们的想象。作为一种"有意味的形式"、"形而下的不朽"，诗凝练而犀利，厚重而有弹力，扫千里于咫尺，集万趣于笔下，能通至高之域、独造之境，可凭微茫之诗象，敞开人生之真谛。若有理而无趣，则为"语录讲义之押韵者",味同嚼蜡、哽咽难言;若有趣而无理,为文行之不远,缺乏意义深度,不能使之境界顿出,成为高格响调,而只能成为无聊文人吟风咏月的浅吟低唱。

哲学理趣的诗意表达、诗美接受,旨在为之引入一种自由的精神,实现普遍开放、雅俗共赏,视域通达、排除理障,以避免逻辑推理的单一、枯燥、抽象、乏味。哲学理性的内部"纯思",总会到达不可说、说不出的至极地步。此时,似乎真的是言语道断、思维路绝了,哲学睿智仿佛只能以心传心、不立文字,凝视刹那、蓦然心会,只可思之、不可得之,只能看、不能说,一说就错。维特根斯坦认为,凡能说的都应说清楚,不能说的就应保持沉默,"沉默是金、语言是银"。但是,事实上,"当语言休息的时候,哲学问题就产生了"。① 换言之,在传统理性语言无能为力时,说不可说、思议不可思议的哲学才真正开始。此时,"费而隐"的哲理,唯有"以诗开显",才"得而复返",才能实现非逻辑的传达与链接。本文以中国古典诗的鉴赏为例,仅就哲学意境的诗意表达与诗美接受问题谈些浅见,或许为增进《马克思主义哲学》教学的实效性能有所启发。

"以诗去思"不是哲学无奈的表现,而是哲学精妙之所在。哲学与诗联手,诗情与哲理并重,可实现哲学的诗化与诗的哲学化,能够借助情理并茂、诗情画意的诗意境界,给人留下难以消逝的无穷的意味,这就是言外之意、韵外之旨,弦外之音。中国古代的《周易》就曾初步触及了这一问题,认为当"书不尽言"、言不及义时,贤哲的"圣人之意"、玄虚哲理,如诸子百家的"性与天道"、经史子集的微言大义,难道真的是"其不可见乎"、"不可得而闻"吗?显然不是。千年中华道脉绵延不绝,其存续、传承的原因,《易经·系辞下》认为,"圣人立象以尽意,设卦以尽情伪,系辞焉以尽其言。变而通之以尽利,鼓之舞之以尽神"。

但,有人质疑此说,认为古代圣人主张的"立象"所尽之意、以辞所显之道,不是内在的理性而是表象之意,不是恒常之道而是象外之旨。真正的"理之微者",如幽眇之几,是微妙难明、无以言谈的,是

---

① 张之沧、林丹:《当代西方哲学》,人民出版社 2007 年版,第 191 页。

蕴而不出、含而不露的。虽人人有舌、人人能言，然而难通其心、难述其意。正如老子《道德经》所说，"道可道，非常道；名可名，非常名"。形象化的表达给人的是最贫乏的规定，自然素朴的语言恰恰遮蔽了哲学的内在玄机。恒常之道、千载之理，非言可说、非象能显。正如晋·陶渊明《饮酒·第五》中所说："此中有真意、欲辨已忘言。"得鱼忘筌、得意忘象，文之理趣、"谁与尽言"？哲理须内省，莫去身外求，无待于人情、不假于形貌，而且"心不待言、言不证心"。一切言语形象都要撇在一边，唯有涤除玄览、内在觉识，才能"以身体道"、化成肉身。

若一切诚如是，这就把哲学神秘化、玄学化了，自己堵死了通向公共文化走廊实现跨文化合作之路，拒斥了一般人的理解与接收，不能在多元文化的视域融合中获得普遍生长、多点支撑，哲学就会在纯粹中委顿、在纯洁中堕落。那么，问题在于，既然传统哲学的抽象理路，已然日暮途穷，那么，此时又该依凭何种语言通达玄妙之本？其实，文心若剑道，喜走偏锋，宋·陆游《游山西村》曰："山重水复疑无路，柳暗花明又一村。"《周易》曰，"尽意莫若象"。显然，这里的"象"，并非形而上学之"抽象"，而是能点亮诗魂诗意之"景象"。朱光潜在论诗中说，诗也有说理的，但诗理已融化在炽热的情感和灿烂的意象中了，绝不说未经情感浸泡过的抽象之理。质言之，思辨理性不能通达的理趣，并没有封闭在"象牙塔"内，仅供玄学者自己把玩，而是完全可以通过诗意表达而获得朗显。诗及其传达的诗意形象，融聚了厚重的哲理，它破除了理性的桎梏而通向了语言界限的另一边，一切都可思之言之，并将玄妙精微的哲理释放在了人民生活和大众文化中，获得普遍性的诗意领悟与诗美接受。

哲理与诗情，可谓情致不同、旨趣互异。哲学善于思辨玄想、推理论说，而诗则总是纵情恣欲、忘情自然。然而，二者又常常会通于至极之所，正所谓物极必反，思想深邃的诗情与高度凝练的哲理汇于一炉，深层通约，极端相合。哲理之诗，兴象华妙；诗化哲学，意致高远，理性与浪漫的完美结合，就使之成为抒情式的哲理和哲理式的抒情。宋·严羽在其《沧浪诗话·诗辩》中说，"夫诗有别材，非观书也；诗有别趣，非关理也"。清·王士禛在其《带经堂诗话》中说："诗三百篇主情，与《易》太极说理，判然各别。"但诗中有理，蕴于情中，诗情画意，理在其中。明·杨慎在其《升庵诗话》中说，"宋人诗主理"。清·刘大勤在《师友传灯续录》中也认为："宋人多言理，唐人不然，岂不言理而理自在其中与？"可见，诗是一种"有意味的形式"，也是一种"形而下的不朽"①，诗的这种象征意味，体现了最高的审美价值与思想境界，形上之理可以非逻辑地传达。

诗美是一种特殊的美，包含美借以呼吸生活真谛的一切形式，脱去了理性思辨的窠臼与桎梏，摒弃了束缚自由意识的镣铐与铁锁。诗也"体物写志"，但不同于科学与历史那样的实证性描述与记录，而是一种主情的艺术、言志的理趣。"诗情如火"，不经意地来，又会转眼即逝，需要及时捕捉，正如宋·陈与义《春日》中所说，"忽有好诗生眼底，安排句法已难寻"。诗美情趣既包括哲人对人生一切情感的体验与反思，也包括对自然山川之美的感性欣赏，是一种集审美情感、理性反思于一身的情思与感知。诗的那种运神于意、运思于情，飘逸洒脱、放荡不羁，"是一种独特形态的野蛮，不是淳朴、粗野的野蛮，而是把最高的理念和最高的文化野蛮化了"。② 在它的智慧流云中，孕育着贯通天地、天人合一、独与天地相往来的精神向往，按美的规律映现超凡入圣的诗意世界，这是人类重要的精神文化活动和静态的文化模式，蕴含着一种至高的善、纯真的情、内在的美。

诗人常常在感其况时述其心，发乎情时而施于艺。作为一种感悟人生况味、直叙生活体验、阐发幽微灵感的文学体裁，老子《论语》认为，诗，"可以兴、可以观、可以群、可以怨"。若仅从外部分析社会历史、文化变迁、政治制度、风土人情对诗的影响，还不足以揭示诗所独具的灵思美、跳跃美、清新美。诗人需要带着活的灵魂而参与到美的发现、美的捕捉中，须掌握熟练的艺术技巧并按照美的音调韵律，用凝练的语言、充沛的情感、丰富的意象，整体性地集中表现人们社会生活和精神世界中的共鸣点与共通感，"纷繁世事多元应，击鼓催征稳驭

---

① 刘成纪：《形而下的不朽：汉代身体美学考论》，人民出版社2007年版，第53页。
② 冯玉珍：《理性—非理性批判：精神和哲学的历史逻辑考察》，人民出版社2013年版，第93页。

舟"，才能传达一种最高的智慧、普遍的情思。如晋·陆机在《文赋》中所说的那样，诗可以叹四时之飞逝而行，思万物之纷纭而生。"悲落叶于劲秋，喜柔条于芳春。"但，又认为"诗缘情而倚靡"，诗要表情达意、言情状物，须尽可能地做到美丽细致、华美细腻，更须有巧夺天工的笔力、深思熟虑的谋划。清·叶燮《原诗》（内篇）认为，"诗之基，其人之胸襟是也"。作者的胸襟抱负，思想品格，在作品中有直接反映，对作品格调的高下往往起决定作用。诗美的发现，需有特殊的感知力、鉴赏力、理解力与表达力，要想尽汉语的一切妙处，要达到思想的至高之境，它要求于人的甚多，若不能将自己的才情和睿智提高到特定的思维高度，是很难切入内在生活的本源处，当然也很难进入诗意境界并进行诗美的发现、传达和接受的。清·刘熙载《艺概·诗概》认为"诗要避俗，更要避熟"。诗要避免粗俗，更要避免滥熟。诗的字词以清新含蓄为贵，语言粗俗则流于肤浅，破坏了诗意；如果出之以陈词滥调，读后味如嚼蜡，实为诗家之大忌。

具体说来，如何融哲理与诗情为一体，以诗去思、以诗显道？这其实是一个很古老的哲学命题。西方早在古希腊时代，苏格拉底就曾经认为，美德是一种善意的理解，而不是一种技艺之学，故而反对智者学派所说的"美德可教"的主张，认为美德不如知识那样可以教导与传承，美德的获得需要借助诗意的领悟、诗情的撩拨。而唯有理解了善的本质的有智慧之人，在诗性的感召和神智的启示下，才能真正地"以诗去思"，有良心的发现，从而能享大自在之福。柏拉图认为语言具有一种特殊的魔力——颠倒主谓的功能，它不是在传达我们之外的东西，倒是我们之外的东西在传达我们的语言，这种说不可说的语言就是诗性话语。他本人就常常采用一种生动活泼的对话艺术（辩证法），用诗意的语言传达那种不可传达的东西，用近似癫狂的、令人焦躁不安的"诗兴"来催促人自己领悟到深邃哲理。诗所传达的就是最具普遍性的东西，诗也是一切文章中最富有哲学意味的一种形式，充满着不同于"逻各斯"精神的努斯精神——生存意境。但，其弟子亚里士多德不满意这种不成熟的诗化语言，认为哲学应该进行逻各斯化，要求哲学应该采用学究式十足的书面语言进行立论，从而遮蔽了哲学的生存论发端及其努斯精神，"哲学成了可读的，而不是可说的了，人们注意的是语言的骨骼，而不是它的血肉了"。① 当然，亚里士多德也强调感性认识的重要性，认为"当理智认知事物时，必然伴随着表象。没有表象，灵魂就无法思维"。② 但，又认为表象是以往知觉在心灵中的沉淀，思维不需依靠直接性的生活经验的刺激，而仅仅依靠表象就能内在自主地运思，这就是思维的内在性与自主性，它将排斥一切模糊不清的诗意形象与感性涂抹。

经过亚里士多德卓有成效的逻辑净化工作，语言从目的变成了手段，它的诗意光辉与生存灵感都终结了，变成了思想交流的单纯工具，它自身也开始走向了抽象化、片面化、纯粹化和精确化。正如马克思所说，本来语言既具有理性的形式也具有诗性的特点，因为它是人的东西也是自然的东西。作为对象化了的人的东西，具有理性的形式，而作为人化了的对象的东西，它又具有自然的感性特质。"思维本身的要素，思想的生命表现的要素，即语言，具有感性的性质。"③ 但在西方哲学的理性思辨运动中，经过一再地努力终于把语言变成了思想的直接实现、变成了理性的独立力量，它的神秘的自然感受性——诗性消解了，"他们也一定要把语言变成某种独立的特殊的王国"。④ 此后，那种充满暗示性的、说不可说的诗化语言，就被形而上学及其"逻各斯"精神吞没了。

以诗去思，思诗相合，思诗双美，达成一体，这是哲学发展的势之必然和内在需要。歌德认为，诗是成熟的自然，诗美中蕴含丰厚的哲理，诗与思的融合才是艺术的至高之域。诗的想象一发觉向上还有理性，就牢牢地依贴着这个最高领导者。而且，诗愈和理性相结合，就愈高贵，到了二者会通的极境，就出现了真正的诗，也就是真正的哲学。诗是最精练的语言，哲学是最高的抽象，二者极处会通，在所难免，相得益彰、相映成趣。这就是哲理诗独特的"理趣美"或"智慧美"，黑格尔将之称为理性的狡黠，它在放逐自我中又找到了自我。钱锺书在其

---

① 邓晓芒：《思辨的张力——黑格尔辩证法新探》，湖南教育出版社 1992 年版，第 31 页。

② 《西方哲学原著选读》（上卷），商务印书馆 1981 年版，第 81 页。

③ 《马克思恩格斯文集》（第 1 卷），人民出版社 2009 年版，第 194 页。

④ 《马克思恩格斯全集》（第 3 卷），人民出版社 1960 年版，第 525 页。

《谈艺录》中说，"若夫理趣，则理寓物中，物包理内，物乘理成，理因物显"。理趣协和、情理一贯，合则两利、分则两伤。若诗中有理而无趣，就会成为宋·刘克庄《跋恕斋诗存稿》中所说的"语录之押韵者"，思被装进诗的形式中，无文眼、无诗性，不能算是诗。若诗中有趣而无理，为文行之不远，缺乏意义的深度、宽广的胸襟、锐利的眼光，不可能成为一种境界顿出的高格响调，只能成为无聊文人玩弄的一种吟花咏月、顾影自怜的浅吟低唱。

很多名家皆持此说，如王国维在《人间词话》中说，诗与哲，同质、同体且同源，"文学中之诗歌一门，尤与哲学有同一之性质，其所欲解释者，皆宇宙人生之根本问题"。梁宗岱认为，哲学与诗都具有思极则奇、极深而研几的特点。欲以几显道，就需"思入"魂魄中，三者探讨的对象虽各有侧重，"哲学家、宗教家和诗人三者底第一步工作是一致的：沉思，或内在的探讨"。郭沫若也认为，诗人与哲学家的"共通点是在以宇宙全体为对象，以透视万事万物的核心为天职"，诗意之境实际上就是哲学的视界，而哲学的眼光也常常带有诗人的趣味。朱光潜在其《论诗》中则认为，诗人若缺乏哲学家和宗教家的气质，诗作中没有哲学和宗教作底蕴，就不容易达到深广的境界，"诗好比一株花，哲学和宗教好比土壤，土壤不肥沃，根就不能深，花就不能茂"。正所谓，"诗为禅客添花锦，禅为诗家切玉刀"。

当然，也有人不赞同这种观点，在史学家维科看来，无论诗人哲学家抑或哲学家诗人，都很难集于一身，只是一种一厢情愿或者是纯粹的幻想罢了。因为诗是人类的自然感官，而哲学则是人类的理智大脑，二者分属不同的领地。一个是主情的艺术，必须全身心地沉浸在感性具体中，借物象阐述兴叹；另一个则是理智的推断，必须把大脑尽可能从感性中抽离出来，升腾到共相中去。一个强调"美的理念"的感性显现（形象思维、具象思维），一个主张"美的理念"的纯粹思辨（抽象思维、理性纯思）。诗重视形象美、物象美，须摄取人所熟知的各种物象来象征其哲理意义，暗示或提示一种普遍性的感知。诗则借"物指"以抒发理智，先言他物，以引起所咏之词；借外物以造情形，寄托常人的一片深情。清·章学诚认为"《易》之象也，《诗》之兴也，变化而不可方物矣"。哲学则须探幽发微、内在运思，借助特定的概念、范畴，按照一定的逻辑规则、构造一种理论体系。需要撇开具体形象的牵绊，更须搁置个人主观的情感，如梁·刘勰《文心雕龙》所说，"论如析薪，贵能破理"；辨明析理、意义自现。

在笔者看来，思与诗的结合，是艺术的内在融通，而非外在的拼接，是双美、是共生，美美与共、和合相生。诗人需要具备哲学底蕴与才情，但在作品中则要尽可能地把它避开，以诗去思，以情胜理。不能落入理性之网罗，理蕴其中而不留痕迹，言近旨远、意在言外，一切带有整体性踪迹的形上表达，都要尽可能地让位于物象的自然呈现。哲学自身具有极强的自我缠绕性，常常会诱导理性陷入理智洞穴，因而需要诗性光辉点亮其核心处的那片晦暗。诗趣的楔入能够使理性实现自由的呼吸，能够摆脱书斋的局限将自己的理性智慧撒播于社会生活的各个领域，哲理诗是一种不透明的艺术品，具有很高的感染力，能够让人逃出理性的樊笼与尘网，在流露自己无法释怀的无由叹息中，留下千古吟诵的哲理绝唱。如宋·程颢在其《和尧夫〈首尾吟〉》中说，"先生非是爱吟诗，为要形容至乐时"，就表达了哲人那种"心泰则无不足"的悟道之乐。

以诗去思，不仅是理性开示自身的一种内在所需，在海德格尔看来，其实也是一种无奈的选择，诗化语言而非逻辑语言才是人的生命存在的本真方式。西方哲学史在发展到近现代以来，主客二分、理性至上、主体性凸显的理路，已经走到了尽头。现代实证主义掀起了拒斥形而上学的思潮，认为传统形而上学讨论的问题如：外部世界是不是存在的、世界的本质是物质的还是精神的、时间空间的观念是绝对的还是相对的等问题，都是不能由经验证实它们是真或假的，所以是没有意义的假问题，他们主张将形而上学拒斥于哲学之外。这种逻辑净化工作，试图采用统一的科学语言以清扫哲学话语的传统弊病，在一定程度上克服了理性的这种局限性，使西方现代哲学在一定范围内和程度上摆脱了危机和困境，开拓了理性发展的新生视域。但是，在受到来自实证主义内外各个学派的批判后，我们发现这种语言学转向实在是很不成功，它不是解放了哲学理性，反而压缩了它的空间，使之存活在特殊的语言界限内，成为语言构造的某种单一性的东西。哲学不能表达语言界限之外的东西，哲学理性是残缺不全的、有限性的，恰恰暴露了哲学理性自身的无奈与无能，窒息了人文主义的灵性和诗性，使哲学染上了一种符号化、形式化的病症，哲学语言也"委身于我们的意愿与驱策，听任我们将之用来作为工具，对存在者进行统治"①，从而同样失去了生命与灵魂，成为一片无人空场和文化沙漠。与之相应，现代人文主义哲学的语言学转向的全部努力，说到底，就是把人的生命、存在、自由、诗魂和价值等引进语言，以激活语言的生命力和创新力，从而以一种本真状态的语言和前科学、前逻辑的感知方式去打破科学语言的森严界限、去冲破西方理性语言的逻辑框架、去消解传统形而上学的思想方式。

譬如存在主义者的海德格尔，就主张拒斥形而上学，采取的方法同样是语言学转向，但其理趣和理路与科学主义者相比是迥然不同的。他认为，诗化语言是生动的、活泼的、丰富的，才是人的存在的真正家园，哲学需要借助一种特殊的语言来展现人的本质生存，这种语言显然不是理性语言，而是一种理性与感性混杂的非理性语言——诗性话语。他所说的"在"，不是指物的自然存在、客观外在，而是指人的内在的非理性的主观体验，这种关于"在"的体验，依靠逻辑的推理无从置喙、无法言谈。逻辑语言的界限就是形而上学的界限，在此之外的广阔领域即人文精神领域，只有依靠别的语言来表达，弄清了这种界限正是为了使另一种诗化语言出场。在海德格尔的前期，内省的东西，不能以思去说，而只能在"畏"、"烦"、"死"这些特殊的临界体验或高峰体会下获得感知，在非理性的体验中人"向死而生、向死而在"。但是，在后期他认识到，毕竟这种神秘的生死体验，不是每个人在任何时候都能通达，因而才转向以诗去思，深邃的哲理要以诗显现。认为诗化语言是存在的展露口，哪里有真正的诗，哪里才有真正的世界。人只有以诗去思，只有诗意地栖居，诗意地生长在自己的语言之家中，体现于自己构造的语言世界里（即"主观构境论"），才能真正成为人。作为传达人的本真存在的语言，是精神的不由自主的迸发。

诗化语言是无声的、不可理喻的、不可名状的、甚至是不可言谈的，哲学对人的存在命义进行内在非理性的感悟，作为一种人文精神，

---

① 尚志英：《寻找家园——多维视野中的维特根斯坦语言哲学》，人民出版社 1992 年版，第 269 页。

在聆听到了这种无声的表白后，不由自主地说出了自己通过理性无法言说的东西，人之"在"就成为可说的了。正所谓，人说话，话也说人。正是人的话语将人的本质与存在命义，不经意地和盘托出。人是什么，可以成为什么，实际上是自己的语言刻画出来的，人不仅默默地聆听着语言的感召，而且在受到它的暗示后也应和着它的指引，"唯诗——本真的语言唤人重归四重整体，在对大道之道说的虔心聆听中守护自己的本真生存"。① 诗化语言就是这样一种自我塑造、自我生成的语言，它是说那种不可说的存在真谛的最佳方式，不由自主的、默默无语地却说出了一切。"在人与万物融为一体的现实生活世界之中，语言是世界的意义之寓所，每个个人所说的语言（言语）来源于作为世界意义之寓所的语言，前者（言说）是有言之言，后者是无言之言，前者之所以能发生，是由于对后者的聆听。"② 此时无声胜有声，一切皆在不言中。宋·苏轼《夜直玉堂，携李之仪端叔诗百余首，读至夜半，书其后》诗中说，"暂借好诗消永夜、每逢佳处辄参禅"。在诗化语言中，诗人摆脱了物象与伦理的羁绊，"天地与我并生，而万物与我为一"，似乎得到了完全的自由、聆听到了神的意旨和心声，能通过人神对话、人神交融，而实现人神冥会。隐喻的含意无非就是其所涉及的那些语词的含意，诗就是通过语词的含意，捐赠出存在，使"在"达到澄明之境。诗不只是一种语言，更是人的一种存在方式和处世的态度，诗人是人的精神家园的守望者与看护者，唯有这种诗化语言才是人的本真存在方式，守护着人的诗意家园。

注重含蓄的中国古典诗就是这种诗化语言，它借助想象而非推理，能够传达理性不能说出的言外之意、韵外之旨。有人说，诗之妙处，正在山水中。若闭门觅句，岂可得诗之妙法？也有人说，诗之一切妙法，自在咏物咏史、伤情离别中，岂可外索？何不从自心上体会人之真性情，人无尘世念，逍遥天地间。诗中存理，不以理说，正如清·包恢在《答曾子华论诗》中说，"一诗之处，必极天下之至精，状理则理趣浑

① 张海涛：《澄明与遮蔽：海德格尔主体间性美学思想研究》，人民出版社2013年版，第36页。

② 张世英：《美在自在——中欧美学思想比较研究》，人民出版社2012年版，第107页。

然，状事则事情昭然，状物则物态宛然"。诗家以物言理，又不能落入理障，正如清·沈德潜《清诗别裁集》中所说，"诗不能离理，然贵有理趣，不贵有理语"。理之在诗，若水中之盐、花中之蜜，立说无说、无味有味。譬如诗人以"会当凌绝顶，一览众山小"、"不畏浮云遮望眼，只缘身在最高层"、"欲穷千里目，更上一层楼"、"居高声自远，非是藉秋风"等句，来喻哲理之世界本体那种至高之境、独造之域。层级最高的世界本体、人生奥秘，显然任何话语都显得苍白无力，唯有依靠诗化语言而借景说理、托物说理，以自然风光或人之常情来说理，才把奥妙的东西形象化了，仿佛在各个文化层次的门槛都开了通道，以便让人们接受至极性的真理。

有的诗人则以"庭树不知人去尽，春来还发旧时花"、"谁挥鞭策驱四运，万物兴歇皆自然"、"无可奈何花落去，似曾相识燕归来"、"尔曹身与名俱灭，不废江河万古流"等诗句，来比喻世界的物质性、发展的规律性、时间的无限性等哲理。在笔者看来，只有诗与哲学思想具有同等地位，是同等级别的文化样态，对世界的物质性及其发展的规律性等本体论的内容，除了哲学家能够在思辨理性中靠推理演绎而有所理解之外（尽管这种理解是有限性的理解，它只寻求最高、最后的本体或规律，而不能获得意义丰富的生活视界，不能通过有限性的东西而想象出无限性的世界整体，即不能超越有限通达无限），还能够对之有所领悟的就只有诗人了，因为"诗的精神本质上优越于一切单纯科学中流行的精神"①，它能够把本体论中的神秘东西召唤出来，并通过想象、暗示直接呈现在人们的面前。

一些诗人以"高堂明镜悲白发，朝如青丝暮成雪"、"旧时王谢堂前燕、飞入寻常百姓家"、"踏破铁鞋无觅处，得来全不费工夫"、"冗繁削尽留清瘦，画到生时是熟时"、"新竹高于旧竹枝，全凭老干来扶持"、"欲把西湖比西子，浓妆淡抹总相宜"、"不经一番寒彻骨，哪得梅花扑鼻香"等诗句来形容自然万物的辩证性，以及以"竹外桃花三两枝，春江水暖鸭先知"、"纸上得来终觉浅，绝知此事要躬行"、"问渠那得清如许，为有源头活水来"、"历览前贤国与家，成由勤俭败由

---

① ［德］海德格尔：《形而上学导论》（英译本），耶鲁大学出版社 1959 年版，第 85 页。

奢"、"问世间情为何物，直教人生死相许"等诗句来解析认识论的内容。这些深邃的哲理为什么可以诗意送达并实现诗意接受，因为"诗在外有事、诗之中有人"，诗以情感人、以象释理，是一种心灵的歌唱，更是一种睿智的朗显。它熔情、理、事于一炉，集真、善、美于一身，达到诗情画意、哲学理趣、人生意义的和谐运作，能收到通俗化、趣味化、形象化的奇妙效果。在诗的吟诵中达到"海阔凭鱼跃，天高任鸟飞"灵魂的自由驰骋，使哲学精神获得了一次的解放、开拓与跃迁，在诗美形象中领悟世界观与方法论的内在结合，也给人以浩然正气、催人奋起，积极地站出来活，并勇敢地活出自己一片真性情来。写出精妙的诗句，都需要"活生生的一腔生活积蓄"，譬如，金·元好问在其《论诗·眼处心生句自神》中说："眼处心生句自神，暗中摸索总非真。画图临出秦川景，亲到长安有几人？"清·袁枚在其《遣兴》中也说："爱好由来下笔难，一诗千改始心安。阿婆还似初笄女，头未梳成不许看。""但肯寻诗便有诗，灵犀一点是吾师。夕阳芳草寻常物，解用多为绝妙词。"宋·戴复古《论诗十绝》中有一绝认为："诗本无形在窈冥，网罗天地运吟情。有时忽得惊人句，费尽心机做不成。"

有人认为在中国诗中能表达深邃哲理的"似乎只有陶诗"①，但笔者不敢苟同这种说法。陶渊明的"纵浪大化中、不喜亦不惧"，的确能将海德格尔"畏启示无"的诗意表达出来，以大无畏的精神让人直面"无"和"死"，获得对生死的领会后，反跳回来而积极地面对生。其实，不唯陶渊明的诗，所有中国古典诗甚至是中国近现代的白话诗，都一样能够烘托其玄远宏阔的诗象，并将其中蕴含的"至美之花"透露给人看。"理以诗显、思诗一体"，在理致与笔趣、写实与写意相合处，诗人能够于虚幻处着墨，开示微茫意象中的人生真谛，诗人精通"竞异求新"的造化之功，往往"笔尽而意存"，言有尽而意无边，"扫千里于咫尺，写万趣于指下"。诗人笔力沉雄，体态朴茂，通过能动地点画描摹，看似不甚经意，却能在天然风韵中将微妙的哲思与理趣，集于笔端，跃然纸上。诗句凝练而犀利，厚重而具有弹力。诗句间多有空白处，留下多少想象空间，遐思悠长激发了多少奇异之乐。诗意升华敲打

---

① 张世英：《天人之际——中西哲学的困惑与选择》，人民出版社1995年版，第418页。

着人们的心灵，使人胸怀博大、感念沧桑，饱蕴虔诚、纯洁、高尚、洒脱之情趣。

下面仅以宋代几首常见的哲理诗为例，再深入地说明这一点。如宋·苏轼的《题西林壁》曰："横看成岭侧成峰，远近高低各不同。不识庐山真面目，只缘身在此山中。"其蕴含的哲理是：人观物的立场不同，得出的结论必然互异，见仁见智、各有千秋。只有摆脱主客局限，置身庐山之外，才能高屋建瓴识得庐山真面。宋·黄庭坚在《冷斋夜话》中评论说："此老人于般若横说竖说，了无剩语，非莫笔端有舌，亦安能吐此不传之妙？"再如他的另一首《琴诗》曰："若言琴上有琴声，放在匣中何不鸣？若言声在指头上，何不于君指上听？"其中蕴含哲理是：认识是主客体内在统一的过程，主客体之间是相互影响、相互制约，相互依存、缺一不可的。演奏者的思想感情和技能，与琴、指之间的关系，也可看作是事物的内部矛盾（内因）和外部矛盾（外因）之间的紧密关系。前者是妙音产生的根据，后者则是妙音产生的条件，两者缺一不可。宋·朱熹《观书有感》曰："半亩方塘一鉴开，天光云影共徘徊。问渠那得清如水？为有源头活水来。"诗以池塘为喻，说明了为学之道，必须不断积累，不断地吸收新的营养。万事万物只有在运动中才能保持自己的存在，学习亦如是，如逆水行舟、不进则退。宋·杨万里在《过松源晨炊漆公店》中说："莫言下岭便无难，赚得行人空喜欢。正入万山圈子里，一山放过一山拦。"诗借助景物描写和生动形象的比喻，通过写山路难行的感受，说明一个具有普遍意义的深刻道理：人们无论做什么事，都要对前进道路上的困难做好充分的估计，不要被一时一事的成功所陶醉，不可自得自满，而应不断进取。宋·卢梅坡在其《雪梅》中说："梅雪争春末肯降，骚人搁笔费评章。梅须逊雪三分白，雪却输梅一段香。"其蕴含的绝妙哲理是，写出别人诗中所有（雪似梅，梅似雪），又能写出他人笔下所无（梅雪争春，各具特长）。这首咏物诗，没有写景，没有抒情，纯属议论，却写得如此生动，另具一格。

每想到，即使是一些伟大的思者，都在如何"说不可说"这个问题上陷入窘境和失败，哲人之思，的确让人感到泄气，似乎根本不能获得清晰的知识而只能任人去胡说。有人主张，以诗言思，是哲人无奈的表达，也是哲人笨拙的表现。也有人不同意黑格尔将诗看作是最高境界的观点，认为诗毕竟也是一种语言，它传达的也同样是普遍性的东西。尽管可以达到诗中有画、画中有诗，诗画一体、情景交融，但它所达到的仍然不是人的灵魂深处那种最崇高的美。具体而微的精神至美，诗永远说不出。唯有靠音乐的流动的节奏与优美的旋律，才能传达心灵的颤音、精神的至美，把"精神三角形"、"立体的思美"表现出来。其实，文人思至极处，兴诗作词，是很自然的事，旨在以象显道、以情通几。正如袁枚《随园诗话》中说，"文似看山不喜平"。诗化哲学传达的诗美，提示的是一种精神上的细节与生活中的幽然，彰显的是人的独特的个性之我，是心灵对自由的期盼和对幸福的向往。凝重的哲思，传达的是忧患的精神意识和对人生的价值追问，既要批判文化中的盲点和无意义的营建，又要挖掘人性的弱点并揭示低俗之偏见，它力透纸背、入木三分，确有不堪忍受现实生活之重的情绪在其中。行文抵达至极之巅，也常常采用多种语言形式，包括采用轻盈的诗性，描绘一种诗情画意之诗美境界，借此净化心灵、提升品性，意在言外、耐人寻味。讴歌壮美的理想主义诗词，并非一味传达自然山川的感性至美，也在言情时立意强调人的主体性的自我觉醒，表征人的现实性力量和对自由精神的憧憬。写情也并非是为了表达个性之我，而是为了宣示理想之我，是一种理想主义的宣言。当这种理想性的言情之思与实用性的科技之思联手后，理想主义就让位于了现实主义，写实替代言情，拟象代替了形象，从凸显主体自我为主调，发展到了以凸显客体形象为主线，特别注重形似和形象之美，回到了事情本身和人本身，非常逼真，活灵活现。虽能艺术地再现生活中的真实，但意涵浅陋、底蕴稀薄、言之无味、行之不远。在写实中有所超脱，以模糊的印象却传达了清晰的思想，把形象之美中的真实思想和人生况味揭示出来，主张把写实与写意达到统一。后现实派就更明显地反对唯客体主义理路，强调要回到主体、回到人身，注重以象言思、以诗释理、思诗双美、美美与共，强调表现主体内心的情感体验、人格之美、境界之美、超世情怀。这种表现主义诗格，进一步发展就产生了以追求狂放、野性为主体的超现实主义，力图激发人的纯粹的自然野性美、原始的欲望美，以至于达到了那种渴望推翻任何主体性的思想建设或客体性的现实描述，破解一切带有整体性、系统性、结构性、本质性的思想追求，不试图表达什么、表现什么，却有意消解一切、颠覆一切的后现代主义诗学格调。它虽也以一种极其怪异的方式，传达一种反理性主义、解构主义的思想旨趣，却最终以诗的宿命而走到了思的反面，造成了精神内伤、窒息了文化灵性，忽视了对人的生活困境的细细抚摸和深刻探察。

一般说来，中国哲学强调"天人合一"，"以我随物"、"以我随人"，"我"常常受"我们"的压制，个性之我融身于、依存于人类大我——"互依性自我"中。不重视科技理性的发展与民主政治的规训，常常泯灭了自我或者活不出自我，是一种无我的哲学（"至人无己"）。人在这种浑噩和朦胧中，也可能会产生宏阔的天下意识和集团主义的人文情怀，但很难从对物或对人的依赖性中挣脱出来，获得真正的个性自由与人的解放，正是在人生无力自救的无奈中才呼唤一种真正自由的诗意生存，实际上是一种精神的自我逃避。相比之下，西方哲学倒是从一开始就注重主客二分和主体性张扬，强调自我的伸张和个性的自由，并通过极力发展科技与民主来完成人性的觉醒与解放，但在其发展到现代及后现代的异化阶段，又极易导致工具价值理性张扬而人文价值理性低迷，从而引发了极端的个人主义、纯粹的利己主义，以人为本、"以物随我"，物为人而在、人为人而在、人为己而在，独立性的自我常常损害"我们"的公共利益，社会的公正本质与自由和谐同样得不到彰显，此时的人也呼唤人的理性的诗意回归，使人摆脱物化而获得自由的诗意栖居。

那么，问题的关键在于，能否以哲学的睿智、眼光与胸怀，确立一种人类共通感——生命共同体或命运共同体意识，从而实现中西融通、思诗一体，以诗家之眼、诗家之语，阐发诗家之心、诗家之意呢？王国维在其《人间词话未刊稿》中认为，"诗家眼"是诗人基于对社会历史、人生况味独特体验后，而产生的一种认识和感受诗美境界之奇之妙的特殊眼光——"当行的眼光"。人世少诗眼、诗心，故而，常常不能识得"诗家语"之奇之妙。以诗家之眼之心观赏诗、品鉴诗，就能领悟诗魂之真谛，化无形为有形、化无情为有情、化无声为有声，以物为喻、指物为证、借物代答，赋予无生命之物之象以生机盎然之灵性、之生命，诚如"风定化犹落"之寂寥，又如"鸟鸣山更幽"之清净。诗人之眼高于政治家之眼，更高于世俗之眼、财货之眼，他说："'君王枉把平陈业，换得雷塘数亩田'，政治家之言也。'长陵亦是闲丘陇，异日谁知与仲多'，诗人之言也。政治家之眼，域于一人一事。诗人之眼，则通古今而观之。词人观物，须用诗人之眼，不可用政治家之眼。"唯凭借"诗人之眼"，方可识得诗家之语，通晓诗人之心、诗家情意，悟道参禅、立象尽意，"观古今于须臾，抚四海于一瞬"，包括宇宙、总览人物，思接千载、视通万里。诗家之语不仅直率自然、和谐流畅，浑然天成、不假雕饰，而且构思精巧、形象生动，意趣优美、思想深邃。"诗人之辞微以婉，不同论言直隧也。"诗家之情，笃意真古、辞兴婉惬，颖脱不羁、怡然自得。诗人之语，宏阔锐利、匠心独运，文心雕龙，总有深味。诗家之思、善用比兴，立象尽意、味在言外。吟咏性情，明志见道，善用形象来概括，不用理性来总结。诗人神游八极、纵横恣意，豪情万丈、贯通天地。练达人情生慧眼，诗家之言乃雄健。勾勒可感之画面、引入虚拟之境界。正如唐·刘禹锡在其《刘宾客文集》中所说："片言可以明百意，坐驰可以役万景，工于诗者能之。"诗的语言，外形凝练，内蕴深刻，藏深思于片言之中，发天趣于诗文之外，含蓄不尽，发人深省。

第二章 "不验之词"
——语义的经验蕴含及其构造

本章研究了西方经验论哲学从古代、近代到现当代发展中产生的各种问题，分析了它的形上特质、语用转向、意义构造及实证原则。并借助康德、黑格尔哲学对它的批判扬弃，揭示了西方经验论哲学的物化弊病和必然走向自我消解的思想趋势。评析经验论哲学传统及其弊端，旨在解答"不验之词"究竟该如何验证：语言与指称的关系、意义与语境的关系、意义的划界问题、语言的经验蕴含对语言具有什么影响等问题。

第一节 经验论哲学的形上特质

西方哲学史从古代实体论的沉降到近代认识论的生成又到现代语言学的转向，为什么总是与形而上学交织在一起，其形上诉求在何种意义上实现了对人类的终极关怀？对此，各个时代的西方哲人基于不同的时代际遇作了种种探究，获得了关于西方哲学形上特质及人学意涵的多元求解。这种孜孜以求的探求，尽管都没能最终解决西方哲学史的理论难题，但无疑为破解这一难题积累下了诸多相对正确的知识，留下了关于世界本质及人与世界关系问题的深刻思考。今天我们重思这些具有特定理论高度的探究之路及致思之果，对于选择恰当的研究范式切问并破解我们自己的哲学困惑，具有一定的理论意义。

关于如何、在何种意义上及以何种方式去理解西方哲学发展的形上特质、人学蕴含的问题，这是我们学习、研究和讲解西方哲学史，必须首先弄清楚的根本问题。各个不同时代的西方哲学家（尤其是我们当代中国的哲学家），基于不同的时代背景和历史任务对西方哲学问题的形上特质及其发展规律不断地作出探究和总结，实现了对西方哲学各种问题的再思考、再把握和再理解。这种孜孜以求的探索，尽管没能最终解决西方哲学史的理论难题，但毫无疑问，都以各种奇特方式为破解这一难题积累下了许许多多相对正确的知识，留下了关于世界本质及人与世界关系问题的一番深刻的理性沉思。从学理上认真梳理这些具有特定理论高度的探究路径及思想成果，对于我们今天选择恰当的研究范式去切问哲学的发展脉络、意义变迁及再现方法，进而弄清西方哲学史从实体论的沉降到认识论的生成又到语言学的转向为什么总是与形而上学交织在一起，西方哲学史上的形上诉求在何种意义上能够实现对人类终极关怀的问题，都将具有一定的理论价值。

"哲学就是哲学史，问题就是问题史"①，西方哲学问题具有一种永恒无解的形上特质。西方哲学研究的问题，大都是一些超乎寻常的问题，它不同于常识和经验中的问题，也不同于科学与宗教中的问题。西方哲学中的问题都是些形而上的、永恒无解的难题，对它们的回答也不可能只有一种答案，而是可以采取各种不同的方式求解。常识和经验对人的生存和发展来说，意义很重要、很可贵，也非常值得珍惜，但是常识和经验的意义阈限非常狭窄，一旦超出它的使用范围就会遇到可怕的危险。而哲学问题都是些普适性很强的、具有一般指导意义的问题。它能够对常识和经验的意义，从理性上得以拔高和提升。科学的研究对象都是那些具体的、有限的、确定的东西，它以经验和实证作为自己的研究方法，总能找到至少是相对确定的答案，所以科学中的问题都不是难题，都可以成为有用的知识，科学知识是值得人们信赖的。但科学中的问题很少具有形而上的特征，也较少具有人学蕴含，它对人的生存命义什么也没有说，换言之，它只关怀事实是什么，而不关怀人的生存真义。科学的进步的确能够给人提供足够多的物质条件，让人过上幸福的生活，但科学不能给人提供何以如此这般生活的理由和根据，只有经过哲学对人的终极关切才能获得普遍指导意义。宗教中的问题倒是具有形而上的特质，它以超验的、神秘的东西作为自己的研究对象，它企图为

---

① 宋友文：《历史主义与现代价值的危机》，人民出版社 2012 年版，第 23 页。

人提供终极关怀，但它只是表面看起来具有普遍性的特征，实际上它的意义阈限是十分有限的。因为它不以人的理性作为基础，而是以信仰作为支撑，只要笃信它就行了，它并不寻求理性的理解，甚至越是荒谬的越相信，所以宗教的问题并不具有真实的人学指向，往往是一些伪命题。

哲学研究的原本就不是具体的、有限的东西，当然也不是那种超验的、神圣的东西，但哲学又离不开科学的实证与精神的穿越，也试图以理性的方式做到终极关切，这表明哲学处在科学和宗教的夹缝中。无怪乎哲学中的问题都是些众说纷纭、莫衷一是的问题，很少有固定的答案，很难形成基本的共识，以至于时常有人怀疑哲学不具有科学性，也迫使不少哲人挺身而出，来为哲学的合法性及其价值和地位进行辩护。哲学研究旨在穿越一切有限的、实证的东西，而以理性的方式进入到一个形而上的超验领域，试图对那种带有一般性、普遍性的问题作出具有本质意义的求解。因而哲学所把握的问题往往是最根本的、有时甚至是超验性的问题，它对生活常识和具体经验实现了一种意义穿越。

由于哲学中的问题超越了我们的常识和经验范围，其意义阈限宽广无边，常常向普遍中生长、向神圣领域延伸、向本质处开放，所以通常是不可能通过经验实证的方法获得解决的。质言之，哲学的问题并不是一般的问题，而是没有终极答案的难题。哲学发展史不是知识的积累史，也不是对生活经验、生活问题的求解史，而是对永恒无解的这些哲学疑难问题的求解史。或者简单地说，"哲学就是问题史"。关于哲学与哲学史的关系问题，有人认为，"哲学就是哲学史，一部西方哲学史就是一个问题接着一个问题，互相批评而成的，因此不懂哲学史就不能懂哲学"。① 每一代人都基于自己的时代内容和特征，在特定立场上以理性的方式对哲学问题获得了一番求解，而且都认为这番求解是令人满意的、相对完美的求解。但是随着科学进步和实践的发展，后来的人们认为，上一代的求解其实是在特定历史局限中的求解，它并没有彻底破解这一难题。鉴于此，他们也根据自己时代的内容和特征，也以理性的

① 程志华：《牟宗三哲学研究——道德的形上学之可能》，人民出版社 2009 年版，第38页。

另一种方式对哲学疑难进行了一番沉思，并相信这番沉思也是相对完好的。可是，再后来的哲人们发现，历史上对哲学问题的求解所积累下来的并非是明确无误的科学知识，这些答案并不是终极答案，而只是不断地对哲学问题的求解方式有所改进。可见，说到底，哲学发展史实质上是求解方式不断变换的历史，各种不同的求解方式综合起来就构成了哲学的理论谱系。正如张志伟所说，哲学就是哲学史，哲学史就是哲学。

"哲学是无用之用"：一种挥之不去的人学情结。在人类思想史上，常常令哲学家们备受质疑且日益陷入难堪境地的问题是：既然哲学研究更多的不是体现为确定性的知识，而是体现为永远没有终极答案的问题，哲学家们不过是尽其所能给出了他们关于哲学难题的独特的解答方式而已，那么后来的哲人们为什么非要追问它们不可？难道哲学家们缺乏这种起码的常识和智慧而意识不到这是一种"西西弗斯式"的徒劳无功吗？为什么自我标榜能够给人以正确的人生启迪的哲人们却陷入了自我设定的理性陷阱呢？其实，关于这些问题的答案，还要从人自身所面对的生存矛盾中来寻找。哲学自身的发展困境和矛盾，就其实质上看，是与人自身的生存悖论与矛盾内在相关的，或者说，哲学自身的悖论是人生存悖论的理性映现，破解哲学疑难实际上就是破解人性之谜。这是由于，哲学对世界本体的诉求，最早发端于人类对自身有限性的自觉超越，也是对人类所面对的各种矛盾——有限与无限、相对与绝对、理想与现实、此岸与彼岸等各种矛盾的一种求解。从根本上说，哲学的难题所体现的恰恰就是人类试图超越自身并求解自己各种生存悖论的一种理想和憧憬。从自然界分化出来的人，一方面作为一种有限的自然存在物，他永远也无法通达无限的理想境界；但另一方面，作为一种理性存在体，他又渴望超越有限通达无限、从相对走向绝对、从理想走向现实、从此岸通达彼岸，这种精神性的内在超越对人来说是性命攸关的，是人穷其一生而始终不渝、孜孜以求的一种最高人生理想。可见，哲学与人学总是互相规定、内在一体，哲学其实就是一种挥之不去的人学关怀。

具体说来，哲学作为最大意义上的人学，既包括对自然以及人与自然关系的总体理解，又包括对人的历史以及人与历史关系的总体理解，实际上是以理性的方式对人本身的生存矛盾、人生悖论、人生意义的总体理解。这种理解是哲学之人学蕴含的集中体现，它关系到人们对生活的根本态度以及人们思想行为的根本准则，从总体上规范和引导人的各种活动，能够在思想上和灵魂深处成全人和成就人，具有一种引人上路、安身立命的特殊功能。有什么样的哲学观，就有什么样的人生觉解。从这个意义上说，哲学的探索对人来说不是一种可有可无的闲适游戏或者精神自娱，而是具有一种首要的和根本的人学意义。真正的哲学都能够从总体上揭示人与世界关系的各种复杂方面，论证人在世界中的地位和作用，阐发人在自己的实践中所激发的生存命义与自我价值，弄清楚实践是人作为人、"使人成其为人并与动物相区别的根源所在"。① 哲学追寻的意义和价值，不在于它的具体有用性，用冯友兰先生的话说，它是一种"无用之用"，没有小用而有大用，这主要体现在它是对人类至高无上的理想境界的一种艰难探求，代表着人生的终极关怀和幸福祈求。真正的哲学总是关注人之为人的根本问题：求天地人内在统一的自然之辩、求你我他合和相生的社会之辩、求知情意彼此融通的自我之辩、求真善美高度统一的生活之辩，凝结成了作为人生最高支撑点的哲学真义，绘就了哲学发展史的理论谱系。

诚然，哲学是一门特殊的学问，对人类精神和文明的进步来说具有极其重要的牵引意义，任何科学和文化的发展都离不开哲学思想的内在指引。恩格斯曾经说，"一个民族要想站在科学的最高峰，就一刻也不能没有理论思维"。② 这就告诉我们，要想不断地纯化、深化和升华我们的理性思维，就一刻也不能停止对哲学智慧及其发展历史的重思。但是，一般说来，理论的意义取决于它的答案。而哲学理论的意义乃是由它所面临的问题及其不同寻常的解答方式所确定的，一种哲学思想是否具有以及具有什么样的根本意义，并非主要体现在它对前人思想如何继承和发展上，而主要体现在它是否给我们提供了一种不同寻常的人学意涵及其求解方式。唯有把握住其人学求解范式，才能把握住哲学史的脉络并窥探其堂奥。弄清哲学的人学意涵并从理论上论证人生自由的必然性，这一人学问题作为一条轴线贯穿于西方哲学史发展的全程，内在规

---

① 沈亚生等：《人学思潮前沿问题研究》，社会科学文献出版社 2010 年版，第 216 页。
② 《马克思恩格斯选集》（第 3 卷），人民出版社 2012 年版，第 875 页。

定着西方哲学史理论主题从古代的本体论沉降到近代认识论的生成又到现代语言学的转向。

怀疑主义者的诘难促使了本体论传统的沉降。西方古代哲学对世界本体的致思路向，既是它最根本的传统，也是它最根本的特征。在其发展史上，产生的哲学问题可谓千变万化、多种多样，但本体论问题乃是所有哲学问题中最复杂、最令人困惑，当然也是最有魅力的哲学难题，它甚至构成了西方哲学史的基本思想与核心内容。作为关于宇宙万物最根本、最普遍、最高根据的理论，始终是西方哲学史上一道十分奇特的亮丽的文化景观。早期希腊哲学以自然的统一本质作为自己的思考对象，旨在弄清万物从哪里来、毁灭之后又到哪里去，一切皆变而唯它不变的原始基础是什么。对此，哲人们争论激烈、莫衷一是，从来没有达到过最起码的共识。因为他们企图以自然解释自然，用一种自然元素来说明自然万物，以求得统一性的真理知识，于是关于世界本源问题就只能是众说纷纭、见仁见智。以某种或某几种原初的物质形态来指认世界的本质，显然具有独断论的特征，这就为后来的怀疑主义者留下了批判的把柄。实际上，从巴门尼德经过苏格拉底、柏拉图到亚里士多德，西方古代哲人在最基本的思维方式上是一以贯之、一脉相承的，这就是渴望通过统一性的思想来把握各种各样的"在者之在"，即用统一的理性方式来把握自然万物的内在本质。但是，在能否及如何把握"在者之在"的问题上，西方古代哲学的思维方式又在相互论争中得到了一步一步的升华，从而使以"在者之在"为对象的存在论，变成了以"存在之意义"为对象的形上学，从弄清世界的本体究竟为何物的问题，转变到了弄清人与世界的矛盾究竟该如何化解的问题。

巴门尼德看到了自然哲学以特殊代替一般的缺陷，将哲学研究的对象转向了唯一的永恒不变的存在本身，为以后的西方哲学开辟了新的方向。随着早期自然哲学的衰落，世界的统一性、思维与存在的一致性问题越来越突出了，为破解这一难题，苏格拉底率先举起了理性主义大旗，不再关注个别的事物而是将问题集中在事物的本质上，这促成了后来柏拉图理性主义路线的建立。柏拉图"裂世界为二"即可知世界与可见世界，试图以理性的方式统一世界万物，但是又遭遇到了事物的理念与事物本身相分离的难题，引发了一般和个别如何获得统一的困惑。

亚里士多德试图将自然哲学与本体论统一起来，以深入细致的分析来消解这一难题，但是，由于认识论的缺失和自然科学基础的匮乏，在其内部关于事物第一性质和第二性质之关系问题，仍然是无法得到统一解决的。古代本体论的对象究竟是真的存在抑或是思想的产物，如果存在我们能否及如何认识它，这引起了怀疑主义者对它的质疑。在怀疑论者看来，在未考察人的认识能力之前，就武断地宣称事物的本质就是它所显现的那样，并断定我们能够获得关于一切事物的本质的最高知识是唯一具有真理性的知识，且这种关于世界万事万物本质的知识可以为一切科学知识体系奠基。哲人们建立本体论的目的旨在从理性上对宇宙的本体作出确切说明，怀疑主义者正是在这个问题上向他们提出了无法回避的挑战。怀疑主义的诘难看上去是无的放矢的，而实质上却击中了形而上学的要害。正是这种质疑和挑战，从而促使了西方哲学从本体论的沉降及向认识论的生成。另外，古代本体论向认识论迁移的另一个重要原因在于，古代本体论只是研究了万物之本质，而忽视了人与世界关系的最根本方面，忽视了本体论研究对人说来所具有的伦理意义。由于受到怀疑主义的批判，柏拉图所开创的理性主义逐渐走向式微，理性对人之生存意义的呵护也自然无从谈起。这样，从宗教神话中脱颖而出的古希腊哲学，在晚期又回到了神秘主义之中，试图靠皈依上帝来拯救因社会生活剧烈变动所产生的各种人生困厄，这也构成了中世纪经院哲学的肇端。

唯理论与经验论对西方哲学主题的不同求解。如果说古代本体论关心的问题是存在是什么、世界有没有一个统一的基础，那么近代哲学更关心的问题是，我们能够认识什么，关于世界万物统一知识的基础和最后根据是什么。如果说古代哲学主要是在思维与存在的统一性中思考世界本体问题的话，那么近代哲学一开始就试图在思维与存在的差别性上来谋求两者的统一。与古代哲学家不同，穿越了中世纪神学黑幕的近代哲学家并不认为自然的本质就像我们所认识到的那样。我们在思想中无从得知，世界就像它呈现出来的那样或者不像它所呈现的那样，换言之，我们思维中的自然与真实的自然并非一回事，我们关于自然的知识与自然本身有着明显的差别。近代哲学家思考的主要问题是：所有真理性的知识，它的来源、范围、确定性和界限是什么，人们能不能及如何获得关于世界本体的知识，我们的思想与周围存在着的事物的关系如何，事物的本质是真的存在抑或只是知识的产物，世界内在统一的基础是其本身所固有的抑或是人们主观内心所赋予的？由于对这些问题的回答，在基本观点上存在分歧，就产生了唯理论和经验论两大派别。

在经验主义者看来，我们的所有知识归根到底都来源于经验，都可以通过经验得到说明，知识必须局限在经验的范围内而不能超验使用，凡是不能被经验证实或证伪的东西都不是科学的知识，凡是那些超验的知识都是伪科学的知识。总之，经验是一切科学知识的基础和源泉，一切知识必须建立在经验的基础之上，故而一切知识或者接受经验法庭的审查、或者放弃自己存在的理由。譬如，培根他提出了经验论的基本原则，他主张一切知识都起源于经验，感觉是知识的起点，感觉越清晰、越丰富，认识就越准确、越深刻；同时，又认识到了感觉经验的局限性，主张将经验与理性结合起来。所有这些，使他在近代哲学中为经验论的产生准备了基本的条件。又譬如巴克莱，他将经验论推向了更加主观的地步，认为对象和感觉原来是同一种对象，存在就是被感知，事物存在与否、以何种状态存在，完全取决于感知它的主观心灵。这表明一切物体在心灵之外都没有任何存在，它们的存在就是被感知。再譬如休谟，他认为一切知识都来源于感觉经验，但感觉来源于何处？这个问题超出了感觉经验的范围，经验只好沉默了，不可能给予任何确定性的回答。表明若将经验论原则贯彻到底，必然在逻辑上使感觉的来源问题成为不可解，休谟因将经验论推向了极端而陷入"死胡同"。

而在唯理主义者看来，感觉经验是私人的、本己的，感觉经验易失的、是不可靠的，它不可能为科学知识提供任何坚实的基础，不能以之作为知识大厦的基石。我们的知识应该从理性固有的先天要素演绎而来，而不是从组合各种感觉经验而产生。有鉴于此，一切知识必须建立在理性的基础之上，故而一切知识或者接受理性法庭的审查、或者放弃自己存在的理由。唯理论者认为，知识的真理性取决于它自身的清楚明白、不证自明，而不取决于它是否能够与认识对象相符合，更不取决于它是否能够还原为经验或者是否能够被经验检验，而且知识根本不是靠从经验中归纳而来，而是由无可怀疑的天赋观念中推论而来，知识无须经过经验验证而只需接受逻辑的审查。譬如笛卡儿，他用怀疑主义的方法去寻找那种不证自明的理性支点，从"我思故我在"这个无可怀疑的第一原理出发，在张扬主体性原则和理性至上主义的同时，为近代哲学奠定了基础、确定了发展方向；斯宾诺莎紧随其后也坚持并发展了这种思想，在他看来，实体是在自身之内并通过自身而被认识的东西，它是独立自存的，自己是自己的原因、自己说明自己，既不可能由别的东西而产生，也不可能受他物限制，一切哲学思想都从这个实体观念而来；莱布尼茨认为，实体作为世界万物的本质，是统一性、不可分的，又具有能动性、主动性的，这种实体就是单子，它是客观存在的、无限多的能动性的精神实体，它是一切事物的灵魂与目的，一切知识皆由此来。知识的起点不在世界之外而在主观心灵中，一切知识都是主观心灵赋予事物的，理性是一切知识的唯一支点。由于唯理论者片面夸大了主体的能动性、理性的至上性，也使之最终陷入了主观主义和为我论的陷阱。

康德的哥白尼式革命及其内在局限。近代哲学的唯理论和经验论在认识论的发展中陷入极端片面之时，也正是康德哲学登上历史舞台之日。通过折中性的调和方案，他试图将唯理论和经验论统一在一个体系中。由于经验论和唯理论之间关于认识基础问题的争论最终陷入了困境，结果不仅不能证明科学知识的普遍必然性，不能给一切科学知识提供一个合法性的基础，而且使理性主义和形而上学自身也发生了动摇，并备受质疑，最终使理性主义和形而上学在证明科学知识的活动中陷入了左右为难的境地，并导致了怀疑主义、主观主义的结局。近代哲学未能证明科学知识的普遍必然性，在人们看来这或许只是理论上的问题而不是现实中的问题，哲学未能证明科学的合法性基础，这只是表明了近代哲学的无能，换言之，近代哲学在自身发展中出现了无法解决的难题，暴露出了自己的内在缺陷和理性缺失。从某种意义上说，康德对哲学的思考正是建立在这一点上。

康德汲取了历史上的唯理论和经验论将理性或经验推向极端的思维教训，试图通过将一个调和的折中体系将二者统一起来。一方面，他同意经验论者关于一切知识都起源于经验的观点，认为知识不能超验使用，只有通过归纳概括具体的实际经验科学才得以建立，离开对经验的归纳和总结，不会形成新的知识；另一方面，他也接受了唯理论的立场，主张科学知识仅仅有经验是不够的，其中必定包含有某种先验性的因素，否则便不能对科学知识的普遍必然性作出合理解释。因此对康德来说，科学知识是否具有普遍必然性的问题，实际上就转化为先天综合判断是如何可能的问题，或者还可以表述为我们如何能够先天的经验对象的问题。如果按照传统哲学所说的知识必须符合对象、主体必须符合客体，那么由于经验的相对性和偶然性的限制，我们永远也无法获得普遍必然性的知识。如果我们将知识和对象、主体和客体的关系颠倒过来，从而不是知识必须符合对象而是对象必须符合知识，不是主体符合客体，而是客体必须符合主体。质言之，对象乃是通过主体先天的认识形式而得到规定的，那么我们就完全有可能证明科学知识的普遍必然性基础。显然，康德所完成的这种哥白尼式的革命，强化和彰显了人作为认识主体的能动性、主体性，凸显了理性至上主义和人类中心主义。

康德发动哲学上的哥白尼式的革命，不仅仅是为了证明科学的合理性和正当性，也不仅仅是为了批判或者是颠覆传统的形而上学，实际上，是为形而上学的发展另辟了蹊径。一方面，康德以认识主体所具有的先天认识形式为科学知识是如何可能的奠定了普遍必然的基础，知性为自然立法，主张自然作为一切可能经验的总和服从于理性的法则，科学知识的普遍必然性皆源于此。即便如此，我们也只能认识事物对我们的表现，我们的知性无论如何不能超验使用并认识事物自身，因而证明了科学知识是可能的、合理的、可信的，而形而上学的知识则是不可能的、虚假的、不可信的。

另一方面，在康德看来，正是因为事物本身是不可知的，我们的认识能力只能局限于经验认识之内而不能超验使用，这就为理性保留了一个不受认识形式限制的纯粹自由的领域，从而为实践理性的道德活动提供了一个广阔的空间，为形而上学和理性至上主义开辟了新的自我生成之域。显然康德批判形而上学的根本目的并不在于摧毁它而在于拯救它，正是康德哲学的这种调和作用才将形而上学从纯粹理性的认识领域转移到了实践理性的道德领域，并以这种折中的方案维护了理性至上主义和形而上学的崇高地位。对于传统形而上学来说，以某种认识方式超越经验而通达认识对象，这是它的最高理想，康德通过考察人的认识能力的有限性，基本上为之判了死刑，终结它的梦想。但康德哲学还告诉我们，在我们认识能力和超验的对象之间横亘着一条永远无法逾越的鸿沟，表明形而上学的认识对象不是理论理性的认识能力所能通达的，它只有在实践理性的道德领域才能获得不断的生成，这使得康德哲学表现出一种不可知论和二元论的特征。通过现象把握本质体现了人类理性的最高理想，如果就此而论，这种寻根问底的理想可以引导我们的知识向纵深发展，进而实现知识的系统性和完满性，这种理想所具有的牵引力是具有一定的认识论意义的。

黑格尔哲学的体系化建构及理性的自我终结。在黑格尔看来，康德主张在认识之前必须首先考察人是不是具备一定的认识能力，这种思路固然不错，但也存在着问题。这就是作为批判哲学的批判精神，它是反对独断论的，换言之，在考察人是不是具有认识能力之前，是不能武断地妄下判断的。然而康德的批判哲学在其分析理性的认识能力时，这种批判本身又存在着不可忽视的自相矛盾。经过批判的认识能力固然可以避免独断论，但批判所形成的结论又未经批判，这样，批判哲学本身难以避免其嫌疑。因此，批判哲学如果要成为可能它就必须是也只能是自我批判。黑格尔正是通过将实体主体化来达到理性的自我批判的。他分析说，要真正扬弃康德的不可知的自在之物，关键在于要把人的认识看作是一个由主体和客体相互作用，相互推动的发展过程，一个由于其内在矛盾而辩证发展的过程，表明认识不是一成不变的，而是一个过程，而且认识对象本身也像认识主体一样，处于自我变化、自我更新的辩证发展过程之中。如果我们接受黑格尔关于理性的自我批判的思想，如果我们像他那样，把认识的辩证过程提高到本体论的角度加以把握，那么我们就会发现在认识发展过程中，主客的不一致、知识对象的不统一，不仅仅是理性自身内部的问题，而且也是本体论的问题。易言之，我们只有扬弃自在之物、实现主客统一，才能克服认识的矛盾、真正达到绝对精神的自我运动。黑格尔对近代哲学难题的解决，是通过将实体主体化来完成的。因为，实体自身就蕴含着运动发展的能动性的内在动力，实体作为活的实体，只有当他建立自身的辩证运动时，它才是现实意义上的主体。实体唯有在自身中蕴含着运动发展的动力，它才能够实现自我展开、自我呈现、自我发展。实体并非是一种无差别的内在统一性，相反，而是充满各种否定性和矛盾。实体及其发展过程就表现为一种能动的发展过程，一种自己否定自己、自己超越自己、自己展现自己的过程。可见，只有当我们把实体同时理解为主体，理解为自己展开自己的运动的时候，才能说明他是现实性的实体；而实体作为主体的能动性，就表现在它自身之中就包含着纯粹的否定性，它是单一的东西通过自我否定而分裂为二，自己设定自己的对立面，然后通过扬弃自身的内在矛盾又达到最高的统一。由于实体就是主体，其自身就具有自己否定自己的能动性，因而实体的运动过程实际上就是主体的自我运动、自我外化、自我展开的过程，实体的运动就成了主体以终点为目的的自己展开自己、自己完成自己的循环。只有当实体真正成为主体，而且主体同时也成为实体，主客体之间的矛盾才能达到真正的和解，而且主体才能在不断的自我展开、自我重建中获得现实性的能力。这样，"历史作为客体不是与主体无关的客体，而是主体的产物"①；反之亦然。

黑格尔就是用这种方式来破解近代哲学难题的，作为德国古典哲学最杰出的代表，他将近代哲学的思维形式发展到了极致，标志着形而上学和理性主义的真正完成。黑格尔在哲学史上堪称是一位百科全书式的哲学家、思辨唯心主义的集大成者，他把很多相互矛盾的哲学思想纳入自己的辩证的唯心主义体系中，不仅使之具有辩证性、体系性，而且也使之具有深厚的历史感；不仅靠试图恢复古代哲学的客观性原则，来克服自笛卡儿以来因张扬主体性而产生的主观主义缺陷，而且站在西方哲学发展的历史高端来看待自己哲学思想的演进逻辑。他不是把自己的哲学看成是自己的独创，而是看成整个人类思想发展历史的总计。从某种意义上说，黑格尔哲学的形成标志着古典哲学的顶峰，并以独特的方式实现了形而上学成为"科学之科学"的最高理想，也使统治西方思想界长达2000多年之久的理性至上主义，最终走向了终结。显然，黑格尔思辨唯心主义哲学体系，将形而上学这一人类最高理想和理性至上主义这一人类精神的梦魇，淋漓尽致地发挥到了极致，以至于后来的人们发现，除非超越黑格尔的哲学体系并彻底扭转整个哲学的发展方向，否则谁也不能够进一步推进哲学的发展。

---

① 韩秋红：《现代性的迷思与真相：西方马克思主义的现代性批判理论》，人民出版社2013年版，第39页。

西方致思形上本体的主客二分方式。从西方哲学发展史来看，它的形而上学传统在黑格尔哲学体系中达到了顶峰，形成了一种科学的思维方式——主客二分方式。这种思维方式主要以概念范畴的方式去认识事物，它要追问一种事物之所以成为该事物的本质。这种认识方式不论对自然科学具有多么重要的意义，都不能够掩盖其内在局限性，即试图对无限对象获得有限的规定。在黑格尔看来，试图通过辩证的否定将一切规定综合为一个无限的整体，这并不能构成我们真实的认识对象，充其量它只能被看作是一种先验幻象。不仅如此，不论我们能否穷尽宇宙之整体，宇宙整体与关于整体的思想并不是一回事。任何规定即否定，无限的对象是不能通过有限性的形式加以把握的。形而上学的知识毕竟也是一种知识，它具有一种内在规定性，而形而上学所要把握的对象却具有无限性的特点，因而以任何一种知识来表述一个无限的对象都是不可能的，其结果不是将无限的对象限制为有限的对象，就是将有限的对象当作无限的对象来把握。

传统形而上学的主客二分方式，对任何一个科学认识活动来说，都许诺了一个确定性的主体对确定性的客体的认识。但问题的关键在于，从主客二分及其差别出发，去谋划二者的统一，不仅不可能真正实现科学知识所要求的统一性，而且科学认识赖以产生的基本前提——认识的主体性、地位、资格、能力和水平都是没有得到相应的证明。因而，不仅当人们试图完全按照事物自身的样子去认识事物，从而陷入了独断主义的陷阱并因此遭到康德的质疑，而且认识主体本身所具有的性质和能力，也同样遭受独断主义的质疑。即使我们像康德哲学那样，弄清楚了认识主体具有何种认识能力，我们仍然有可能面临自身局限性的矛盾。任何知识都是通过认识主体对于认识对象的认识而形成的，这就意味着认识主体乃是认识之确定的出发点，而事物作为认识对象，总是要受到认识主体的各种限制和制约。实际上，我们只能在主客相互作用的范围之内进行认识活动，哲学家们试图通过理性认识来把握超验对象的努力，实际上只能是某种美好的幻想而已。就像追逐地平线一样，永远也达不到我们认识的目的。先验性的对象始终在我们的认识对象之外，靠主体有限性的认识能力是不能够把握那种无限性的超验本体的，是不能够为科学知识提供合法性基础的，这就违背了形而上学要为一切科学奠基的初衷。

西方哲学主客二分方式的人学空场。形而上学及其理性至上主义在对自然事物的改造和利用方面是卓有成效的，也取得了很大的成功，为人类的发展提供的强大的物质基础，给人类提供过上美好幸福生活的物质文化成果。但是，它对人生问题、信仰问题、道德问题、价值问题和情感问题都是无能为力的，形而上学及其理性至上主义，严重忽视了对人类的终极关怀，它有自己严格的适用范围，并不具有普遍必然性的特征和作用。由于人类文明发展的社会性和历史性、人类生存活动的开放性和过程性、人类价值观念的相对性和多元性以及人类终极关怀的超验性和永恒性，那么，用形而上学的思维方式去对这些因素作出解释，其内在弊端就立刻暴露无遗，用形而上学的思维方式去对人类历史领域的东西加以把握，不但往往是无效的，有时甚至是有害的。如果试图将这种思维方式贯彻到人类社会和日常生活的全部领域，以期望像对自然科学领域的解释那样，取得科学的成就，那就超出了这种思维方式的有效范围，就会导致极其严重的后果。可见，形而上学及其思维方式只是人类认识世界和改造世界的一种工具或手段，而不是全部的认识工具，更不是人类认识的唯一目的，根本不能将之看作人类最根本的存在方式和唯一的进步发展目标所在。否则，就会本末倒置地将科学理性与人文理性对立起来，造成科学理性张扬而人文理性低迷的局面，就会造成现代科学技术的滥用并产生危及人类生存的各种异化困境。

形而上学如何拥有未来、如何对人生进行终极关怀，这是一个具有内在魅力又永恒无解的难题。形而上学构成了人类思想史上一道蔚为壮观的奇特景象，它集中了许多哲学家睿智的头脑，为之倾注了一生的精力和心血，为破解这一难题进行的艰苦卓绝的探索，取得了举世瞩目的伟大的理性成果。尽管从科学的角度来看，许多哲学家都证明了形而上学作为科学是不可能的，我们也不能因此就放弃形而上学的思考。形而上学作为人类理性试图超越自身的有限性而通达无限性的超验领域，这一最崇高的理性是真实的、诱人的、实在的，虽然作为科学之科学的基础是不可能的，但我们不能因噎废食而搁置对形而上学的研究。形而上学的问题无从消解，它与人的生存与发展休戚相关，它不是那种离现实十分遥远又与现实毫不相关的问题。恰恰相反，它是我们需要竭尽全力予以探索的问题，它与我们每个人都具有内相关关系。我们每个人都应该关心它、研究它、探索它，对它的研究和思考，实际上就是对我们自己生存困惑、生存矛盾、生存意义等问题的思考。就此而论，研究形而上学和理性主义的各种问题，实际上就是对我们生存悖论、生存命意问题的自我反思，对此，我们应该具有这样的使命意识、责任意识，那就是哲学就是对人的终极关怀，就是保证人以人的方式而人生在世的大学问。

现代西方哲学的语言学转向及其人文情怀。黑格尔哲学解体以后，现代西方哲学产生了两大思潮，即科学主义思潮和人本主义思潮。科学主义思潮试图通过语言分析来清除形而上学问题的有限性，它把传统经验论的理性批判转换成了语言批判，把理性的界限转换成了语言的界限，从而发生了语言学转向。这种转向旨在通过对语言的逻辑分析来说明我们的世界乃是语言所及的世界，人的语言的界限就构成了世界的界限。在这个界限内一切都可以诉说，说出来也是有意义的，超出这个界限就进入了不可说的领域。易言之，能说的就要说清楚，不可说的就要保持沉默。形而上学的根本错误乃在于对语言的误用，当它诉诸语言来表达世界的时候，它把语言中的存在当成了世界的存在本身。从语言分析的角度拒斥形而上学是有一定说服力的，它的确有助于澄清许多形而上学命题所暗含的逻辑错误，但这还不足以彻底消解形而上学的根本错误。因为，我们虽然由此认识到语言自有语言的界限，但这并不意味着我们就不能设想界限的那一边，而且这种设想也不像传统的形而上学者所说的那样是无足轻重、没有意义的，恰恰相反，它对一切科学的发展是极为重要的，它为一切知识体系提供了一个本体论的承诺。现代科学主义思潮对形而上学的批判存在偏颇之嫌，其偏颇之处不仅在于它在追求语言使用的逻辑性、科学性时人为地缩小了语言使用的合法范围，从形式上抑或实质上都窒息了人类语言自身所具有的内在活力，而且当它以科学的理性标准去衡量形而上学的意义和价值时，它又人为的缩小了人类知识的领域。这表明，现代科学主义思潮实际上是经验论传统在现代的某种延续罢了。

与科学主义思潮强调对语言进行逻辑分析以消除形而上学的错误不同，现代人本主义者则强调要发掘我们的语言和存在之间的某种内在的、始源性的关系，使现代哲学重新回到早已被传统形而上学所遗忘的存在之思、人文之思。其目的不是把哲学运思局限在狭小的逻辑空间中，恰恰相反，而是要突破这一界限，以便发现语言在成为逻辑工具之前就已经与我们的存在保持着某种特殊的相属关系，并进而找到一条揭示人的生存意义、生存本质的可能路径。在现代人本主义者看来，传统形而上学的失误不在于它的问题和研究对象没有意义，而在于它企图利用科学、理性和逻辑来通达存在本身。当它承诺以科学理性来把握存在时，它忽视了存在与存在者的区别，长期以来，一直把存在者当作存在本身来研究，一开始就处在对存在的遗忘之中，所以他们才强调重提研究存在本身的重要性。这种思想具有非常的深度和魅力，它对科学思维方式的批判以及要求语言从逻辑形式中解放出来的尝试，都赢得了人们的青睐。这种思想不仅在当时发挥着深刻的影响，而且对于未来哲学的走向亦将产生不可估量的意义，并引发了后现代主义哲学对它进行更为彻底的解构和批判。

后现代哲学能够拥有怎样的未来？后现代主义哲学的本质特征就在于对于继承和发扬近代哲学传统的现代理性主义进行全面批判，从而标志着当代哲学思维发生了又一次重大转向，标志着人类思想发展史上的一次文化断裂或者一个新的发展阶段。在他们看来，在后工业社会，一切高雅文化和低俗文化之间的界限坍塌了，哲学理性与社会各个文化层次之间的界限与区别都烟消云散了。后现代世界是一个意义缺乏、无深度的世界，一个虚无主义、荒诞主义的世界，所有哲学理论都在虚空中漂泊、永不停留在任何现实性的港湾。后现代主义已经解构了它的全部世界，所剩下的都是一些碎片和泡沫。后现代主义哲学对西方传统的批判，在整个西方哲学史上，可谓是最全面、最激烈、最根本的一种批判，这种批判主要集中在以下几个方面：它对传统形而上学的思维方式进行了彻底批判，解构了逻各斯中心主义、理性至上主义、语音中心主义，破除了一切带有总体性的理性踪迹和哲学妄想，以摆弄碎片和把玩泡沫以对抗理性的总体化、集权化、体系化；以发散性思维、游牧思维来破除等级体系的纵向思维、城邦思维，以小型叙事、生活叙事来取代大型叙事、革命叙事，以"上帝死了"、"主体死了"、"人也死了"、"重估一切价值"来反对以主体为中心的人道主义，强调把现代伦理学建立在对一种生存风格的个人选择之上 。当然，这与马克思所说的自由个性不同，马克思强调"不断实现'个性解放'，达到个人独立和自由，并最终达到建立在对'个人的独立性'和对'人本身'重新确认基础之上的个性自由而充分发挥的、全面发展的个人的社会生存状态"。① 而后现代哲学转向则旨在粉碎并消除一切权利话语方式和宏大叙事结构，以破除传统哲学知识霸权对思想和文化活力的扼杀，并在一片精神废墟中重建个人形象。

从某种意义上说，后现代主义者对形而上学的批判，确实为当代哲学的发展开辟了一个新方向。它并非完全是一种无所建树、只知消解的哲学，相反而是一种在颠覆中有建设、在批判中有继承的一种新的尝试，它是现代理性至上主义物极必反的结果。后现代主义者认为，当现代形而上学令人窒息的时候，我们渴望能够呼吸到一缕新鲜的空气，而除非推翻理性的一切结构与体系，否则根本做不到。后现代哲学对传统形而上学的批判，的确击中了它的要害和实质，是对西方哲学发展的一次最深刻的理论反省，是试图跳出传统哲学藩篱的一次大胆尝试。尽管还不是一次成功的尝试，但它毕竟为当代西方哲学的发展开辟了新的领域。对我们当代中国从事哲学研究来说，实事求是的研究西方哲学史发展的理论得失与思维教训，极有益于我们今天所面对的各种理论问题的解决。但，我们不能对后现代主义寄予过高的期望，它的颠覆性的逻辑、理性自残的结局，无论如何无法承担当代中国哲学重建精神家园的重任。因而，幻想靠实现所谓的"马克思哲学后学化"来开辟哲学发展的未来之路，势必走向没落。

第二节　康德对经验主义的批判

康德对"知性为自然立法"必然陷入"先验幻相"、实践理性具有"优先地位"并形成"道德自律"以及"判断力"作为二者中介之根据等问题的批判分析，无疑是向形而上学顶峰发动了一次最后冲击，既

---

① 王盛辉：《"自由个性"及其历史生成研究——基于马克思恩格斯文本整体解读的新视角》，人民出版社 2011 年版，第 66 页。

是西方古典哲学也是近代启蒙主义的最高表现，不仅在思维方式上而且在方法论和世界观上都开启了一场"哥白尼式革命"。康德对理性进行消极限制所蕴含的积极意义及其所主导的主体性转向，对于当代建构中国哲学当代新形态具有诸多方面的理论意义：它所弘扬的批判精神早已成为当代中国学人的基本素质，它的主体构境思想为中国主体性哲学的重构启发了新思路，它的人学诉求将一个永恒无解的人学难题和生存真义引向了永恒。

毋庸置疑，康德的批判哲学是一种意义伟大的哲学。然而，这种伟大的意义在哪里，其哲学体系的真实意义与革命性质源自何处，它在人类思想史上的历史位置该如何定性与定位，它引发的主体性转向对当代中国哲学新形态的构建具有何种学理价值？这些问题，都是研究康德哲学之于中国哲学当代意义必须解决的根本问题。本文不避浅拙，仅就此谈些个人理解以求教于学界同人。康德批判哲学具有划时代的世界历史意义，这具体表现在：首先，康德批判哲学既是西方古典哲学的最高实现也是近代启蒙主义的最高阶段。康德批判继承了西方哲学特别是近代哲学致思形上本体并予以系统构建的思想传统，以"折中调和式"这种特有的综合方法，以"三大批判"为骨架搭建了一种"蓄水池式"的思想体系，将西方古典哲学之形而上学理路推向了最高也是最后的发展阶段。由他开创的批判风格和纯思取向，十分典型性地体现了西方古典哲学的基本特征，并且将它的致思形上本体、企图为一切知识形态奠基的精神指向与理性原则发挥到了极致，在某种程度上实现了古典启蒙主义的形而上学梦想，因而不愧为德国古典哲学的开山鼻祖。作为对近代启蒙主义运动和近代思想体系的文化反思和理论总结，它无疑是人类思想史上一次壮丽的"理性的日出"。西方近代唯理论与经验论哲学，不过是把旧神学"独断论"的宗教主义原则，重新确立为一种理性形而上学的极端形式，虽然它们在思想上为大资产阶级和资产阶级化的贵族集团，建立起了权贵资本主义的政治统治和意识形态，但是仍然在思想文化形态上趋于保守化和教条化，逐渐形成了莱布尼茨—沃尔夫体系或者休谟的彻底怀疑主义理路，对西方哲学思想的自由发展造成了新的禁锢。而康德的批判哲学突破了这种"新独断论"的束缚，开创了一场意义伟大的新的哲学革命，批判地奠定了西方哲学发展史上的第二个文化轴心时代。它的这种批判精神在哲学发展史以及人类思想发展史上，均具有重大的思想启蒙意义，极大地促进了西方理性主义思想的进一步解放和民主意识的迅猛发展，并在政治层面为资产阶级市民社会之理想王国提供了智力支撑，以抽象的哲学思辨方式对法国大革命进行了一次高度的理论总结，为此后黑格尔建立一个庞大的市民社会的客观唯心主义体系，铺就了一个逻辑起点和思想基础。

其次，康德批判哲学"是被把握在思想中的它的时代"（黑格尔语）。康德哲学像其他任何哲学体系一样，也企图倾听时代声音、顺应时代潮流、拨动时代风向并搭建时代的精神家园。西方近代唯理论与经验论的主体形而上学具有明显的理性弊端，极端性的思维造成了对形上本体的真正遗忘，而其主客二分的思维框架也内在遮蔽了近代启蒙精神的哲学真义，堵塞了人类理性通往自由而自觉的发展之路，急需发动一场新的哲学革命，以重建人类共有的精神家园。康德生活的时代，正是西方资本主义世界发生着波澜壮阔的激烈变革的时代，诸多极具世界历史意义的精神性事件纷至沓来且方兴未艾，康德以其独特的思辨语言和批判风格，把握并表现了那个伟大时代的精神诉求，在人类思想史上留下了不可磨灭的丰功伟绩。不仅成为马克思哲学的直接理论来源，而且对整个 20 世纪特别是对当代新世纪的哲学发展，产生了并继续产生着极其深远的影响。康德哲学虽然最突出、最鲜明地体现了"从概念到概念"的纯粹思辨色彩，但是这种概念性的辩证法毕竟超越了近代思想体系所特有的那种知性思维的片面性、极端性，从整体上和内在本质处把握到了人类理性发展的最高需求；更为重要的还在于，康德哲学将理性视野与现实关切紧密结合起来，其思想体系的现实感、历史感比以往任何哲学体系都要开阔得多、深厚得多。正是这种理性的超越、辩证的综合、开阔的视野与厚重的时代感，才真正恢复了形上理性及其主体性原则的昔日灵光，将西方哲学推向新的发展阶段并昭示了"一个完全不同的方向"。① 这些卓异的思想品格，都成全了康德哲学的无上美誉。

最后，康德批判哲学向形而上学顶峰发动的一次最后冲击。康德以

---

① ［德］康德：《未来形而上学导论》，李秋零译，商务印书馆 1982 年版，第 9 页。

批判者的姿态初登哲学论坛之日，恰逢以启蒙主义和理性主义为主导的近代哲学陷入全面危机之时。他承继了近代哲学形上致思的传统理路，又以折中方式将之推向新的阶段。他在哲学上发动的颠覆性革命，从根本上扭转了哲学发展的未来走向。可见，他在哲学历史上，既终结了一个旧时代又开启了一个新时代。近代哲学的危机表现在三个方面：一是经验论与唯理论的论争陷入僵局，因各自都偏执一隅而走向"死胡同"，都不能为一切知识体系奠定可靠而统一的理性基础，未能证明科学知识的普遍必然性，使理性自身的合法性基础发生严重动摇。二是科学理性与自由价值发生严重对抗，科学理性至上与自由价值梦想不可能在近代启蒙主义中都予以成全，随着理性主义及其科学事业的快速发展，非但不能确保人们摆脱种种外在束缚与限制而走向自由，反而与自由价值背道而驰，使人们陷入机械决定论和自然因果律的钳制之中，将人和人类社会统统自然化、物质化、异己化了，丧失了使人成其为人的独特意义、价值与尊严。三是形而上学的迷蒙因受到了怀疑主义的质疑而失去了往日的辉煌。怀疑主义质疑形而上学独断世界本体的可能性与合理性，认为形上致思的所谓超验的对象——世界本体，或者是根本不存在的乌托邦幻想，或者是人们的认识能力无法企及的。康德诘难道，理性自身尚且不能提供科学所需的普遍必然性根基，又如何确保自己有通达超验对象的认识能力呢？形而上学的非科学性及其致思本体的有限性，使之陷入困境而面临终结。康德深切感受到了近代哲学的危机，但又认为它的理性潜力尚未完全耗尽，启蒙主义与科学理性自身的困局，仍然而且必须通过形上致思的方式予以解决，唯有向形而上学的顶峰发动一次最富有成效的最后冲击，才能挽近代哲学之狂澜于既倒。基于此，康德在其批判哲学的体系中用折中调和的方式，试图最终化解近代哲学的危机，一劳永逸地解决思想界面临的高难度的时代课题。

康德批判哲学具有彻底批判旧世界并为新世界阐发新原理的革命性质，这具体表现在：首先，它在思维方式上的转换开启了一场"哥白尼式革命"。无论经验的或然性抑或观念的内在性都无法确保知识的普遍必然性，机械决定论及其自然因果律要求严格遵守自然法则的普适性又泯灭了人性自由，形而上学及其科学思维方式遭遇非科学性的严正拷问，这三者既背离了近代哲学原初的启蒙理想又动摇了理性的合法依据，使之陷入自我坍塌的全面危机中。康德将这种危机概括为"人们如何能够先天地经验对象"，并用折中调和的方式进行了求解，"使不同的相互对立的哲学派别结合在一个体系中"。① 在他看来，用传统的"知识必须符合对象"的思维方式（主体必须围绕客体转），哲学必然陷入进退维谷的两难境地：一方面，知识只能来自于经验且必须局限在经验之内，经验归纳虽能提供新知识但只能是或然性的，无法保证知识的普遍必然性；另一方面，知识形式的先天性倒是确保了它的普遍必然性，但是又局限在观念内部不与外在事物相关，无法说明外在事物如何挪到意识中来，观念的内在演绎不能提供新知识。为了摆脱这种内在危机，康德主张，哲学研究必须彻底转换思维方式，即"让对象必须符合知识"（客体必须围绕主体转）。这样一来，问题得到圆满解决：一方面，知识就其内容而言是经验的，它的确以经验为基础且局限在了经验之中，靠经验归纳使人不断获得新知识；另一方面，就知识的形式来说，认识活动的主体在经验之先具有一整套认识形式，主体将之赋予经验从而确保了知识的先天性和普遍必然性。人们能够先天地经验对象，意味着经验论与唯理论的内在冲突就以折中的方式得以化解，不仅哲学能够为一切科学体系奠基而成为"科学之科学"，而且极大地张扬了人的主体性，破除了恪守自然法则泯灭自由的人学悖论，这种在思维方式上所开展的"哥白尼式"的翻转，成就了西方哲学史上一场划时代的革命变革。

其次，它对理性自我进行消极限制中却充满了积极的意义。将主体先天的认识形式赋予经验内容，的确以独特方式成功解决了知识合法性基础问题，彰显了主体性的地位与能力在认识中的重要作用，实现了近代哲学的主体性转向，这种革命意义无论如何估计也不会过高。然而，这种对象必须符合主体认识形式的主体性转向，却具有极其严重的消极后果。如果任何知识都是认识主体通过赋予经验以内在形式而生成，那就意味着认识主体是认识之确定性的出发点，主体性成为确保一切知识之有效性的逻辑发端，事物作为认识对象总要受到认识主体的限制。不仅所有的认识活动只能滞留于主客体之间、深受主体认识能力与水平的

① 《列宁选集》（第2卷），人民出版社2012年版，第161页。

制约，而且我们认识到的事物并非真的实际存在而只是主体构造的产物。哲学试图通过理性认识来把握形而上学之超验对象的美好愿望不仅要全面落空，而且就如自然因果律泯灭了人性自由一样，主体性的极度膨胀及其对一切知识体系在形式上的限制，也同样使人丧失了自由。康德深感主体性哲学存在这种自我限制的"二律背反性"，因此主张必须对主体性的认识能力进行限制。在他看来，通过主体认识形式而把握到的东西并非事物自身（"物自体"），而只是事物对我们的表现，主体缺乏透过现象把握本质的能力。这样一来，以现象为认识对象的科学知识，就证明是可能的，而以超验本体为认识对象的形而上学，则是不可能的。现象与物自体之间不可逾越的鸿沟最终限制了主体性能力的发挥，这恰恰证明康德哲学之革命转向具有完全消极的后果。但是，康德认为这种消极的限制却具有积极的意义。无法消解主体认识形式的限制，要超越主客体间的相互制约、深入到二者共同的内在本源处以通达形上本体的努力，只能成就一种"先验幻相"，这的确集中凸显了认识能力的有限性，但是恰恰表明在认识领域之外还存在一个不受认识形式制约的无限自由的领域，这样，对理性认识能力的限制，不仅为理性的另一种能力即实践能力开辟了无限广阔的天地而使人的意志自由得到了理性保障，而且"悬设"一个不可知的本体领域，势必牵引着人的认识不断超越有限而向纵深开拓。

最后，它的哲学革命不仅是方法论上的而且也是世界观上的根本变革。康德的批判哲学扭转了旧形而上学的发展方向，在整个德国思想界乃至人类思想史上都造成了一种意义伟大而深远的革命，这种革命"不只是方法论的转变"，"也涉及到世界观的转变"。① 这集中体现在：①他将理性的批判活动深入到了哲学的基础和前提之中，发挥一种独特的批判功能即以批判性态度对理性与自然、自然与自由、科学与宗教、文化与道德之间的关系作出严格的审视和反思。②对发现排除经验限制而在各个领域普适性的理性形式，以及由此而对哲学进行的主体性构建，进行自我省察与纠偏。③将理性的批判精神不只是枪口对外以分析经验事实，而是引向自身以避免独断论的发生，这不仅确保了理性前提

---

① 赵敦华：《西方哲学史》，北京大学出版社 2001 年版，第 257 页。

的正当性而且激活了认识主体在批判反思中不断对之重构的能力与水平。④康德借助理性的这种自我批判所实现的哲学的主观构境与奋力开拓，不仅仅是时代精神和民族精神的集中反映，它在人类思想史上也具有超越时空的理性价值，集大成性地完成了对以往旧形而上学体系的总批判，标志着康德哲学所开启的思想革命在西方哲学史上实现了一次意义重大的跃迁。康德发动的哲学革命，向我们昭示了一种无法抗拒的理论力量和无比崇高的敬畏情绪，但是由于在其理性批判中处处充满着二元性、唯心性的特质，又使之具有了很明显的不彻底性。这主要表现在：一方面，他不仅造成了经验与理性、自由与自然、理论与实践、道德与文化等的二元对立，而且从根本上不能弥补理性内部的种种裂隙。由于外在形式的合目的（美）与内在目的论的合目的（善），都不是终极目的，最后只有借助至善万能的上帝这种神学目的，才能实现最终统一。这样，康德对宗教神学的批判以及对人类自由的期盼，最后又不得不以"神道设教"的方式来实现。另一方面，康德的理性批判旨在清除独断论的迷梦，但是他对理性自身的纯粹分析，"似乎是发生在理性之外的活动，因而仍然存在着独断论的残余"①，这表明它的理性批判本身还有待于接受自我批判，以便从静态的纯粹结构性的分析深化为动态的辩证考察，这一任务是此后的黑格尔哲学所完成的。

康德批判哲学博大精深、恢宏辽阔，但其核心要义是：首先，对"知性为自然立法"及其必然陷入"先验幻相"的分析。康德对理性认识能力的批判考察，形成了由"纯粹理性批判"、"实践理性批判"、"判断力批判"所组成的"批判哲学"。第一批判主要是对理论理性的分析，具体又分为"先验感性论"和"先验逻辑"（"先验分析论"和"先验辩证论"）。"先验感性论"认为，知识固然来自于经验，但若没有对经验进行主观统摄，知识也是不可能的。时空就是主体对经验统摄的内外感知形式，离开它，主体既不可能获知任何感性经验，也不可能整理自己内心的意念活动，既没有经验被给予、被显现，也不会有任何知识的发生。"先验分析论"认为，时空的这种直观感知力是先天的，由于不是对"物自体"的感知，因而不是物的存在方式；由于不是源

---

① 张志伟等：《西方哲学问题研究》，中国人民大学出版社 1999 年版，第 42 页。

于经验而是源于理性，不是依据经验立法而是"依据理性（知性）王国本身的规则（时空因果）立法"①，因而是超验的，不关涉事物之间的现象关系而只关注主体自我的内在构造。但是，感性直观只能接受经验而不能统摄经验，要整合经验并形成知识，离不开知性的参与，因为知性范畴是经验的先天条件，它具有对经验进行逻辑构造的构成性特质，康德称之为"先验统觉"或"先验我思"。但是"先验辩证论"又认为，通过知性范畴的统摄而获得的知识，只是关于经验的知识，理性对此并不满足，它要引导知识进一步深化、完善并构成体系，以揭示经验背后并使之获得统一的内在根据。而当理性要逾越现象与物自体之间的鸿沟即透过现象把握本质时，它不可避免地迫使知性范畴做超验的使用，由于没有经验的依据，这样理性就陷入了"二律背反"的"先验幻相"中，这表明了形而上学致思本体的非科学性和不可能性。

其次，对实践理性之"优先地位"及其"道德自律"问题的分析。康德对理性超验使用必然导致悖理的分析，不是为了颠覆形而上学，而是试图为之另辟蹊径。在他看来，人的理性渴望超验自身的有限性而通达自由境界的最高理想，这对人来说是性命攸关的，形而上学就源于对人的终极关怀，它在理论理性之"先验幻相"中的终结，恰恰意味着在实践理性之道德领域的"绝地天通"。在理论理性中一切都受必然性支配，知性为自然立法，当然也为人自身立法，人必须服从自然法则，毫无自由可言；而在实践领域就不同了，人可以"克倒私欲"而按照理性自身的法则行出，故而充满自由。理论理性试图解决主体的认识能力问题，回答究竟有没有独立于经验而且对经验具有统摄作用的先天认识形式，而实践理性试图求解主体意志自由问题，回答究竟人们行动的动机完全受经验的限制还是有可能由理性自身来决定的问题。通过对实践理性的分析，康德认为，人类的确具有超越经验的必然限制，完全按照理性自身的道德法则去自己决定自己行动的意志自由。然而，"在'实践理性'，康德同样追求具有普遍必然有效性质的客观道德律令，要求与任何种类的主观准则（Maxime）区分开"。② 理性自身对意志动

---

① 张志伟：《西方哲学史》，中国人民大学出版社 2002 年版，第 548 页。
② 李泽厚：《批判哲学的批判——康德述评》，人民出版社 1979 年版，第 275 页。

机的决定，不是只对个人有效的私人性的主观欲望（主观准则或者个人准则），而只能是先天地普遍存在的道德共设或者道德律令（客观法则或者公共法则）。作为理性存在体，人们必须将它的道德准则提升为不是依据经验材料（纯粹个人的幸福准则）而是依据先天形式（普遍有效的道德律令）而决定其意志的原理。这样，一个完全以理性自身的纯粹形式作为自己法则的意志，便是一个自由的意志，由于是自己遵循自己的法则，而这个法则同时又用作普遍立法的实践原则，因而，自由即自律，换言之，理性自己立法又自己遵守。在理论理性中，知性为自然和人立法，人受必然性支配而毫无自由，自然法是他律的；而在实践理性中，理性自己为自己立法又自觉恪守之，使人充满自律性的自由。可见，与理论理性相比，实践理性不能不处在"优先地位"，如果理论理性支配实践理性，那就无道德自由可言，而若让实践理性支配理论理性，则是可能的、合理的（所谓"有德者必有福"）。

最后，对"判断力"作为理论理性与实践理性之中介问题的分析。作为一种先天的立法能力，理论理性为自然立法，从而表明人必须服从必然性的自然法则；而实践理性又为理性自身立法，从而表明人应该在自律中实现自由。二者分别关涉同一个对象、同一种能力的两个不同方面，理性的两种功能使之能够在同一个对象上具有两种不同的立法而互不伤害。但是，两个领域的森然隔绝，毕竟导致了不可逾越的内部裂隙。如果不能弥补这种裂隙，就证明理性不是统一的而是断裂的。康德认为，在理论理性与实践理性之间应该有一个连接二者的中间环节，这个中介或者桥梁，虽然没有自身独立的立法领域，但它仍然不是经验的或者私人的，而是先天的或者公共的。判断力（规定的判断力和反思的判断力），就是先天地存在的、能够连接两个领域并使之协调一致和互相过渡的"调整性法则"。靠着这种主观内在的调整，将感性杂多归摄在理性所予的自然法则之下，使之构成一个统一的自然秩序，这就是规定的判断力；而自然中无限多样的特殊事物，不可能统统由知性的一般性的自然法则所完全归摄，一些特殊事物的特殊规律仅仅与偶然性的经验法则相关，规定的判断力就显得力不从心，这样就必须靠反思的判断力为特殊事物寻找特殊法则，并借助先验原理作为反思的基础而使之由特殊上升到普遍。这种先验原理就是"合目的性原理"，正是靠它能够将自然看作一个无限多样且互相递属的、从低到高进展的合目的系统，从而解决了自然与自由之间的沟通问题。这种合目的又分为形式的和资料的两种，审美判断力批判研究的是形式的合目的性，而目的论判断力批判分析的是资料的合目的性。美由于是先天的主观的纯形式，它不受感性对象的限制，可以对自然进行毫无功利性的自由静观，从而成为嫁接自然法则之必然性与实践法则之自由性的中介。审美中介只是外在性的目的，它只是说明了事物之间的外在性关系，只具有调整性而不具有构成性。自然合目的的系统中内在的最高目的，是理性赋予人的"对于各种目的的普遍适宜性（Tauglichkeit）"①的自由产物即人的文化。文化是人自由地运用一切自然目的的能动的产物，是自然的最高目的和自然进化的最高层次，自然就在人的文化中都得到了充分自由的实现，文化作为自然与自由相互结合的产物，构成了从自然向自由过渡的桥梁。

康德批判哲学及其主导的新方向对于构建中国当代哲学新体系，无疑具有多方面的意义：首先，康德哲学所弘扬的批判精神早已成为当代中国学人的基本素质。在当代中国，康德哲学犹如一座巨大的山峰巍然高耸在思想论坛上，其思想魅力持久地影响着中国哲学的当代发展。作为在理论方面对近代启蒙运动及其批判精神的系统陈述，康德哲学最突出、最鲜明的特点就是它的批判性，在他看来"我们的时代是一个特别意义上的批判的时代，所有的一切都要服从批判"。②康德哲学对批判精神的弘扬，使主体能动性开始发挥其自我批判和自我建构的作用并使理性成为人类一切认识、道德和历史活动中的最高原则，这是"西方理性精神的一次飞跃"③，这种批判精神以一种崇高的情绪和思想的热忱，依然激动并震撼着当代中国学者的内心世界。正是凭借这种批判精神，"康德对近代哲学进行了一次革命"④，成功地应对了当时独断论和怀疑论对哲学的严重诘难，"吸收他认为理性主义和经验主义中有意

① 张志伟：《西方哲学史》，中国人民大学出版社2002年版，第573页。
② 赵敦华：《西方哲学史》，北京大学出版社2001年版，第257页。
③ 邓晓芒：《康德哲学的当代意义》，《文汇报》2004年2月22日。
④ ［美］斯通普夫、菲泽：《西方哲学史》（第7版），丁三东译，中华书局2005年版，第420页。

义的东西，而拒斥那些不能够在这些系统里得到辩护的东西"，从而
"拓展了一个他称之为批判哲学的全新领域"。① 这种理性批判精神不仅
在历史上成就了康德哲学永恒的功勋和无上的荣耀，而且自从康德以
后，人类思想就进入了一个真正的"批判的时代"，批判精神作为人类
精神生活中必要的基本素质，早已渗透到当代中国哲人的学术视界，作
为内在的思想蕴含，引领并激励着中国学人不断对哲学自身的各类前提
进行自我审视与批判，开拓并活化着认识世界与改造世界的主体性
效应。

其次，康德哲学为当代中国主体性哲学的重构启发了新的思路。
康德通过特殊的方式拯救了形而上学，推崇理性的扩张和主体性的显
现，人的"知性为自然立法"，完成了从古代哲学到近代哲学的转换，
同时他又通过理性的自我限制而开启了近代哲学走向现代哲学的通
道，显然康德哲学铺就了近代哲学通向现代哲学的思想桥梁。康德哲
学作出了关于物自体和现象界的划分，将作为本体论对象的、不可知
的"物自体"交给宗教去信仰，认为人们所能认识整理的只是主体的
先验认识结构所建构出来的现象界。由于主体的先验感性形式和先验
自我，能够保证科学认识的普遍必然性和客观有效性，因而极大地张
扬了人的主体性地位与能力。这样，认识的客体便成为了主体意识中
的客体，主体不但意识到了客体而且还构造客体，主体与客体的统一
实质上是主体与自身的统一。主体性的过度膨胀吞没了一切，造成了
理性与自由的内在冲突，使形而上学再度陷入穷途末路。现当代西方
哲学为了着力解决康德主体性哲学的这一困境，提出了非理性主义、
主体间性、主体性的消解和重构等各种应对方案，然而终因局限于康
德的"先验幻相"而收效甚微。而马克思以人的生产劳动为出发点和
本体论基础重构了丰富的实践哲学，它的关于"人的主观能动性"的
原理和"社会生活在本质上是实践的"的观点，就直接受到了康德哲
学的理性启示。作为推动原则与建构原则的实践理性，克服了康德主
体性形而上学与道德自由内在冲突的理论困境，为主体性的当代重构

① ［美］斯通普夫、菲泽:《西方哲学史》（第7版），丁三东译，中华书局2005年版，
第425页。

带来了新的思路。

最后，康德哲学对理性的批判和对人的启蒙成就了当代人学的真实意义。在康德所展开的理性批判中，人的问题始终是最为核心的首要问题，通过理性的自我反思与批判而实现对人的启蒙，正是康德哲学的中心命意和根本目的。康德在理性批判中所敞开的人的主体性和受限制性之"二律背反"思想，是他遗留给我们当代人学的珍贵遗产。在康德看来，"人是目的"，人的一切活动最终都是为了人的自我完善与发展，真正的哲学其实是"一种关于人的实践哲学"，是最大意义上的人学。人是有限制的理性存在物，人存在于感性和理性这种"双重的世界"中。人的这种双重性，一方面作为感性世界的现象，造就了人的经验性质，使人从属于自然法则并受因果律的制约；另一方面又作为理性存在物，造就了人的超越性质，使人从属于本体世界并向往人性自由。人作为感性与理性的混合物，内在地注定了人势必要受自然因果律和意志自由律的双重限制。这样，"人永远不能摆脱好恶而达于'圣洁'，也不会无视理性的决定而沦为动物"。① 人只能理性地对待自身这种半是魔鬼半是天使的双重品性，在直面人的理性之有限性的前提下确认人的主体性地位与能力，在领悟人的生存悖论并敞开真实的人生意义的基础上，逐步实现人的理性自觉与自由。康德哲学试图解决在严格受自然法则限制的世界上人究竟有没有自由以及有何自由的问题，他在《纯粹理性批判》中将之概括为"我能认识什么、我应该做什么、我可以期望什么及人是什么"的问题。康德将哲学集中在对人之自由问题的讨论上，认为对人的"终极关切"即超越自身的有限性而通达无限的自由境界，才是推动哲学发展的内在动力。还有一种努力，就是试图通过康德哲学的纯粹理性批判而实现语言学转向，在哲学研究中把语言问题提到了首要地位，甚至把全部哲学问题都归结为逻辑—语言问题，这就是现代西方哲学的分析主义流派的缘起。在他们看来，"这样对语言及其句子、句子结构、意义分析，实际上就是对先验理性分析，如是对康德先验理性研究转化为对语言、语义、语用分析研究，将西方传统理性主义哲学精髓的理性或理念或先验理性与语言学、解释学、语用学结合

---

① 周辅成：《西方著名伦理学家评传》，上海人民出版社1987年版，第463页。

起来，真正实现现代哲学的语言学转向"。① 可见，康德对理性的批判
与对人的启蒙，处处充满着丰富的人学语义和生存信息，内在关涉到一
个永恒无解的人学难题和生存悖论。我们今天对康德人学思想的重思，
实际上就以特定的方式使康德哲学的生存真义"指向永恒"② 并获得再
生，这就是康德哲学向我们后人昭示的其理性价值的崇高信念与永恒魅
力。但应该看到，康德虽然看到了语言与理性之间的内在关系，却没有
真正解决原有的认识——语言之间的转换问题。正如后来罗蒂所说，虽
然也看到了语言转向的独特之处，"因为语言是一种'公共的'自然之
镜，正如思想是一种'私人的'自然之镜一样，似乎我们将能够用语
言学词语重述大量的笛卡儿与康德的问题和回答，从而恢复许多标准的
哲学争论"③，但将理性问题语言学化，其实并无助于对问题的根本解
决，唯有突破理性的桎梏而诉诸实践领域，才能真正找到解决问题的出
口，当然，马克思的这种实践唯物主义的解决方案很难为唯心主义者所
苟同。

第三节　黑格尔对经验论的扬弃

黑格尔通过对近代哲学的概括与总结，形成了有史以来博大精深、
集大成性的哲学体系。他将绝对理性充分地发挥到了至极状态，以至于
除非从根本上扭转它的发展方向否则很难有所创新；将精神绝对化、认
识本体化、实体主体化，的确，在某种程度上实现了西方古典哲学渴望
成为科学之科学的最高理想，但也因此而无可奈何地走向了自我终结。
费尔巴哈站在人本学立场上对黑格尔反时间、反历史的理性专制主义与
逻辑图式主义进行了全面批判，获得了一种具有决定性意义的开启。但
因其不懂得作为推动原则与建构原则的辩证法之革命性质与实践意义，
他对黑格尔哲学的批判只能是一种肤浅而消极的批判，非但没有击中其

① 冯玉珍：《理性——非理性批判：精神和哲学的历史逻辑考察》，人民出版社2013年
版，第296页。
② ［德］康德：《实践理性批判》，韩水法译，商务印书馆1999年版，第178页。
③ 史巍、韩秋红：《理性的轨迹与思想的镜像：现当代哲学思潮及其对青年教育的影
响》，人民出版社2013年版，第252页。

要害，反而造成了诸多误解，非但没有真正扬弃它的缺陷，反而又遮蔽了它的思想光辉。

黑格尔哲学是西方古典哲学体系化建构时期的伟大作品与顶峰形态，以至于恩格斯说，"这种近代德国哲学在黑格尔的体系中完成了。在这个体系中，黑格尔第一次——这是他的伟大功绩——把整个自然的、历史的和精神的世界描写为一个过程，即把它描写为处在不断的运动、变化、转变和发展中，并企图揭示这种运动和发展的内在联系。从这个观点看来，人类的历史已经不再是乱七八糟的、统统应当被这时已经成熟了的哲学理性的法庭所唾弃并最好尽快被人遗忘的毫无意义的暴力行为，而是人类本身的发展过程，而思维的任务现在就是要透过一切迷乱现象探索这一过程的逐步发展的阶段，并且透过一切表面的偶然性揭示这一过程的内在规律性"。[①]

黑格尔正是建基于西方自由资本主义获得迅猛发展这一人类历史上旷达千古的变革时代，不仅是那个时代的时代精神之精华而且是时代精神的最高体现者和塑造者，时至今日我们依然还受制于他的哲学思想的影响，还处在他的哲学的阴影之下。由于其主体性原则的确立、反思批判精神得以彰显，哲学思考向学理深层挺进，接触到了更多更复杂的哲学理论难题，牵引着理论思维唯有通过自我革命才能获得重大发展；由于自然科学的各门科学迅速发展且日益走向成熟，为哲学发展提供了丰富的理论资源与科学支撑，但同时也为之提出了更多更尖锐的质疑、挑战与诘难，迫使他潜心研究和概括总结自然科学成就以回应这种挑战；还由于对文艺复兴与宗教改革的思想准备，这也使他的哲学研究在新的基础上恢复了古典哲学对人与自然关系的哲学把握和对真理的孜孜以求，增加了关注自然、利用自然并与之达成和解的科学理念，并且还将宗教改革思想及其祈福情怀引向了哲学内在的思想领域，凡此种种，都使黑格尔哲学无论在形式上抑或内容上都达到了最顶峰，产生了比以往的哲学更丰富、更完善、更富有体系化的总结性的理论体系，并对后黑格尔哲学的现当代发展产生了空前绝后的深远影响。

黑格尔哲学既继承了古希腊哲学的高贵传统，注重知识理性、弘扬

---

① 《马克思恩格斯选集》（第3卷），人民出版社2012年版，第793页。

科学精神，以自然为哲学的研究对象，确立起理性至上的思想基点，亦继承了基督教哲学的内在精神，特别关注那种超验性的世界本体，试图追求精神的至极化与绝对化，这本身就表明了黑格尔是一位"伟大的两栖动物"。另一方面黑格尔哲学毕竟不同于此前的哲学形态，作为一种以反思批判为己任的新形态，它以主体性原则和理性至上为基本特征，一开始就活跃于抽象性的观念运动中，这既是它的长处也是它的内在局限：既表明了它的思维更加深入了、更加成熟了，又表明了抽象性的理性思维使得它的哲学思想更加固执于主观性之内，最终只能在纯粹精神内部获得人与自然、人与人、思维与存在的统一。换言之，黑格尔哲学最后终结在"唯灵主义"的至极性表征上，"黑格尔的体系作为体系来说，是一次巨大的流产，但也是这类流产中的最后一次"。① 黑格尔哲学强烈反对以神学为最高权威，反对以神的名义进行理性思辨，而试图取缔传统哲学对上帝的神圣灵光所做的理性护持，重新以自然、社会和人类自身作为哲学的考察对象并试图在经院哲学的文化废墟上重建哲学的理性基础。但由于前黑格尔形态哲学试图开始通过主客二分的方式来确立主体性思想，只注重对主体认识能力的考察，这使得哲学思想在取得深入发展并获得体系构建的同时，也使它难以摆脱主体客体两离、彼此二元对立的矛盾。作为缔造并体现时代精神的黑格尔哲学，它一登上哲学舞台，就试图将启蒙主义思想推向极端，奉思辨理性为最高权威，以自由至上为最高理想，开创了人类历史上规模最大、持续最长、影响最大的思想解放运动。其根本旨趣在于弥合主客体之间的裂痕、思维与存在之间的矛盾、理性与宗教之间的分裂、经验论与唯理论之间的对立，既要解决现实生活向哲学自身提出的挑战与质疑，又要解决哲学内部所面临的诸多理性难题，这无形中开始了对近代哲学乃至整个西方古典哲学的概括与总结，形成了有史以来博大精深、宏阔远大、丰富系统的集大成性的哲学体系。正是在这种百科全书式的理论总体中，最终实现了西方古典哲学渴望成为科学之科学的最高理想，并在迫使哲学在重新拷问自己的性质、对象、智慧与方法等一系列基本问题时无奈地走向了终结。

---

① 《马克思恩格斯选集》（第3卷），人民出版社2012年版，第794页。

黑格尔哲学对 18 世纪末 19 世纪初整个西方古典哲学体系化阶段，进行了集大成性的概括与总结，是以往一切哲学形态及其历史发展的必然结论，它总结了一个旧时代又开启了一个新时代。这种划时代的哲学，从总体上概括地把握住了时代的基本内容与本质特征，作为时代脉搏的载体与时代精神的基质，形成了对该时代的总的看法与根本观点的系统构建。正是这种恢宏无比的理论体系，才将西方古典哲学推向了最高也是最后的发展阶段，真正塑造并集中体现了西方古典哲学的理性内涵与精神特质，不仅从内部就其内容来说而且从外部就其表现来说，都将它的理论形式、精神实质发挥到了极致，在某种程度上实现了它的理论的全部梦想与思想预期。它终结于自己构造的大全式的理性框架，完成于思辨唯心主义的一统天下，凡是站在唯心主义立场上能够说的话、能够做的事，黑格尔哲学基本上都说完了、做尽了，从而成为思想发展的桎梏，窒息了人类理性的自我反思。从至极性意义上看，它的确成功了，但也无所事事了，"老得足够去死了"；从终极宿命上看，它终于胜利了，可以君临天下了，但也无可奈何地式微了、失败了。与其他国家相比，德国当时在政治、经济上都比较落后且陷入封建割据状态，以至于黑格尔本人也曾沮丧地哀叹说：德国已不成其为一个国家。依据社会存在决定社会意识、社会意识依赖于社会存在的原理，黑格尔哲学似乎不应该处在理性的巅峰阶段。然而又依据社会意识具有相对独立性的原理，尽管德国在政治经济等各方面极其落后，但它在文化领域不仅卓有建树而且遥遥领先，使得整个欧洲都处在它的文化的影响之下，特别是黑格尔所开创的哲学事业始终走在其他国家的最前面。他所深入思考的哲学问题不仅构造了形而上学的最大化成果，又实现了对欧洲思想文化及其他社会科学理论的最深刻的启蒙，使得整个欧洲乃至整个世界都处在黑格尔哲学的影响下，使得当下乃至以后好几个世纪都成为靠不断注解黑格尔哲学而获得发展的泛黑格尔哲学时代或者后黑格尔哲学时期。从某种意义上说，黑格尔哲学成为近代启蒙主义和主体性哲学的最高阶段，成为引领欧洲哲学乃至整个世界哲学发展的航标与先导。黑格尔哲学的核心就在于将"主体性的自由"视作世界的一个基本原则。

黑格尔哲学获得体系化发展并跃上历史舞台的时代，正是世界历史发生波澜壮阔的激烈变革的年代，他是北美独立战争、法国大革命、拿破仑席卷欧洲又最终惨败等一系列世界事件的见证人，也是唯理论与经验论都几乎陷入绝境而康德、谢林、费希特试图对之挽救又无果而终的精神救世主。大变革带来大反思，大反思带来大成就，这是人类思想文化史发展的常规与通例。黑格尔哲学的思辨唯心主义理论体系之所以得天独厚并获得世界哲学的无上荣光，是因为他原本就出生在世界大事纷至沓来的年代，也是因为他有幸接触到了诸多方兴未艾的世界性的精神事件，正是这个伟大的时代及其历史向世界历史转变的潮流，造就了黑格尔哲学这种最伟大的思想成就。正如他本人所说，哲学就是"被把握在思想中的它的时代"，"作为时代的产儿"而非时代的弃儿，它时时处处都要与自己的时代内容与特征相接触与发生相互作用，它的根本任务就在于以文化旗手的方式引领、召唤与范导时代的前进。黑格尔哲学用晦涩难懂的思辨语言把握并表现了当时那个伟大时代的时代精神，成为了时代精神的精华与西方近代以来主流文化上的活的灵魂。这不仅表现在黑格尔哲学以彻底的批判精神，对西方古典哲学之形而上学的顶峰发动了一次最富有成效也是最后的一击，也表现在它试图用客观唯心主义思想框架来一劳永逸地解决近代哲学的一切难题。黑格尔哲学的理论视野和历史厚重感比其他任何一种哲学都开阔得多、优越得多，正是依靠这种厚重与弘阔的特点，它将以往的哲学思想统统包容于自身之中，它才在主体性原则及理性至上主义的理路上，将西方古典哲学引上了自我终结的一条不归之路，在使近代哲学精神及其基本思路发挥到极致的同时，亦暴露了它不可克服的内在缺陷，使它成为了形而上学最后也是最大的代表，就此而论，黑格尔哲学的的确确标志着西方古典哲学的终结。

总之，黑格尔在西方哲学史上堪称是一位百科全书式的哲学家，他涉猎众多学科且造诣都很深，更可贵的是他将它们内在融通后纳入自己的哲学体系中，使自己的哲学获得科际合作与多点支撑，形成了一个包罗万象、博大精深的思辨唯心主义体系，是现代形而上学的总结与全体。黑格尔哲学与之不同之处在于它的思辨性、唯心性、系统性特质，也在于其深厚的历史感、强烈的时代感、精湛的艺术性与严密的逻辑性。它不仅试图通过恢复古典哲学的客观性原则以弥补笛卡儿以来高扬主体性的局限，而且自觉地站在哲学历史的高地来看待自己哲学思想的形成与发展。在他看来，自己的哲学体系根本不是离开人类文明大道而闭门造车的结果，而是在吸收与凝练整个西方哲学史上一切思想成果而获得理性提升的必然结果。它以独特方式实现了形而上学成为科学之科学的最高理想，也使统治了西方长达 2000 多年之久的形而上学走向了终结。它将古典哲学以理性至上主义为核心与灵魂的哲学形式，淋漓尽致地发挥到了极致状态，以至于后来的人们发现，除非超越黑格尔哲学或者从根本上扭转它的发展方向，否则谁也甭想在哲学上有任何真正的理论建树。譬如马克思就是这样，虽"反思在黑格尔哲学中达到了顶点"，但马克思哲学正是从解构这一"完成的结果开始的"，由于他打破了这种"反思的神秘性"，才从抽象的思辨王国回到了真实的社会运动中，成就了一种"当作实践去理解"的、以改变世界为己任的实践哲学。①

从核心内容与基本特征上看黑格尔哲学对形而上学的终结，具体表现在以下几个方面：哲学在精神的绝对化、封闭化中走向了自我终结。黑格尔在其《精神现象学》中对"精神"概念做了特殊规定，认为"精神"不同于思想或者意识，它不是单纯的认识能力，也不是自我意识或者理性个体，而是能够包容一切、囊括一切的具有实体性、历史性与能动性的主体。通常当我们以精神的方式谈及自我意识或主体性时，一般是指与外在世界相区别的主观性领域。与之不同，黑格尔哲学意义上的"精神"，其本性是自我完成的，即当它超出自身时仍然能够保持着自己的同一性。因而，"精神"不仅是真正的能动性力量，而且是客观性的实体性因素。"精神"超出自身的过程，事实上也就是"精神"成为它自己的过程，其结果就是"精神"将涵盖一切而成为"绝对精神"或者"精神"的绝对化。他的《精神现象学》就内在揭示了"精神"是如何经历漫长的理性推演而最终又复归自身的过程，一般科学或者任何知识体系的形成过程，也就是关于绝对精神的经验科学获得体系化构建的过程。"精神"在这条路上经过一系列的形态变化，最终回复到它的原点并画上了一个封闭性的大圆圈，可以说是绝对精神自身

---

① 杨耕等：《马克思主义哲学研究》，中国人民大学出版社 2000 年版，第 183 页。

"向科学发展的一篇详细的形成史"。① 人类精神认识绝对的过程，同时也就是绝对精神自己成为自己、自己生成自己、自己完善自己的过程。这样，黑格尔以恢宏的历史气势和深邃的辩证方法，将从古至今的人类史、思想史、文化史统统纳入了他的绝对精神视野之中，将众多学科熔为一炉并以真实的样态再现人类精神的生成过程。

从这个意义上看，黑格尔哲学蕴含了全部哲学及科学体系的所有难题及其破解方案，哲学及科学都走到了尽头，都在自己封闭性的体系中完成了。如何取缔主客二分之二元困局，如何实现思维与存在的统一，确立以主体性为核心的完满统一的一元论体系，一直是近代以来所有哲学家的最高理想。笛卡儿的确开启了主体性，但又使哲学陷入二元论困境而不能自拔。康德试图以彻底的主体性而将哲学限制在纯粹主观性的范围之内，从而避免在认识论中知识与对象不能统一而两相离分的窘境，但又不得不承诺了一个"自在之物"的存在。康德之后，费希特与谢林为克服康德的物自体，又在唯心主义的道路上走得更远，但是并不能成功地解决这一难题。当费希特面对究竟是谁提供了认识的最高基础时，他只好将上帝搬出来并诉诸对神的敬仰；当谢林面对究竟如何认识那种神秘的绝对时，他也只好诉诸神秘的理性直观。现在黑格尔来解决这一难题，他诉诸精神的绝对化，即通过理性的自我批判、自我生成而终结了旧形而上学的一切理论体系，在绝对精神内部扬弃了西方古典哲学二元对立的哲学问题，存在与思维在思想内部获得了统一。绝对化的精神导致了精神的绝对化，一切都被精神吞噬了，世界只是精神性的世界，精神"由其自身去规定其自身的限度，并揭示其自身的缺陷"②，一切哲学都自我终结于这个绝对而神秘的精神之中。

哲学在认识的本体化（对象的知识化）中走向了自我终结。在解决知识与对象的关系问题上，传统的唯理论与经验论都主张知识与对象的相符合，认为知识的真理性取决于它与对象的符合一致，"知识必须符合对象"成为近代哲学的一个教条。依据经验论，知识都来源于经验，但经验的相对性与偶然性限制了我们获得普遍必然的知识；依据唯

---

① ［德］黑格尔：《精神现象学》，贺麟译，商务印书馆1979年版，第19页。
② ［德］黑格尔：《小逻辑》，贺麟译，商务印书馆1980年版，第118页。

理论，要获得普遍性的知识，就只有承认先验的理性，但在先验推理中又得不到新知识。康德为破解这一悖论发动了"哥白尼式的革命"，将知识与对象的关系颠倒过来，不是让知识符合对象而是让对象符合知识，即对象乃是通过主体先验的认识形式而得到规定的，这就解决了如何先天地经验对象的难题。康德"哥白尼式的革命"具有双重意义，一方面，他以主体的先天形式为科学知识的必然性提供了统一的根据，即知性为自然立法；另一方面，知识必须局限在经验内而不能超验使用，对物自体这样的东西根本不能认识，这样又保留了一个不受主体形式限制的自由领域，不能认识只能信仰。在康德的哲学革命中，传统形而上学的哲学难题似乎并没有解决，主客仍然是二分的，科学与哲学、科学与宗教仍然是对立的。这是由于我们只能认识意识范围之内的"为意识的对象"，只能认识意识显现出来的现象，而不能认识对象自身即自在的物自身，因而永远也不能超出自身之外去比较知识是否与意识之外的对象相符合，可见康德完全退回到主观性领域，其实并不能解决这一难题。黑格尔认为，通常当我们发现知识与对象不符时，我们必须改变知识以符合对象，从而形成新知识。

然而，吊诡的是，知识毕竟是根据相应的对象而形成的，现在知识发生了变化，这就意味着对象也与知识不再符合了，它同样需要改变自己以适应新的知识。因此，认识不仅是改变知识的过程，同样也是改变对象的过程，不仅产生了新知识也产生了新对象，原来作为自在的对象（物自身）现在变成了为意识的对象。可见，我们只有将认识提高到本体论的高度，才能正确看待认识发展的辩证过程即主客体双向对象化的过程。知识与对象的不统一，实际上不仅是主观性自身内部的问题，同样也是本体论的问题。易言之，知识与对象之间的矛盾并不是发生在实体之外的主体自身的问题，它意味着实体自身亦与其自身处于矛盾之中。认识中的二元矛盾实际上是由于世界的不统一造成的，当认识扬弃了物自体而达到了自身统一的时候，通过对它的认识活动也使世界获得了统一。黑格尔就是这样通过对象的知识化、认识的本体化解决了知识与对象的矛盾，即人类精神逐步认识绝对的过程，也就是绝对自身通过人类精神而成为现实、成为绝对的过程，人类精神的认识过程归根到底乃是绝对精神自己认识自己、自己构成自己的自我运动，这样，哲学又在本体论与认识论的统一中走向了自我终结。

哲学在实体的主体化、思想的存在化中走向了自我终结。在黑格尔看来，不仅应把真实的东西或者真理理解和表述为实体，而且同样应理解和表述为主体。他提出"实体即主体"，旨在将近代哲学的主体性原则与古典哲学的客观性原则内在打通，赋予实体以能动性、主体性的积极意涵，以彻底走出近代哲学陷入二元论的理性误区。因为实体自身中就蕴含着运动发展的能动性的内在动力，作为活的实体，只有当它是重建自身的统一性时，只有当它是自身转化与其自己之间的中介时，它才真正是现实性的存在。易言之，真理（绝对精神）就是它自己在自身中的完成过程，就是这样一个封闭性的大圆圈，预悬它的终点为目的并以它的终点为起点，而且只有当它实现并达到了它的终点它才是现实的真理。黑格尔认为，实体唯有在自身中就蕴含着运动发展的内在动力，它才可能展开自身而成为现实的，实体并非是无差别的同一性，而是在其自身内部就蕴含着推动事物发展的自我否定性的能力，因而它自己否定自己而成为发展出来的现实。"实体的主体化"、"思有同一"，表明了单一的实体自己否定自己从而一分为二，又扬弃自身中的矛盾而重建自己同一性的过程，实体与主体的互动性关系及其过程，其实就是它自己的自我生成、自我发展、自我实现的自我运动过程，整个自然界与人类社会不过是它的外化与展开。实体只是潜存，它只有展开自身而外化为世界并扬弃这种异在而复归真我时，它才是现实的。这表明绝对精神就是人类精神的本体化与实体化，也正是在这种自我循环的运动中主体实体化了且实体也主体化了，精神绝对化了且绝对也精神化了。

不仅如此，黑格尔通过论证思想的客观性，也揭示了在绝对精神自我繁殖、自我否定的过程中，思维存在化、存在也思维化了。精神是先在的且是能动的，它之所以能把握事物，是因为它原本就内在于事物中并显身于事物内的概念中。哲学是对事物的思维着的考察，事物的本质就是思想，哲学也就是我们的思想去思想内在于事物的客观思想。换言之，思想深入事物内部把握事物本质时，事物的本质也变成了思想，当然不是我的思想而是客观性的思想。客观思想统摄一切而成为一切的基础，在其中存在与思维的矛盾就解决了，存在与思维最终在思想内部实现了统一。如果思想把握了事物的本质，那么事物的本质就是思想，思想只能认识思想，而不能认识外在于它的存在，只有将存在思想化，问题才能得到完满解决。正是在客观思想吞没一切的过程中，哲学也"走到了自己的尽头"，它将形而上学的主体性发挥到淋漓尽致时，它也走到了自己最后的辉煌，最终证明这条路是行不通的绝路，它标志着哲学的最后完成也预示了哲学的彻底终结。

在费尔巴哈看来，黑格尔关于绝对精神自我推演的思辨哲学，是一切思辨哲学的集大成、它的总纲、它的完成了的形式。由于这种完成了的最高形式的哲学与神学内在合一，思辨哲学的创造与神学的创世在本质上毫无二致，其实这种哲学就成了神学的最后的避难所和最后的理性支柱，哲学成了通过理性而得以合理论证的宗教而已，或者说是以思维的形式表现出来的神学。思辨哲学那种绝对无限的主观性，是完全单独的超出世界又外在于世界的本质性的东西，它就像上帝导出了外部世界一样，精神也神奇地从自身中外化出了自然界与人类社会。这实际上是把哲学的绝对精神神秘化、神学化了，使哲学充当了宗教的牺牲品。以至于，谁不能扬弃这种用理性的方法来表达的宗教，谁就不能真正摆脱宗教的束缚而拯救理性，"谁不扬弃黑格尔哲学，谁就不扬弃神学"。[①]费尔巴哈对黑格尔哲学终结观的批判，首先，指向了它的非历史性与反时间性。在黑格尔的绝对哲学中，绝对精神从根本性上说是没有时间或者说是反时间的，是没有历史或者说上反历史的。绝对之所以是绝对，原因就在于它先行地被理解为超感性的实体，这种实体即主体，它根本不处在时空框架与历史原则中，它是无限完满的、永恒为一的东西。绝对精神从超验的上帝那里建立了时空与存在、历史与真理，那就表明根本不存在客观的世界与历史性的真理，因为一切都是超感性的、虚假的和不真实的，世界万物不过是绝对精神的影子而已。这样在上帝般的绝对精神中，时空本身也就消灭了，历史再也无法想象了，上帝化为历史并走进历史，历史就真的永远结束了，关于世界存在及其历史表述的哲学自然也就寿终正寝了。

其次，还将批判的矛头指向了他的理性专制主义和逻辑图式主义。因为这二者的自觉结合不仅导致了哲学的神学化，而且也使哲学走向了

---

① 《费尔巴哈哲学著作选集》（上），商务印书馆1984年版，第114—115页。

自杀。它不仅把理性理解为绝对，也把绝对理解为理性。理性成为独立而唯一的原则和能动性的全体，一切非理性的东西特别是感性的存在，就成了毫无意义的东西了。理性的专制磨灭了人的知性以外的所有内容，人被理性化的同时，也消解了人作为有情意的存在物的存在价值；若存在只有理性的规定，理性之外无物存在，理性独占整个存在领域，那么，欲望的冲动、内在的体验、苦恼的意识、激情的狂热，这一切非理性的东西难道都是无关紧要的、非本质的、应该被理性吞噬的东西吗？理性非但没有开拓出哲学的真义，反而取消和结束了它，使之成为一种虚幻的关于"绝对的奇迹"。这种"奇迹"具体展现为一种逻辑图式主义，它内在构成一个神圣的逻辑学的天国。黑格尔的逻辑学是理性化和现代化了的神学，也是化为逻辑学的神学，它使一切事物都在神学的和逻辑学的天国中二度现身，对之当然就需要在神学与逻辑学上做二次考察。这表明了，黑格尔哲学在其逻辑学的终局实现上，通过思辨唯心主义而走向了宗教神秘主义，它既是反历史、反时间的，又是反人类、反科学的。

　　最后，费尔巴哈还具体的从三个方面对黑格尔哲学终结观进行了批判。从哲学的开端上看，费尔巴哈认为，黑格尔哲学开端于一个"纯存在"概念，这种除去了一切先行的东西、并无任何意义的"纯有"就是"纯无"，最后证明是一种纯粹的虚无，是被取消了的、不真实的东西。它"策划了一个遮蔽存在本身、并且从一开始就使之湮没无闻的阴谋"[①]，这种抽象化图谋，压杀和谋害了一切真正的存在，它把一切具体的存在都变成了虚幻之物，将一切观念也都变成了空洞无效的东西，哲学也变成了无指涉的、无所假定的哲学，它走向终结是情理之中的事。从思维方式上看，费尔巴哈认为，黑格尔哲学是一种纯粹的无任何积极内容的形式主义哲学，它使一切都滞留于一个单纯的逻辑图式中，抽离了任何现实性的内容和现实性的本质，把一切都掏空而内在地规约于一个纯粹的逻辑形式。当他把一切都压缩到逻辑表达中，从理智的预存中剥离出一切真实内容时，它就把形式当成了本质、把虚幻当作

---

　　① 吴晓明：《形而上学的没落——马克思与费尔巴哈关系的当代解读》，人民出版社2006 年版，第 249 页。

了现实。这表明他的哲学，从露骨的神秘主义转化成了露骨的形式主义，哲学在抽象的形式中完成了自己的所有使命，换言之，它只具有形式的意义而无任何实质的内容，它终结并委顿于自己纯粹的形式中。再从哲学发展的终局上看，费尔巴哈认为，黑格尔哲学体系是一个封闭性的大圆圈，是一种把一切过程都总括到自身之内的形式上的循环运动，绝对精神终于取缔了一切中介形式及其发展过程，并且将整个外部世界都归结为精神，把一切引回到内在的主观性领域，实质上不过是一种被绝对化了的主观主义哲学。除非借助真正的奇迹，我们很难走出它的思辨牢笼，若一切都滞留于思想内部，无穷无尽地在主观性的纯形式中徘徊，理性也会"对自身感到'无限的厌烦'"。①

　　费尔巴哈对黑格尔哲学终结观的批判，可谓是全面而深刻的，是超出黑格尔哲学基地对之实施全面袭击的第一人，甚至马克思一定程度上也认为是费尔巴哈真正终结了黑格尔哲学，完成了对它的全面批判并获得了一种具有决定性意义的开启。然而费尔巴哈对它的批判，总的看来还只是以一种理性对另一种理性的批判，还只是停留在理性内部，平庸性地将其全部哲学推到了文化的阴沟，没有完成对它的真正超越与终结，能够做到这一点的唯有马克思的实践哲学。因为，在费尔巴哈看来，黑格尔理性主义的实质就是唯心主义，它的理论根据与基本原则就建立在"理性统治世界"或者"理性为世界立法"这个根本点上，只要驳倒了这个唯心主义根基，整个黑格尔哲学的大厦就会自动崩塌。而且认为，黑格尔以理性的方式企图穷尽真理、构建统一的封闭性的世界体系，事实上是一种不切实际的非分之想；黑格尔世界万物的本质做纯粹精神性的理解，更是没有任何根据的无稽之谈。黑格尔认为思想能够认识思想，而且思想只能认识思想，我们之所以能够认识事物的本质，原因就在于事物的本质不是别的什么，而就是思想本身，这实际上就是思想对自己的认识。这种基于唯心主义而进行的循环论证，无论看起来多么精致、无论体现了怎样的理想，说到底都建基于流沙的基础上，都只能是一种海市蜃楼或者空中楼阁，它提供给我们的不过是一种美丽的

---

　　①　吴晓明：《形而上学的没落——马克思与费尔巴哈关系的当代解读》，人民出版社2006年版，第249页。

谎言或者精神性的梦幻而已。费尔巴哈没有区分一般性的唯心主义与黑格尔思辨唯心主义的本质差异，而是将它的唯心主义与辩证法混为一谈，没有看到在黑格尔过分茂密的理性体系中还蕴含着革命性的辩证法思想，而是将二者一同推翻了，没有拯救出它的活的灵魂——否定性的辩证法思想。

对于费尔巴哈来说，最令人难以容忍的就是黑格尔的绝对精神窒息了人类文明与人类理性，他把人类精神视作是绝对理念实现自己的手段，把一个个的鲜活的个人视作绝对精神进行历史性发展的工具，整个世界都成为了绝对理念自我展现的外在载体，人与世界统统被绝对理性吞噬掉了。但是，费尔巴哈只看到了黑格尔将人与世界淹没在绝对理性的汪洋大海中的错误，而没有进一步看到黑格尔哲学的合理之处及其所蕴含的一个伟大进步，那就是把世界看成是过程的集合体而非事物的集合体，认为人与世界都处在无限的发展变化之中，辩证法在费尔巴哈的视野之外，因而他对黑格尔的批判并没有深入到理性的生命本质中，并不可能真正驳倒它。

费尔巴哈深恶痛绝黑格尔哲学的那种故弄玄虚与晦涩难懂，更蔑视他牵强附会地将一切事物及其发展过程统统纳入一个三段论的逻辑框架中进行推演，认为用这种僵死的逻辑去剪裁活生生的现实生活，只能表明它是一种伪科学。但可惜的是，费尔巴哈根本没有读懂黑格尔逻辑学所蕴含的伟大思想，没有弄清楚它的本体论、认识论与逻辑学的内在统一性，更不可能把握住其作为推动原则与建构原则的否定性辩证法的革命性质与真实意义。因而他对黑格尔哲学的批判只是站在一般唯物主义基础上的肤浅批判或者庸俗批判，根本上没有击中其要害反而造成了诸多新的误解，不仅没有真正扬弃它、穿越它，反而遮蔽了它的理性光辉与文化意义。他以人本学为武器批判了黑格尔的唯心论，却又把它的全部哲学简单地抛在一边，最终自己也不得不充当了形而上学的替罪羊，在遭到实践哲学的批驳中被无情地挤到了历史的后台。"尽管费尔巴哈本人由于脱离现实的工人运动而未能使他的人本学唯物主义进一步发展成为一种与人的现实生活和实践相结合的新哲学，但他的哲学后来仍然成了马克思和恩格斯由批判继承黑格尔哲学出发来实现哲学上的革命变更、建立他们的新哲学的重要理论中介"。① 如此，费尔巴哈对黑格尔哲学的批判仍然具有特殊的理论价值，他为马克思和恩格斯彻底扭转哲学方向、全面扬弃黑格尔哲学并确立自己的实践唯物主义哲学，作出了有益的艰辛探索、进行了在思想上的必要准备，发挥了一种特殊的"中介作用"。从这一点讲，弄清费尔巴哈对黑格尔哲学终结观的批判，也颇具理论意义。

第四节　现代经验论的语用转向

"理论如何还原为经验"这是现代西方科学哲学一个永恒的哲学难题，捍卫经验的"还原论原则"既是重要的方法与手段，也决定着它的生死存亡，作为最基本的信条，它构成了现代经验主义者的致命性"范式"。从维也纳学派时期起，几乎每一个科学哲学家都曾为它的正当性作了多方辩护，为修补它并使之免于陷入困境，许多大家都"疲于奔命"而"始终不懈"。然而，这一原则的基础是如此的不牢固，以致无论如何辩解还是没办法修补好，不得不逐步放宽标准、逐步降低要求，从"直接检验"到"间接检验"，从"可实证性"到"可检验性"，从"验证度"到"概率度"，从"强证实"到"弱证实"，步步撤退。这表明，它已面临不改变自己便不能应对挑战而继续存在下去的局面，甚至到了不放弃自己就不能获得发展的困境。那么，问题出在哪里呢？正如以后的历史主义者所指认的那样，问题恰恰出在这一原则本身，而与哲学家的论证方法关系不大。

从实践上看，思辨形而上学，由于用理想的、幻想的联系来代替尚未知道的现实的联系，用臆造来补充缺少的事实，用纯粹的想象来填补现实的空白，因而在其致思形上本体时，陷入了本质主义陷阱。而实证主义者觉察到，妄想发现事物内在本质的企图是徒劳无益的，应代之以努力发现存在于经验之间的关系，而这只有坚持还原论立场，才能为知识提供合法性基础。但从历史发展的实践来看，这一"原则"只具有

---

① 刘放桐等：《西方近现代过渡时期哲学——哲学上的革命变更与现代转型》，人民出版社 2009 年版，第 147 页。

片面的真理权，只有在特定的范围内，其正当性才是没有什么问题的，一旦普遍予以贯彻却被实践证明是一种新的偏见。

从方法上看，"还原论原则"实质上是思维从经验向概括所作的一种推移或一种"语义上升"，它努力证明知识是来自于经验的，知识的正当性只能从经验中得到足够多的支持，只有能还原为经验并被经验所证实的知识，其意义和蕴含才能得以合理的说明，否则皆为欺人之谈。但科学发展证实，并非一切科学知识都直接能还原为经验，经验还原性的诉求与科学发展的日常经验相悖，为彻底贯彻"还原论原则"，就必须为之寻找一条从理论还原为经验的新通道：通过哲学的语言学转向和逻辑分析，首先找到能被经验证明的原子命题（"直接的感性所予的"初始命题），再制定出一套还原的方法，把科学的所有其他命题和纲领归结为上述初始命题和词项，从而找到证实全部科学的最终办法。这种从一个"中心优势点"来把握知识基础的方法，将知识的唯一支点视作经验的外在赋予性基础，严重抹杀了认识的多样性、丰富性，只能使知识局限在狭隘视界内，不能获得多点支撑，既背离了科学发展的规律及其辩证本性，也不能为当代哲学的发展构造出积极的意义。

从内容上看，"还原论原则"是现代经验主义的核心内容与理论精髓，其根本点在于确保理论的"内在原理"和"对应规则"均能得到较大程度上的验证。"内在原理"所表征的一般性假定必须能从知识所要解释的现象中推导出特定的"经验蕴含"（虽不能直接还原为经验但最起码能推导出相应的"经验蕴含"），而"对应规则"就是将一般的假定与已经证实的经验现象相关联起来的方法。没有"对应规则"作为辅助性的推移，一个假定的"内在原理"便得不到任何检验，从而就违反了可检验性要求。但由于"判决性检验"是不存在的，这已成为新实证主义者的共识；最基本的检验蕴含是什么，也无从追问，否则就陷入了无穷回归的境地；真正的"中立性观察"也是没有的，因为任何观察都渗透着理论。所以，无论对经验的直接还原（内在原理）抑或间接还原（对应规则），都很难做到。正如文德尔班所说，"把真理性和可检验性等同起来，这是从否认事实存在于主体对事实的感知之外这一点中得出来的：既然某一事实没有被感知（在检验关于事实的论断时可以发现这一点），因此新实证主义者认为这个事实根本不存在，而在这样的情况下，关于这一事实的论断就不可能是真的"。①

从特征上看，科学哲学所追求的还原性是指：任何科学命题在语义学上的"语义上升"，都必须反映与之相对应的经验事实，而不论理论对语义对象的理解最后持什么样的立场。易言之，不论通过什么样的语法转换，必须使命题获得外在赋予性的经验基础。这的确有点强科学之所不能，不仅在理论上站不住脚，而且也有悖于科学自身发展的实践。这表明，科学发展的理论与实践并不像现代经验主义者所诉求的那样，能把理论最终视作是对初始经验的（原始经验）的还原，因为并非任何经验命题都能与经验原型形成镜像式关系。这种情况使许多哲学家对"还原论原则"产生了怀疑和动摇，深感还原论不足以恰当地说明科学认识的复杂性及其内在发展机制，于是在它受到来自各方面的批判时纷纷放弃了这一原则，并公然热衷于拒斥和抨击它。

"还原论原则"所招致的各种批判。科学哲学在其历史嬗变中，无论是从严格的、强意义上的实证抑或从缓和的、弱意义上的实证，大都固守着一种对经验的还原性立场，即认为每一个有意义的命题，都可以直接或间接地还原为经验命题。质言之，坚信真正的科学知识都是从经验向概括所作的一种外延性推移，都有与之相对应的客观内容作为其检验蕴含，它只有在事实上或原则上、在方法上或技术上，能转换为经验命题，其科学性、正当性才得以确证，否则就应将之"悬置"起来不予讨论，或者就要用"奥卡姆的剃刀"将之从科学体系上割掉。但随着这一原则的深入贯彻，它自身的局限性不断凸显，招致了来自各方面的批判：

"批判理性主义"对它的批判。波普尔首先对这一原则发难，在他看来，经验能够证实的只能是那些表述个别经验事实的单称命题，而根本不能证实普遍有效的全称命题。科学命题恰恰不是表述个别经验事实的单称命题，而是普遍有效的全称命题，对之，是不能通过有限次数的经验观察加以证实的。经验不能通过证实个别而证实一般，归纳法向来倡导的理论从经验向概括所做的"语义上升"是非法的，它的逆命题

①［德］文德尔班：《哲学史》（第6卷，下），詹文杰译，生活·读书·新知三联书店1982年版，第102页。

才是合法的，即虽然科学命题不能被有限数量的经验事实所证实，但它却可以被个别的经验事实所证伪。证实只能确证个别，而证伪则可否定一般，因而证伪无论从方法上抑或功能上都高于证实，检验一种理论的科学地位的标准（意义划界标准）只能是可证伪性或可反驳性。波普尔在其《逻辑》一书中，谈到经验基础理论时，他认为，有充分理由可以说明不可能通过确立一种还原来对命题的科学性作出终极性的判决，因为，我们的实际检验永远也不是终级性的，而只是试探性的。因此，应将可证伪性作为科学的划界标准，即一个系统只有作出可能与观察相冲突的论断，才可以看作是科学的；实际上通过设法造成这样的冲突，也即通过设法驳倒它，一个系统才受到检验。可检验性等于可证伪性，证伪度越高其科学性程度越高；反之亦然。应该看到，波普尔虽然从根本上动摇了经验实证的还原性原则，却又为它的"逆法则"做了辩护，经验的还原性又得到了变相的拯救，而没有被彻底驳倒。

"整体主义"对它的批判。奎因认为，"还原论原则"是经验论传统的"两个教条"之一，它相信每一个有意义的陈述都等值于某种以指称直接经验的名词为基础的逻辑构造。即凡有意义的命题，最终都可以通过对经验的还原而检验真假。奎因分析说，这种经验的还原对于科学来说，不仅是不充分的，而且是没有根据的，因为还原论要求把整个科学体系分解为一个个单独孤立的陈述加以检验的做法，与科学事实相悖。科学是由一个诸多相互联系、彼此相互影响的命题和原理所组成的经纬交错的理论体系，其接受检验的"意义的单位"不是单个的陈述，而是科学体系，我们关于外在世界的陈述不是个别地，而是仅仅作为一个整体面对感觉经验的法庭。在进行意义检验时，不应将个别的命题单独抽象出来考虑，而应将之置于相互联系的科学体系中，系统地、整体性地加以考察；在接受经验检验时，受到验证的不是原子命题，而是"信息的总体网络"。即使是一些很"脆弱"的信息，在同经验的冲突中引起了内在的"再调整"，也不会轻易地放弃，如果我们在系统的其他部分作出足够剧烈的调整的话，即使一个很靠近外围的陈述，面对着顽强不屈的经验，也可以通过制造"借口"或作些"修改"而予以肯认。易言之，任何科学都是一个体系，它有足够多的韧性与张力，当它作为整体而非原子命题出现时，无论经验做如何还原（正向的或逆向的、强的或弱的，直接的或间接的），都不足以判决其真假。因而检验理论是否有意义的标准，不在于它是否能为经验所证实或证伪，而在于它在应对环境中有用无用、方便与否，有用、方便的就是真的，否则就是假的。这样还原论在受到整体主义批判后，就与实用主义合流了。

除此之外，"还原论"还招致了历史主义各派的强烈批判，在库恩的"范式"理论、拉卡托斯的"精致证伪主义"以及劳丹的"研究传统"、夏佩尔的"信息域"等理论中，都认为经验的证伪力量如同证实力量一样，是很有限的，任何有限量的经验都不足以证实或证伪一个普遍有效的概率意义上的理论，因为任何理论都是一个科学系列，都有内在的硬核或"范式"等深层结构，它都可以通过适当的调整各种背景知识（"保护带"）使它从经验的反驳中挽救出来。所以经验不能简单地推翻一个理论，正如它不能简单地证实一个理论一样，主张理论的科学性是从经验出发通过概括而不断上升（逼近真理）的观点，是幼稚荒唐的；而主张理论可以通过经验的还原以检验其科学性，则是毫无根据的，必须放弃。

科学主义肇始于 19 世纪 30 年代的实证主义，它接续了早期经验主义的基本信条即知识必须建立在确实可靠（实证）的基础之上，只有被经验证实的知识，才是确实可靠的，人们对知识的讨论应局限在感觉经验的范围之内，知识不能超经验的使用，而那些不能被经验所证实的问题如世界本体、意志自由、上帝存在等，都是非实证性的形而上学问题，人们应将其束之高阁（悬置），不予理会，只有这样才能超越于唯物与唯心之上而成就出一种科学的哲学。作为"现代实证主义之父"的孔德认为，一切科学知识必须建立在来自观察和实验的经验事实的基础上，经验是知识合法性的唯一保障，也是它的最后限度。因为，既然从培根以来的一切优秀的思想精英都再三指认，除了以观察到的经验事实为依据的实证知识外，再也没有其他正确的东西，那么一切科学性的知识都只能局限于对经验的合理描述，而不能奢望它能超经验的使用。经验是人认识的源泉和基石，也是人认识能力和科学知识的最高界限。人根本无法超越这个界限而只能禁锢其中，人的理性根本不能说明一切高不可攀的玄妙奇迹，即根本无法把握物之本体、终极目的、绝对自由之类的虚假命题。相反，如果人们不让自己的精神刻意地钻进一些似是而非的形而上学问题中，而仅限于在一个完全实证的范围内进行纯经验性的讨论，那人们就能为自己的精神探索活动找到取之不尽的精神资源。孔德同时代思想家约翰·穆勒以及斯宾塞等人，对他的"还原论原则"作了进一步的发挥和重要补充。如约翰·穆勒，他继承了休谟联想主义的心理学观点，把联想主义心理学与实证主义相结合，认为，存在于经验中的或感觉间的某种不变的先后关系和相似关系，并非如唯物主义者所肯认的那样，是一种客观的必然联系，在他看来，所有的因果关系及其规律，其实都只是人们主观内部心理联系的产物，就连"客观物质世界"也只是"感觉的恒久可能性"（心理上的一种稳固的联想）。为巩固这一立场，还在方法论上重归纳、轻演绎，为经验实证原则作了重要补充。而斯宾塞则以反实在论的面目出场，又对经验主义的"还原论原则"作了符号学上的辩护。在他看来，人的理性只能局限在经验内部并对之作现象上的描述，换言之，只能通过现象上的考察揭示感觉间不变的先后、相似关系，即现象间存在的实际规律，而根本不可能通达经验外部所谓的"客观规律"和"唯一的实在"。"规律"都是经验内部的，而"实在"并不可知。而且将在一定时空内永恒运动着的物质归结为"力的恒久性"，这种神秘的"力"作为经验的派生物，它是一切知识的基础，但"力"本身又不能从经验中获得证明，它是一种不可知的"实在"。科学并不以这种超验的"实在"——"力的恒久性"为对象，而只是去记录整理由"力"所引发的经验及其关系，并使之条理化、系统化，所以科学只是关于"不可知的实在"的符号，是对经验的简约性的符号式表征，它丝毫不曾扩大经验的限度，更不可能超出经验的范围，而只是对经验进行了科学的重组。

作为实证主义第二代的马赫主义及其在俄国的变种，对现代经验主义的"还原论原则"作了几点重要的修正和改装："世界要素说"对"还原论原则"的修正。为摆脱早期经验主义荒谬的主观性、唯我性等缺陷，马赫对感觉（经验）作了"科学"的伪装，用"要素"代替感觉，并声称"要素"既非物理的，又非心理的，而是中性的，自诩这种"中性一元论"就克服了传统唯物或唯心的所有局限，而使哲学进展为科学；同时也用这种折中主义伎俩，不仅否认了物质及其运动、时空的客观实在性，而且也否认了物质运动规律的客观性、因果的客观性等，并将它们归结为感觉要素的复合。在他看来，世界是由要素构成的世界，在这种经验性的要素世界中只有或然性、相对性，而没有规律性、必然性、因果性，人们之所以相信有规律性、因果性、必然性关系的存在，那纯粹是由于人们将自己主观上的心理联想强加之于经验世界而产生的，实际上是"万物有灵论"的残余，是理性超验使用中所产生的"智力怪物"，并竭力主张用极具伸缩性（任意可解释性）的"函数关系"代替客观的"因果关系"。"原则同格论"对"还原论原则"的改装。阿芬那留斯认为，真实统一的世界是由"纯粹经验"构成的，在这种纯粹经验构成的统一世界中，历来被唯物或唯心所二分或两离的主观（主体）和客观（客体）就实现了真正的合一，二者的对立就自行消失了，而且使之成为相互依存，不可分割的处于"原则同格"中的统一体。因而，认识的对象，就不是经验之外的"物自体"及其什么神秘关系，而只能是纯粹的经验自身，科学不过是按费力最小的所谓"经济思维原则"对纯粹经验及其内在的主观性关系的真实记述而已，主观内部的纯粹经验是验证知识的科学性、合理性的唯一尺度。

"约定主义"对"还原论原则"的辩护。随着经典物理学向现代物理学的跃迁，彭加勒认为，物理学的变革引发了自然科学领域的全面危机，这场危机将过去被当作万古不变的基本原理都推翻了，从而表明根本不存在客观的认识对象，更不存在客观真理，科学知识和定律既非起源于经验，也不是来自先天，而纯粹是人任意的假定和约定，是人精神上的一种自由活动的产品。但是，这种任意的、自由的约定，并不能脱离经验基础，相反，在一切可能的约定中，人们必然受经验事实的引导，要以经验材料为基础，科学作为假设，虽然它是人们心灵的自由创造物，但它又并非因人们的私意而生，它的正当性、合理性来自公共经验的方便的、有用的共同约定。因而科学首先只能局限于经验材料的范围之内，超出经验去讨论世界本体、客观真理等问题，正像试图创造"永动机"一样是非常荒谬的，毫无价值的。世界只能是经验要素构成的世界，归根到底是人们公约性的符号世界，正是由于它的公约性，才产生了宇宙的和谐及其在思想中的和谐；正是由于它的共同性和普遍性，才保证了它的客观性、正当性。

"经验一元论"对"还原论原则"的补充。波格丹诺夫曾辩解说，自己并不是一个马赫主义者，因为从马赫那里自己只采纳了一小点即关于经验要素对物理的东西和心理的东西的中立性观念、关于这两种特性仅仅依赖于经验的联系的观念。其实，这"一小点"就是对马赫主义的全盘肯认。他论证说，世界是由中性要素所构成的一元性的世界，一切存在物都是经验发展的一条"不断的锁链"，这条锁链有四层梯级，最低层是要素的混沌世界，位于其上的是心理的经验世界，再高一层是物理的经验世界，最上层的是人们从经验中得到的知识世界。在他看来，无论精神或是物质都是经验，一个是心理经验，一个是物理经验，它们在实质上是没有区别的（都是经验性的），区别只在于组织经验的形式不同。心理的东西是个体经验，它依存于某个个体的精神系统的状态，是以个人的形式组织起来的经验。物理的东西是社会的组织起来的经验，对所有人都有意义，为大家所承认，是被社会所协调一致的经验。列宁曾指出，"经验一元论"的实质在于：把心理的东西作为最初的出发点，从心理的东西引出自然界，然后再从自然界引出普通的人的意识，这与黑格尔唯心主义哲学如出一辙。

"实证主义"早期阶段对于"还原论原则"，大家都顽固地予以坚守，从不怀疑其正当性，而且坚信直接经验对科学知识的实证性，认为科学知识来源于经验、其科学的合理性取决于能否被经验证实，任何科学知识都必须局限于经验之内，经验是科学知识的最高限度。但是，随着这一原则的深入贯彻，在如何理解、解释、运用和拓展这一原则时，特别是在解决关于"知识如何还原为经验"以及"怎样运用经验主义去克服客观存在及其规律"等问题时，则陷入了互相矛盾、莫衷一是的困境。正是经验主义内部的这种裂痕，才逐步导致了对"还原论原则"的怀疑、动摇和最终抛弃。本来"还原论"是经验主义的最根本的信条，它早在洛克、休谟等早期的经验主义理论中就已初见端倪。如休谟就认为，每一个观念都必须能还原为经验，从而接受经验的检验。在以后的实证主义、马赫主义者那里，总的看来也没有太大的改变，大家都主张经验所具有的"强证实"理论：认为科学知识以经验内容为最终基础和最高限度，它不能在经验之外使用，对那些"物质实体"、"客观规律"、"因果性"、"必然性"等缺乏经验基础的东西，应予以悬置，不予讨论。但总忍不住对之进行经验主义的消解，认为像"实在"、本质等东西，其实只是人们心理上的习惯性联想的产物（穆勒），是简约的符号性表征（斯宾塞），是万物有神论的残余和理智怪物（马赫），根本不是科学认识的真正对象。而真正的科学必须遵循思维经济原则，只对经验的现象进行表述，作为公约性、符号性的经验描述，科学实质上只是些必要的假设，因其在组织经验时方便有用（彭加勒）故而是科学的、正当的；因其"是组织起来的经验"①，对经验具有普遍可解释性，故而是有意义的、"客观的"。这样，"还原论原则"虽然没有被抛弃，却通过心理学上的联想主义、符号学上的约定主义、数学上的函数关系式，而走向了实用主义。这表明：经验主义与实用主义具有内在会通之所，或者说，经验主义本身就提供了一条能通向实用主义的桥梁，经验主义通过内在的理论改装或主题转换而完成了与实用主义的合流。这在19世纪末美国的实用主义者那里表现得最为典型。简言之，实用主义是实证主义在美国的最新表现。

在现代美国哲学中，作为实证主义的第三代，实用主义可算是最时髦的东西，它像其他现代经验主义派别一样，拒斥形而上学，用"经验"这个折中性的概念，将自己打扮成超越唯物唯心之上的、只重经验只讲事实的科学哲学。强调把经验当作世界的唯一基础，把人的认识局限于经验范围之内；强调哲学要立足于现实生活，把确定恰当的生活信念当作研究的出发点，把采取积极的行动和实践当作重要手段，把获得效果当作最高目的。因而，曾自诩为生活的科学哲学。具体说来，皮尔士是通过"实效主义"而走向实用主义的。他根本否认有客观事物的存在，认为任何一种称得上实在的东西都只能是一种经验，一种来自经验所产生的可感觉的效果。事物既然只是经验的效果，它自然不存在于经验之外，而只能存在于经验之中，物就是经验效果的复合。认识的根本任务不是去把握外在的实在及其本质和规律，而是认识经验的自身及其作用于人时所产生的效果，以便为人的行动确立正当性的信念。由于信念完全建立在经验效果的基础之上，并通过实验和行动不断地予以修正和补充，这就确保了观念的可靠性与可行性，确保了行动获得成功

① 中共中央编译局：《列宁专题文集：辩证唯物主义和历史唯物主义》，人民出版社2009年版，第30页。

的可能性。那么，对信念意义的检验，也就不再取决于它是否及在何种程度上反映了客观内容，而在于它是否及在何种程度上引出了积极的行动效果。总之，意义就是效果，真理就是效用。经验作为认识意义的可验证性标准，已让位于经验在行动中的实效性，经验实证通过强调实效性而融入了实用主义。詹姆士则通过经验主义的彻底化而走向了实用主义。在他看来，必须把世界上的一切都看作是经验，不仅各种独立存在的事实是经验，经验之间的各种复杂关系也都是经验，一切实在的东西都是经验，而一切经验都是实在。整个世界就是一个经验的结构，经验等于实在、等于世界、等于一切。而传统哲学之所以会导致主客二分，就在于没有把经验主义贯彻到底，如果从"纯粹经验"这个唯一的实在出发，一切"二元论"及其在哲学上的变种皆自行消散了。在认识论上，他认为认识作为人们整理经验材料的一种能动性活动，它只能停留于经验内部，一个认识的真理性程度不取决于心灵与客观原型之间的关系，而只取决于心灵内部即经验的认识与经验的效果之间的关系。在经验过程中构成的认识，如果它把经验材料联系得好、不自相矛盾并在应付环境的行动中能取得积极效果，这就是"真理性"的认识，否则就是谬误。总之，有用即真理，它是有用的因为它是真的；它是真的因为它是有用的，二者完全等值。因此，在方法上应"不讲原则，只讲效果"，不重实证而只重实用。杜威则通过"工具主义"而走向了实用主义。杜威与詹姆士相同，也强调经验的整体性，却极力反对把经验彻底化、纯粹化。在他看来，每一种特殊的经验，其实都是一种特殊的相互作用，经验不是那种自在性自然，更不可能是纯粹性的整个世界，经验是由人与自然、主体与客体、有机体与环境的相互作用产生的。只有经过了与人发生相互作用的自然才是"经验"，而没有发生这种相互作用的东西，只是自然而非"经验"，在经验之内人与环境不可分割地联系在一起。经验不仅是相互联系的，而且又是动态的，不能只把经验视作已"经过了的事"，而应将之视作由现在伸向未来的过程，视作对当下事物进行能动性的构造意义的过程。因而对经验的认识应用联系的、发展的眼光看待，这样才能创造未来、构造世界。但他所说的这种认识并非是经验与外物的符合，并非主观对客观的反映，而只是经验内部的创造性作用。认识不是消极的、直观的记录事实，而是行动、创造和实践，所有的知识、概念都只是工具，与其他工具一样，它们的价值不取决于自身，而取决于其所造成的效果。工具无真假，只有实用与否，实用即真理。

经验主义与实用主义最终合流了。此后，科学哲学的走势出现了许多新变化：首先，经验认识真假的检验标准有了根本性的转换，即不再以经验的观察（经验的强实证性）作为标准了，而是以经验的实用性（实效性、工具性等）取而代之。换言之，一个理论为真，当且仅当取决于它在整理组合主观经验中是否及有何作用，有用即真，否则为假。其次，"还原论原则"有了新补充，一个理论能还原为经验、能经受经验的检验，还不足以确保它的正当性、合理性，要做到这一点，它还须在整理经验中能发挥积极的效用。

第五节　经验实证原则的被消解

西方哲学的经验论传统可谓源远流长，但只是到了现代经验主义其"还原论原则"（又称经验实证原则）才真正确立起来，并得到深入论证。其实，将经验实证原则命名为"还原论原则"的，是美国逻辑实用主义者威拉特·奎因，在其《经验主义的两个教条》一文中，他认为，历史上的哲学家凡经验主义者都无一例外地坚守这样一个信条，即任何一个理论或知识，只有能被经验证实或证明才有意义，否则就没有意义。因此，要确保一种理论为真，必须满足一个最基本的条件：它能还原为经验并能得到经验的证实或证明。在他看来，这在根本上就是一种"还原论"。对此若用语言学的述语来表述就是，坚持每一个有意义的陈述都必须能还原为直接经验的陈述，用经验直接判决其理论命题的真假，且经验的判决具有终极性。质言之，相信每一个有意义的陈述都等值于以指出直接经验的词为基础的逻辑构成。事实上，这种还原论的见解早在洛克、休谟等早期的经验主义那里，就已得到初步表述。

如休谟认为，每一个观念都必须还原为经验，从而能受经验的检验。在现代经验主义各派中都以不同的方式固守着这一原则：实证主义者孔德、穆勒等人认为，经验作为认识的起点和限度，也是判决认识真假的唯一尺度，知识只有局限于经验之内才能确保其合法性，否则不能还原于经验或者不是从经验中所归纳出的知识，都是些伪科学，应予以悬置；马赫主义者认为，世界是由中性要素（经验）组成的，知识只有切当地描述了要素或要素的组成形式才是科学的，不表述要素或不按思维经济原则和公共约定去表述要素的知识，就是伪科学或非科学的知识。而在逻辑实证主义者那里，虽然把"观念"、"要素"改为"命题"或"陈述"，但这只是形式上的变换，实质上仍然坚持认为，每一个命题或陈述只有能还原为经验陈述，从而能为经验所检验才是有意义的，等等。甚至在一些与科学主义有近亲关系的人文主义各派中，"还原论原则"也以各种不同的方式变相地予以贯彻：新康德主义者认为，感性经验不来自经验之外，而是意识自身的东西，是纯粹思维按先验逻辑主动创造的产物，故而，认识不是主观与客观相符合，而是从人创造的精神产品出发，首先还原到经验中去，再通过经验性的认识最终找到支配人们进行创造的先验逻辑；实用主义者认为，"物"是人们经验的效果，它不存在于经验之外，而只存在于经验之中，认识作为工具或假设，其意义取决于对人们所引起的行动的效果。知识只有还原为实效性或者效用性才是科学的；各种实在论者认为，经验是中立性的，它不是私人的而是大众的，是独立的和自在的存在着的，但当它们与人的主观心灵相通，进入人的神经系统后被人感受时，它们就从外在进入内在，直接呈现于人的意识中，成为自在性的知识。所以知识都是经验性的知识，都有它的经验原型。

新托马斯主义者认为，一切认识皆从感官开始，知识是人们从感性经验积累起来的大堆影像中抽取出来的，而非对外在事物的反应，人之所以能做到这一点，那是由于上帝在人的心灵中投射了一种"理智之光"，因而认识就不只是直接还原为经验，而是通过对经验的抽象而领悟上帝的"理智之光"；人格主义者也非常重视经验的重要性，大都认为认识起源于经验，经验是认识的出发点和检验标准。经验是思想中首要的东西，一切理论工作都必须以经验为基础，从经验出发，并最终还回经验，由经验来证实。当然，它们认为经验是人格（特别是上帝的人格）的派生物，对经验还原的目的在于体认神秘的"人格"；现象学者胡塞尔也倡导一种"本质的还原法"，认为"本质"直接呈现于变动不居的感性经验中，"本质的还原法"就是要把这种变动不居的现象还原为永恒的本质或结构，因而，认识必须以经验为对象，必须首先还原为经验，再通过现象的还原达到对本质的认识。"科学表述经验事实，是经验事实逻辑系统化的语言系统或命题系统，因此一切科学都属于经验科学。"①

然而，也要看到，作为一种研究传统或者一种科学精神，"还原论原则"在科学主义学派以及与之有亲近关系的人文主义各派中，都将之作为信条而固守着。但是，对于如何理解、解释、运用它，意见历来都不曾一致过。一般说来，在早期的经验主义者那里，对之毫不怀疑，坚守经验还原的顽固立场，认为经验对知识的检验或验证是绝对没有问题的，而知识对经验的还原也是自然而然的，不存在任何困难，因而，"还原论原则"是知识唯一的合法性、合理性、正当性的原则。随着它的深入贯彻和运用，这个原则暴露出来的问题和矛盾越来越多，以至于陷入极度困境而无力自救。为挽救它的存在，从 20 世纪 30—40 年代开始，现代哲学家们尽管也曾做了各种看似还算有力的辩护，如曾将强硬的还原立场修订为比较缓和的还原立场，用"可验证性"、"可检验性"、"验证度"、"概率度"等理论，对之进行辩解，做了尽可能的退让。但当遭到来自外部波普的证伪主义和内部奎因的整体主义的批判之后，这一原则就再也无法坚持下去了。

西方科学哲学"还原论原则"的历史嬗变表明：一旦将脱离了物质和实验的经验主义原则贯彻到底，势必导致主观主义和唯我论，并最终走向不可知论和怀疑论。从而证明，经验主义路线本身，无论从本体论上抑或从认识论上看，都只能是一条走不通的路；由于没有将辩证法引入经验主义的"还原论原则"中，因而对之无论如何极力辩护都不足以拯救它，相反，只有抛弃这一基本原则，科学哲学的发展才有出路；现代经验主义从"证实"到"证伪"、从"还原论"到"整体论"的转向，真正回应并遵循了科学哲学发展的内在要求与正确方向，这也是它逐步向唯物辩证法靠拢的集中表现。

科学哲学"还原论原则"的自我消解。总的看来，科学哲学从"还原论"到"整体论"的转换，是在其语言学转向这一宏大背景下完

---

①　王锡伟：《真理新论》，人民出版社 2009 年版，第 168 页。

成的。由于现代哲学研究从认识的内容转向了认识的表述，从心理概念转向了语言形式，哲学性质与任务的这种根本转变导致了它的语言学转向。罗素是这一转向的开山之人，他认为逻辑才是哲学的真正本质。如果说科学的任务在于据思维经济原则对经验材料作化繁为简的工作的话，那么哲学的任务则在于保证这种化简工作严格地符合逻辑规则；如果说科学语言是描述经验的，它应局限于经验之内，并与经验内容相一致的话，那么作为对科学语言进行逻辑分析的哲学语言，也必须与经验世界的逻辑分析相一致，必须能还原为经验事实。而要对经验进行分析，必须把复杂的经验世界分解为单个的原子事实。

由于单个的词，不能完全表述一个意义，只有几个词内在关联在一起才能表述一个完整的意义，因而只有将词组合起来形成一个原子命题才能描述一个原子事实。原子命题表述原子事实，由几个原子命题组合起来而形成的分子命题表述一个复合事实，由原子命题和分子命题共同组合起来的整个语言系统则表述整个经验世界。语言与经验世界的关系是表述与被表述的关系，表述的正确（能还原为经验并被它证实）则真，否则为假。但分子命题的真假则不取决于经验证实而取决于逻辑句法原则。而超越经验之外，逻辑本身的必然性又来自何处呢？面对诘难，罗素只得放弃还原论的经验立场，认为逻辑的必然性是先天的、超验的。这就为动摇乃至消解"还原论原则"打开了一个通道。维特根斯坦与罗素一样，也主张语言是通过命题来描述事实的，每一个命题都是一个事实的图像，构成命题的语言符号和构成事实的要素有着一一对应的关系，这就是有名的"图像论"理论。但是，他说的这种一一对应关系是有差等性的，不是简单的"一一对应"而是总体上的"一一对应"。因为，一方面，每一个事实皆有一系列原子事实组成，那么描述这一事实的基本命题也必然由同样多的语言单位系列所组成；另一方面，每一事实都是按照特定的逻辑结构组成的，与之相应，基本命题中也必然有特定的逻辑结构。这两方面结合起来就构成了检验命题的意义标准：一个命题要成为有意义的命题，除了命题要与它所表述的经验内容（事态）相一致外，还须符合特定的逻辑原则。进而，对一个命题的检验，还原论所主张的那种纯粹的经验证实，不仅不必要了而且也不可能了。

　　还原论虽没被放弃，却不得不做出较大的修改。在维特根斯坦看来，对于一个命题意义的确定，总有可能找出一个可以证实这个命题真假的方法，只有找到了某种证实方法才能确定命题与它的事态间是否一致。这样对经验的还原修改成了对表述方法的还原：经验证实性修改成了可实证性（实证的可能性）："只有能还原为经验的命题才是有意义的"经过修改转换成了"只有那些具有可实证性的命题才是有意义的"；一个命题与它所表述的经验事实间的对应关系（还原关系）不再重要了，重要的是能否找到确定命题真假的方法，即命题是否具有可证实性已成为重要的判决性检验，一个命题的意义完全取决于它被证实的方法。继他之后，石里克又将这种证实的可能性分为两种：一种是经验的可能性，即以经验事实作为检验标准。但由于经验的不确定性很大，因而经验的可实证性不是绝对的，而是常常靠不住的；另一种是逻辑的可能性，即以逻辑句法规则去检验命题的意义。这种检验是最基本的，因此，证实的可能性就等于逻辑的可能性。"还原论原则"虽然还保留了一个"可能性"的踪迹，但其主旨已被"逻辑可能性"消解了。卡尔纳普认为，还原论所主张的经验可否证实是指"原则上"的而非"技术上"的，只要原则上具有可检验性，哪怕技术上一时无法予以保证，也能证实命题的意义。他又将证实分为两种：一种是直接证实；一种是间接证实。前者指当下经验就能证实；后者指虽说经验不能证实，但通过演绎和推导能得到间接证实。但当遭到波普和奎因的批判后，他觉察到不仅间接证实靠不住，就是直接证实（由于经验的主观性、私人性等）也同样不可靠。因而又再一次撤退，将"经验的证实"修改为"经验的语言表述的证实"。易言之，不再以经验内容作为判决性检验的标准，而以共同的观察陈述作为标准。只有当一个命题或句子可以还原为表示观察的基本命题时，即当一个命题的真值来自于这些观察命题的真值时，它才是有意义的。可见，经验的还原已转换成语法上的还原。

　　更重要的问题还在于，尽管逻辑原子主义者及维也纳学派的重要成员，大家为了挽救"还原论原则"都曾对之作了许多让步、辩护和修改，但大家最终还是认为无论逻辑的可实证性、方法的可检验性抑或句法的可验证性、观察命题的可能性等，在具体贯彻中仍然困难重重，与自然科学发展的要求不符（按照"还原论原则"自然科学的许多定律都得不到经验的证实），即使在学科内部也很难坚守（遭到了波普和奎因的猛烈抨击）。因而，艾耶尔认为，之所以会出现这种局面，是由于以上的证实都是"强证实"，这个标准尽管做了许多修改和退让，但要求仍然太高了。主张用"弱证实"标准取而代之：虽不能在实践上直接地去证实，但只要存在从原则上可以间接证实的情况，该命题的意义就可得到确认。卡尔纳普后来也觉察到要证实一个命题实属不易，即使要确定一个命题的可实证性（实证的可能性），困难也很多。因而，主张用可验证性代替可实证性，即一个命题的意义取决于它的可验证度。在此基础上，莱欣巴哈从概率论角度，提出用概率度来代替证实的"还原论原则"。他分析说，对一个等待证实的命题来说，其"还原论原则"无论如何修改，都不能准确的判定其真假，只能对之作出概率上的（可靠性程度上的）认可，命题的意义不再是还原论上的经验性意义而只能是概率上的逻辑意义。这样，"还原论原则"在内部研究中最终走向了自我消解。当然，这种消解只有遭到波普的证伪主义和奎因的整体主义批判后才真正完成。

近代以来的英国是全部现代经验主义的真正发源地，其经验主义传统历来十分显著，当时的经验论者在批判中世纪经院哲学的过程中，依据当时实验自然科学的最新成就，第一次明确提出并论证了"认识开始于经验"的经验主义基本原则，创立了以归纳法为特征的经验主义方法论，不仅为后来的英国经验主义哲学的发展奠定了坚实基础、为实验科学获得世界性的大发展开辟了道路，更为整个现当代经验主义的发展定下了基调。

作为现代实验科学始祖的弗兰西斯·培根，他的经验论立场得益于他的唯物主义世界观，在他看来，人是自然的仆役和解释者，人所能做的和所能了解的就是他在事实上对于自然过程所见到的那么多，换言之，人唯一的认识对象就是自然界，认识就是对自然界所"给予"人的东西进行如实地描述而已。这种唯物主义的经验性描述与那种极端蔑视自然、扼杀科学真理并将一切现实经验统统归入神学、只富于争辩而不讲任何实效的经院哲学，是有根本区别的。尽管这种经验主义的描述还非常幼稚，然而在朴素形式下却包含着以后经验主义哲学全面发展的萌芽。培根坚信，只有奉行这种深入到自然界里面、在事物本身上研究事物性质的经验主义路线，才会使人们的理智免于陷入由于歪曲真相、崇拜传统、词意误用、坐井观天等原因而造成的种种"假象"。在此基础上，他明确提出并论证了经验主义认识论的外赋性基础：一切知识皆起源于经验，经验是知识唯一的合法性基础。

可见，培根坚持科学主义的经验论立场，强调实验在认识中的作用，重视用经验的实效性来为认识的真假做出保证，反对狭隘的经验主义（像蚂蚁那样，只知收集材料而不知用自己的理智去改变、消化、使用这些材料）和那种只知玩弄思辨、离开经验任意驰骋的唯理主义传统。培根还将经验主义提升为一种重视经验的归纳法。在他看来，只有重视经验，重视在经验基础上的归纳，才能使人避免陷入无聊的争辩旋涡，帮助人们发现真正的科学知识。因而，归纳法是人们认识自然真理的"真正的道路"，是人们探索自然的奥秘，避免与消除各种精神迷雾和理性幻象的唯一科学方法。培根强调，归纳的过程就是人们用理性的方法整理感性材料，逐渐地从个别经验上升为一般原理的过程。在这一过程中，所得到的"原理"是否及如何可靠，仍然是有疑问的，因为它有着特定的适用范围，它只是从一定数量的特殊经验中归纳引出的，限于该范围它是可靠的，超出这一范围就必须再通过新的经验进行验证。这表明，培根已经看到了从经验中归纳出的原理的可靠性具有两重性，既是确定的又是不确定的，它仍然需要不断地以新经验予以检验。他的这个思想，在以后的现代经验主义各派中均得到发挥，成为动摇乃至放弃经验论立场的切入点。

霍布斯继承了培根唯物主义经验论的基本原则，极力反对笛卡儿的"天赋观念论"，主张知识和观念起源于感觉。认为一切观念最初都来自事物自身的作用，观念是事物的观念，离开事物的作用就不会有感觉发生，一个事物的作用产生了感觉，这个事物就是感觉的对象。只有客观事物才是引起感觉的直接对象，人的一切认识都开始于事物对感官的作用所引起的感觉，若没有事物对感官的作用，就不可能发生认识；若经验是我们借以认识一切别的事物的原则，那么感官则是我们借以认识这些原则的原则。我们的一切知识都是从感觉获得的，人心中的观念都产生于感官，都是由之发端的。那种主张在人心中与生俱来地存在着一些不证自明的所谓"天赋观念"的主张，是没有任何科学依据的。当然，也要看到霍布斯对培根的经验主义立场作了两个方面的重要修正：

一是，虽然感觉是外物的影像，感觉向我们报道了外物的种种性质，获得了关于事物本性的知识，但感觉与客观事物所具有的性质之间是有差别的。因此，当我们通过感官获得了关于外物的性质的知识时，不要以为这些性质就如同感官告诉我们的那样存在于物体里，而应将感觉了解为仅仅是我们认识物体性质的最初方式。换言之，感觉虽然是对外物本性的反映，但它作为人的认识形式又具有主观性、私人性，通过这种主观性的认识形式所获得的关于外物性质的报道与事物本身具有一定的差别，主观认识与客观原型不完全一样。这一修正表明，朴素反映论要求对经验的还原具有差等性（非对等性）。他甚至还曾过分强调了感觉的这种主观性，一度把感觉视作感官受到外物的作用而引起的纯粹的主观心理状态，而不是对外物性质的反应。这种主观主义与不可知论倾向，在以后的现代经验主义中均得到了回应。

二是，霍布斯依据唯名论的观点认为，客观上存在的只是个别事物，概念（共性）只是名称，只是帮助人们记忆的符号（记号），而不反映寓于个别事物中的一般，从而否定理性在把握事物本质中的功能，认为理性不外乎是多少摆脱了感性形式的实体世界的幻影，它只能给这些幻影以名称，并不与事物自身有任何实际上的关联。基于这种狭隘的经验主义，他本该也一同否认推理在认识中的作用。然而，恰恰相反，他认为感觉的确是认识的开端和源泉，但仅凭感觉只知其然而不知其所以然；只有依靠推理才能使感觉上升到理性，认识到事物为什么存在以及存在的原因是什么，从而使认识上升到科学层面。因而，霍布斯又非常看重推理在科学认识中的加工整理作用。但也要看到，与一切唯理主义者不同，霍布斯对于推理的理解则是经验主义的，他认为推理并非仅仅停留于理性内部，而是对感性经验的组合与分解，对名称进行加减计算的活动。这一修正又暴露出他的经验主义认识论的实用性特征，为之通过实用论而走向唯灵论作了铺垫。

继霍布斯之后，洛克在其《人类理解论》中系统地发挥了培根和霍布斯的唯物主义经验论原则。他将认识的经验起源问题视作认识论的首要问题予以强调。在他看来，我们的全部知识是建立在经验上的，知识归根到底导源于经验。我们的心灵犹如一张白纸，上面没有任何记号，没有任何观念，一切观念和记号只能来自于后天的经验。这就是有名的"白板说"。以此出发，他深入地批判了笛卡儿的"天赋观念论"，认为那些天然存在于人的心灵中的所谓"天赋观念"，实际上都是从经验中获得的，都可以从"知识导源于经验"这一原理中找到合理的说明。它将经验分为外部经验和内部经验，提出了"二重经验论"。

所谓外部经验是指外物作用于人的感官而引起的感觉；而所谓内部经验则是由心灵自己反省的内部活动而得到的各种观念。这二者都是独立的而且是客观的知识来源。这又暴露出他的经验论立场的不彻底性。洛克还提出了"两重性质"的学说，以进一步阐述他的经验论原则。洛克认为，一切由感官得来的知识和观念都是外物的性质和能力作用于感官的产物，物的性质可分为第一性质和第二性质。物的第一性质是广延性、运动性等，是客观事物自身的最根本的、最原始的性质，其基本特点是不论物体遭到什么打击和压迫，它始终保持不变，为物所固有；而第二性质则是附着于第一性质，它是由感官不能觉察的物质微粒的体积、形状、运动以及不同的结合而形成的一种能力，这种能力作用于感官便产生了色、香、声、味等观念。与事物的两种性质相对应，关于事物性质的观念也可分为第一性质的观念和第二性质的观念，它们都有客观的根源，都是由物体的性质和能力作用于感官的结果，它们产生的途径和方式都是一样的，所不同的是第一性质的观念是关于第一性质的肖像，它与第一性质的原型是相似的，是对第一性质的如实反映；而第二性质的观念则不同，它们没有与之相对应的客观原型，它不是与第二性质的原型相似的，它具有主观性和相对性。

因为，它不仅决定于物对感官的作用，而且也取决于主体的状况，与主体的内在状态直接相关。但尽管如此，也不能说第二性质的观念就是虚幻的和任意的，相反，它在形式上有主观性、相对性这一点，丝毫不能抹杀它在内容上的客观性，因为它也是与第二性质"相契合"的关于实在的观念，只不过这种相契合不是简单的经验还原，不是一一对应的镜式反映，而是主客体的统一。这表明洛克唯物主义经验主义立场上布满了一些辩证法的幼芽。在其"二重观念论"中他也捍卫了经验主义的原则。认为，人只能认识简单观念，超出这个界限则一无所知。

至于物的内在结构和真正本质则为人所不知，因为我们根本没有达到这种知识的功能。因而，知识不能超出经验，人的知识只能局限于简单观念即经验之内，而不能透过它们去把握物的内在本质。这实际上就是后现代经验主义各派竭力辩护并努力去挽救的"还原论原则"。

近代认识论基础的历史嬗变及其现代启示。由上述可知，早期朴素唯物主义的经验论者在讨论知识的来源和基础时，提出了一条重要的经验主义原则：我们的一切知识都来源于经验，最终来源于我们的感觉经验。换言之，一个命题或知识正确与否当且仅当取决于它能否为经验所证实，或者说它能否最终还原为感觉经验。在他们看来，感觉经验是知识或命题之所以为真的唯一基础和绝对基石，它是支撑着一切知识体系或者全部认识论的阿基米德点，一切知识或命题的合法性、可靠性根基不在于心灵的直观如何具有创造性、能动性，也不在于人心中天赋的观念如何不证自明、逻辑自恰，而在于感觉经验为之确立最明白、最确定的基础。质言之，知识合法性的基础不是心灵的内在赋予性基础，而是经验的外在赋予性基础。对于这条极具唯物主义特色的经验实证原则，一般来说，后继的经验主义者大都顽固地予以坚持和辩护。但是，在18世纪英国的经验主义者那里，这一原则在得到进一步深入贯彻和运用时，其认识论基础却发生了重大转换，即由外在赋予性基础转变为内在赋予性基础，由唯物主义经验论转向了"唯灵主义"的经验论。"通过这一'经验证实原则'，哲学更加被封闭在语言的圈子里，以致除了对语言进行描述外，什么事情也不能做。"①

贝克莱是这种重大转向的开创者。他也坚持经验主义原则，认为感觉经验是知识的源泉，但他是沿着一条从主观到客观、从观念到物的主观主义路线去贯彻这一原则的。在他看来，根本不存在任何独立于感觉经验的事物，所谓事物无非是被心灵所感知的一组观念，即"存在就是被感知"。物和关于物的观念是同一个东西，它们存在与否完全依赖于感知它们的主观心灵。可见，万物皆备于我，在心灵之外没有任何存在。就这样，贝克莱从主观主义出发走向了唯我论，从唯灵主义出发走向了唯心主义。他认为洛克将实体和性质二分，将性质区分为第一性质

---

① 韩树英：《马克思主义哲学纲要》（修订本），人民出版社1990年版，第481页。

和第二性质，主张第一性质是外物本身所固有的而第二性质则不然，这都是没有依据的。因为观念只能是存在于心中的东西，根本不可能有离开心灵而独立存在的客观内容。"物是观念的集合"，心感知外物，实质上就是心灵感知观念，亦即心灵感知自身。

故而，只存在观念与观念之间是否有一致性的问题，是否有相似性的关系。观念只和观念相似，而根本不存在观念是否与外物相似的问题。这样，通过观念内化、主观化彻底否定了认识的外赋性基础。贝克莱利用观念的统一性即知觉表象的统一性否定了物及其性质的客观性。洛克曾将物的性质一分为二，认为第一性质客观存在，第二性质依存于心灵。而贝克莱则认为，第一性质若离开第二性质，或者相反，都是不可想象的，第二性质在什么地方存在，第一性质也必然在什么地方存在，换言之，不仅第二性质存在于心中，第一性质也同样存在于心中，而不可能在心之外的别的什么地方存在。这样利用观念的统一性吞没了外物的统一性。不仅如此，它还运用观念的主观性吞没了事物的客观性。贝克莱认为第一性质的观念和第二性质的观念一样也不是事物的肖像，而是存在于主观心灵之中的，是相对的、主观的，也没有客观的经验基础。这样，就否认了观念是对外物的反映，物及其性质不是客观存在的，而是只存在于心灵中。他就从夸大感觉的相对性陷入了主观主义，又从主观主义走向了神秘主义。因为，心灵是一切观念的来源，上帝则是一切观念的最后依据。对此，由于缺乏经验主义的原有支撑，只能靠一种神秘的"意会"来予以保证，其认识论的"内在赋予性基础"的唯心主义性质，已昭然若揭。

如果说贝克莱是通过夸大感觉的相对性、主观性，而使经验主义由唯物主义走向了唯灵论的话，那么休谟则是通过怀疑主义来完成这一转向的。休谟像贝克莱一样是从洛克经验主义出发的，不过他将唯灵论的内赋性原则推向了极端，这集中表现在他提出的四个相互关联的唯心主义经验论原则：

印象在先原则。他认为，认识始于经验，感觉经验不仅是认识的来源，而且是唯一的存在，除了感知事物的知觉（经验）以外，一切都是不可知的。这种知觉又分为印象和观念，二者没有原则差别，差别只在于进入心灵时所引起的强烈和生动程度上有所不同。印象又分为感觉印象和反省印象，而感觉印象则是反省印象和观念的最终基础，是一切观念最终的原因，是一切知识的最终来源，它先于任何意象而存在，先于认识者的心灵而存在。可见他的"印象在先原则"本身就已经蕴含了通达唯灵论的内在通道。

想象自由原则。虽然印象先在于观念，观念由印象而产生，但是，心灵在生成观念时，却可以自由地去创造，从而产生印象中原本没有的东西，如各种各样的复合观念就是心灵在重组和排列中生成的。心灵的自由构造只限于对经验的重组，而不能提供新观念，不能创造新思想，任何知识都来源于印象（感觉），除此以外别无他途。这样最终使认识停留在印象中，从而否定了人有借助印象通达外在本质的能力。

怀疑主义原则。知识源于感觉，但感觉源于何处，这一问题由于超出经验之外，它的最终原因就是人类理性所完全不能解释的，人类永远不可能给予明确的断定，究竟印象（感觉）是直接从对象发生的，还是被心灵创设的，还是从造物主那里来的，对这种超验的、毫无意义的问题只能采取存疑的态度，不予理会。只要能够合理的解释经验就行了，若向前再迈一小步，抱着超经验使用的奢望，而再去追问感觉的来源，只会陷入虚妄。

联想主义原则。休谟认为，按照"印象在先原则"，既然我们的知识实际上被局限在感觉经验之内而不能有任何超验使用的奢望，那么我们就没有任何理由将因果关系推展到感觉经验之外；而按照"想象自由原则"，既然心灵只能通过联想自由地对观念进行构造，以构成复合观念，而不能超出直接呈现于感觉之前的对象，去幻想发现感觉与对象的关系，那么我们就不能为因果关系提供客观性和必然性的基础；而按"怀疑主义原则"只能将之视作存疑待审的东西，放在括号内悬置起来不予讨论。接下来的问题是：就经验的限度而论，既然因果关系并不是客观性的必然联系，那它又是一种什么样的关系呢？休谟认为，当我们在某些事例中经常发现事物间存在着某种不变的先后关系、相似关系和恒常关系时，心灵就不自觉地、不可避免地形成一种由此达彼的推移，正是由于这种不由自主的习惯性联想，才产生了"因果关系"。可见，休谟的不可知论、怀疑论不仅断送了经验主义的理想，而且也使唯理主义陷入困境。

　　早期经验主义认识论基础从"外赋性"向"内赋性"的转换，带给我们深刻的理性启示：近代经验主义最终的唯灵论取向，是由西方哲学发展到近代这一特定历史阶段的局限性所决定的。西方近代哲学在认识论上具有两大特征，即基础主义和表象论：将心灵视作"自然之境"，是关于外物的表象，犹如镜子观照外物一样，心灵无须任何中介就可接近外在事物，从而形成正确的认识；同时认为，心灵是认识之所以为真的唯一基石，离开支撑着认识的这一支点，知识的合法性基础就成了问题。这种从一种"中心优势点"来把握外在事物的做法（不论是心灵的内在赋予性基础或者经验的外在赋予性基础），严重抹杀了事物的多样性、丰富性和历史性，只能使认识局限在特定的视界内和框架中，对外物不能获得丰富多样的整体性的解释，不能使认识得到多点支撑，不能从多个视角对之获得深刻的、动态的、多样的意义构造。这种严重背离辩证本性的认识论，最终只能陷入唯灵主义的泥坑。近代认识论的唯灵论取向，也是机械唯物主义自身的局限性所决定的。

　　早期唯物主义经验主义自身的机械性、不彻底性和形而上学性特征，在认识论上表现得异常突出：培根将当时自然科学的分析方法引入哲学，只注意对事物的构成部分进行片面的分解式的解析，忽略了事物的内在联系和整体性存在，具有明显的形而上学性和机械性。同时他的"那种格言警句式的学说却还充满了神学的不彻底性"。① 如主张"启示真理"和"科学真理"并存的二重真理说。在认识的经验来源问题上，片面强调感性的作用，而忽视了理性的作用，并将二者割裂开来，使认识局限在感性范围内，不能实现认识由表象到本质的飞跃，只在经验内部打转转，不能把握事物的本质和规律。另外，片面强调归纳法而忽略演绎的作用也使之只能得到"最简单的真理"，因为对经验的片面归纳"总是未完成的"（列宁语）。在霍布斯和洛克那里，机械唯物主义认识论的局限性就更明显。霍布斯把"唯物主义变得敌视人了"（马克思语），因为他片面地归结物的属性，简单地把物的差别归结为量上的差别，把一切运动形式归结为机械位移，并坚持机械的因果决定论等。在认识论上，霍布斯把感觉视作认识的主观形式，并过分地夸大了这种形

----

① 《马克思恩格斯选集》（第3卷），人民出版社2012年版，第754页。

式的相对性和主观性，甚至把感觉等同于纯粹的主观心理状态，而非外物的反映，这就使他离开了唯物主义并通过主观主义和不可知论而走向了唯灵论。洛克哲学的二元性质（二重经验说、两重性质说、二重观念说以及知识分类说等）表明，一旦将经验主义原则及其认识论路线贯彻到底，势必会片面夸大认识的主观性和相对性，并由此否定了认识的客观性和绝对性，从而导致认识主体和认识客体的分离，陷入狭隘的感觉主义，并通过唯我论而最终走向了唯灵论。

可见，唯灵论取向是早期经验唯物主义发展的必然归宿和最终结果。只有在科学实践观基础上将唯物主义和辩证法真正统一起来，才能真正走出近代认识论的研究误区。在认识论上，正如在其他领域中一样，如果将唯物主义与辩证法割裂开来，唯物主义最终就会走向自己的反面，变得敌视人、敌视科学。事实上，近代的唯物主义经验论就是这样，它片面的将经验的归纳捧上天，而将理性的演绎踩在脚下，不懂得唯物辩证地把它们统一起来。唯理论与经验论、归纳与演绎、感性与理性都不能孤立地存在和片面地发展，作为认识论的具体环节，它们之间都存在着足够多的理性共点，使之彼此通达，相互振动，共生共存。若对之硬做片面地、表面地、极端地把握，势必会导向唯心主义。近代唯物主义经验论的认识基础，在其历史嬗变中，总的倾向是离唯物主义越来越远，其唯物性的立场不断地撤退，不断地被唯心主义消解。一方面反映出机械唯物主义经验论抵抗不了唯心主义的进攻，最终不得不放弃自己的原有立场；另一方面也表明唯物主义经验论原则本身就包含着致命的缺陷，一旦将之贯彻到底，其困难和错误就全面得以暴露，从而面临不改变自己的唯物主义立场便不能得到发展的境地。因此，近代认识论宁愿在错误中增长，也不愿在机械唯物主义中死亡。在我们今天看来，要摆脱经验论发展的困境，必须将辩证法引入认识论，并与唯物主义在实践基础上实现内在统一，才能真正走出这一认识误区。可见，马克思的实践认识论超越近代经验认识论具有历史必然性。

第六节　经验论的意义构造问题

当代哲学在彰显个体生命意识、提升人的生存质量的同时，又一度造成了政治性失语和存在的合法化危机；而其对日常生活世界的还原，又悄然消解了它关怀终极、安立生命的人学理想。现代西方哲学的生活世界观与马克思科学实践观的理性比照，带给我们深刻的人学启迪：当代哲学只有诉诸社会变革实践，才能将人的生命本质引向人自身，刚强人的内心及其生命力量并使之勇敢的担当起自己生活的全部事实性存在；只有参与实践变革并积极对时代主题发言，才能重构社会生活意义并实现对人的全面提升。

在以"物质统一性"为基本范式的传统哲学中，由于它将日常生活世界的一部分内容专门抽取出来并加以形式化和片面化，结果把原本属于人的一切鲜活内容从统一的物质性世界图景中作为主观性因素而排除出去，形成了一幅没有人生存于其中的苍白画卷和一片严重缺乏人生目的、意义和价值的人学空场，过分茂密的纯粹理性掩埋了人的生活语义，并由此导致了当代哲学生存与发展的全面危机。曾几何时，不少哲学同人从理性主义立场出发对这场哲学危机进行了有深度的反省，认为这场危机不仅仅是哲学的危机更是人文精神的总危机，换言之，哲学的危机也就是人学的危机，是人性自身的危机。而且认为，既然是由于哲学的传统操作模式及其对形而上学的固恋，造成了对人的日常生活世界的严重遗忘并导致了人与世界统一体的破裂和人文理性基础的瓦解，因而哲学要摆脱危机，就必须重新回到它早已失落的生活世界，与之保持一种水乳交融般的相互黏着状态，以自我革命、自我否定、自我扬弃的精神去拓展自我、重建自我和实现自我，为自己重振人文精神、重构人学范式，并通过向生活世界的还原重新使自己切近于人，以唤醒其固有的人性良知以及关怀终极、安立生命的人学理想。这种在传统形而上理性内部所确立的当代人学取向和向生活世界的还原，在笔者看来，仍然无法实现当代哲学对人在精神上的拯救，恰恰相反，它在极力张扬大写意义上的"人"的同时，又将人的生命本质和人性基础与人的现实生活相疏离。诚然，传统的"唯客体主义"理路一度把人拒斥在生活世界之外，消解了人的主体性、能动性等丰富的人学内容，产生了科技工具理性彰显而人文价值理性低迷的负面效应，甚至出现了抽象的思辨理性参与当代生活对人进行精神压制、统治和折磨的异化现象，因而只有回归生活世界，实现其对生活的还原，将自己的触角伸向生活世界的方方面面，将自己的先锋理念普遍播撒并广泛应用于生活世界的各个领域，才能走出误区、摆脱危机、实现对人的精神自救。然而，关键的问题在于日常生活世界永远是事先给定的、先在性的经验世界，哲学若与之黏着在一起并停留于直接性的生活事实中，能为自己开拓出新的自我生成之域并形成新的人学取向、意义构造和价值勾连吗？以生活解读哲学并将哲学视作一种生活观，这本身并没有错，但由于理论上的准备不足和对西方生存主义、生命哲学的误读，致使人们对生活基础的复杂性、歧义性尚缺乏细致的考量，怎样实现哲学对生活的还原而不至于使之沉陷于或淹没于生活的直接性里从而成为"一道多余的手续"呢？以往哲学对"人类中心主义"所进行的宏伟叙事，曾导致了大写的理性"人"对人之个性的吞噬，而当代哲学对个体生命意识的彰显和对个人主义价值观的强化，又造成了对主流意识形态的某种冲击，如何既接续哲学原有的人学语义又自觉捍卫其政治的合法性根基，如何既保持它对人所特有的那种形而上的感召力和再造力又不至于冲淡它的阶级意识和政治色调，如何通过对生活的还原既将人的生命本质引向人自身又从生活的内在本源处刚强做人的力量，义无反顾地担当起生活的全部事实性？这将是当代作为哲学核心论域的人学必须认真思考和努力解决的问题。基于此，笔者认为，回顾并梳理现代西方哲学对生活世界的理性诠释，将有助于我们领悟并找到解决上述问题的合理途径。

放眼当代世界哲学论坛，我们不难发现在现代西方哲学视域中，不是某个哲学家或某个学派偶尔地将目光投射于生活世界，而是有许多哲学家或流派都不约而同地将研究触角伸向了这一领地，提出并建构了多种多样、旨趣互异的生活世界理论，如胡塞尔先验的生活世界观、海德格尔共在的生活世界观，哈贝马斯交往的生活世界观等。总体上看，现代西方哲学回归生活世界的根本原因和深层动机在于探寻如何走出深刻的哲学危机和人学困境，在于反省传统理性主义范式的固有弊病并开启哲学向现代人本主义的转向。胡塞尔首开哲学向生活还原之先河，其首创生活世界理论的根本旨趣在于把传统的理性世界还原为生活世界，认为前者只是后者实践活动（先验逻辑的意向性活动）的产物；然后再把生活实践还原为纯粹的自我意识，认为生活世界只是纯粹自我世界的产物；理性世界作为生活世界的产物，只是生活理念的搭挂处，而纯粹自我世界虽超越于生活世界而存在，但又必须通过先验的意义构造活动而生成。具体说来，胡氏生活世界观关于意义构造问题的理论要点有三：①生活世界是先在的、自在的、自足的经验世界，它具有非反思性、非课题化的特征，虽然它是一个"构成物区域"然而却没有受到任何先验意义的污染；而且对于理性世界来说，生活世界有着很大的优先性，因为在它自身中，人和世界保持着直接的统一性，保持着人和世界的相互黏着的自然状态。②生活世界虽然是直观朴素的，然而又不能将之理解为琐屑的日常经验，因为它是一个有人的活动参与其中的、保持着原初自在的人文意义和价值构造的世界，它实现着人作为主体的"意义构造"，这种"意义构造"作为生活的成果为一切理性和科学奠基。哲学只有还原到"被遗忘了的意义基础"——生活世界，其存在和发展才是可能的。③生活世界作为自在的第一性之主体性的意义构造，它不是孤立个体的产物，而是交互主体性的共同产物。正是由于其交互主体性或曰主体间性，才避免了其在主观意识中的沉陷和淹没。正如胡氏本人所说，在经过纯粹意识还原后所建构的生活世界并非个人先验自我的任意创造，而是与他人的生活经验内在地关联在一起的具有综合意义的产物，生活世界是"一个交互主体性的世界，是为每个人在此存在着的世界，是每个人都能理解其客观对象（objection）的世界"。①

胡氏生活世界观中的意义构造理论和交互主体性思想对后世影响很大。海德格尔正是师承其说才提出了自己的生活世界理论，实现了在人学中意义构造理论上的重大突破。在海氏看来，一方面，唯有人才能在生活世界中既领会着自己的存在，又开展并生成着自己的存在。一切存在者最终都将不存在，而唯有人才通过自己的生存而将自己的本质"在"出来，人这个特殊的在者（此在）总是向着未来而生，向着自己"有待去是的那个存在"② 而生成。所以"人生在世"，但人又总是超出"自己"而存生于世，以积极的生存活动"站出来活"、"去存在"，

---

① ［德］胡塞尔：《生活世界现象学》，倪梁康译，上海译文出版社 2002 年版，第58 页。

② ［德］海德格尔：《存在与时间》，陈嘉映译，生活·读书·新知三联书店 2000 年版，第15 页。

并"活"出或者"在"出自己的人生意义和特定本质来。可见生活世界是待定的、可能性的世界，它既非自在的又非先在的，它是与人一同存在，相互黏着在一起的。这一点，明显超越了胡氏的人学思想。不仅如此，海氏又批判地继承了胡氏的意义构造理论，认为生活世界并非是一切事物的总和，更非一团纯直观的经验，而是人通过自己的"在"的活动向我们展示出来的意义整体。"此在"是生活世界之意义的展示口，而生活世界则是"此在"特殊的容身之地；生活世界因有了人积极的生存活动参与其中其价值和意义才被照亮，而人也因有了生活世界作为藏身之所才能实现自己的可能性，开展并生成属于各人自己的特殊的本质。但是另一方面，人始终在世界之中存在，"在世"是人最基本的生存条件，与物相接则"烦忙"于世，与人相交则"烦心"于世，从而人跌入一个异己性的"共在"世界中，陷入了沉沦，过着非本真的生活。海氏认为，"共在"（与他人一起存在）这是人存在的一个特点，"此在"的世界是共同世界，"此在"在向着自己的可能性"去存在"时，不得不与他人共同存在，然而正是"共在"中的"常人"（流行的价值标准、规范、习惯和公众意见等）将人从本真的生存状态拖入到了非本真的沉沦状态。因为，在生活世界中，作为共在性的"常人"有着非凡的平整作用，它看守着任何想出格的例外，抹平了一切特殊的可能性，要求人按"常人"的意见照章办事，不逾矩，不出格。人是在"常人"支配的世界中庸庸碌碌，整日说着言不由衷的话，过着"物"一般的生活，这样，"常人"就把属于人的一切内容与本质统统拿走了，人的"共在"导致了人的"异在"。人怎样才能出离沉沦并实现真我呢？海氏认为，人只有面临大限的考验，在"畏"、"烦"、"死"等特殊的临界状态，才能唤醒自己的良知，从而向死而生，向死而在。这是由于，人只有在高峰体验中才能"先行到死"，领会并积极筹划逃离"常人"的统治，以自己全部的生命力量去直面此畏，勇敢的担当起生活的全部事实性存在，并在人性良知的呼唤中下决心与"常人"决断，积极营建属于自己的本真生活。而在日常生活的自由游荡中，人对任何精神性事件都熟视无睹，人真的成了身份迷失和下落不明的"物"了。

哈贝马斯的生活世界观既继承了胡塞尔意义构造理论又扬弃了它的

先验性，既接续了海德格尔对人的生存境遇的揭示，但又不诉诸生存体验，而是通过社会交往实践来实现对人的切身性考察和对生活的真正还原。在他看来，传统理性作为工具理性的确出了问题，但这并不意味着它就丧失了一切意义和价值，相反，作为交往理性它在生活世界中具有丰富的人学语义与生活价值。因为，生活世界是文化存在、社会共在和个体存在等各种交往实践者，在积极的交往活动中所确立起来的"一个主体间所共有的世界"①，这个世界与每一个交往行动者息息相关，交往的开展、社会的形成、个体的生产、价值的生成和意义的推广等，都是在生活世界的交往中一道得以完成的。一方面，生活世界具有积极的意义构造功能，它能产生具有包容性、多维性、非排他性的合和取向与多重意义相互叠加的文化世界。因为，在生活世界中，日常生活的各种内容，如制度、习惯、传统、伦理、个性，等等，都贯穿于交往实践的彼此理解、协调和社会化过程中，经过浓缩和积淀，其中相当一部分潜在资源构成了生活价值的主干；再经过实践的提炼，这些生活方式和价值原则就会凝聚下来构成新的解释范式和社会伦理规范，并进而形成对一切人都有规训作用和文化认同的一致取向的交往理性和实践网络。从而产生哈贝马斯本人所描述的"交往互惠"、"重叠共识"和"效果历史"。但是另一方面，哈氏也看到了生活世界交往理性的负面效应。在他看来，在生活交往实践中所产生的"制度化领域"或者"文化共同体"，在各种系统的运行中，受到法制和契约的支持，又会从生活世界中独立出来，并逐渐摆脱原本由生活世界所构造的意义指引（交往规则和价值信念），在现代市场机制的支配下，独立而自律地运行，并反过来干预和破坏生活世界的意义构造，造成生活世界的危机以及生活世界与制度规训之间的冲突。这就是"生活世界的殖民化"过程，这一过程对生活进行启蒙和意义构造的同时，又不断地嘲弄生活，干预、限制甚至危害生活，产生诸如价值低迷、合法化危机、社会失序、冲突加剧、同一性缺失、社会化进程受阻、心理变态等与生活为敌、与人为敌的负面效果。怎样才能摆脱这种"殖民化"的负面效应及影响呢？哈氏认为，只有以生活世

---

① ［德］哈贝马斯：《后形而上学思想》，曹卫东、付德根译，译林出版社 2001 年版，第 79 页。

界的合法化趋势为基础，推动交往理性的合理化，从而发挥生活世界的理解、协商和非强制意见一致性功能，以推进文化再生产、社会统一和社会文化的协调发展，为此就必须在语用学、诠释学、民主化等方面，为达到社会与人的和谐共进作出相应的意义构造。

以上分析表明，现代西方哲学的生活世界观有许多共同点：①都主张生活世界对人来说的先在性、待定性，人与生活世界并非处于两离状态，而是处于相互黏着状态，生活世界是人的存身之所、容身之地，是人得以存生于世并能成就自我的现实基础。这一点与马克思的科学实践观亦有相通之处。在马克思看来，人们的存在就是他们的现实生活过程，只有从这一现实的生活过程入手，才能把握住人的真正本质，因而"在思辨终止的地方，在现实生活面前，正是描述人们实践活动和实际发展过程的真正的实证科学开始的地方"①。但马克思的实践生活观与西方生活世界观的本质区别在于，马克思认为生活世界虽然先在于人却并非外在于人，并非是没有深度的平面世界或者纯然的感性世界，生活世界"决不是某种开天辟地以来就直接存在的、始终如一的东西"，而是"历史的产物，是世世代代活动的结果"②，人的改造世界的实践活动是整个现存感性世界的基础。离开人的实践活动，仅从生活世界的感性形象和直接状态进行描述，只能得到一个不可思议的怪物——"构成物区域"。②都主张生活世界之意义构造的生成性和过程性，但在生活意义具体构造的途径上又有了较大分歧。胡氏认为生活意义是先验逻辑赋予的，海氏认为它是高峰体验的产物，而哈氏则主张它是文化的产物。对此，马克思也曾强调要"把感性世界理解为构成这一世界的个人的全部活生生的感性活动"③，认为"全部社会生活在本质上是实践的"④，如果不把感性的生活世界理解成实践性的世界，至多只能达到对单个人和市民社会的直观式或表面性的理解。③西方生活世界观都非常重视人的共在性，认为人生活于其中的世界是"一个交互主体性的世界"（胡塞尔）、一个与他人同在的"共同世界"（海德格尔）、"一

———————

① 《马克思恩格斯选集》（第1卷），人民出版社2012年版，第153页。
② 同上书，第155页。
③ 同上书，第157—158页。
④ 同上书，第135页。

个主体间所共有的世界"（哈贝马斯），并深入剖析了这个共在性的日常世界对于生活意义的构造和人的本质的生成所具有的双重功效。但是，它们都存在一个共同的致命伤——远离社会实践仅从先验自我、生存体验或文化功能等纯理性视角去谈如何摆脱生活的危机。这一点，与马克思哲学有着本质的区别。在马克思看来，"环境的改变和人的活动或自我改变的一致，只能被看作是并合理的理解为革命的实践"①，若离开社会实践，人无论如何不能摆脱生活危机、出离沉沦，达到人与人、人与自然的和谐共存与发展。

事实上，一方面，马克思哲学非常强调对生活世界意义构造的实践性把握。认为，是人的生活决定着人的意识而非相反，因而，主张生活、实践的观点应是整个哲学首要的和最为基本的观点，反对远离社会实践对人、对人的生活做任何抽象意义的理解。在他看来，人的生活实践是人不满足于现有的感性状态而努力追求应有的理想状态，并在激情和意志的推动下，通过自己的对象性的实践活动，按照真善美相统一的原则生产和创造出来的属人的意义世界。只有在这个属人的世界中，人才能脱离自然的动物状态，成为"作为人的人"②；只有在人的实践活动中，人才能克服各种异化、摆脱沉沦，摆脱社会交往活动的负面影响。可见，人生产和创造着属人的世界，而属人的世界也生产和塑造着"作为人的人"；要了解人是什么样的，人有何本质，就必须了解人存在和生活于其中的人的世界是什么样的，而要了解人的世界是什么样的，又必须了解生产和创造人的世界活动的实践性本质。因为，人是什么样的，同人存在和生活于其中的生活世界以及人怎样生产和创造这个世界的活动，在本质上是一致的。所以，实践是解开生活世界之谜、人的本质之谜的关键所在，西方生活世界理论的共同缺陷恰恰也就表现在这里。另一方面，马克思更重视对生活世界意义构造的过程性诠释。在他看来，人是一种独特的自我生成、自我超越、自我完善的生物，因而，它永远处在自己实现自己的过程之中。而人自我实现、自我生成的过程，也就是通过自己的对象性实践活动而使人和生活世界相互确证、

---

① 《马克思恩格斯选集》（第 1 卷），人民出版社 2012 年版，第 134 页。
② 夏甄陶：《人是什么》，商务印书馆 2000 年版，第 303 页。

相互制造、相互规训的过程。诚然，这一无限性过程无论对于人来说抑或对于人的世界来说，都绝非是胡氏的先验自我的意义构造活动，亦非是海氏的临界体验活动，更非哈氏的文化认同与叠加活动，因而它在本质上就不是一个纯粹外在而直观性的概念，而是一个真正能够思入生活又积极地干预生活的实践性运动。哲学只有真诚的面对现实性困惑和生活的深层矛盾，并随着人的理性的不断成熟和生命质量的提升，不断地实现着对人的本质的超越和对社会生活过程的批判性反思，从而重构社会生活过程并实现人的自由而全面的发展。

现在让我们再回到本文一开始所提出的、在当代哲学人学取向和生活还原过程中所遇到的一些难题上：①当代哲学以彰显个体生命意识为目标而发生的人学转向，应该说，这一路径本身是正确的。然而，由于它对个性的张扬是在抽象的理性主义框架中完成的，因而，不仅造成了大写的"人"对个性的吞噬，而且会大大削弱其意识形态的合法性。只有把个体的人置于社会交往的实践活动中，对人做实践性的把握才是科学的，才不会导致哲学对于人、对于人的生活意义的反向建构。②哲学回到生活世界就是回到人自身，而其对生活还原的目的，就是把属于人的一切内容和意义归还于人。但生活实践的意义具有构成性，而人的本质也具有生成性，哲学对生活的还原，若只是停留于生活的表面，对人只做生存性状上的描述，就不能为人提供能驾驭生活并构造重大生活意义的现代生活观，更谈不上对生活世界的重构和对人的本质的实践性把握了。可见，人的生活世界并非是现成的、既定的"构成物区域"，而是一个交往主体性的实践过程，作为属人的生活世界和作为生活世界构成意义中的人，都只有在人的交往实践中以及对这个实践的全面理解中，得以合理的说明。只有从人的交往实践过程中来把握哲学的人学转向与生活还原，才能找到哲学贴近人和人的生活的真正切入点。③哲学的人学转向和生活还原过程中所产生的各种问题，"并非抽象的思辨的纯学术问题，而毋宁说它是一个属于现实属于生活的实践问题"。① 如果它像现代西方哲学那样，一味专事特殊语言的建构，精于逻辑和理性

---

① 张曙光：《人的世界与世界的人——马克思哲学过程论历程追踪》，河南人民出版社1994年版，第55页。

的自我繁殖，那它将不仅从生活中淡出，而且还会成为生活的毒汁。因而当代哲学只有思入实践，切问生活世界的内在本质，让人从日常生活的沉沦中觉醒，从而积极投身改造社会的实践活动中，以全部的生命力量勇敢地担当起所有的伦理重负和一切社会责任，才能以自己的生存实践打造属于自己的生命意义。由此可见，哲学唯有诉诸社会实践才能实现对人的生活世界的真正还原，才能成为将人的生命本质引向生活世界本身的召唤力量，否则就会成为"一剂无疗效的药"而遭到世人和生活的遗弃。④马克思哲学要摆脱哲学的危机和解决人学的困惑，决不能仅仅附着于生活的表面或者仅仅停留于主观的内在体验中，为人提供什么"生活应对技巧"方面的学问，这样做，对当代生活世界的意义构造非常有限。相反，而必须诉诸实践批判，积极参与时代变革并对时代主题及时发言，才能引领并范导实践沿着正确的方向发展。因为哲学和人学危机的根源不在于先验理性自身如何进行意义关照（胡塞尔），不在于人如何体悟内在的临界体验（海德格尔），也不在于如何在文化基础上重建交往理性（哈贝马斯），而在于对不合理的社会生活本身如何进行批判性的改造。因为只有通过社会实践批判，彻底颠覆这种旧的生活基础，才能实现真正的生活还原和重大的意义构造。只要不合理的生活基础不变，原有的共在性的生活逻辑还在强势地推行，哲学在人学转向中所引发的各种问题就不可避免地存在和蔓延。这就是马克思非常强调要对人和人的生活世界做实践性考察的原因之所在。

第七节 现代经验论的发展取向

现代西方"实证史学"强调历史研究要尊重事实经验，且一切必须局限在主观经验的范围内不能超验应用，而"材料史学"更是将史料的客观性、真实性强调到了非常不适当的地步，以至于提出材料就是一切的"无'论'历史"的主张。与之相反，无论新康德主义者抑或新黑格尔主义者的史学主张，则将历史视作是史家对史料的主观认知史、生命交感史、价值创造史、批判考察史、当代生成史和思想重演史，极大地凸显了历史哲学的主体性本质和思想性内涵，拓宽了历史思维的新生之域和多维视界。但由于其忽视了对历史本体及其实践基础的研究，导致了历史认识的"唯我"归宿和思想通病，又使史学方法及价值本身面临质疑，这对于马克思历史观研究极具理性启示。现代西方历史哲学的研究主题几经转换：从早期具有实证主义倾向的"实证史学"、"材料史学"发展到具有非理性主义倾向的"认知史学"、"生命史学"，再从新康德主义的"价值史学"、"批判史学"发展到新黑格尔主义的"当代史学"和"思想史学"，这在现代西方哲学史上无疑是一个重大事件，其直接性的后果就是造成了"历史哲学"这一分支之显学地位的确立。这种状况当然也带给我们多方面的理性启示，使"历史哲学作为科学何以可能"这一传统问题，在今天又成为众多史家关注的焦点之一。

以孔德、穆勒等为代表的早期实证主义者，主张一切科学知识必须建立在来自观察和实验的经验事实的基础之上，除了以观察到的事实为依据的知识之外根本没有任何真知可言，一切科学知识必须局限于经验许可的范围之内而不能作超验使用，至于经验之外是否有物存在、存在的究竟是物质或是精神以及二者谁是第一性的问题，纯属形而上学的伪命题，理应拒斥在科学大门之外。这种经验主义立场无论对于自然科学抑或社会科学都同样适用，实证哲学的根本特点正在于表明人的理性根本没有能力去把握那些抽象的、形而上学的东西，其首要特征正在于强调所有的现象都服从于不可改变的自然规律。社会现象与自然现象在本质上没有区别，对分析自然科学行之有效的经验分析方法同样适用于社会科学，实证史学的根本旨趣就在于寻找感觉经验之间的某种变中不变的先后关系和相似关系，通过归纳法将之累积起来并简化为最小，以便发现能够适用于社会历史领域的"一条伟大的根本规律"[①] 即人类理智的发展规律，探寻出正是人类的理智和道德及其背后存在的人类的本能与欲望，而非别的什么才真正决定着整个社会历史的发展。借此，它批判了以往的形而上学历史观不从经验事实出发而从抽象的"自由、平等、博爱"和"民主、正义、解放"等原则出发去研究历史的种种弊病，认为形上史观只有"破"的作用而没有"立"的作用，只对封建社会具有革命性意义而对未来却没有建设性意义，只能颠覆旧世界却不

---

① ［法］孔德：《实证主义概观》，萧赣译，商务印书馆1938年版，第25页。

能建设一个新时代，因为它不是从事实出发而是从想象出发，只能给人们的思想和社会带来破坏和混乱，唯有借助经验分析方法并建立科学的实证史观，才能实现历史观的真正革命。"实证史学"及其经验论立场，致力于固恋历史研究的客观性与中立性，试图不导入主观的任何意图就能达到对历史的真正理解，这种方向值得肯定，惜乎它并非从历史本身出发探寻决定历史发展的根本动因，而是从人的头脑中、从感觉经验内部的相似性关系中去发现规律，最后只能使之滑向主观主义的泥坑。各种历史传承物，当然是我们探究的经验对象，其客观实在性毋庸置疑，但是，我们对历史传承物的经验，在根本上超越了它们中可被客观探究的东西，历史事实中所蕴含的历史意义，绝非一劳永逸地摆置着等待我们去发现，而是需要我们不断参与其中进行获取，这就需要在尊重历史经验的客观性的同时强化历史研究的主体性能力与作用。

实证史观那种拒斥形而上学的思辨虚构而力主运用自然科学方法揭示历史规律的研究理路，得到了历史上兰克学派的大力提倡和推广，并将之发展到了"材料史观"的褊狭境地。兰克学派自从步入史坛，向来以诉求历史的真实性、客观性、科学性为标榜，主张史家必须直面史实、秉笔直言，悬置自我甚至消灭自我，不能携带任何主观性的先入之见，不能将自己的主观好恶（前理解、前把握、前拥有）带入历史研究，也不能将什么抽象性的人性、欲望或者上帝对人的"普遍之爱"作为考察历史的支点，更不能将历史视为人的意志或者理性的产物。相反，而必须精心地收集、鉴别、筛选与分析大量的历史材料，其口号是"有一分材料说一分话"，让材料本身去表述历史、去印证历史，靠足够多历史事实、历史碎片的粘贴与组装，去恢复已经失去的历史记忆。史料不仅高于、大于一切，而且史料就是一切、构成一切。历史就是各种史料不断叠加、累积的历史，历史就是材料的挖掘史、考据史，历史学也就自然成为考据学、史料学。主张无"论"历史（没有受到任何历史理论污染的纯净历史），不能将任何"论"或者"观"人为地输入历史，一部人类发展史就只剩下了支离破碎的具体事例，历史研究就演变成了纯粹经验主义的事实收集。既然事实胜于雄辩，"论从史出"或者"以论带史"都是武断地剪裁历史、无端地主观臆测，都理应被取缔。史家为了真正地回到历史真实，应自行克制，采取无立场的考察、无原则的研究，刻意不让任何非历史的倾向带入历史，哪怕只是停留于历史的表层或者现象上、驻足于历史的碎片或者泡沫上，也在所不惜。并分析说，史学研究旨在用无数细微的材料，如实说明历史事实的真相，每个史料都是"单子式"的孤立事件，都理应得到实在性的肯认，至于历史研究的实用性价值或者其他什么目的，都应该祛除在历史之外，研究过程中尽可能使自己保持客观公正，尽量实现历史情境的再现。至于孔德等实证主义者所竭力虚构的存在于各种史料之间的永恒不变的先后关系和相似关系，都被兰克们排斥在了历史研究的门外，历史发展的普遍规律，更是置之不理。当然，兰克并非一味地崇拜史料，当运用大量的史料进行历史写实时，认为也须对之进行内外考证、作出甄别，最接近历史事实的当事人的表态，显然是历史的最高见证，当事人的信件往往比历史学家的记录具有更大的说服力与可信度。总之，兰克学派重视对史料的详细考证，力求应用原始资料去描述历史，强调通过如实的、个性化的描述来回到历史自身，反对根据各种理论或抽象原则概括历史及规律。主张史学之所以为史学，就在于它拒绝一切归纳、综合、概括等一般性的结论与方法，而强调对历史过程和现象的直观领悟、当下体会，坚信史学家通过对历史资料的考证与鉴别便可以再现真实的历史，在历史研究与历史写作中可以不掺杂任何主观因素，做到绝对客观地让事实说话、按照历史的本来面目来反映历史。兰克学派诉求历史理解的客观性极具学理意义，对后世影响久远。但是，史家理解历史能够泯灭己见而做到"无'论'历史"吗？史家作为历史理解者，他的前见（前结构、前理解、前把握、前拥有）、传统观念、历史境遇以及与历史传承物保持的时空间距，作为理解历史的必要条件，非但不能拒斥反而融入其中，理解是历史性的理解，史家所隶属的历史主体性恰恰是他认清历史对象和洞见历史意义的当然基础，消解了主体性及其理解，历史的苍白面相就暴露无遗。

历史科学的特殊性及其认知问题被兰克学派推向了历史哲学的前台，并被新康德主义的先驱德罗伊森及狄尔泰予以发扬。德罗伊森在其《史学纲要》中指认，史学不是一种包罗万象的学科总汇，不是一种历史性的哲学或者神学，也不是一种世界性的物理学，更不是一种历史著述的诗艺学，它只能是一种历史思维与历史认知的方法论。而且强调，史学作为一门特殊的学科，其特殊之处在于它的研究对象不是摆在我们面前的自然界，而是已成为过去的东西，历史认知的方法不是去说明而是去理解。换言之，历史不是原原本本地如历史材料所呈现的那样，历史也不是原初情景的真实再现，历史只能是被意识到了的东西，只能是对历史事件的认知和如此被认知到的事件。已经成为过去的东西无法复原，不能成为历史的对象，只有被意识到了的事件才是现在的、不朽的，才可成为历史研究的对象。历史当然不能无中生有，它是史家在思想中对以往历史事实认知（追忆、加工）后的一种特殊理解，历史对象产生于人的认知，是人的一种理解物并强烈打上了人的印记，理解之所以成为可能，就在于作为史料的认知再现了与我们内心中已有的认知，二者显然具有同源性。人对历史的认知把内心的过程表现为可感的过程，通过认知把人内心的需要赋予历史，使之成为人内心渴望成为的那样。历史认知不再奢求客观性、真实性的理解，而只关心认知者与历史对象之间在精神上的如何沟通，如果沟通的方便而顺畅并在心灵中产生了共通感，那就能保证历史理解的真实性与可靠性。因为，史家的历史认知是从自己的精神、从自己对当下的生活感受出发去理解史料的，而且试图通过对之表一番同情的理解而复原真相、回到历史本身。史家的认知和理解，其实是一种修复活动，按照认知者的当下需要，通过在心灵中的增补，对史料获得一种理解。历史只能是被认知到了的历史，历史是一种认知史和理解史，史料只有被认知并与心灵实现内在沟通才能被理解，历史只有获得当下认知与理解才能予以修复。离开认知者的特殊理解，历史真实的再现是不可能的。史料本身不足以表征历史真实，或者说，仅仅有足够多的史料还不能构成历史，历史说到底不是史料史，而是认知史和理解史，历史不是靠史料的堆砌和粘贴而如其所是地直接显现出来的，而是史家凭借心灵的认知与感悟去发现或者创造出来的。

狄尔泰在其《历史理性批判》中也认为，自然科学与精神科学是两种完全不同的学科，自然科学来自于对自然现象普遍必然性的抽象概括，而精神科学的对象却是个别的、特殊的，毫无规律性可言；对于外在于人的自然现象，人们可以做到不掺杂主观情感而纯客观的认知，并透过现象发现其本质与规律，而在精神科学中，人们面对的是他们自己及其创造物，面对的是鲜活的生命本身。面对一堆史料，史家必须深入到它的内部去感受其真实性，史家生活在他的对象之中，同时又使对象生活在他自己心中，史料只有在史家的心灵中得到理解，才能真正地复活与还原。史学就是从外在性的史料中获得内在性的生命感知，是基于史料而对生命本身的理解活动，即通过可感知的史料去理解不可感知的内在精神。任何真正的历史理解，都必须走出自己的内心世界并进入历史文本（或历史事件、各种史料）的深层逻辑，通过"心理移情"作用以把握住原初历史情境及其当事人的真实情感，将心比心地再现历史传承物及事件当事人的生命体验。由于历史事件都是人的生命创造物，都是人的生命本质的客观化，又由于人同此心、心同其理，人类的心灵具有共通性，因而可以心心相通地做到内在沟通而获得真正的生命体验。史家凭借什么、又是怎样基于这种共通性而走出自己的主观世界并进入历史当事人的内心世界呢？史家凭借的是"爱"和"同情心"所组合的共通感，借此才能使"统一的自我的意识"和人类的共同意识相互联结并贯通起来，通过心心相印、内在融通而获得极具当代意义的客观理解。其实，史家之所以比历史当事人更能理解历史传承物的真实意义，而且他之所以还能够为历史追加更多的符合生命意义的当代觉解，原因就在于心理的移情作用和同化作用，使之内在地融入到了历史当事人之特殊的历史情境中，设身处地地设想历史当事人究竟会何所思、何所为，这样两种生命体验就内在交融在一起了，原初的历史生命意识也就在今天的生命认知之中再度复活了。所以，历史认知不是对史料"如其所是"的客观状态的感知，而是生命与生命的沟通、灵魂与灵魂的对接，历史就是生命感知史、沟通史、体验史，历史诠释的不是毫无生气的史料而是生命本身，既是对历史事件及其历史当事人的原始生命的把握，更是对史家本人及其所处的时代的生命体认，这样，历史研究成为一种生命此在重构过去生活的拟建。看来，史学不是材料学和考据学，也不是认知学和理解学，而是生命诠释学和历史心理学。是生命体验及其重构生活的过程而非别的什么过程，才使历史研究获得越来越多的丰富内容并实现深层跃迁的唯一通道，任何史学都只能是生命史学，生命获得此在性本质的精神构造学、意义构境论。

在李凯尔特看来，正是对史料的认知方法不同将历史与自然区别开来，即使面对同一史料，如果考察时关注的是特殊的、个别的东西，那它就是历史研究的对象，而如果关注的是一般的、共性的东西，那它就是自然科学的对象。史料既可通过描述而成为史学的，亦可通过为之立法而成为科学的，借助"理性为自然立法"而确立为自然科学，借助对史料进行亲切的摹写并使之丝毫不走样地重新复活在当前的概念中，而成就了史学。究竟是成为史学抑或科学，完全取决于人们的研究方式。自然科学的对象是从自身生长出来的、纯粹客观性的东西，是作为一种盲目的、无目的的力量而起作用，只要具备了同样的条件就可以相同的形式反复出现；而历史科学的对象则不然，它是人们按照预计的目的生成的，由于它固有的价值而为人存在着，它是通过抱有一定目的和意图的人的价值创造活动而实现的，它是文化的生成物，是价值的创造物。是否或者有没有价值，构成了自然与历史的本质区分，史料之所以被人们特意地保存着，正是源于其蕴含着特殊的价值。一切自然的东西都不具有价值，可以不必从价值学角度予以考察，都可以从经验事实出发对之作客观性的描述与说明，可以悬置自我进行实证分析；而一切历史的东西都极具价值，都必须从价值的观点出发加以考察，甚至必须通过心理移情进行心灵的交融，才能获得有深度的诠释与理解。自然科学致力于用它的概念去把握为数众多的各种经验对象，以理性的方式为对象梳理出一般性的秩序来，并借助特殊的理性图式为之找寻出普遍性的规律。而史学则力求使它的叙述仅仅符合于某个特殊的对象，尽可能接近这个特殊的历史事件及其所蕴含的价值，从史料的特殊性与个别性方面叙述历史价值的一次性与偶然性。史学对自然科学所极力并热衷于追问的普遍规律不感兴趣，其兴趣在于发现隐秘地存在于特殊历史事件中的价值蕴含。问题的关键在于，史料的这种价值蕴含并非客观存在的，并非现成的存在着并等待人们去发现的东西，而是史家从外面输入历史的，是按照自己的价值原则拣选出来并诠释出来的，史料有没有及有何价值完全取决于史家的理解与诠释，历史说到底就是一种价值史或者价值生成史，离开史家特殊性的价值眼光，一堆毫无关联的史料无论如何构造不出真实的历史。为此，他提出了一种历史的"价值联系原则"，认为"没有价值，就没有任何历史科学"①，全部历史都是由历史学家的价值观决定的，价值构造了历史，而历史又凸显了价值，最终价值和历史在史家的精神世界里达到了一致。

布拉德雷在其《批判历史学的前提》中认为，考据史学要求把历史的客观性建立在经过考据所确立的历史事实的坚固基础之上。应该说，这本身并没有错。因为，从某种意义上说，考据史学或者说历史学上的考据，的确有存在的必要，没有大量的考据材料作为基础，即使再精明的历史学家也无从治史，没有史料识别专家及其对历史文献的校勘、甄别、筛选与评价，历史的真实如何被重写且历史记忆如何得以恢复？但问题的复杂性在于，考据史学把考据作为前提的重要性强调到了不适当的地步，以至于认为没有考据就没有历史，考据本身就是历史，或者说历史就是考据史，将二者混淆或者等同起来，就会重蹈材料史学的覆辙。正是有鉴于此，布拉德雷的批判史学主张，仅仅有考据的存在，哪怕细致入微、包罗万象，依然构建不出历史，史料考据作为前提性研究，只是历史研究的一种而非全部，何况又不是最重要的一种，岂能将考据代替历史？他分析说，历史学从来不是作为"被告"，不是单纯消极地要接受史料考据提供的"证词"及其检验；相反，而是处处作为"原告"甚至"法官"，积极地对考据史学提供的"证词"作出批判性解析。而要作出这种批判性审查，也就势必将某种批判的标准带入历史。历史总是以史家的批判标准来取舍史料的，不论是历史事件的评价抑或历史事实的叙述，都离不开史家批判标准的选择。什么样的史料重要或不重要，什么样的史实有意义或无意义，什么样的历史记述有趣或无聊，什么样的历史现象能够或不能显现历史的本质，诸如此类的问题，都内在关联着史家的评判标准。这种蕴含在批判中的标准就是历史学家的历史思想、历史哲学或者历史观，历史就是史家考据标准的批判史，历史的标准就是考据的批判标准，史学就是关于考据标准及其批判的科学，没有了对考据的批判，历史也就不成其为历史。历史学家不是一面被动地接受历史证据的平静的镜子，而是一个具有自身经验的

---

① ［德］李凯尔特：《文化科学与自然科学》，涂纪亮译，商务印书馆1986年版，第21页。

人，他经历了他所生活于其中的世界，他总是以自己丰富的人生阅历、背景知识储备、某种前拥有（基于特定立场和思想倾向而形成的前理解）出发，对考据学提供的历史证词进行带有一些主观期待和方向性召唤的批判解析。在他力图对之作出批判解析和审判之前，考据史学提供的庞杂证词什么也不能告诉他，它们就是一群众说纷纭、莫衷一是的见证人，是一大堆支离破碎的混乱叙述和相互抵牾的个人偏见。这是由于，每一个证人都是他那个时代的产儿，历史的进步使得见证人的标准与历史本身的标准很难达到一致，那么，历史作为科学如何可能呢？布拉德雷认为，这正是史家建功立业的当口。史家从这些杂乱无章、真假难辨的一堆堆史料中，究竟能够看到什么、得出什么、写出什么，这完全取决于他本人是什么，取决于他以何种批判性的眼光去接近史料，取决于他给史料注入什么样的批判标准。史家并非无批判地接受证言证词的，一旦有所接受，就意味着见证人的思想成为史家的思想，或者说，在史家自己的批判史观里重演了历史的真实思想。简言之，"论"代替了"史"，"论"决定着"史"。

克罗齐在其史学研究中，提出了一种"'哲学＝历史'的等同论"，断言历史在本质上是哲学的，换言之，历史就是精神的发展史。因为，在他看来，精神是唯一的实在，精神之外没有任何外在的存在，一切存在都仅仅是精神及其表现，而精神的最高表现形式恰恰是人的哲学的精神生活。这种最高精神生活的实际表现过程就是历史，历史是精神生活的具体展开，"精神本身就是历史，在它存在的每一瞬刻都是历史的创造者，同时也是全部过去历史的结果……所以，精神含有它的全部历史，历史和它本身是一致的"。[①] 精神是一种历史性的存在，而历史则是一种发展着的精神，精神的自我意识是哲学，而哲学就是它的历史，二者本质合一。基于此，克罗齐提出了自己"当代史学"的各种主张，认为我们既成的历史观不在精神之外而在精神之内，它永远把历史和精神结合起来，以当代历史重演精神。质言之，历史绝非存在于精神之外，历史就内在于精神之中并实际地显现着精神。因而，历史不是某种

---

① ［意］克罗齐：《历史学中的理论和实际》，傅任敢译，商务印书馆1982年版，第13页。

过去了的、现今已不复存在了的东西的纯粹记忆，也不是对那些单一性、个别性、不可重复性历史事件，做强行的规律性预见，而是当代人依据自己的主观意识和实践需要，积极介入历史事件而制造出来的、始终活跃在现今人们精神活动中的东西，一切历史都是当代史，一切真正的历史都是时代精神和社会文明的活的灵魂。他认为一切历史观都要具有鲜明的当代性特征，每一个历史论断的学理基础都要从当代实践中去找寻，史家之所以赋予历史以严整性和统一性，就在于当代实践的实际需要。不论与当代实践需要的那些历史事件多么年久日深，都能赋予它以当代的性质并使之处于当代情境之下。如果我们要真正地接近历史，就会发现历史其实就活在当代精神生活的本质处，历史所关注的不是死去的过去而是活生生的现在，"历史决不是关于死亡的历史，而是关于生活的历史"①，唯有当代人的生活旨趣和实践所需，才把历史学家的目光引向过去的历史，过去的历史如果不进入当代视野、不进入当代人的精神世界及其实践中，就只能是死的历史而非真的历史，我们回归历史的真正目的并非只是为了嗅到那些发霉的味道，史料不与当代思想保持内在关联，就不会被记起，就是纯粹的"无"。当然，这里所说的"无"并非不存在而是没有意义。任何史料唯有得到当代新生活阳光的照耀，它所蕴含的思想才会再度发言，其时代意义才会重新被唤醒。僵尸般的、脱离当代精神性活动的历史，只是作为编年史方式存在的史料堆砌，丧失了历史的活力而成为一堆枯骨，而真历史则是活精神的嬗变史，它总是在重写和重振中深化自己、重演自己。

克罗齐上述"历史都是当代史"的思想命题，在柯林武德《历史的观念》一书中得到了最大的传递。在他看来，史学真正的研究旨趣，其实，并不在于那种力图在概括历史事实基础上来发现支配历史进程的一般规律，亦不在于基于大量史料并试图发现某种宏伟的计划，并按照这种计划以探寻它的未来走势，而在于从学理上弄清楚隐秘地存在于实际的历史过程背后并真正支配历史发展的思想的发展过程。他批判了那种试图将历史强行纳入史家虚构的逻辑模式中，以自己的主观臆造来填

---

① ［意］克罗齐：《历史学中的理论和实际》，傅任敢译，商务印书馆1982年版，第69页。

补历史的空白，以任意想象的联系来代替真实的联系，用理性为历史立据，让历史为理性而存在的做法，认为这种"鸽子笼式的历史哲学"，恰恰歪曲了真实的历史、遮蔽了历史的真相，因为它埋葬了历史事实背后的真实思想。他分析说，自然过程可以描述为单纯事件的序列，历史过程却不能描述为单纯史料的序列，因为"历史的过程不是单纯事件的过程而是行动的过程，它有一个由思想的过程所构成的内在方面；而历史学家所要寻求的正是这些思想过程。一切历史都是思想史"。[①] 史家之所以尊重史料的真实性并倡导回到历史中去，并非是因为史料本身有多么重要，而是因为能够通过并借助于史料来对历史进行思想。史学并非为了网罗一切史料并通过拼装使之堆放在那里，而是为了阐发史料里的某种思想。若不能思想地对待史料，相反而是依据抄录和组合各种权威引文而构造一种"剪刀加糨糊的史学"，这种研究就是非历史的，就远离了历史本身。在这种意义上，一切历史都是史家通过创新性的理解与体验而在心灵深层重演过去思想的历史，这种思想的重演要依托并忠实于史料，但不消极地屈服于史料的堆砌，它要用全部心灵的能力对之进行重思而并非消极地屈服于别人心灵的魅力之下，要积极地动用批判思维在自己的思想结构中开展视域交融，使历史思想在我的思想结构中以变换了的新姿态得以存在和生长。每个史家都以自己为中心去观察历史、构成历史，都只能既有所见又有所蔽，历史作为思想的活动或者说作为思想的构成物，说到底是史家的主观构造，历史就是史家的历史，它只有能被史家心灵予以重演才能得以重生。历史不是死的过去而是活的过去，它自身在一次次重思、重演中被不断地结合在了更新的思想体系中，它仅仅存活在每一个时代的"当代"思想中，或者说它的思想会源源不断地被开掘出来，借助并通过时代性的思想而来到我面前。

现代西方历史哲学研究主题的几次转换带给我们深刻的理性启示：其一，现代西方实证主义历史学家看到了自然过程与社会过程的内在联系，认为二者都遵循一定的发展规律，并试图运用自然科学的方法研究

---

① ［英］柯林武德：《历史的观念》，何兆武、张文杰译，中国社会科学出版社1986年版，第244页。

历史规律。借此,极力拒斥形而上学者对历史进行的思辨虚构,强调历史事实的客观性与真实性,这一点无疑是正确的。但是,它强调历史研究必须局限在主观经验的范围之内,不能超经验的运用,历史规律其实就是经验内部的某种相似性关系,这样,实质上就否定了客观地看待历史及其发展规律的可能,历史只能驻足于主观体验内部,只能是历史学家的体验史、认识史、主观史。兰克学派正是基于此,而认为历史是一种材料史、史料学,史家必须高度重视史料的唯一性与真实性,离开史料无历史。历史是一门专业化、专门性极强的学科,研究历史必须从"零支点"出发,任何阶级立场、民族情怀、政治倾向等具有意识形态色彩的价值取向都与历史科学无缘,历史研究不能带有任何价值方面的考虑在内,更无意诉求任何带有结构性、本质性、整体性踪迹的系统描述,史料的个别性与实在性必须得到最高的尊重,其余一切都微不足道。其实,史料考订、版本校刊、辨别真伪、文本审查与口头转述,是任何历史研究不可或缺的前提或基础,但这只是一种研究而非全部,是研究的基础而非整个过程,不能以之取代历史研究的整体史观。可见,以"史"代"论"或者"无'论'历史",亦不可取。何况,事实材料,的确蕴含结论,但它直接的并非结论,史家的真正使命就在于将蕴含在材料中的"普遍之通性"导引出来,否则历史只能进行现象学上的浅层描摹,那它如何把握住历史发展的内在本质与动态原像,揭开"历史的真实之谜"呢?

其二,无论将历史视作是对史料的历史认知抑或生命交感、价值创造抑或批判考察、当代生成抑或思想重演,分别地看都有道理,若是割裂开来看,它们只拥有极端的道理。真正的史学研究不仅离不开它们,而且需要将之作为不可或缺的组成要素内化到自己的思想深处。既要从一般与个别的对比出发,致力于把历史科学与自然科学区别开来,强调历史对象的独特性与非重复性,强调历史研究方法的非理性、价值性、体验性、批判性,又要从当代视域和思想生成的角度出发,强调历史事件的精神蕴含及其在当代获得重演的极端重要性。毋庸置疑,现代西方历史哲学各个流派对历史所做的各种理解,都在各个不同的层面拓宽了思维领域,深化了人们对历史丰富内涵的认识。面对扑朔迷离的历史事件,毕竟只有思入其中并把握住历史主体的价值取向、批判意识、认知能力、生命体验、当代意义和思想构境，才能真正领悟到历史的真实本质。若只满足于经验的描述、史料的堆积、文献的检索、碎片的拼贴、史实的考据、文本的校勘等，历史只能成为干巴巴的僵尸，除了使研究者心灵深处落满各种旧灰尘以外，还能有什么积极意义呢？但是，它们对历史过程主体性的思想内涵的过分强调，最终走向了历史的唯心主义、主观主义和相对主义，认为历史说到底是史家认识史、生命感知史、价值创造史、理性批判史、当代构建史、思想生成史，离开史家的认知、感悟、创价、批判、构建与重思，历史就不成其为历史。这样，"主体性的历史"不仅成为了"主观化的历史"，而且也成为了各个史家的相对性的历史，有多少史家就有多少种历史，历史变成了不可通约的私人领地，变成了历史观念的无止境的主观化诠释、批判、反思和重演过程。那么，在无法保证历史研究客观性的前提下，史学研究的意义及其科学性本身，也就成了问题。这种思维教训，特别值得吸取。可见，只注重历史理性的主体性而忽视历史本体自身，只强调历史事实的文化内蕴及其思想构造而忽视历史事实的客观性描述，必然导致历史研究的"唯我"归宿和思想通病。

其三，从"实证史学"到"材料史学"、又从"认知史学"到"生命史学"、再从"价值史学"到"批判史学"，最后从"当代史学"到"思想史学"，在现代西方历史哲学研究主题多次转换中，的的确确存在着思想的接续与延伸，表面看来，这种思想传承是某种思维倾向造成的，仔细地看则是其唯心史观及"唯物论"的本质使然。处在特殊历史情境中的史学研究，势必形成一种固定的思维模式和概念框架（斯宾格勒将之称为"托勒密的历史体系"）。就其保守性、封闭性及其所产生的消极功能看，它当然制约着以后历史研究的实际展开，并使之呈现出一定的历史局限和意义缺憾来。而就其同化和内聚所产生的积极功能看，在历史传承中它又能够形成一种同质性的思维定式，使史学研究在不断地汲取、重思以往思想成就基础上获得内在超越。但是，现代西方历史哲学各流派之间所保持的这种一以贯之的思想承继关系，并非仅仅是思维定式的结果，还有其共通性的唯心史观基础发挥着精神制导作用。从"实证史学"和"材料史学"强调经验的主观感知和事件的个性表征，到"认知史学"和"生命史学"倡导的心灵体验和生命交感，再从"价值史学"和"批判史学"刻意诉求的价值构造和批判意识，到"当代史学"和"思想史学"主张的精神拟建和思想重演，这一切都内在地服从于唯心论本质及其相对主义路线的驱使，其"通病"产生的根源不在于思维习惯而在于其唯心本质。

其四，马克思唯物史观认为，史学研究最可靠的方法就是不要忘记那些最基本的历史关系，强调将历史事件与历史人物置于特定的历史情境中加以考察，而不能从个人的主观好恶、认知模式去任意地剪裁历史，这样才能"把历史的内容还给历史"①，并刻画出"历史的真实"来。就此看来，"实证史学"和"材料史学"强调尊重史事与史料考订，原本无可厚非。但是，历史的真实既包含历史事件、历史细节的真实，又包含历史本质、历史规律的真实，由于它们只重视前者而忽视后者，故而只能导致一种原教旨的复古倾向。可见，经验性的史料学，的确存在"力有不逮处"，只有摆脱"起扰乱作用的偶然性"，才能赋予"死的零星史事以生命、以精神"，通过对成千累万的个性事件及其内在关联进行精研细察、深刻揭示，才能捕捉住历史本真的发展大势与通性规律，达到史学研究的精神自觉。而就此看来，将历史视作"认知史"、"生命史"、"价值史"、"批判史"、"当代史"和"思想史"，分别地说，也不无道理。但是，问题的实质性在于，它们是在什么基础上又通过什么而赋予历史以生命、价值、批判、拟建等精神内涵的？上述各种史学，显然不是在唯物史观基础上阐发历史主体性及其思想能力的，而是撇开社会实践仅仅在思想领域并从头脑中，即从历史之外将某种精神的能动性输入历史。其错误不在于张扬了主体性及其能力，而在于不是在实践中张扬而是在主观观念中张扬，这样，精神的能动性就代替了历史实践的主体性，这是它们走向历史唯心主义和"唯我论"的共同"短板"。

第八节　无理而妙与"可写性阅读"

一个文本，依据其影响之大小、时间之久暂，可以测度其语义波及

---

① 《马克思恩格斯全集》（第3卷），人民出版社2002年版，第520页。

其引力的大小强弱。所谓"语义波引力"①，泛指一种意义对语境的依赖性及其程度而产生的冲击力，它多用于描述一种知识是如何随着时间的推移而发生改变的。但是，如果一种文本或者思想，其语义浓缩的密度极大、包含的意义信息极多，它就不会随着时间的变化而改变，因为它对语境的依赖性较弱，它产生的语义波引力自然也就小得多。那它随着什么而改变呢，它将随着抽象性的内在原则或者原理的改变而改变，因而它外表上显得有些食古不化、拒绝理解，唯有对之做稀释性的说明才能揭示其核心、实质与精髓。这种可解释性，依赖于可写性阅读即精神生产或者智力劳动，换言之，对原本的稀释性说明，不可能遵循什么原教旨主义要求，不可能只恪守原本愿意而不加添任何的主观偏见，相反，是主张实现一种意义增值的再造性阅读。

要执行这种能够实现语义增值的可写性阅读，一个重要的问题就是，必须首先分解或者拆解文本，即打破文本原有的内在结构及其逻辑安排，以纯粹个人的想象和主观的理性预期进行颠覆性阅读、肢解性阅读、去经典化的阅读、后原理阅读，使之成为支离破碎的若干个残片，成为没有任何客观性、普适性、连续性、内在性、关联性踪迹的碎片。然后，对这些没有任何联系的残片，进行慢节奏的认真阅读、互文性的对比阅读、尝试性的试错阅读、考古性的拼贴阅读、想象性的臆测阅读、机械性的交叉阅读、延异性的放任阅读等，以便信手拈来、随心所欲地进行语义代换、互换、重组与重建，及时发现并记录下来那种随之而来的衍生意义，从阅读中创造出原本根本不存在的内涵与意义。紧接着，对深入而具体、复杂而微妙的新生意义，依据自己的前理解、前把握和主观预期、意义预示，对之进行结构性的调整和发散性的评价，对接文本的内外，关联文本与社会、与人生、与文化、与历史等一切可能联系上的领域，使之从一个意义相对稳定的文本，走向另一个与之并不搭界的大文本或互文本，走向各种文本意义之间的叠加与交织，使得不曾预见、不可想象的新意义充分涌流。既打破了文本内在的秩序与逻辑，又消解了文本指涉的客观对象及其意义蕴含，让读者主动参与、介入到多元意义的精神生产中，使得语义随着语用的变化而变化。精神生

① 朱永生：《论语义波的形成机制》，《外国语》2015 年第 4 期。

产性的阅读，就是一种可再写、可延续性的阅读，完全摆脱了各种语境、意识形态对其的非法限制，完全以游戏性的手法、娱乐性的笔墨，进行语言上的拼图游戏、随意涂抹，再也不承担什么文化职责与社会使命，以我手写我心，不假思索且信口开河，实现意义的无边放任与自动流延。因其能增添原始文本与原作者根本不可能有的新结构、新逻辑、新思想，因而文本就具有了思想穿越能力和普遍的适用性，虽产生于某时某地却没有停留于此，而是跨越了特定时空的限制而具有了随缘而化、与时偕行的永恒魅力。

　　另一个重要的问题是，怎样的诠释才是适合的、有效的，怎样的阅读才是积极的、正当的，什么才是诠释不足或诠释过度？在西方语言学传统的阅读主张看来，对真正的阅读如何才是可能的这一问题，存在三种不同的主张。坚持作者中心论的人认为，作者本人是作品意义生成及其判断标准的唯一要素，作者是作品的唯一具有超然创造能力的主体，作者意图决定文本意义的产生、发展和实现，没有了作者就没有作品及读者，更遑论作品意义的接受问题了。总之，一个作品有否及有何意义完全取决于作者的写作，与作品的存在形态、内在结构以及读者如何阅读及能够阅读到什么，根本无缘。但坚持文本中心论的人不这样看问题，而认为所谓作者意图本身就是一种谬论，是历史上各种误解和偏见的接续。因为，作品一经离开作者，其语义就是固定的，是一个完成的格式塔结构，一个意义自足性很强的意义整体。作品的意义是自足的、客观的，任何真正的阅读只能从本本出发，通过文本细读以阐发它的微言大义。作品有没有及有怎样的意义，完全取决于文本自身的结构和存在形态，与作者基于什么创造、它的心理性格特征如何无关。作品完成之日，显然就是作者死亡之时，换言之，唯有作者去死，才能给读者以自由。只分析作品自身的意图就足够了，作者意图根本算不得什么。而坚持读者中心论的人认为，文本意义的不断生成、展现，与作者意图和文本结构关系不大，换言之，作者和文本的意图存在与否、状态如何，这一切实际上都取决于读者意图。正是由于读者的创造性阅读行为，才揭示了文本的多重写作结构，能够将多重的社会、文化、语言要素及其相互对话、公共商谈的综合结果汇集起来的并不是作者或文本，而是读者的意义预期。读者的诞生必须以作者之死为代价，无论作者的写作风格如何卓异、个性特征如何鲜明，无论作品的结构如何复杂，作品的语言表述如何晦涩，这一切都不重要，重要的是它们怎样为读者所感知。唯有读者才是各种意图实现整合的主体，离开读者的阅读，一切都无从谈起。毕竟文本的意义并不存在于书架上或字里行间，只有在阅读实践中才能实现意义的不断生成与完善。严格意义上讲，根本不存在写在书上的作者意图或文本意图，只存在写在阅读实践活动中的读者期望。一个作品有没有及有什么意义蕴含，实际上是读者心理预期的结果，主体的阅读能力及其心理结构如何，就内在决定了他读出的意义层级如何。真正的阅读如何可能，这完全取决于读者，与作者是谁、文本怎样，没有任何关系。

传统阅读主张存在内在的理论局限，其本身往往又构成了阅读的障碍，唯有转向社会化的广义阅读，才能摆脱消除作者—文本—读者三位一体的综合性的意义缠绕，尽情释放生产性阅读的意义能量。其实，即使是坚持读者中心论的立场，在生产性阅读看来也是存在局限性的。在阅读中起初产生的意义期望，常常与阅读过程中不断生成的阅读意图具有明显的不一致，在意义接受中也会出现社会接受和个人接受之间的不一致，这就会导致因"解释的冲突"而产生一定误解。故而，西方后现代主义语言学强调，只有通过公共商谈、视域整合才能达到交往互惠，形成阅读的效果历史，实现意义的最大化阅读。

但是问题的关键在于，在什么基础上实现阅读的视域整合呢？后现代主义语言学认为，不论什么意图其实都是在特定社会文化语境下产生的，谁写、谁说、谁读都不重要，重要的是怎样、为何及在何种方式上去写、去说、去读。文本的任何一种读写活动，都是在特定的话语规则和社会规范中展开的，作者、读者及其文本都不可能超越社会语言的意义构造，都注定是社会语言内在秩序的被动性的依存者。只有扬弃各自的狭隘立场，放弃各个中心论的偏颇，才能在文本接受理论所主张的社会语言这一公共平台上塑造新的效果历史，产生正当的阅读。一个作品的意义如何，既不是作者刻意谋划的或无意投放的，也不是文本固定就有的。原意或本意在阅读中虽然没有被泯灭而是自觉融入接受实践的背景中去了，但是决定读者对意义解读的往往不是单个的意图，而是依赖于特定语境下产生的、受公共语言规训作用引导的、深藏于公共理解体系中的解释团体所共同恪守的解释策略。说到底，作品的意义是社会性的语言规则塑造的，只有深入到公共理解体系所共同遵守的解释策略，才能寻找到各种意图实现内在契合的关键要素，真正的阅读才能发生。总之，作品意义如何接受和建构、真正的阅读如何可能，这在语言学内部（或者在内部阅读中）取决于作者—文本—读者的重叠共识，而在外部阅读中则取决于精神生产的社会体制和语言规训机制，只有建立一种规范的文本社会学或语言社会学，真正的阅读才是可能的。

真正的阅读既依存于读者自己的生存体验，唯有在可写性阅读的思想生产活动中，才能达到最重要的阅读，生发更为有效的社会性内涵。现代西方语言学强调，语言学应集中研究读者对作品的接受和反应，旨在弄清阅读过程和读者的审美经验以及接受效果在社会功能中的作用等方面的问题。读者凭借问答逻辑、交往互惠和实践诠释等路径是如何保持在作者、作品、读者之间的动态对接关系的，如何把语言学从实证主义的死胡同中导引起来，如何把意义接受问题放在社会历史的条件下去考察，以实现当代语言学研究从研究语类或语态入手而实现语言社会学的根本转换？而在后现代的西方语言学看来，文本接受问题的核心是能否真正从受众出发，能否真正从读者的接受性能力出发。一个作品在读者没有阅读之前也只是半完成品、未完成品，只是由于读者的阅读才使其意义不断丰满起来。因而，文本和作品是两个不同的概念，二者有着明显的差异，文本是指作家创造的、同读者发生关系之前的作品本身的自在状态；作品是指与读者构成对象性关系的东西，它已经突破了孤立的存在，融汇了读者即阅读主体的经验、情感和艺术趣味的认识内涵。文本是以文字符号的形式储存着多种多样审美信息的硬载体，其意义弹性与内在张力很有限；作品则是在具有鉴赏力读者的创造性阅读中，由作者和读者共同创造的信息的意义复合体，这是一种不透明的光，存在无边的解读空间和意义阈值。文本是一种永久性的客观存在，它独立于接受主体的感知之外，其存在与否并不依赖于接受主体的阅读经验，其结构形态也不会因认知主体情理上的变化而发生变化；作品则依赖接受主体的积极介入，它只存在于读者的理智观照和内心感受中，受制于接受主体的思想情感和心理结构，只能诠释一种相对的具体的存在。由文本到作品的转变，是主体对特定意义感知的结果，只有读者全身心地投入、有活的灵魂的积极参与，作品才极具丰富内涵。换言之，作品是被认知主体感知、规定和二度创造的文本。意义的接受显然大于或高于意义的写作，最伟大的作者并不是创作得最多的人，而是给人带来启发最多的人，是那些能够从表层阅读中唤醒读者内心神秘语义的人，借助特定文本读者常常听到的是自己内心灵魂深处的声音。文本只是一连串小的印成的记号而已，它是要读者自己添补形成色彩和情感，才好使那些记号相应地活跃起来，从书中跳出来并蹦到读者的心灵中。一本书是呆板乏味或是生机盎然，其唤醒的情感是热如火还是冷如冰，这一切最终还是要靠读者自己的生存体验为之提供内在支撑。简言之，书中的每一个字都是魔灵的手指、鲜活的生命，它只拨动我们脑纤维的琴弦和灵魂的音板，而激发出来的声音却与我们的心灵相关，与往昔的生存命义、阅读经验息息相关。作品原意和读者理解之间存在着明显差异和互相补充，接受理论的主旨强调的正是：读者与作者在阅读实践的问答逻辑中不断产生交往互惠、重叠共识，产生复调意识或复杂语义。

真正的阅读又有待于读者对文本意义的增补与添加，任何真正的阅读都来自对原本的否定与扬弃，来自可写性的再度创造。与唯客体主义文本观不同，接受主义文本观既反对历史客观主义文本学理论，又反对历史上的各种相对主义文本观，认为作品压根没有客观的永恒不变的含义或意义，阅读理解是一种随着认识的增长而不断变化着的感知力，它真正左右着作品语义的增值问题，当然不是那种随心所欲地过度阐释或胡乱解析，而是读者与作者视域整合、内在融通的结果。文本接受理论的这种新文本观，始自狄尔泰和海德格尔将存在主义与文本学的强行联姻，其次经过伽达默尔的系统表述并由利科的新解释学文本理论予以补充，使之具备了一般性的哲学基础和方法论支撑。它的解释循环理论、效果历史理论、视域融合理论等都成为接受主义文本观的主要内容，主张把作者、作品、读者作为意义的生产者、消费者、增值者置于交往动态关系中去考察，以多种视界叠加的共时断面为背景，把文本的文字结构、思想结构与历史结构结合起来，认为之所以读者心中的作品结构是更高级的意义结构，是由于作品语义的当下结构是文本符号系列、社会历史系列与公众态度系列之间矛盾运动的结果。因而，单纯的作者中心论、文本中心论抑或读者中心论，都不免失之偏颇，分别地看都有道理，整体地看只具有片面的真理权。其实，新文本观为文本语义的接受问题划定了一个新的独特的精神边疆，认为读者在阅读过程中虽应遵从作品预先确定的特征结构，但必须采取创造性的态度去使作品主体化、当下化，通过读者确定作品中被表现世界的多种不定点，各种语言元素在读者的二度创造中就充满了其所增附的复杂性语义。

真正的阅读更寄托于读者对文本意义的未来生成。西方后现代语言学认为，原始作品只是一个客观性的半成品（待完成品），只有潜在的、忽明忽暗的价值和意义，在读者的精心理解和再度解释中，它才表现出实际的文化价值和当代语义，原始文本是读者的期待意识与作品中固有模式之间的深度融合，正是这种融合才真正沟通了读者意图、作者意图与文本意图，缩短了三者心灵间的距离，并揭示出三者理解视域实现内在叠加的可能性理路。诚然，读者意图、作者意图与文本意图，并非处在原则同格。读者的理解期待高于另外两种意图，它具有重新认识和发现信息价值的参与性、增值性的能力，是读者调动自己的阅读经验二度创造作品的意义叠加过程，能源源不断地发掘出作品中的种种潜在意蕴，使任何作品意义都不具有固定性，只具有被不同社会、不同历史时期的读者不断接受的历史过程性，只有当其被不断接受时语义才获得存在并向着未来生成。的确，读者的接受活动也受自身历史条件的限制，也受作品内在结构及其思想地图范围的规定，因而不能随心所欲地去解读。但读者通过作品与作者建立起积极的对话关系，当它接近一种作品时，总是带着某种前见、前理解参与其中，这样就对文本语义产生了一种心理期待，即期待从作品中读到自己内心早已谋划好的意义。读者的心理预期建立起一个参照系，使读者的生存体验依此参照系与作者的人生阅历相交往，一切作品都有某种程度的不确定性，其意义并非固定在文本里而能利用读者的自由联想获得自我生成，读者由于个人的体验发现的也正是这一无地生根的开放性特性。

后现代阅读倡导视域整合并实现社会化转向，认为阅读是社会性的、多元的而非个人的、一元的。后现代语言学反对孤立、片面、机械地研究文本语义，反对结构主义化的唯本文趋向，强调研究作品的社会效果，重视读者的积极参与性接受姿态在理解中的主导性功能。当然，更重视从社会意识交往的角度考察文本的创作和接受。这一切，都具有积极的学理价值，反映了在结构主义思潮颠覆之后，人文主义思潮在当代语言学中的又一次抬头。但它仍然回避人的存在本质、生存命义等基本内容在理解中的暗指涉作用，表现了它的局限性和理论弱点。当代语言学不仅只能运用于探讨西方的文本思想，若将其与东方的语言学相互比较，亦颇有暗合相通之处，尤其是在文本语义的接受理论上更是如此。通过分析文本与读者之间的内相关关系，就可以揭示出作品的历史生命必须经过大量的读者来传递，根据这样的一而再、再而三的传递过程，作者与读者可能合而为一，作品才能产生连续性的变化并发展出张扬理解者存在的人学意义，进而能为文本意愿开创出新的自我生成之域，实现文本理解的社会学转向，这是当代语言学探讨的一个具有创新性的里程碑。后现代接受主义语言观，强调认知主体的意义接受程度在文本理解中的重要性，并基于此来进一步探讨整个的时代课题和人生困惑，这对于确保通过理解特定文本进而对整个时代、社会、文化均有所理解，的确意义重大而深远。后现代文本接受理论的一个重要特点就是强调主体必须紧紧抓住"作者—文本—读者"这三个重要元素，进一步探究此三者的互动生成过程，以便弄清作者因何如此创作、文本如何能够流传、读者却又如何看待此类作品等问题，将这三个方面的问题综合起来考虑，其实可以放眼推至当代整个社会文化的诠释动向，克服了过去只重视对作者、作品的思考，而忽视了对文本的意义接受问题之旧习。因此，文本接受理论强调的是一种以读者为核心，先重视读者反应，进而向外拓展，再去探讨作者何以如此创作，最后再放眼整个社会的大范围内进行考量，试图弄清什么样的社会容易出现特有的语言观，而这样特定的语言观又会如何去影响作者去创造作品，"作者—文本—读者"之间的积极的解释性循环是如何建构起来的等问题。

后现代语言学的文本接受理论认为，读者能动的接受意识是作品的社会效果能否及如何显现的决定性因素。因此，接受主义语言观把读者的意义预期作用看得十分重要，认为作品的价值在读者身上的具体实现是一种综合性的社会效果使然，是多元文化价值内在融通的结果，任何文本意义的实现亦只有通过读者的阅读才能达到。具体说来，首先，重视文本理解的社会性、历史性，试图填补文本史与社会史之间的裂隙，文本理解不能只在文本内部徘徊，必须将之置于宏大社会背景下对文本进行人学意义上的提升，才能达到合理性的阅读，才能读出读者原来已有的意义预期。因为，读者在接受活动之前其内心早已具有独特意向或意义预期，他会选择适合自己内心的期待及阅读习惯去接受所获得的一切信息，读者具有先在性的理解框架将决定理解的权能与限度、路径与效果。其次，重视文本理解的历时性与共时性的内在融通。以往的文本学研究过多重视文本理解的纵向把握凸显的是文本理解的历时性，而共时性的横向研究往往被忽视。而当代语言学则重视利用文本发展中同一个共时性的横切面的背景意义，从全面性的阅读环境来探讨一个文本在整个社会环境中的接受程度，这种历时性与共时性的并重的经纬交织的全面分析，开创了当代语言学社会化转向研究的新视野。最后，文本理解的时代性重构。一个作品原始意义常常要经过很长时期的消化才能被认识，因此，新生的作品语义与原作者的期待视野往往会有时间间距。随着时间的推移，作品的原意和新意往往被当作一个东西来认识，当整个社会的接受水准发展到一个新的期待视野时，原作品的潜在意义才被模糊地认识到。文本接受理论的意义在于消除过去文本史研究中所依赖的目的论弊端，认为阅读并不是为了回到一个假设的终点，而是为了打破一般的研究者仅对文本作历史性分析的局限性，强调文本阅读要宏观地去观察整个时代涉及的所有内容，这可为新的文本理解打造一个新的时代性架构。

读者的心理期望，对阅读往往具有主导性作用。后现代语言学主张，重视探讨文本接受的整个社会的宏观层面，不能忽视从读者的阅读心理所进行的微观研究。因为，毕竟文本与读者之间的同向建构关系，对于文本意义的生成及其扩展具有必然的主导性。而且，读者心理预期中的未定点与每一个文本中的未定区域，在具体的阅读实践中，只有实现内在契合才能掘发原来被遮蔽的新生语义。作品的创作常常留下空白处令读者自行想象、自行添加，不需要文字叙述却又能完整的传达文意给读者，给读者留下足够多的想象空间，读者在阅读过程中可以从自己的社会规范中得到新的阅读意图并否定前人的接受规范及其既定导引。这表明，作品语义不是由作家一个人创作出来的，而是由作者和读者共同创造的，每一部作品都包含着无数的未定因素，一部作品并不是一个自身独立、向每一时代的每一读者均提供同样的观点的客体，它不是一块固定化的纪念碑、机械重复地展示其超时代的本质，它更多地像一曲管弦乐谱，在其演奏中不断获得读者新的反响，使本文语义从词的物质形态中解放出来，成为一种当代性、生成性的活的存在体。

任何真正的阅读都是读者自我体验性的阅读，都是生产性的阅读、可写性的阅读。由于阅读过程中的见仁见智，误读和曲解必然大量存在，但正是这种相对性的误读或曲解却构成了作品的阅读阐释和语义更新的历史。因为真正能动性的阅读是纯粹个人的事，字字句句都要由读者自己的心灵去默默感应，很多重要的感受无法诉诸言表，这是发展创造性思维能力的一个重要方面。一个人的创新精神只有在感觉到心理安全和心理自由的条件下才能获得最大限度的表现和发展，要想使读者的思维时常处于愤悱状态，就要多角度、多向性、多维性思考文本，以自己独特的高峰体验突破常规，不拘泥于陈规陋习而力求获得多样的、求异的、独特的符合逻辑的多元解读，实现"各以其情而自得"，各抒己意而写作。作品作为一种信息载体，输送给读者的信息有确定性的一面，也有其不确定性的一面，任何读者阅读一篇作品，又总是带着自己的思想感情、生活经验、知识结构等前理解去感悟欣赏作品的，精妙处需要反复诵读、品味，更要带着问题去读，读书要有疑，方能进步，小疑小进，大疑大进，不迷信权威且勇于追求真理，善于标新立异以便获得突破性的认识，以研究者和创造者的身份、姿态去独立思考、多元解读，既发展了求异思维能力又培养了创新精神。当然，提倡多元解读并不意味着阅读可以如脱缰野马漫无边际地随意解读，作品阅读必然要诉诸历史的理解，反对把符号系统封闭起来进而把本文结构绝对化的做法，并不意味着要把人的历史经验和社会规范也排斥在外，恰恰相反，任何真正的阅读都必然是一种主客融合、天人合一式的，作者意图、读者意图及文本意图的重叠共识、交往互惠所产生的效果历史，才是正确的阅读。

任何正当的阅读都只能是历史性的阅读，历史情境在阅读中总是会反复的再现。后现代语言学的接受理论也主张阅读的效果历史，但认为作品的效果历史和意义整合，取决于作品在历史中读者的阅读经验及其具体化的实际过程。各个时代的读者，在接受和解释一部作品的历史过程中，并非仅仅取决于阅读主体的心理期待。尽管阅读始终离不开作品的语言意义场和读者对它的各种期望，但对一个文本的意义接受实际上力图把握理解的是它的历史经验和社会内容，它既打出了反对文本中心主义的旗帜，又张扬了一种反中心主义的思想传统。认为作者抑或读者都不是文本理解的唯一主体，语言及其在历史中所形成的种种文化，也都是理解主体，它们之间是一种互为主体的关系，常常处在相互解释、相互生成之中，以至于"人是什么"、"我是谁"只有人的历史才能回答；反之亦然，历史是什么、文本有什么也只有历史的人才能回答。这样，要研究阅读的效果史，仅仅分析作者的心理结构或者仅仅揭示读者的意义预期是不够的，必须从语言文化及其社会规范入手，弄清文本语言转换的社会性内涵。因为读者和作者都是社会性的人，离开了社会文化及其语言规范，人要么什么也不是，要么无法得到理解。只从心灵出发，只采取唯灵主义的立场，只注意作者或读者的内在心理结构，人要么什么也看不见，要么只看见自己的偏见。其实人只有在社会文化和语言的镜子中才看得清自己、理解自己；反之亦然，若只关注社会文化和语言的本文结构，其效果历史的基本特征仍然得不到明确说明。一方面，本文的意义只存在于解释它的人的理解意识之中，没有读者的阅读经验和理解意识，本文的意义结构始终是封闭的；另一方面，读者期待与本文结构互为主体、相互解释，它们在问答逻辑中展开各种意图的整合，通过不断填充和确定各种空白点和不定点，作品的意义才不断获得增值。任何文本理解都力图在一个阅读的交往系统的环境中，去把握历史地处在某种生活世界中的特定文本，这是一种作者、作品、读者的动态交往过程的历史学，所谓效果历史和接受意图都具有社会历史意义上的规定性，各种不同主体的阅读交往活动成为决定作品意义能否得到切当理解的前提条件。

自由的阅读也就是可写性的阅读，其功能潜力、诠释限度需要得到社会的保障。西方后现代语言学认为，在每一时代都有一些社会主流意识形态规训着人的阅读实践，使阅读成为一种真正的社会阅读。但是，阅读的自由品质又使之具有难以驯服、难以驾驭的性格，正是借助自由的阅读才得以拒绝意识形态对文本的先在性解释，阅读就意味着准备怀疑自己的信念并允许它们受到批判，自由的阅读不仅解放读者的先见，使其摆脱意识形态的控制，而且解放读者的阅读经验和对世界的信念，从而实现创造性的阅读。但是，又不能忘记任何阅读离开了语言的构成性都无从谈起，语言恰恰是社会的阅读交往关系的原始结构，对阅读效果的分析必然以社会性的语言为依据，这就又回到了读者意图及其意义接受的立场上来了。一个不容忽视的基本事实是，作品是为读者阅读而创作的，它的社会意义和美学价值只有在阅读过程中才能表现出来。一部作品的发生史结束以后在进入读者接受过程之前还不能算最后完成，一部作品的生命力若没有读者的参与是不可想象的，一部作品不仅是为读者创作的而且也基于读者需要而发展，这样才能成为一部真正的作品。读者在意义接受过程中的作用不是被动的反应，而是主动的、具有推动意义的二度创作过程的功能。因此，不能把写作过程简单地设想成作家为读者创作作品并对读者发生影响，还应该看到在实际的阅读交往过程中读者创造作家、影响作家创作的决定性因素。阅读像其他活动一样就其结构来说，首先是由它的对象决定的并赋予阅读活动以特殊性，但是，读者能否和怎样实现阅读的功能潜力，作品对之产生积极的还是消极的反应，既取决于作品的性质又取决于阅读的预期。当读者阅读一部作品时他是作品的驾驭者，阅读的过程是一个再创造的过程，但同时也是读者变革自身的过程，因为他实现作品的过程也就是受作品潜在功能影响的过程。可见，接受活动分为社会接受和个人接受两种，一部作品脱离作者之后在到达读者手里之前，已经取得了社会占有的形式，并获得了社会性接受，这在沟通作品与读者之间的关系方面起着十分重要的作用。读者的世界观、思想意识、所属阶级、经济状况、所受教育、知识文化水平、审美需要、年龄性别以及读者同其他艺术的关系、接受过什么样的思想影响等个人接受因素不同，往往形成不同的阅读动机、需要和兴趣，直接影响读者阅读的过程和意义接受。显然，唯有两种意义接受理论实现内在融通，社会性的阅读才是可能的。

而在后后现代阅读学（新后现代主义阅读观）看来，这种社会化的多重阅读叠加的阅读主张，显得有些天真而烂漫，完全是思维中的想当然，现实中根本无法付诸实践。罗兰·巴尔特所主张的"代码分析法"[①]，就是这样分析问题的。他认为，采用这种分析方法进行阅读，

---

① 秦海鹰：《文化与象征——罗兰巴尔特的五种代码分析法及相关问题》，《中国人民大学学报》2015 年第 4 期。

能够自觉地消解一切不必要的精神负累，做到轻松愉快、修养身心的积极阅读，能够把原始文本中所蕴含的一切社会习俗、传统偏见、道德规范、社会心理、人生经验、普遍认识、社会格言、意识形态、大众意愿等各种陈词滥调、思想桎梏统统悬置起来，存而不论，让文本意义的空白点突出出来，给阅读预留足够多的可能的意义空间，主动生发意义弹性与张力。不仅要消解各种现实主义、唯客体主义、白描主义等的写实手法所力主要实现的什么意义的反映和再现，而且要挑明各种现实性、事实性、客观性记述的虚假性和幻觉化，以被反复写过的文化代码替代那种顽固不化的原始代码，在自由阅读中提倡一种去神圣性、去映现性、去本源性，书写的不是什么社会现实与复杂人生，畅谈的也不是什么客观习见与大众真理，而是主观上的随意、随机的感悟、无意识的勾勒。这样做不是未来复现原本的内在逻辑与思想地图，而是为了通过它并借助于它，使得各种不同的歧义源源不断地来到读者面前。问题的关键在于，这种代码分析法阅读，能够赋予寻常文本以各种不寻常的内涵与意义，仿佛使得原始文本与特定的历史场域实现一种超级链接，文本原意被置于宏大的历史大视域下加以把握，与文化网络和精神世界内在打通后，而获得了一次次向历史高端注册、向普遍处开放的机会。在他看来，传统阅读所主张的阅读策略，是非常陈旧的老套，它本身就是一种必须清除的偏见。那种认为一思一念、一言一行都紧紧围绕原本语义而注解，试图通过不加载任何主观意图的纯粹客观式阅读，而能够复制原本和原作者的思想脉络，使阅读有固定的边界并遵循一定的内在秩序，不能附加任何不属于原本的东西，使得诠释在最低的限度内尽可能地复现原作者的意义等的做法，实际上根本做不到，只是读者自己的一厢情愿。没有先见注入其中的阅读，势必什么也读不到；没有主观预期的阅读，必然会被原作者的精神梦魇吞噬，成为作者精神的附庸和简单的承继人，在阅读中丢掉了自我并陷入一种窒息了思想生产机制的文化沙漠，显然这是一种消极的阅读，一种遮蔽了可写性意义的苍白阅读。

在新后现代语言观看来，文本与作品只具有象征性的文化意义，任何社会性的阅读规则及其意识形态考虑都是多余的、有害的，读者追求的是那种可写性的阅读，即没有任何限制的自由阅读，这种阅读完全是非时间性、非逻辑性、非可逆性、可替代性、可多值性、可歧义性的阅读。没有固定的规范可遵循，完全是梦幻般的自由生产机制在起作用，也没有什么内在逻辑的限定，它执行的是自我崩溃性的逻辑，一旦跌入这种自我繁殖性的语义生产中，一切都是可能的和正当的，更没有什么稳定的能指与所指，一切都是可以互换和移位的，可写性阅读是一种没有所指的泛指、没有能指的"空能指"。对一切社会习见、语义规则要尽可能地消除和侵越，让个人的自由发挥达到淋漓尽致，用一些特殊的代码与符号，传达的不是原本语义、作者意图而是另有所指。这种另有所指，不是用原来的语序、语义、语用或者语形，而是别具一格、非同凡响，借助各种隐喻、转喻、换喻等微弱信息所具有的暗指涉，进行非线性、非逻辑的跳跃式链接，激发与活化的是思想的灵光乍现与瞬间勾连，这样通过语义间的错位与转移，实现了可写性的最大化、生产的最大化，阅读就不仅仅是指向了原意；相反，要从中脱胎换骨而变成了真正的精神生产和文化创造，使文本原意朝着文本之外更宽泛的意义空间释放能量，尽可能地宣示与开通自己作为文化之书的多元性的意义通道。一切社会阅读规则及其结构性的约束，都要被随意性的精神生产抛诸脑后，把先前被主流文化抛弃的东西恰恰要置放在诠释的中心地带加以重新理解，通过各种文化代码的非常规的互用，实现意义的积极穿越和思想的自由迸发。文本的意义就在于它的可写性、可生产性，一个充满歧义和争论的文本，生发的意义可能性最大，它的社会文化价值就最大。阅读不是纯粹的看客，不能袖手旁观；阅读也不是纯粹的消遣，而是一个更加鲜明立场的积极捍卫、更鲜活思想的跃迁。它能够让读者产生更丰沛的自由联想、更不可思议的游戏，它能激活读者的创作欲望与冲动，能使读者原来不曾发现或者即使发现却没有引起足够重视的新观念、新思想、新方法、新语义，达到理性自觉并能明晰地予以描述，这就是新后现代主义提倡的文本的可写性、快乐性，它早已超越了传统文本观的那种可读性、还原性。

新后现代文本观旨在激发一种意义的摧毁性和非连续性，拒绝任何认知模式对之形成的非法规训，它寻求的纯粹是一种主观性的自我理解、自由联想、自由创造，但是，透过这种杂糅性的象征余韵和秀美的语言设计，我们还是能够看出这种可写性阅读的真实面目来，它没有完完全全超出西方文化观、哲学观的窠臼，实际上是主观唯心主义精神原则在文本观、语言观中的极端表征而已。尽管这种可写性阅读能够释放出更多的多声部语义，成就一种互文性的语义生产场，但是，在其优雅的自由姿态下隐藏着的仍然是西方传统唯心主义哲学的思想主张，从而成为具有新后现代主义语言风格的新标识，它渴望的不是唯物主义、实证主义、客观主义的崛起，而是唯心主义、唯灵主义及其唯我论的复兴，是一种在语言学中贯彻主观唯心主义的那种非理性操作的新尝试，是后现代主义颠覆一切、消解一切之无政府主义原则的巧妙运用。

第九节　后现代哲学该如何言说

西方哲学的现代性与后现代性本身就是一对矛盾，二者既对立又统一，它们之间的彼此疏离与互为纠结，早已成就了一种所谓"后现代马克思主义"，并在"后后现代主义"或者"新后现代主义"等各种名目下开始了对后马克思主义的纠偏与批判，希图为之未来发展找寻健全理路以重振现代雄风，可惜又以另一种方式重蹈了以往的覆辙。与之有别，在人类哲学发展史上，常常会出现这样一些理论形态，它们基于特定的文化底蕴和现实需要而诞生于某个时代和地区，但却没有仅仅滞留于那个特定的时空区域，它的跨时代特征使之成为超越时空阈限的、并非专属于一时一地的理论体系；相反，它的内在魅力是具有那样的恒久影响以至于能够不断地走向未来。应该说，马克思恩格斯哲学就属于这种能够"与时俱进而不夭"、"与世偕行而不替"的世界性的思想体系。如果马克思恩格斯哲学当初不具有超越时空阈限的能力，那它就不可能在 19 世纪、20 世纪特别是当今 21 世纪的思想政治舞台上发挥极其重大的影响作用。马克思恩格斯哲学虽然诞生于 19 世纪工业革命刚刚起步的阶段，然而它却具有非凡的理性穿透力、反思批判力和精准预见性，它不仅能够对当代西方后工业时代的诸多特征与文化弊病做出深刻而准确的预判，而且能够以极其敏锐的洞察力、鉴别力捕捉到后现代哲学的思想端倪及其在此之后文化转向的大致走势。因此，在当代中国迅速崛起的后现代哲学及其文化诉求根本不可能无视马克思恩格斯哲学之中流砥柱的政治地位，甚至根本不可能绕过抑或超越马克思恩格斯哲学而谋划单独性的发展。毋宁说马克思恩格斯哲学恰恰成为后现代哲学获得当代中国文化认同的必经的思想桥梁，作为时代精神之精华、文明之活的灵魂的马克思恩格斯哲学，是任何哲学体系（当然包括后现代的哲学体系）都不可超越的意义视界，而且由于马克思恩格斯哲学具有那种深厚的后现代精神底蕴，它在现时代的中国思想论坛上与后现代哲学实现内在牵手就是情理之中的事了。

而后现代哲学之于当代中国马克思恩格斯哲学也具有极其重要的当代意义，在当代中国社会变革深层推进和文化转型的关键时期，在由于时空叠加而深层矛盾日益凸显的重要时刻，我国思想文化领域出现了大量的五彩斑斓且触目惊心的新现象、新特征、新观点、新思想，这些新的文化元素与思想意识用正统的马克思恩格斯哲学体系既无法概括又无法说明，既无从内在汲取又不能简单拒斥，它们在思想文化领域的积极斡旋激发了诸多新矛盾、新问题，竭力呼唤一种能够与之匹配的后哲学形态以承载特立独行的文化潮流及其认知态度。从理论实质上说，后现代哲学原本就是对现代哲学在其关键的预示性时刻，"直接或间接地瞥见到的难以想象之物"而作出的一种应急性的反应，所谓后马克思恩格斯哲学就这样应运而生了。后现代的马克思主义（简称后马克思主义），体现了后现代主义者对哲学、社会学、政治学等各学科与马克思主义的综合，同时也因各后现代主义者的立场不同，派生出对马克思主义不同的解释。比如，詹姆逊认为后现代主义是一个意义重大的框架，它最充分地实现了与马克思主义的内在整合，如果过早地宣布马克思主义的死亡，将是一种极大的错误。又如，拉克劳与墨菲认为，后马克思主义作为一种"新霸权理论"，严重地实现了对传统马克思主义的超越，内在刷新了它的精神地图。实际上，这是不加分析地将马克思主义抛在一旁，自己另立一套"新"理论以取而代之，系统地误读并篡改了马克思主义。

马克思恩格斯哲学虽然没有后现代范畴却蕴含了后现代意蕴及后资本主义原理，由于资本主义是现代性的名称之一，马克思对资本主义的批判与后现代哲学对现代性的批判，自然就具有内在相通之处，所以二者在当今不期而遇并实现秘密牵手，就是不可避免的了。当然，后现代哲学之于马克思恩格斯哲学的真实情况是复杂而微妙的，既相互排斥又内在融通、既各行其是又相互交织。二者都预示了资本主义的合法性危机，预言了传统形而上学及其抽象性人学被颠覆的不可避免性，但是后现代哲学质疑元叙事的合法性而马克思恩格斯哲学则强调人类解放事业的无比宏大，二者必然存在不可调和之处。马克思恩格斯哲学与后现代哲学都表示了对现代性的不满，并深刻批判了晚期资本主义文化逻辑的"渎神现象"、后殖民特征及其知识的不确定性，而倡导消解中心、颠覆结构，破除资本主义参与压制人类自由的神学祭坛，克服任何带有总体性痕迹的形上表征，都试图表明资本主义的符号在何处破坏了自身。

但是马克思恩格斯哲学中的后学意蕴与后现代哲学中的"先锋理念"又存在原则上的重大差别，后现代哲学只试图从文化角度解构晚期资本主义文化逻辑以及现代性中的语音中心主义和理性至上主义，并在保留资本主义根本制度不变的前提下，对后现代工业社会的一些弊病进行文化意义上的自我矫正，根本不打算彻底反叛资本主义社会的制度体系。而马克思恩格斯哲学不但诊断出了当代资本主义及其现代理性支柱的顽疾，而且找到了根除这种病症的唯一方法，那就是，只有铲除不合理的资本主义社会现实及其制度本身，其他一切问题才能得到根本解决。后现代哲学并非都是无根的浮萍或者哲学人的喃喃自语，有些后现代哲学家也提出不要只对知识话语或者哲学表述进行解构，而真正的解构必须向制度、向社会的和政治的结构、向最顽固的传统挑战，必须对当代资本主义的经济政治文化状况开战。然而，即便这样，后现代哲学的解构，仍然不愿触动资本主义的制度基础，而只是着眼于对它的微观剖解、文化解码、时事评论与心理诊断，而对滋生各种弊病的资本主义经济基础与政治制度本身则尽可能地予以美化，较少涉及对资本主义政治霸权及经济根源的抨击，而总是"沉溺在话语之中，对那些起作用的社会经济政治体制以及其他社会实践形式漠不关心"。这种象征意义上的文化革命与马克思社会意义上的政治革命，的确存在实质性差别，虽然二者都具有后现代精神指向，但它们诉诸行动的实践方案则大相径庭。从学理上弄清西方哲学的这种后现代之后的真实意义与内在本质，弄清它与马克思恩格斯哲学的后学意涵之间的原则差别，弄清它基于何种语境产生又对未来哲学发展将产生何种影响，它的未来动势及其文化价值该如何评析等问题，无疑对我们当代马克思恩格斯哲学新形态的建构与发展，都极具理论意义。

"后现代主义"是一种在现代主义母体里生长出来又反叛现代主义的哲学思潮，其种类繁杂、旨趣各异，国外学者对之众说纷纭、褒贬不一，如：阿格尔将之划分为建树的、批判的、冷漠的和热情的四种；格里芬将之分为解构的、建构的、消亡的和修正的四种；而福斯特将之划分为反应性的、抵制性的、新保守的和后结构的四种。在我国哲学界也一样，一些学者认为后现代哲学是西方理性主义文化传统的反动，因为它试图瓦解现代主义的一元性、整体性、中心性、纵深性、必然性、明晰性、稳定性、超越性等特征，而极力张扬具有后现代意味的多元性、碎片性、边缘性、平面性、随机性、模糊性、差异性和世俗性等特征。一句话，后现代哲学是现代主义的断裂或者断层，二者如冰炭不能一炉、毫无共通之点。另一些学者认为，后现代对现代的批判诉诸一种语言游戏论，认为后现代语言不再是真实存在及其意义的替代物，其语言之意义完全取决于各种语言符号间的转换，它根本无所指涉也不对现实世界有所言说，它纯粹是一种空穴来风。当然还有一些学者主张，后现代哲学代表了中国文化发展的前进方向，为当代中国哲学的如何步入后现代化辟开了新的自我生成之域，为马克思哲学的未来发展找寻到了新路径和新方向。

笔者对此也不敢苟同，因为，一方面，后现代主义哲学并没有摆脱现代主义的文化纠缠，而是完全保留着现代主义所诉求的一切精神指向，它是在批判反思并妄图超越西方现代哲学的浪潮中产生的，是在积极诊断现代哲学弊病并努力探索克服这一弊病的新的可能道路中发展起来的新思潮。另一方面，后现代哲学对现代性的批评，若仅仅通过语言游戏是无法完成的，因为它是基于晚期资本主义日益病入膏肓及其文化逻辑自我崩溃的事实而生成的，是对后工业资本主义一路狂奔且无以自救而试图作出历史性反思的一种努力。现代理性是"人类精神的麻醉剂"，它使得我们"对迫在眉睫的危险浑然无知"，而奥斯维辛后，现代理性主导的一切灾难使旧形而上学的迷思彻底瘫痪与破灭了。[①] 而且后现代哲学是通过把现代性推向极致而完成的。因为后现代哲学思潮原本就是一场文化运动，很难将之归入一个统一的哲学派别，对诸多主要

———————————

① 汪行福：《灾难与历史——走向否定的历史哲学》，《哲学研究》2014 年第 2 期。

问题并无一致性的看法，是共同的批判对象将之集结在了一起——反抗晚期资本主义文化逻辑是它们共同的敌人。如果说后现代主义哲学这一词汇在使用时可以从不同方面找到共同之处的话，那就是，它指的是一种广泛的情绪而不是任何共同的教条，即一种认为人类可以而且必须超越资本主义现代化的情绪。换言之，只要拥有这种超越资本主义现代化及其晚期文化逻辑激进情绪的人，皆可归入后现代阵营，后现代情绪不是摒弃、更不是放弃现代主义而是对它的积极扬弃，它并没有离开现代性而是对它的某种自我拯救。虽然它具有一些反叛性质的文化面貌，但是总的看来，后现代主义哲学表征的不是时间观念，而是哲学思想的实质性跃迁；不是回到、返回或者重复现代性，而是对它的分解、变形与改写，不是对现代性的弃绝、铲除与断裂，而是对它的扬弃、重构与重振，它是现代性"本源性遗忘的完成"、总体性踪迹的泯灭、统一性桎梏的消解，它要求被现代性压抑的一切因素都要揭示出来、被现代性遗忘的东西都要浮现出来。后现代哲学是从现代派生而来，它与现代是并蒂共生的内在统一体，现代与后现代并不具有本质差别，后现代哲学就是对现代"可以擦掉重写"般的一种内在建构。

后现代哲学包含在现代哲学中，无疑是现代哲学的一部分，后现代哲学其实就是对那些在现代中无法表达的东西设法加以表达的理论，后现代非但不是现代主义的死亡之谷，恰恰是在为之另辟蹊径，是为之重写了一种新形态，现代不断地孕育着后现代。可见，后现代哲学是一个充满矛盾的思想体，在其中建构与颠覆并存、重写与消解并置，后现代根本不再假定一个使得一切合法化的绝对支点，不再相信一个终极牵挂的形上框架。后现代主义者对现代性的重振，实质上是指从现代性内部打破现代性，从后现代维度复兴现代性，它号召人们向总体性开战，反而又以另一种方法完成了向总体性的靠拢。它处处试图打破统一、尊重差异，拒绝共识、激活分歧，重现虚无主义的光荣，为不可描述的东西作证，然而又试图在批判现代性中寻找到解决现代问题的有效途径，后现代性是具有真正意义的现代性，后现代主义其实是现代主义的晚期阶段，是一种极端形式的现代主义；我们可以从后现代性中发现补充现代性的积极材料，使之演变成激发现代性想象的无穷空间，并开发出能够使"现代性想象"表达得更清楚的特效语言——诗意表征。

　　有人认为，正是由于现代哲学理性主义的泛滥造成了一系列社会问题和人类的文化灾难，因而批判、否定、解构理性主义，推崇非理性乃至反理性，就成为后现代主义所致力诉求的目标，非理性是后现代性的别称，非理性、反理性直接导致后现代性。笔者也不同意这种看法，因为后现代主义哲学不仅摒弃理性而且同样摒弃非理性，非理性不过是另一种形式的理性，二者都同样纠结于对形而上学的固恋，都不折不扣地具有对形上理性、宏大叙事、元话语的推崇，非理性无非是理性的极端表达而已；因而，反对或者不反对理性，不是现代性与后现代性的根本差异，二者的根本对立表现在：一个捍卫理性至上主义，而另一个则试图颠覆所有带有至上性的文化祈求。的确，现代主义张扬主体性，认为人类中心主义是现代性的一个特征，但是后现代主义并非反人类中心主义或者非人类中心主义，对主体性非但不采取解构策略反而采取强化措施。

　　后现代主义抨击人类中心主义，也不主张反人类中心主义，而主张生态平衡以重建人与自然的和谐关系，旨在赋予人与自然关系以浓厚的和合意识，以消除现代人对自然或者他人的任何一种统治欲和占有欲；其重建人与人、人与自然之间的和合相生关系，消解极度膨胀的现代性物欲，旨在造成人与人、人与自然之间的内在平等关系，消除任何中心论对人的非法压制。现代性提倡中心、整体、体系与本质，而后现代主义思想反对同一性和整体性，崇尚差异性、多元化。但是后现代性在对现代性的审慎反思中，把矛头直接指向的却不是什么存在意义上的整体性、同一性，而是如何对整体性、同一性的叙述方法问题。换言之，现代性所描述的整体性并非事实上的整体性，而是现代性语言的特殊构造，后现代性对现代性中许多不言自明的真理持怀疑态度，这仅仅是语言学上的考虑。对后现代主义者来说，异质的、矛盾的东西完全可以拼贴在一起，不是不需要统一与综合，而是统一、综合必须与差异、碎片纠结在一起，二者都不应该消除，而应保留，后现代分析和表述问题从微观入手，反对所谓的宏大叙事或者元话语，主张多元主义，强调不确定性。后现代性是一种不满现代性又试图对之改写的期望，它与现代性并非水火不容，而是采取了不同的表述方法，看似极端对立其实二者互为表里。可见，不仅在文化价值观上二者是纠结的，在自然历史观上同样是纠结在一起的。

那么，怎样看待后现代主义对现代主义的批判，二者在哲学路线及其研究方法上互为纠结表现在何处，怎样评析这种文化纠结对后现代之后思想进程的影响？西方哲学的现代性与后现代性在思想方法、表达方式上互为纠缠、互相为用，二者在互动中究竟是催生了积极的文化效应，抑或是导致了消极的文化产能；马克思恩格斯哲学对它作出迅速的反应和严厉的质疑，究竟是为之增加了思维的宽度和自由的空间抑或是对它的猛烈攻击与严重打压；处于现代与后现代夹缝中的马克思恩格斯哲学，在现代性与后现代性的互相交融与同向伴生下，如何面对各种矛盾互相叠加与集中凸现的理论困境？

马克思恩格斯哲学非常重视后现代哲学对现代性的批判与超越，这不仅由于其对晚期资本主义文化逻辑的深刻批判而很自然地在后现代哲学中找到了自己的知己与伙伴，还由于它在对形而上学的严重拒斥中不断地在后现代哲学中浮现出来。对此，海德格尔早就注意到了马克思恩格斯哲学对形而上学拒斥的理性努力及其对传统哲学终结的后现代意义。在海德格尔看来，"形而上学就是柏拉图主义。尼采把他自己的哲学标示为颠倒了的柏拉图主义。随着这一已经由卡尔·马克思完成了的对形而上学的颠倒，哲学达到了最极端的可能性。哲学进入其终结阶段了"。① 后现代大师德里达也认为，马克思恩格斯哲学中充斥着一种永远也不可能被放弃的对形而上学的批判精神，如果没有马克思，没有马克思对形而上学的批判性解构，那我们就不会拥有未来，"如果有一种我永远也不准备放弃的马克思主义的精神，那么它不仅仅是批判的精神和质问的态度……它毋宁说是某种对于解放和获救的肯定，是某种许诺我们可以设法摆脱任何独断观念，甚至摆脱任何形而上学——宗教的预定，摆脱任何救世福音的体验"。在福柯看来，马克思恩格斯哲学与尼采的意志哲学、弗洛伊德的本能哲学一道，构成了当代世界的三大批判传统，特别是马克思恩格斯哲学对西方的形而上学传统及其理性至上的思维模式进行了无情的消解，这种"祛中心"的、带有根本性的消解

① ［德］海德格尔：《面向思的事情》，陈小文、孙兴周译，商务印书馆1996年版，第59—60页。

作用，为人类理性事业的未来发展奠定了后学基础，开辟了新的自我生成之域。马克思恩格斯哲学的历史分析法、实践把握方式，从穿越了西方哲学主客二分的思维方式，在科学分析资本主义内在弊病的基础上，形成了全新的话语体系及其实践策略，以至于在现时，写历史而不使用一系列和马克思的思想直接或间接地相联系的思想，并把自己放在由马克思所定义和描写的思想地平线内，那是不可能的。① 而在杰姆逊看来，马克思恩格斯哲学作为现代最著名的哲学形态之一，它早已变成了包容各种哲学元素在内的整合性的理论体系。它蕴含着可通达后现代哲学的思想走廊，完全可以对之进行后现代的理性阐释。它的作为集推动原则和建构原则于一身的实践辩证法，为之进行后现代阐释确立了恰当的政治立场与理论支点。因为马克思恩格斯哲学决不是什么过时性的话语体系，也决不是什么"唯生产力论"、"单一经济决定论"、"阶级冲突论"；相反，它是一种宏大而精深的历史分析科学，"是我们当今用以恢复自身与存在之间关系的认知方式"，它为我们提供了考察整个人类历史进程的总钥匙，它以全新的视角、完整的视界，让那些互不相容，似乎缺乏通约性的批评方式各就其位，确认它们局部的正当性，它既消化又保留了它们。因而，任何一种批判资本主义和形而上学的哲学体系，都不可能避开和穿越马克思恩格斯哲学，都不可能对之熟视无睹，事实上其他哲学体系尤其是后现代哲学不能不以之为轴线，并构成它们的全部意义。若远离马克思恩格斯哲学，任何哲学谋划都变得不可思议。尽管后现代哲学家对马克思恩格斯哲学选取的方式方法不同，肯认和接纳的侧重点不同，但是，从总体上看，在后现代思想境遇中，马克思恩格斯哲学的那种拒斥形而上学的特征、科学实践观的存在论意义及其宏伟的人类解放叙事，这些一度被世人忘却的哲学图景得以重新显现，它的那种力图从终极关怀、初始本源来理解实践的做法，也得到了全新的理性普照并真正穿越了西方哲学的陈旧思维模式。马克思恩格斯哲学真正消解了脱离了人及其活动的抽象哲学和虚幻的幸福期许，主张应否定并消灭那种敌视人的哲学形态，使得真正的实践哲学面向自己时代的现实世界，关注并解决人的生存矛盾，把人和人的世界都把握在哲

---

① 于文秀：《论后现代主义与马克思哲学》，《黑龙江社会科学》2009 年第 2 期。

学思想中，把属于人的一切都还给人自身，成就人的最大的生存意义。

马克思恩格斯哲学因为拒斥形而上学也实现了研究主题的重大转换，它的全部问题都在于使现存世界革命化，实际地反对并改变现存的事物。用后现代哲学家罗蒂的话说，马克思恩格斯哲学不是为了占有现存世界的全部真理，而是为了改变世界而无限地在追求真理，它不是为了营建一种千秋万代都有用的普遍真理，而是为了真切的拆解资本主义世界而努力。马克思恩格斯哲学对实践之于生活本质的彰显、对实践之于人的存在论意义的强调，使得传统哲学走向了终结。

很明显，马克思"不仅仅是摒弃将人类史作为自我异化和自我复归过程进行把握的方法本身，而且对其构图的意识形态错觉的根源也进行了批判揭露"。① 正是由于它彻底突破了传统知识论谱系的桎梏，扬弃了人与自然、人与社会、人与人自身的二元对立，从总体上而非从某个层面为我们提供了考察当代世界实现内在和解的全景视界，才能将后现代哲学的种种派别各就其位，既批判了它又继承了它，成为后现代哲学不可逾越的意义视界。后现代哲学之于马克思恩格斯哲学的确具有重要的启示意义，不仅在其中呈现了对马克思恩格斯哲学的种种新理解，而且使得那些游离于正统之外的、被我们忽略、遗忘乃至丢弃的东西，重新得以苏醒并以崭新的姿态而出场。虽然后现代马克思恩格斯哲学总体上显得支离破碎、面相怪异，但毕竟激活了它与后现代思潮实现内在融通的新方案，辟开了当代马克思恩格斯哲学借助后现代语义而开敞的新路径。二者的当代相遇凸显了马克思恩格斯哲学的后现代意蕴与精神指向，为消解现代哲学之独断、僵化的思想框架对马克思恩格斯哲学活力带来的"窒息"与"扼杀"，抵御西方文化入侵和思想殖民化带给我们的思想冲击，寻觅到后文化境遇中马克思恩格斯哲学获得未来发展的新的可能，都将不无裨益。

后现代哲学对传统和现代哲学的超越，一开始是在哲学内部进行的，是对哲学的把握方式、出场路径、基本特质、核心思想、表达体系等的自我批判，经过一系列的发展与演变，在其当代形态上逐渐激发出

---

① ［日］广松涉：《物象化论的构图》，彭曦、庄倩译，南京大学出版社 2002 年版，第 53 页。

了一种对哲学自身的颠覆指向,其批判活动以消解哲学本来的意义为鹄的,"使哲学变成某种非哲学的东西"。后现代哲学的非哲学转向不是走向反理性、反文化、反科学、反人类,而是诉求思想的平面化、价值的虚无化、精神的游戏化和文化的平民化,后现代之"后"既表示对现代性的连续和延伸也表示对它的否定和断裂,这种"积极的断裂"和"批判的连续",其实意味着对思想的解放和对创新的呼唤,它旨在疏离某些故步自封的僵化模式并打破画地为牢的价值体系,使之从相对偏狭的意识形态社区转而走向多元文化的公共思想走廊,从传统的准政治境遇中超拔出来通过谋划在混合文化中的生长,而成就自己文化先锋的"新左派"形象,对现代性积弊永葆一种生机勃勃的穿透力、洞察力、批判力。

譬如,德里达曾经步海德格尔的后尘而强调哲学与诗的融合,在他看来,哲学与诗不仅学脉同源而且在至极处二者内在相通,从事哲学思考实际上就是在从事诗的创作,哲学既需要诗意表达与诗意接受,也需要以隐喻、转喻的方式来召唤与启迪,哲学就是诗性的文学或者隐喻性的诗学,传统哲学已然失却自我而沦为了他者。还譬如理查德·罗蒂的"后哲学文化"的发展路线,认为哲学原本就是一种自由嬉戏的文化游戏,纯粹是研究者内心体验的一种情绪化的发泄。哲学没有什么客观性的基础原型与价值根基,它不打算承载什么沉重的政治意涵与宏伟叙事,更不具有特定的社会感化作用与道德引领功能,它只是一种消闲性的文字设计、莫须有的文化虚构、随意性的精神快感。后现代哲学不仅试图颠覆一切文化体系,更试图颠覆哲学自身,试图使哲学从规定性、深刻性、系统性的象牙塔走向平面化、中立化、生活化的大观园,主张摒弃一切严肃性的社会主题与意义担当,抛弃一切原本属于哲学自身的东西,放弃哲学的自性及其与生活、与文化、与科学的理性底线,在一片解构声中使哲学成为文化小品性的"说话剧"、"情景剧"。

再譬如,巴尔特与海登·怀特的后历史哲学的思想路线,认为哲学不是实证性的科学也不是思辨性的逻辑,哲学不是靠出卖虚幻幸福承诺的政治,也不是靠精神垄断而麻醉人民心灵的宗教,哲学说到底是一种想象性、浪漫性的"文化史学"。哲学已然演变成了一种不折不扣的后历史学,这种历史学不再是单数的、大写的、叙事性的,而是复数的、小写的、非叙述性的，它不是透明地反映过去的玻璃镇纸而是一种随心所欲的观景台。历史纯粹是象征性、隐喻性、诗性的，它不是过去了的文化碎片的简单拼接，而是为了人们达到精神愉悦而装饰起来的展览馆。像文学、神话与诗一样，它具有神秘的诗学意向或者文学情趣，它的根本旨趣在于点缀当下的文化生活，犹如电视剧或者电子游戏一般。并认为，哲学在过去的端庄、严肃、稳重与深沉，都是刻意装出来的，在遭到激烈的反讽与驳斥后，它无可奈何地走向了颓败与委顿，哲学遭遇后历史的无情解构而变成了一种浪漫传奇故事。另外，譬如梅洛－庞蒂、福柯等人的思想路线，认为哲学在面对人与自然、人与人、人与己之间各种矛盾、各种诘难的打击下，必须借助从尼采以来的反理性主义、反主体作用的传统，把海德格尔现象学的"向死而生"与"诗意之思"引入传统哲学中予以把握，把费耶阿本德的无政府主义、相对主义的颠覆指向灌注在现代哲学框架中，在消解哲学与非哲学的内在界限的同时，也引发了哲学向混合文化蜕变的未来走势，最终使得哲学变成了休闲性的文化——"感性的诗学"。① 哲学向非哲学的滑落，实际上也就是它向非中心的边缘地带的滑落即从生活世界中的淡出、从主流思想中的逃逸，在扭断理性致思之链、切断与政治的合法护持的当口，又成就了一种吊诡性的哲思、混沌性的延异。这种非哲学转向实际上并没有真正跳出现代哲学的思想藩篱，也不可能完全超越形而上学的理性窠臼，而是将之引向了一种极端荒诞的自我嘲弄、自我崩溃的逻辑之中。对此罗蒂说得再明白不过了，真正的哲学都毫无例外地在嘲弄哲学，因为它是非哲学。它在消解哲学时又成就了一种充满颠覆性的新哲学，表明哲学根本上无从消解与颠覆，非哲学不过是哲学的一种怪胎或者变种而已。

西方后现代哲学的非哲学转向，对马克思哲学及其中国化发展极具理论启示意义。马克思也一度强调要"消灭哲学"、"否定哲学"，但又认为只有首先使哲学成为实现，或者将之归入实现，才能真正消灭或否定哲学。换言之，旧哲学对形而上学提出批判是正当的，但它仅仅满足于这种理论上的否定，它不了解哲学本身就属于这个现实世界，虽然只

---

① 杨大春：《梅洛－庞蒂哲学中的诗意之思或非哲学倾向》，《文史哲》2005 年第 2 期。

是它的观念性补充，因而不彻底铲除这个旧世界基础及其观念补充，如何能够使实现哲学？

可见，马克思主张否定哲学，并不意味着要把哲学变成非哲学，他所否定的只是维护旧世界存在的旧哲学，认为不消灭这种旧哲学，就不能实现哲学。"马克思无论是要'实现哲学'，还是要'消灭（终结）哲学'以及作为前两者的统一，马克思创立了自己的实践哲学，目的都是为了用来促进人的解放，哲学在马克思那里不仅是'批判的武器'，还是'武器的批判'。"[①] 他对旧哲学的批判不是理性批判，不是以一种理性代替另一种理性，而是真正的实践批判。认为只有铲除旧的社会现实基础，附着在这个基础上并作为它的观念补充的哲学，才能真正被消灭。

---

① 李兵：《生存与解放——马克思关于人类解决的哲学主题》，人民出版社 2007 年版，第 66 页。

第三章 "不思之说"
——能被理解的存在就是语言

本章通过阐述诠释学哲学的人文关怀、现代发展、诠释模式、主体性特质、诠释阈限及文本与话语的对立等诸问题，指出了诠释学哲学在当代已经成为一种与普通大众的忧乐戚戚相关的公共性话语，以致专业领域内的论争时常会成为公众关注的对象和焦点，但是由于内在的精神弊病它不可避免地走向了虚无主义道路。诠释学强调存在具有某种优先性，但更重视语言对存在的构成性与基质性。语言与存在相比，语言的解释不能不占首位，存在是语言中的存在，能被理解的存在就是语言。语言与存在是不可分的，主体间性就是语言性，语言是存在的家，人就诗意地栖息在这个任凭自己自由穿行的家园中。

第一节 诠释学哲学的人文关怀

曾几何时，诠释学在当代论坛上变得异常敏锐，不仅在学界而且在社会上也获得了非常特殊的优势地位，逾越了使它与"槛外人"隔绝开来的专业屏障，成为一种与普通大众的忧乐戚戚相关的公共性话语，以致专业领域内的论争时常会成为公众关注的对象和焦点。一种相当不好懂的理论居然能在学界之外受到众人的青睐并被其他人文学科广泛接纳，这不能不说是一种奇迹。这也足以引起我们的深思：为什么当传统哲学经典及其操持方法横遭世人冷遇并受到业内人士强烈质疑和犀利批判之时，诠释学却能一路走红而成为文化的时尚？为什么当传统人学的生存语义所赖以形成、立足的那些公共性政治地位、文化根基和社会实践渐渐淡出之时，诠释学却能活在学界之外，广泛播撒并四处弥漫于社会生活的方方面面为之确立起一种公共的实践性姿态呢？它究竟拥有一种怎样的人文关怀和实践指向，从而能实现人文精神的"复权"呢？让我们怀着这种思虑开始对诠释学历史嬗变的动态原象进行学理追踪，以期阐扬其神秘的人学情怀和精神气质。

从其历史嬗变上看，诠释学在西方主要经历了三种基本形态：文本诠释学、一般诠释学和哲学诠释学。文本诠释学是它的最初形态，其立足于对《圣经》及与之有关的经典文本的解释，明确断定在经典文本中存在着不以任何主观意志为转移的、一种能独立自存的意义或含义，这种原意是否存在，如何存在以及它以何面目出场，这一切都与诠释者的理解如何无关。这种具有"原教旨情结"的诠释学，实质上是一种用于说明或理解的技艺学，它昭示了一种具有高度技巧的文化实践，它将理解视为语言的一种普遍的中介或话语转换活动，其使命和目的在于如实传递上帝的旨意（或文本的原意）。由于其诠释的对象是《圣经》和重要的法律文本，经典的原意犹如绝对命令，文本的语义清晰明白，无须加以探究，理解的任务就是将永恒至上的真理普遍应用于具体的对象上和各个不同的具体情境中，因而它特别强调在诠释过程中必须贯彻两大原则：一是圣经自解原则；二是普遍应用原则。前者是注经解经的规则与方法，强调《圣经》本身就有规训作用，作为"上帝的书"，它本身就内在地具有一个超出其具体内容的真理诉求，具有超越文本所限的、在一切场合都能发挥指导意义的永恒价值，这些"诉求"和"价值"，上帝并没有直接传达，需要诠释者在理解过程中予以阐明。后者是宗教实践（或其他文化实践）上的规则与方法，认为诠释的本质在于更好地理解，而理解的真正目的在于应用，即将文本中的普遍原则与具体问题相中介、与具体实践相契合。虽说解释和应用都是理解，但理解的本质却不在于解释而在于应用；虽说原意具有一义性，但又需要在不断应用和实践中达到理解上的认同。所以，诠释学是实践性的而非理论性的，是应用上的而非学理上的。这种立足于实践应用的诠释学，实际上是一种正确理解的技术，是一种狭义上的文本解释方法，它还不能算是严格意义上的哲学。这种原生态的诠释学，虽不乏与人的生活的实践相关，然而却没有形成对人的终极牵挂的人文情怀，有的只是对上帝的忠贞和原教旨的肯认。可见，文本诠释学的特征是它的客观性，它坚信存在着一个客观的解释对象，文本有着外在于解释者的独立性含义和意义。换言之，文本所固有的原意对于解释者来说，具有先在性、独立性和自足性。一个文本具有特定的含义，这个含义先在性地存在于原作者用一系列符号系统所要表达的事物中，而与读者如何理解无关。理解的目的仅仅在于通过对原始文本的考证校勘、语义澄清、脉络分析以及人文背景的考察，以便尽量客观真实地通晓和再现原典的思想理路、文化蕴含及其意旨形象。若从人学角度看，这种文本学意义上的"理解"，还只是通达人文情怀和生活指向的外在手段而非人文精神的内在构成，旨在实现原典的意向贯通或者发现文本的隐藏意义，它与人的生存和生活实践的相关性是外在的而非内在的，而且是如此的稀薄以至于它只能为人、为生活构造出非常有限的生命语义。

真正将诠释学引入哲学论域并为之开展出一个新方向的是现代哲人施莱尔马赫和狄尔泰。在他们看来，文本原意的客观性、权威性是不容置疑的，但怎样才能通达文本真义呢？当然必须借助于文本的语言。但由于语言与思想毕竟有差别，语言能表达思想但又不等同于思想，而且还会限制思想、肢解思想的统一性。因而，仅仅诉诸文本，就不能获得思想的全部内涵，不能切当地表达出原作者在特定历史情境中所形成的整体性的精神世界。为了完整地、系统地把握作者意图及其人文情怀，为了客观地、逼真地再现文本的根本义理及其人文底蕴，必须采取"心理移情"的方法，站在作者的立场上进行换位思考，通过考察原作者创制文本时的特定的历史文化环境、整个语言系统、社会风俗习惯、思想伦理状况、物质生活水平、民族心理结构等，以彻底洞见和穿透原始文本的表层结构而掘发深层次的人文语义，从中豁显最具生存理据和生命强度的实践意义，呈现诠释学的人学关怀和实践向度。而刻意彰显诠释学与生活实践的内在相关性，旨在表明：文本的原意并非作者全部的真实意图，因为文本随着历史文化的变迁，人们对它有了各种不同的理解，这样文本的意图不全存在于文本之中，还存在于后人对它的不断再现中，对作者意图、文本意图的理解全靠发现是远远不够的，还需要对之进行再三地发明和阐释。那么，如何对之实现不断地再现和发明呢？他们强调，只有在尊重原意的基础上，使文本的精神生命参与读者的生命之创造，才能理解出比作者意图更多的东西，实现本文意义的不断增值。这是由于人们生活于其中的客观精神世界是共同的、唯一的，它内在地具有稳定的结构和顺序，人类所具有的普遍的人性就是因之而生成。每个人的个性都是这种客观精神世界所蕴含的抽象人性的具体展示，只有将人的个性及其生命感悟纳入到客观精神的统一体中加以体认，人才能体验到人生的意义和价值。人在阅读文本时也一样，只有将自己的生命体验置于作者的生命体验中并使自己的主观立场暂时退隐，对作者的苦心孤意表一番同情之理解，这样，在对作者生命体验的重新体认中就进入到了对生命体验之精神世界总体的内在把握，从而使读者的生命体验参与到了文本意图之中，与文本产生时的整个历史事件同行，与人类生命世界的历史进程一道前进，并沿着这个总的方向不断进行新的意义构造，从而实现着对人的生命本体的终极性牵挂。正是基于诠释学的人文关怀和实践指向，他们才将理解与解释区别开来，认为文本诠释学偏重解释，是解释的方法学，旨在获取不为主观因素所歪曲的真实意义。而他们自己的"一般诠释学"，则偏重于理解，是理解的方法学，旨在获得不为文本所限的、多出于原意的人生语义。所以，它不是指向外在的东西而是指向人自身的生存命义，它力图透过具体的、个别的、历史的生命之表白，以揭示生命世界总体的多义性、流变性和历史性特征。当生命个体与精神世界总体进行生命交融时所构造的生存命义，本质上是一种不能被解释只能被理解的东西，只有在神秘的内在体验——理解中，人才能为自己不断地阐释出人之为人的生命真谛，才能揭示人的终极性的悲剧宿命这一历史之则和生命之谜。故而，解释只能发现和回归原意，而理解则能生成与构造新义。在理解时，由于生命个体参与到了对文本意图、作者意图的再发明之中，理解便偏离了文本和作者的初衷，在其追逐原意（时时处处被原意所牵引）时，就获得了不同于或多出于原意的东西，文本的意义世界不是封闭的而是开放的，不是被发现的而是被创造的。这样，诠释学就从作为手段的文本诠释学发展到了作为内在目的的"一般诠释学"，大大拓展了其实践应用范围，使之成为一种与人文科学和现实生活极具实践相关性的生命科学。

与文本诠释学和一般诠释学只是将理解视作纯粹的方法或神秘的体验不同，以海德格尔、伽达默尔为代表的哲学诠释学则将理解视作本体论的内在结构。在海氏看来，一方面，对于人的生存来说，人被抛于世，与物相交则繁忙、与人相交则烦心，故而人常以非本真的状态沉沦于世，使人之"在"（本质）处于遮蔽状态。诠释学的目的旨在让"在"自己现身、自我生成。所以，理解作为人内在的本体论结构，是人自我筹划如何出离被抛、免入沉沦从而自我生成、自我实现的中介与基础。另一方面，对于"人生在世"的世界来说，人所置身于、寄身于的那个世界，是一个可以为人所利用的世界，世上的一切东西只是在人使用它们的过程中，其意义和价值才被照亮，并与人之"在"实际相遇。故而，物因人而在，为人而在，世界的意义并不是作为简单的现成的东西向人呈现的，而是作为可能的为人服务的方式呈现出来的，世界是有待生成的世界。文本也是如此，其意义也有待于人在运用中不断予以构造，理解的过程实质上就是人把"在"的可能性投向文本，使文本的喻义不断再现出来的过程，理解使人自身的生存命义通过文本并借助于它来到人的面前，作为"此在"（人）之可能性的理解，既是文本（世界）意义的展示口，又是人获得生存命义的内在通道，所在"此在"之能在，本质地在于理解。理解是"此在"最本己的东西，是人的其他一切活动的基础。只要"此在"在，就有"理解"在，人在"在"中理解，又在理解中"在"，"在"和"理解"合二为一、双向互动、相互生成。但人并不是在虚无中开始理解的，它总是根植于预先已有的东西即前拥有、前理解、前把握的特定境域中。作为理解的前结构，它就像宇宙间最隐蔽的法则，始终在起着牵引作用，却永远也不会被人清楚地把握一样，人无论如何理解也不能超出这个范围，人所要理解的各种可能性总是被前结构预先设定了的，文本具有一种意义完全是人预期的结果，而与文本原意关系不大。前结构既是理解的起点又是终点，理解活动便是不断地超越自身又生成自身的过程，这就进入了一种诠释学循环。对于人的生存与发展来说，这不是一个坏的循环，而是一个积极的循环，决定性的事情不是从循环中如何脱身，而是依照正确的方式积极步入这一循环，唯此才能实现对人的终极挂牵和伦理担当。伽达默尔在此基础上又作了重要推展，在他看来，传统、权威、先见都是人存在的内在根据，也是理解的先决条件，它们是在历史流变中被人有意识地选择并保存下来的东西，作为理性和文化实践的特定产物，从最基本的意义上构成了理解的视界（前结构），不管人们意识到它们没有，作为内在要素与人之"在"都不可分割地联系在了一起。这样，人只要在理解就已被抛入传统之中了，人在传统中存在、在先见中理解，又在理解中不断地修正、生成新的传统和先见。先见和传统通过"效果历史"的方式使人之"在"向世界开敞，也使世界向人生成，所以，先见与传统是人与世界、读者意图与作者意图双向开放、相互生成的基础，它决定着理解的方向并构成人的本体论存在。同时，理解始终参与了文本意义和自我本质的构造。因为，理解总有自己的先在性视界（期待），但在理解中不是抛开自己的视界而置身于异见的视界，相反，一开始就将自己的视界注入所要理解的视界内，并通过"问答逻辑"而实现视界融合，形成重叠共识，产生主客合一、历史与现实合一的"历史的大视域"。不仅人的生命史是理解史，整个世界的历史也都是理解史。诠释学关心的就不再是理解如何可能的问题，而是关心在理解中人与世界如何双向生成的问题。所以，在哲学层面，诠释学本质上就是人学，因为，它从本体论上实现了对人的终极关怀。

综上所述，诠释学之所以能成为一个奇迹，关键因素不在于学科之外而在于学科内部，在于将实践理性内在地对接于诠释学理论中，使诠释学成为一种实践哲学。其实，在诠释学的最初起源和原始形态上，其实践性的精神指向就已初露端倪。这主要表现在：它不只是追求对文本的正确解释，而更关注实践的推理即理解的实践意义，重视如何将普通性的原则应用于具体实践，应用于理解者的特殊处境，它要解决的也不只是理论上的真假问题，而且还包括应用是否可行、是否正当的问题。所以再三指认，诠释学的本质在于理解，而理解的目的却在于应用，在于与实践、与时代的具体问题相契合，只有弄清了理解与生活的实践相关性，才能真正地回归文本。理解和应用在实践基础上相互依赖、相互推动，从而实现理解意图与文本意图的合一，这就是文本诠释学最初的实践性理据。在一般诠释学形态上，诠释学与实践的关系更加密不可分，使诠释学在学理上具有了更多的实践性特征，以致作为理解理论的诠释学，它往往不只是一种理论，更是一种实践。换言之，它不仅是学理上的，更是实践上的，它的实践功能大于它的理论功能，它的实践意义也高于它的理论意义，它在理论上的要求都是实践的内在要求，它在精神上的指向也都是实践性指向、都是直接为实践服务的。诠释学作为实践性的哲学，它表明了人在自我理解中实现自我回归和自我认同的能力，意味着人能在充分理解的基础上，实现对人的生存的终极关怀。因而，它决不只是要维护和确立文本知识的合法性和经典地位，而是要通过阐明理解与人的生活的实践相关性，使理解和实践在人学层面达到内在统一。质言之，诠释学旨在通过向实践和应用层面伸展，从而超越狭义的文本注解，使理解活动成为指向人的生存命义的人文理性的活生生的理论活动。如果说在前两种形态上，理解还只是与实践相关的话，那么，在哲学诠释学那里，二者真正实现了本质上的融合，一同构成了人学本体论的内在结构，使实践哲学真正成为诠释学的最终归宿。诠释学强烈的实践意向和厚重的人文情怀，不仅为之扩充了丰富的理论内涵，而且为之赢得了广泛的群众基础；不仅使实践理性活在了诠释学的深层义理中，也使诠释学活在了公共生活中。这种诠释与实践在内外研究中相互生成、相互推动的过程，也就是实践诠释学或者诠释学实践本体论得以确立的过程，它将为人的生存打开一个新世界，为哲学和人学研究开辟一个新视域。从这个意义上看，实践诠释学作为理解理论的最终完成，其实是完成于对诠释学自身所蕴含的实践理性的科学驾驭与哲学提升中。

在我们当代的诠释学研究中，诠释学的人文关怀和实践向度，这一根本内容恰恰逸出了研究者的视界之外，而去争相舍本逐末地谈论些枝节问题，如究竟原意和对象有没有客观性？先见的正当性及其限度如何？到底是弱诠释合理还是强诠释切当？到底应诠释过度抑或诠释不足？诠释学到底是为人之学抑或为己之学？诠释是有限的或是无限的等。在笔者看来，谈论这些问题对于学科建设当然无可厚非，然而若忽视诠释的人文关怀和实践向度，就严重背离了理解的本性与使命，对此应毫不犹豫的弃而不顾。我们不应再将诠释学视为致思本体的形而上学，更不应将之看成是其他人文科学的唯一基础，它其实只是参与当代实践、文化对话的一种学科，只是激活当代精神世界并提升人的生命质量的一种新话语，只要这种新理念比以前的"哲学老话"更有用、更有趣、更具有启迪性，能更好地服务于当代生活实践，有助于更新我们的生活旨趣，提高人的生存境界，它就是正当的、合理的。正如罗蒂所说，任何人对任何物所做的任何事都是一种使用。诠释学说到底就是一种以特殊方式操作文化、使用理性的实践哲学，实践性是它的最本质特征。对于人的生存而言，有什么样的生存目的和生活需要就会有什么样的"理解"话语出场，我们不应超越于特定的人文情怀和实践向度，而去寻求解决什么诠释的正当与否、强弱与否、有限与否等问题；相反，而应尽可能地扎根于当代生活实践，尽可能地对当代最迫切的实践主题积极发言，为当代人学的发展开辟新的自我生成之域。用德勒兹的话说，哲学的任务在于制造和使用概念，它是制造概念的艺术，它永远保持着现实性并力求回答真正问题的能力。如果哲学诠释一味躲避到对特定事物本质的反思中，它便丧失了自己制造概念、精神生产的能力，那它就不能赋予哲学理念以新生命，不能实现自我革命，只能使哲学走进一个贫乏的时代。

古希腊哲学一开始表现为一种自然哲学，以某种或某几种自然物来直接诠释自然本体，以致思世界万物之内在统一根据（始原）、合目的与合规律的普遍基础（始基）、宇宙万物生成与变化的根本动因（始因）为立足点，虽有爱智尚思、勇于探索的求知精神，但也不乏独断性、直观性、朴素性之特征。这种自然哲学的研究取向，由于自身内在的矛盾，即试图以感性具体去充当普遍性的本体，直接违背了基本的逻辑本性；也由于激烈的社会动荡造成了人们价值观念的普遍裂变，善于标新立异的哲学家，应时代变迁的感召，及时捕捉时代精神中的人学指向，从而放弃了对宇宙本原的无谓思辨而代之以追索"人类行为的神秘指导者"为己任；同时也由于巴门尼德的存在哲学对上述哲学危机拯救的不成功，导致了多元论和机械论的出场；更重要的还由于，自然哲学家将人的问题纳入到自然本性、宇宙本原的问题中，将人与自然混为一体，人事与天事混而为一，人学取向、以人为本的思想很难得以彰显。可见，正是由于自然哲学严重遮蔽了因社会变革所凸显出来的人学旨趣和伦理本性，故而才在自身中引发了一场革命性变革，实现了由自然主题向人学主题的转换。

其实，从智者学派始，人的问题就已被凸显出来，人的哲学也被逐步确立起来。他们首先提出了"哲学应当是人学"的响亮口号，普罗泰戈拉所提出的"人是万物的尺度"的命题，更是具有重大而深远的意义，为以后历代哲学的人学研究定下了基调。苏格拉底正是在此基础上提出了著名的人学箴言：未经思考的人生是最没有价值的人生，对人最有用的知识莫过于关于人类自身的知识，因而务求自知便是人的本性和哲人们的使命，只有深刻了解自己的人才能消灾得福、亨通如意。并借助自己创造的辩证法——精神助产术，来引导人们一心向善、诸德合一。这样，由于把人的问题放在哲学思考的核心位置来考察，就实现了哲学的人学转向。正如卡西尔在其《人论》中所指出的那样，苏氏把全部哲学研究都指向了唯一世界——人的世界，他的哲学也变成了严格意义上的人学。从此，宇宙学与人类学比肩而立的时代主题已不复存在，各种哲学问题突然被一个新问题——"人是什么"的问题所遮蔽，且成为唯一吸引人的全部理论兴趣的核心问题。正是由于人的问题的发现，由破解宇宙之谜向破解人生之谜的转化，他才在哲学上做出了划时代的建树。当然，这也是他的人生哲学与此前的自然哲学在本质上得以区分的根本标志。

苏格拉底的人学转向还只是一种总体性的精神指向，关于人的各种具体问题他并没有给出一个直接而正面的回答。卡西尔认为，我们在任何地方都找不到他对这个新问题的直接解答。柏拉图作为他的思想传人，才真正以理念论为基础，建构了以"人是什么"为核心问题的人学体系。柏氏哲学对人学理论的突出贡献在于：试图回答苏氏提出的"人是什么"这个人生之谜，进一步弄清"什么是善的生活"这个人生价值问题，并遵循老师"美德即知识"的教诲，提出了人只有用理智宰制情欲，才能过一种身心都健全的善的生活的论断；倡导做理性的人，认为人只有做一个能对理性问题给予理性解答的存在物，他才成为一个有良知、有责任的道德主体；他认为知识把人引向美德，而美德把人引向至善。智慧乃诸德之首，理性乃人生鹄的，只有理性的生活才是最美好的生活。这样，柏氏不仅存续了苏氏"以德为本"的人学路线，而且大大加重了这条理路的理性主义色彩，对人的问题的理性至上的解决方案，使人的价值和人的本质问题得到前所未有的重视。而亚里士多德循着柏氏开创的这条理性主义道路，走得更远，人被完全定位于理性的本质规定之中，同时也被定位于人的等级森严的社会理性及其规训序列之中；认为人与动物的根本区别就在于人能够根据理性原则而过理性的生活，即重精神轻肉体，重理性轻感性，"存理灭欲"，先人后己。

这样，在亚氏的人学体系中，属于人的现实生活中的丰富内容就被抽象成了一个最晦暗的理性王国，人的理性本体吞没了属于人的一切鲜活的内容。而那种最稀薄的、最空洞的抽象意义上的"人"却被亚氏设定为最高意义上的人学目标。对此，尼采曾经评论说，理性是把人引向虚无的巨大诱惑。对照以后的人学走向，方知此言不差。

由于希腊晚期快乐主义和怀疑主义对理性至上权能的挑战和质疑，使理性主义很快走向解体，代之而兴的是基督教哲学。自此，宗教成为中世纪文化的主流精神，人学只能放置于神学框架中作扭曲性的诠释，西方哲学的人学探究，相应地也经历了一次从理性主题到神性主题的转换。早期的教父哲学，贬低理性抬高信仰。从游斯汀到德尔图良都认为，真哲学即真宗教，真哲学能引人上路并与神相通，默识诚心、与神为一；但哲学中的真理只是部分真理，而非真理的全部，它虽能把人引向信仰并能自觉地捍卫信仰，却不能必然导致信仰。因为，它只是引导理性走向通识的光，只是信仰的前奏，而非信仰的所有，信仰还须向启示性事件寻求支持。可见，不是由理性而走向信仰，相反，而是由信仰进展到理性。信仰虽然寻求理解即寻求理性支持，但信仰在理性之先，信仰是理性的基础和先决条件。简言之，人的理性淹没于神性之中。后来的经院哲学，严格固守"信仰高于并支配理性，理性必须服从信仰"的神学原则。但是，在唯名论与唯实论的激烈论争中，神学宰制下的人学思想有所抬头。在经院哲学集大成者托马斯·阿奎那的神学人性论中，已经为人在黑暗的房子中开了一扇天窗。在他看来，神学高于其他任何科学，"哲学是神学的婢女"，理性只能服从并服务于神性才是可以理解的，人只有把自己的一切无私地奉献给上帝，才能得到上帝的恩赐并获得至福。可见，人性完全沉陷于神性之中；但又认为，如同神性和理性是相互统一、相互印证的一样，人学和神学也是内在统一、互相发明的。人要以上帝为依归，方能神人融通；但人的感性生活和尘世幸福又必须切实得到肯定和维护，属于人的自然本性也要得到神学的理解和照顾。可以说，正是由于从托马斯开的这扇天窗中射出的关于人的自然之光，才迎来了文艺复兴时期人文主义的人学曙光。

以人文主义为旗帜的文艺复兴时期，西方人学实现了由神性向人的自然本性的复归。人文主义者破除了神学权威，恢复了人的价值和尊严，重新确立了人在哲学体系中的中心地位。对人和自然的倾心关注，使之从不同理路出发，汇集成了一股强大的人本主义和人道主义思潮。把人从神的束缚中解救出来，把人的目光从超验的神性世界转移到了现实的感性世界，转移到了自然性的人的尘世生活；在把神推向遥远彼岸的同时，也把神消解在自然之中，把神的本质和神学目的赋予人和自然，把神性赋予感性，把神学原则推向人学原则，张扬了人作为单个的感性的自然存在物自身存在的价值和力量，以人的自然本能欲望为核心内容的人性及其现实力量得到无穷释放。比如，马基雅弗利就强烈反对从神性中引出人性，反对把人附着于、归于神性，而竭力倡导从现实生活入手，并以人的眼光来把握人的本质，把人应该怎样生活和实际如何生活区别开来，认为人实际上怎样生活也就表现出它的真实本性。这个观点极其重要，对以后实践人学观的形成和发展有一定影响。总之，人文主义运动开启了新一轮的人学转向，它在讴歌人和自然的同时，肯定了人的价值、人的尊严，人生的享乐、个性的解放、世俗生活的意义、生而平等的观念、人为万物之灵的高贵地位等，这一切都得到了凸显和颂扬。这表明，在打破神性垄断一切和禁欲主义牢笼后，人的丰满的、完整的人性和自然禀赋重新被揭示，这种自然本质意义上的人的再发现，消除了神的外在权威的灵光，使哲学真正回归到人的自然本性上来，从而为近代主体性哲学中人学体系的建构奠定了基础。

在近代，早期的资产阶级哲学革命，实质上也是人学史上的一场革命。这场人学革命又一次实现了人学研究方向和主题的重大转变：哲学不再是神学的婢女，人学也不再是神学的附庸；自然不再被人遗忘，而人也不再为神所主宰；明确提出了认识人自身的任务，哲学的人学问题被确立并获得深刻而全面的理解；人的问题成为哲学的核心和归宿，推崇理性、争取自由成为时代最强音；在理性主义基础上，将人的自然属性与社会属性、利他与利己、理性力量与感性力量内在统一起来，"以'理性命令'取代上帝命令"，以知性权能取代自然本能，在哲学中确立起做"理性人"的人学原则。"蒙以反对上帝、解放人为目的，以理性取代对上帝的迷信，但它又制造了理性这一新的上帝，理性至上原则使人与理性的关系再度被颠倒和出现紧张。"① 这个原则在以后法国的启蒙学者那里，得到了更进一步的发展，使人的主体性更加觉醒，人的自由、平等、博爱的天赋人权得到更加明确的呵护，人道主义更加具有现实意义。而以康德开创的德国古典哲学则集中体现了近代哲学的人学精神和发展方向，以特有的思辨形式充分表现出对人的尊重和敬重，对人的能力的无限信任和对人的自由的不懈追求，凸显了人的理性本质和至上权能，放大了人的主体意识和对世界的主宰力量，确立了人的主体性地位和现实品格，从理论上最终完成了理性主义人学体系的总结和建构，并在黑格尔思辨唯心主义人学体系中达到了顶峰。

以理性为基础而开掘出的人的主体性能力，是近代人学转向的根本旨趣和中心任务。近代人学主体性内容的理论要点是：人学的价值取向是做理性的人，认为人是理性的存在物，理性是人的本质，是人成其为人的内在本质规定，理性多一分，兽性就少一分；理性具有无上权能，而人是理性的主体，人具有正确、科学的支配和使用理性的能力，用理性改造自然和社会并与之建成一种理想的和谐关系，且用理性能"克倒私欲"，达到真善美的统一；只有人才有主体性、唯有人才是世界万物的中心和主人，唯有人才是世界的目的。世界万物为人而存在，人贵为万物之灵，因而有资格向自然宣战，以获得为人所用的一切；人本身就是目的，人为自身而存在，人是自我创造、自我生成、自我完善的理性存在物，人为自由而创造，人为自己的全面发展而创造，人在合目的和合规律的创造中确证、完成自己的本质等。然而，当德国古典哲学把人的主体性本质和人类中心主义原则发挥到极致的时候，就彻底暴露了理性至上主义人学取向的局限性。正是由于这种缺陷才导致了它的绝对化和僵化，并陷入了理性主义的魔窟，从而导致了人的自我身份的迷失和下落不明；也正是由于此，步入现代的各个哲学流派都急忙以非理性主义去修补有着严重人学缺陷的理性主义。

现代西方哲学中的人本主义各派是不折不扣的、最大意义上的人学，而非理性主义则是弥漫于其中的一种时代潮流、文化精神和思想气质。非理性主义人学的基本特征主要是：从人的生存性状、生存命义来

---

① 张澍军：《思想政治教育学科建设研究》，人民出版社 2014 年版，第 211 页。

考察人的本质、人的价值等一切关涉人的问题，从人的非理性的冲动和欲望来诠释人的现实的生存悖谬、生存矛盾，因而，人学理论的考察支点发生重要的位移，从理性转换为非理性；理性的至上权能受到严重质疑，人文理性（包括思辨理性、工具理性、价值理性）的软弱与空洞、缺陷与弊端得到了深刻揭示，从人的生存性状洞察到人的灵魂深处蕴藏着的诸如焦虑、恐惧与无奈等非理性的现代"人学"气质。但，又要认识到理性原则及其人学指向被颠覆，并不意味着理性主义和人文主义的自我消解，恰恰相反，而是实现了对它的最强硬的补充和积极的拯救。因为非理性主义对理性原则的瓦解是通过把人的主体性原则推到极致而完成的，非理性不是反主体性，而是极度张扬出来的人的主体性。换言之，作为近代理性主义全力打造的人的主体性，在非理性因素到处播撒和浸染而理性因素处处崩塌声中，主体性并没有随理性主义的破解而消散，而以另一种形式、另一种姿态在重估一切价值、重建人文精神的呐喊声中闪亮登场，一个新的主体形象带着焦虑、孤独、烦恼、恐惧等各种非理性的情怀跃入现代人学视界，现代人学因此实现了由理性到非理性的根本转向。

无论是理性主义者或者是非理性主义者，无论他们发动的是认识论转向、语言论转向或者生存论转向，都为护持人的生命家园构筑了这样那样的"篱笆墙"——生命价值体系，然而在后现代主义者看来，这一切努力又构成了特殊的语言霸权和文化帝国主义，都参与了对人直接的和间接的压制；无论是人道主义的彰显或是主体性形而上学的闪亮登场，其人学转向造成的重大结果是塑造了一个共性的、抽象意义上的"人"。这个大写意义上的"人"作为人的生命的"神秘指导者"，它向人们提供的"对每一个人都有效"的伦理神话、每个人都可期待的"终极性幸福承诺"以及人类中心主义人学旨趣，随着后现代主义对"人"的彻底毁灭而一同被葬送了。后现代主义者揭开了现代主义者掩盖在现代人学身上的各种伪装，破解了现代人道主义的各种人学神话，一个虚构的主体、一个虚构的"人"开始浮出水面。原来以形上理性为基础而竭力打造的主体形象，其实只是一个面具、一个角色、一个牺牲品，它充其量只是一种意识形态建构和特种文化的谋略，至多不过是一个使人怀旧恋昔的肖像而已。作为"类的"人的主体性、人的价值、人的本质等，这种大写的人学符号，其实只不过是一种理性的幻影；同样，作为"类的"人的欲望、人的动机、人的意志、人的情感等，这种大写的非理性内容，其实也只不过是一种心理的碎片，一种稍纵即逝的心绪和飘忽不定的幽灵。随着形上理性的崩塌，人类中心主义的拆解，现代人学所建构的一切都成了一种话语效果或者文字游戏，在内在本质规定下的"人"、"主体"都已成为神秘化的东西。人死了，主体也不复存在了，即使存在业已成为一个下落不明的物了。这样，西方哲学发展到后现代，最终造成了传统人学的自杀，后现代以及后现代之后的人学将走向何处？主体性及其形而上学彻底被颠覆了吗？人的生命家园将由谁来看护？目前这一切都还是一个谜。

西方哲学一开始就起源于对人的生存与发展的终极关怀，以后不论它以何种形式和路径出场，不论对人作感性、神性、理性、非理性乃至反理性的理解，其实都是对决定人的生存与发展的"神秘指导者"进行的追寻和诉求。可见，西方哲学发展的整个历史都包含着丰富的人学底蕴，始终都呈现为一种最高的人学智慧。若离开人学旨趣，或者不深入到生存论层面，就难以把握决定西方哲学人学主题历史转换的内在根据。按邓晓芒先生对西方哲学两个起源（"语言学起源"和"生存论起源"）的分析可知，生命的自我否定和自我超越的矛盾即人的生存矛盾，是决定哲学发展和主题转向的内在动因；而对斯芬克司之谜的破解，则构成西方哲学特有的努斯精神——一种关联着人的生存与发展所有意义的人学精神，这也是历代哲人致思探究的最高目标和根本任务。[①] 然而，从古代人的问题的被发现到近代人的主体性地位的凸显再到现代人的生存欲望的张扬，西方哲学特有的人学精神，突然在后现代中陷入荒诞，使人学取向上的一切努力都在一场精神的自杀行为中丧失殆尽；西方哲学中的人学谱系在后现代之后，出现了零趋向的征兆，反映了西方后工业时代由于人的物化、异化而产生的普泛化的无奈情绪和一种挥之不去的厌世心态，并预示了一种在打断所有与人的终极性价值勾连之后的虚无主义的人学趋向。

---

① 邓晓芒：《思辨的张力——黑格尔辩证法新探》，湖南教育出版社1992年版，第16页。

第二节　诠释学哲学的现代嬗变

在西方哲学中，施莱尔马赫对现代西方诠释学客观性立场率先进行确立。古典诠释学都坚持一种纯粹的客观性立场，认为文本都具有原始意义和文本意图，都把这种意图说成是文本自身所固有的、不以理解者的理解为转移的客观性东西，理解者的任务在于清除自己的各种偏见，设身处地地进入原作者的历史情境，回到历史文化源头且表一番同情性的理解，从而客观地把握文本的真实意涵。将文本理解仅仅视作一种纯粹客观性的技术释义和意义传递，它追求一种唯客体主义的外在决定论，强调对文本意义的诠释必须恪守"文本自解"（自足性）、"历史还原"（复归性）、"整体涌贯"（同构性）、"内在通约"（自律性）等原则，主张诠释者必须保持"心灵空场"、"主体退隐"、"悬置先见"、"镜式反映"的诠释立场。现代西方诠释学与之不同，而希图从一种共时性的角度揭示意义诠释及其发展过程的理论全貌，审视它的客观性立场及其在逐步发展中是如何被后结构主义者予以消解的，剖析它恪守客观性立场的理论得失、所包含的诸多转变契机及其与先验主体性立场之间进行论争的理论根源，最后又是基于什么样的思想通道实现了两大立场的和解与融通。应该说，这一方向是康德开辟的，它通过解决"先验综合判断是如何可能的"这一理论疑难，发动了从原来"主体围绕客体转"到"客体围绕主体转"的"哥白尼式革命"，强调通过"先验统觉"将知性范畴与感性材料整合起来从而产生认识。这种在认识论中对主体性的彰显理路，在现代诠释学中也得到了贯彻。譬如，在施莱尔马赫看来，对文本的理解绝非是一种纯粹技术性的释义，绝非是悬置主观性立场而对文本意义进行一种纯粹客观性的报道，恰恰相反，而是依赖于文本理解者对文本意义的心灵创造与再造。一个文本有没有及有什么意义，并非客观性地存在于文本之中，而是依赖于理解者的内心体验与再体验，理解者总是基于某种先验的主体性立场（先验逻辑）而去寻求并理解人类一切的生命现象，从心灵深处最深切地体会并关注人类本真的存在，并以此希图为确切理解一切人文社会科学架起一座通达生命之桥。但是，这种基于主观心灵的意义阐释非但没有丢掉理解的客观性立场，反而是对它的一种积极捍卫。在施氏看来，任何理解必须结合作者所处的客观条件来理解，即必须基于特定的语境来解释，还必须结合语义的整体性来理解每个语词的意义，理解的这种历史性与整体性要求，其实就是一种暗含于理解过程并内在地支配着理解过程的一种客观性立场。更重要的问题还在于，作者的创造与读者的理解之所以能够达到心灵上的契合，以及读者为什么能够体验与再体验到作者的所思所想，根本原因就在于"人同此心、心同此理"，作者与读者在心灵深处具有内在的相通性，这是人类精神上的一种"普遍共性"，它确保着理解能够客观有效地进行，显然这种埋藏在人类精神深层的共通性或者共通感，正是康德所说的那种"先验统觉"——一种首要的和最为基本的客观性路线。为了避免产生误解，读者必须走出自己的内心世界与心理预期，必须放弃自己的主观性立场与非分奢望，尽可能地悬置自己的主观评判与一切成见，以进入作者创作原始文本时的精神境地，原原本本地回到作者的思想源头和历史境遇，重新体验与再现作者的创作心境，以便客观真实地发现文本的历史背景、原教旨意义和作者的原始意图、意义期待。总之，施莱尔马赫主张，文本意义产生于解释者和文本之间的互动性关系中，而非纯然外在地存在于读者与作者这两端，其实二者的每次相遇都是基于特定客观性立场而发生的意义解释，解释者必须从他自己的主观视界和心理预期中跳出来并通过心理移情来进行解释，试图超越古典诠释学那种纯粹客观性原则及其技术性传统，强调理解的历史传统、思想整体的重要性，尤其强调读者与作者之间的那种客观性精神原则的先在作用。文本理解就是解释者实现文本意义增值的一种心灵创造活动，文本解释与其说是被动地接受原教旨的过程，还不如说是一个主动的、受兴趣所引导的再度创造的过程，任何积极的理解都毫无例外地弥补了文本的缺陷与意义的不足。虽然如此，但是，解释却并非纯粹主观性的心灵创造或者任意谋划，理解不是搁置客观性立场而是努力捍卫它并使之重新显现的一种再度创造，它是读者与作者遵循客观性原则、实现互动性译解并通过特定记号而呈现出来的意义转换与生成。解释学的客观性原则并没有随着理解的主体性增强而退却；恰恰相反，它不仅沿袭了这一原则而且希图使之得以凸显，将理解的客观性或者达到客观性的理解视作现代诠释学的基本追求，旨在引领读者真实地把握原始文本中呈现出来的作者原意，在心灵共通感作用下通过"心心相印"、"将心比心"、"心灵际会"实现内在一致性的解释。

海德格尔对现代西方诠释学客观性立场的生存论辩解。在承继施莱尔马赫诠释学基础上，狄尔泰也认为，读者要想把握到作者在原始文本中所表达的真实意义，必须借助心理移情方法和那种神秘的精神共通性——一种心理深层的内在通约性，不带任何先入之见地进入作者创作文本时所处的社会历史情境，以重建原始文本与它所赖以形成的客观基础之间的真实联系。读者把自己的生命意向和心灵预期，仿佛试验性地置于客观的历史背景中从而实现对文本原意进行一次客观性的再造。为此，读者自身的主体特征和主观先见，不仅无益于客观化理解的展开和深入；相反，它作为消极的因素恰恰成了读者实现对文本获得正确理解的内在障碍。换言之，为了实现客观性的诠释，读者必须悬置自己的主观先见、必须自觉地脱离自己的主观意向而进入作者的文本意图。狄尔泰的这种对文本中真实意义的肯认以及让理解者竭力把握文本真实意义的"作者中心论"及其"唯客体主义"思维倾向，在海德格尔的诠释学中都得到了进一步的延续与发挥。但是，不同于狄尔泰生命诠释学基于主观性体验而取得的生命交融，海氏在其存在论哲学中对现代西方诠释学客观性立场进行了一种生存论辩解。在他看来，任何真正的理解都只能是实践性的理解，要以读者为中心而揭示文本的意义，为此就要逐步彰显读者的实践性并使作者的原始意愿逐步退却。理解的实践性或者从实践出发去理解，旨在对人的"此在"（人的本质）的昭示和揭秘。理解不再是一种神学的或哲学的注释方法，而是一种对人的本质进行具体的、历史的、动态的筹划，理解不再是与人无关的客观描述，而是人特殊的存在方式，实践性的理解不只是与追寻文本中隐含的作者原意外在相关，而是与读者自身的生存状态、实践方式内在相关。实践性的理解从对作者原意的关注转向了对文本意义的创生，理解不再是读者通过文本把握作者原意的客观化过程，而是读者依据自身的目的而使文本的意义得以不断创生和流动的实践性过程。理解就在于追究意义，但是意义并非仅仅存在于文本中，意义是人"在出来的"，即有否及有何意义完全取决于人的理解，它与人的实践性的存在（即理解）息息相关，意义是在与人的存在发生各种关系中产生的，是出于实践性的理解而对它作出的积极筹划。文本在与人的实践性理解关系中具有多种可能性、其意义具有多层次性，究竟哪一种可能性或者哪一种意义能够实现，全凭"此在"（人）的积极筹划即理解。人生在世，是非自愿地被抛进这个外在性的世界中的，他所面临的世界不会自动满足一切需要，自然而在的世界意义是有待于在实践中不断予以实现的，世界包含着多种多样的、为人所用的可能性意义，而理解就是人自由地对各种各样的可能性作出筹划并使意义得以实现。人存在着并总是理解着，没有理解就没有对意义的筹划，就不可能显现人的本质，理解是人的内在因素、本体结构、存在方式与本质属性。之所以人的本质就在于理解、理解内在构成了人的本质，原因就在于理解是一种实践性的筹划，人在这种实践性的理解中不断获得自我生成与自我超越。问题的实质在于，海德格尔主张的这种实践性的理解并非主观化的、任意的理解，对文本包含的多种可能性意义，不是随心所欲地予以理解和筹划，这种实践性的理解仍然具有内在的客观性立场。质言之，"此在"对文本的理解总是在一定历史条件下受一定历史条件制约的客观化理解，这就是理解的前结构。在海氏看来，理解不可能是没有前提的理解；相反，理解都有它的诠释学处境即前结构（前见解、前拥有、前预设），理解者都要带着自己的社会环境、文化背景、传统观念及物质条件进行的，总是基于自己的先入之见对文本意义作出积极预期的，而且任何理解都是带有预设性的，没有这种预设就不可能筹划出文本的意义。理解就是在前结构基础上对文本意义做出的筹划，试图排除一切主观先见本身就是一种偏见，前结构作为客观性的立场内在规定了理解的方向与性质，甚至可以说，理解就是对前结构的客观化再现与重复。当然，这不是简单的、低水平的重复与再现，而是在上升的、前进的意义上获得的跃迁与提升。理解的确是在诠释学循环中进行的，但是这种循环是良性的，它保证了在前结构基础上对文本意义的可能性空间不断进行实践性拓展的开放性诠释。

　　伽达默尔对现代西方诠释学客观性立场的实践性论证。伽达默尔秉持了海氏对诠释学客观性的辩护立场，并对之作了深入论证：首先，前结构所构成的历史视域是理解的客观性根据。在他看来，现代诠释学探究的就是人的世界经验和生活实践如何确保了理解的客观性问题，旨在弄清一切理解得以成立的客观条件，强调了理解的历史性与前结构所具有的客观性地位与决定性作用。理解者的前见、传统观念、历史境遇以及与理解对象的时间间距，并不构成理解的障碍，而是理解的必要条件，理解者所隶属的历史性乃是他们认清历史对象和洞见历史意义的客观基础。任何理解都必须从前结构出发并以之为前提，因为人总是生活在一定的历史环境中，人的历史性存在赋予人进行理解的前结构，人不能自由地选择它们也不能任意地摆脱它们，人总是先在性地处在特定的历史视域和文化境遇中进行理解的。当然，前结构中的前见或者先见并非都是合法的，盲目的先见理当予以清除，而合法的先见却必须予以保留，如果否定了它就割断了历史并否定了发展。其次，理解是一种历史视域与当代视域的实践整合。理解不仅是历史性的而且更是当代性的，理解不仅要以前理解、前结构为客观基础，还要对它的当前可能性作出未来的筹划。由于理解的对象是人及其实践性活动，这构成了各种各样的"文本"，它们都是前人（或者作者）历史性的产物，都有特定的历史视域和历史处境，理解必须携带这一历史视域而不能丢掉它，但不是对它的简单性重复或者再现，也不是在更高层次上对它的重复或者再现。因为，当理解者基于自己的当代性视域去理解处在历史性视域中的历史文本时，就发生了两种视域的相互对立。互相对立的两种视域，作为理解得以进行的客观性基础，都是不可或缺的，都必须被予以高度重视。任何正当性的理解都只能是带着当代的意图而进入历史传承物中，都是将过去与现在进行中介，理解既不可能单单发生在一个孤立的历史性视域中，同样，也不可能单单发生在一个封闭性的当代视域中，理解都是两种视域的实践性整合。再次，理解本身就是一种客观性的效果历史。每个文本就不只是作者意图或者文本原意的表达，也不仅仅是某个历史时期时代潮流的表现，文本的整体性意义旨在表达一个完整性的世界，这个完整性的意义空间就是"在者得以被问和文本得以回答的空间"。存在的空间性，"作为一个哲学语词，它还处于缺席状态或被遮蔽之中，但作为思想的呈现这一事情本身，它却始终是'在场'的（因为身体的空间性对人和他的生活世界来说是不可逾越的），无论它的在场意义是否在文本中得以显现，是否被思想者用明确的语言符号揭示开来"。① 把历史融合于现代中而形成的两种视域内在整合，便构成了一个在全新意义上的和谐，产生了整合后的新的意义空间，形成了作者与读者内在的深层沟通。显然，这种沟通，不仅克服了历史性视域的局限性也摆脱了当代性视域的局限性，是向一个更高的普遍性的上升。正是由于历史被注入现代元素而现代又具有了历史厚重，因而两种视域的实践性融合，其实就是将理解带入了一个更具广泛性的视界。这表明，理解在本质上就是一种效果历史的关系，理解史就是历史与当代两大视域相互融通过程中不断生成的客观性的效果历史。最后，这种效果历史是在问答逻辑中不断得以发展的。他分析说，文本意义不是固定不变的，而是随着历史的变化而变化，理解作为一种效果历史，也是一种历史性、实践性的运动。诠释学就是一种实践哲学，它来自生活经验并说明生活经验，它的根本任务在于证明实践理性的正当性，捍卫并抵抗科技统治的实践和政治理性的统治，以便人们能够自由地进行理解。因而，在诠释学上，我们不必期待一种科学主义的纯粹客观性逻辑作为理解的基础，显然也不必期待一种纯粹主观性的先验逻辑作为理解的前提，作为效果历史的理解逻辑只能是一种问答逻辑。对文本的任何理解，事实上，就是把它理解为对它所提出的问题的回答。要对它所提出的问题予以回答，要求我们也要提出自己的问题。而当我们这样做时，我们的理解活动就已经处在某种互动性的问题域之中了，理解就成为一种确定什么能有意义地被问和被回答的意义界限是什么的实践性活动。理解在历史视域与当代视域实践整合的问答逻辑中，对当代人的生活经验及内在本质给予了一种善的选择，使得对文本的理解不断从当下的可能性向着未来推进，在更高的普遍性上获得一种开放性、无限性的解释空间。

后现代结构主义者对现代诠释学客观性立场的竭力消解。现代结构主义诠释学反对古典诠释学那种纯粹客观性的立场，认为纯粹客观的事实都是属于理解者的价值事实，文本意义是主体诠释出来的意义，离开主观预期和心灵关照，根本不存在什么客观的东西。首先，他们认为文本的意义并不完全是客观、僵化、静态地凝固于文本之中的东西，而是

---

① 卢世林：《美与人性教育——席勒美学思想研究》，人民出版社 2009 年版，第 30 页。

与理解活动密不可分的，是历史性与当代性两种视域双向互动、实践整合过程中所生成的一种交往互惠，一种理解者对生活经验的未来发展作出的可能性筹划。作者、文本与读者的关系，并非是一种独白而是一种对话关系，文本理解也并非基于一种僵化的历史逻辑或者心灵预期，而是基于读者、作者、文本的问答逻辑而发生的合理的交往关系。任何一种文本，当且仅当与人的理解发生双向互动性关系时，才具有了活生生的意义，离开了人的理解的问答逻辑和视域整合，文本的意义只能处在遮蔽状态。任何文本，从根本上说，都是未完成性的，文本意义都是残缺不全的，存在太多的空白与裂隙亟待读者的合理理解。文本原意不是自在性地存在着，并等待人们去发现它，而是存在于读者与作者的合理交往中，唯有积极的理解才能不断发掘文本蕴藏的各种意义。但是，读者对文本意义的诠释与接受，并非是主观随意的，在实践性的理解中，主体性能力与水平的提高，并不能使原有的客观性立场完全隐退，而是作为诠释学的背景保留着。因为，理解都是历史性的理解，都受特定历史情境和读者的前结构的内在制约，也都受着公约性的语言规则的钳制。所以，理解不可能只是自我理解，而只能是互相理解。然而，吊诡的是，后结构主义者和反结构主义者，恰恰对此提出质疑。后结构主义者与反结构主义者在诠释学立场上是根本对立的，后者主张消解任何立场，力主一种无立场的诠释、无原则的理解。他们认为，人的公约性的语言，并不能保证理解主体之间交流的正当性。所谓理解的主体间性或者主体际性，只是一种唯客体主义的"诠释梦魇"。在先验的主体性支配下的任何理解，都只能是一种自我理解，没有也不可能有真实的交往互惠或者内在通约。由于理解是主体性的，而语义是开放性的，文本意义有待于读者的开发与利用，每个读者都给予文本以不同的意义，这样每个读者基于盲目的前理解或者非法的前结构，产生的并非都是合理的交往，也可能产生曲解的交往。而基于曲解的、无效果的交往，也能形成主体间的共识或者意见一致，但是这种"伪交往"只能产生"伪一致"，形成一种误解的理论体系。其次，主张文本的话语与日常语言是有差别的，文本话语具有多结构性、多层次性和歧义性，由于"意向外化"、"超越当下"、"多次可读"和"多指称性"，文本话语会逐步远化或者疏离作者的原意，会与作者的写作心境、真实意向以及特定的社会历史背景相脱离，从而形成独立化、自在性的具有深层意涵的特殊话语，而且常常要巧妙地运用象征、寓言和隐喻，从不相似中把握相似，根据各种暗示、提示、牵引和限定来阐发言外之意，甚至借助"明知故犯的范畴错误"，让人们在误解或者误用中领悟新的意义，赋予原始文本以不断增加了的诗意特征和虚构成分。最后，强调文本与作品也有根本区别。作品是自足的确定的不变的，而文本则是未完成的不确定的可变的，文本意义需要各方公共商谈后来不断开拓，它有很多未定点和空白点，唯有读者通过想象性的理解和创造性的发挥才能不断填充起来，才能成为活生生地充满各种意义和价值的可接受性文本。文本之所以具有可接受性，主要不在于作者在作品中写下了什么样的文本图式化结构（无论这个结构是无意识的"偶然投放"的抑或是按照先验逻辑而有意识的预先设定的），而在于读者通过他们主体性及其想象力的发挥，将这个图式化结构中存在的未定点和残缺处填充起来并使之具体化、丰富化，从而使之成为一个颇具各种精神性意义的现实性文本。文本图式及作者意图，当然必不可少，它是诠释得以可能进行的基础，但它毕竟只是第二性的，心灵的构造能力及其无意识的投射才是第一位的。赋予文本以意义和价值的是读者而非作者，唯有通过读者心灵的创造性再理解与再创造，文本才能从一堆死材料中解脱出来而成为一种富有生命语义和多种价值的现实文本。而且，读者对文本的创造性理解也是历史性的，随着自己的"期待视域"和"流动视点"的变化而改变，任何一部伟大的作品都是极具精神性意义的、具有多层次性的文本，在其内在结构中充盈着一种不透明的意义之光，面对它，不同的读者、基于不同的历史条件、透过不同的期待视域、依凭不同的意义预期，可以解读出内容与意义各自不同的文本来。这种文本的意义与价值，不会也不可能为某一时代的读者所读尽，只有在不断发展的接受与再接受中，其意义与价值才能源源不断地被发掘、被创造出来。文本发展史，不是一种信息积累史或者文化传承史，而是价值生成史和意义接受史。正是依赖读者的意义接受与价值再造，文本才不断辟开了意义的自我生成之域。

新后现代主义的反结构特征及其对客观性立场的彻底颠覆。在福柯看来，文本意图、作者原意都受某种不断变化的深层结构的强烈制约，这种制约是无意识的、不为人觉察的、非主体性的，深层结构及其制约的变化是突如其来的断裂性改变，完全无章可循、无因可找，是非连续的、纯粹偶然的裂变，人对它只能做边缘性、陌生性、延异性的诠释，它排斥一切整体性、历时性、共时态的理解。由于人的概念、主体的概念及人类中心论彻底被破除，随着尼采宣布上帝之死，人也死了，主体性不存在了，人类长期沉睡于其中的主体性迷蒙已到了尽头，现代理性至上主义的丧钟正开始敲响，一个无立场、无主体、无原则、无结构的新诠释学时期即将到来。从此，人、人的心灵、人的主体性不再处于理解的中心地位，不再对文本意义及其诠释具有决定性了，它们成了人的新近的一个发明，就如画在海边沙滩上的一张面孔，终将会被抹去。我们面对的文本将是一个人学空场、主体缺位、结构瓦解、价值低迷的意义真空，这种文本充满了各种可能性、歧义性、多解性、随意性。还由于权力支配着理解，权力生成着知识和真理，真理的至上性总是体现了权力的至上性。因而，权力创造了文本意义及对它的理解，谁拥有权力，谁就拥有了话语权和解释权，他对文本意义的理解就具有至高无上的权威性和正当性，文本意图及其理解随着权力的变化而变化，根本不存在固定不变的结构和意义，更不存在内在一致性的理解与诠释，理解完全是主观任意的和无限开放的。而在拉康看来，由于话语的能指与所指，根本没有经验的对应性和意义的确定性，它不指向任何对象，也不具有任何意涵，因而，理解纯粹是一种语言游戏并可以随心所欲地构造任何语义。人参加到语言游戏中去理解文本，就会被它捕捉住并成为一种受压制的"附件"，只能被动的、机械的运转，而丧失了一切主体性、能动性和自由性，文本变成了可以机械涂抹的"羊皮纸"，人的理解也变成了毫无意义的幻想。又由于人及其主体性的异化，文本理解不受语言的制约、不受文化的规训，完全是无意识的流露，文本意义也变成了"缺乏形式的在场"、无任何意味的纯符号链接。罗兰·巴特尤其强调文本的非结构性、意义的不确定性，认为语言系统的内在差异性和内部自足性，导致了语言的游戏性和理解的任意性，文本意义并非来自外部实在，而是来自延异性、离散性的语言游戏及其流变中。认为文本写作并非出于特定的目的，并没有任何固定的语义，也不承载任何一种担当。文本写作都是非功利性的、无旨趣、无立场的写作，都是不涉及任何外在客观性内容与内在主观性情怀的"非介入式写作",都是零度的、无指的、白色的、中性的、纯粹的写作。作者完全是为了进行一种写作游戏而无谓地写作,是一种为了寻求精神愉悦而进行的游戏写作。这种写作不从事任何精神生产和思想创造,不释放任何社会意义与功效,作者的立场与意向被掏空了,他在文本理解时只能保持沉默或者缺席。身体式写作,譬如,"一个纯粹的人,一个被还原为以纯粹主观性为条件的抽象的人不会有拷问身体的动机,'诸如谬误推论的康德式旁观者的非肉身化主体'是'一个俯瞰世界的纯粹精神,它的本己身体既不会介入到它对于宇宙的认识,也不会成为一种特殊拷问的对象';而他本人的立场是,'人乃是一个肉身化主体,他的认识定位在宇宙中,事物以透视的方式提供给他(而透视从他的本己身体出发调整方位)'"。① 这样,文本理解变成了肆意游戏的乐园,文本意义是变动不居、飘逝流动、无穷增值且多种多样的,既不受作者的任何限制更不受读者的任何约束,一切阅读都是无穷的互文性阅读,一切理解都是充分创造、尽情享乐的文字游戏。对文本意图与作者原意可以进行任意颠覆、尽情肢解,在重新切割和肆意拼装中尽可能多地制造文本的语义裂隙和思想空缺,并可以自主地填补任何意义碎片与文化泡沫。文本,事实上,成为了一种无限扩展、反复改写、不具意义的编织物或衍生物,而理解成就的只是一种特殊的解构热情和失语状态。基于此,德里达就倡导一种解构式阅读。在他看来,既然文本并无指涉、写作并无目的,理解变成了一种为了消遣和快慰而进行的语言游戏,那么一切的语义交流和公共商谈都是不可能的了,因为读者与作者之间根本不具有内在通约性和一致性。既然无论作者中心论、读者中心论抑或文本中心论、理解中心论,都只能是传统逻各斯中心主义及其语音中心主义的产物,那么,一切理解都毫无例外地变成了精神霸权和文化压制下的扭曲的形式和隐喻的怪物。解构式阅读不是那种以探寻文本真义与作者意图为根本旨趣的"奴仆式阅读",因为作者的缺席与主体的死亡使得任何心理沟通都不可能了,而是以游戏的心态极力发现文本裂隙并随意补充各种歧

---

① 杨大春:《身体的神秘——20世纪法国哲学论丛》,人民出版社2013年版,第129页。

义的"播撒式阅读",读者可以肆无忌惮地在文本空白处中填塞自己所需的任何东西,尽可能造成文本的意义放任、思想疏离和无边延异,以成就一种反结构主义诠释学的那种多元异质的游牧性思维和崩溃性逻辑,使得任何理解都变成了一种没有意向的"耗散熵",使得后现代主义诠释学成为了一种"没落的结局"。

第三节　文本与话语的二律背反

现代主义者借助形上理性的护持曾一度建构了一整套语言规范以确保意义表达体系和接受系统的正当性,而后现代主义者则试图全面颠覆这种话语中心及其具有规训作用的文化霸权,并将话语和文本视作非中心的差异系统,从而以无限开放、绵延且无边放任的互文本性去抹平一切带有总体性记述的踪迹。而新后现代主义又不满意于这种纯粹游戏化的极端式表达,而力图建构一种平面性的"跟风写作"和怡情性阅读。当然,这种玩世不恭的态度同样能导致文本思想会在轻浮中堕落。

现代主义的文本观大多是先验主义的,认为创制的任何一种文本,甚至那些表面看来杂乱无章的文本,其实都内蕴特定的作者意图。这种作者意图是作者按特定的组合规则、逻辑程序而构成的一种意义表达体系,它作为一种轴线内在地支配并决定着文本中的一切构成部分和要素,并使之互相制约、互相影响、互相依存,其中任何一种构成成分或要素的变化都会立即引起其他部分或要素的相应变化,从而使整个文本的意义表达和接受系统呈现出内在相关性和整体一致性。作者在创制文本时,始终自觉地以形上理性作为其精神操作的基础,并将之视作一切知识体系得以确立的根基,是社会不断进步、历史连续发展、文明逐层演进的总根源。正是借助于这种形上理性的合法性护持,作者才在文本中建构了一整套理论规范和运作模式,保证了意义表达和接受系统的正当化和合理性;并给读者开释了真理之所在、规律之所在、真善美之所在的理性视域,使读者有充分的理由相信美好的社会理想最终能够实现,社会将不断被改造为理性化的社会,而确立理性权威和强调社会向善最终都是为了在最内在的本源处肯认人的权威和中心地位,相信理性的扩张必然导致人的自由的增加。这表明作者在文本中塑造作者意图时，与特定的语境发生了双向构造关系。虽然，作者意图的塑造要受制于一定的语法规则、语言结构、逻辑程序及其运演机制，但作者是在特定的精神氛围、话语情境中从事创作的，作为一个欲望主体，他在书写过程中总要借助于一些元叙事（或宏大叙事）来传达自己的愿望，这样就使得话语的运作、文本的创制总是具有极强的意识形态功能和形而上学的特征。因此，作者总是生存于特定的文化环境中，生活在一个由宗教、伦理、科学、政治、艺术、哲学等意识形式所构成的想象性的精神世界中，而他之所以坚信这些观念结构所提供给他的价值、信仰等并非是纯粹的乌托邦，亦非是某种虚幻的幸福期许，关键在于他在具体创制文本时，总是要采取一种无意识的谋略，通过遮蔽作者与语境的真实关系，从而使读者觉得在文本开释的这种想象性的精神世界中，并非是作者有意识的谋划，而的确又在无意识中使读者信以为真。换言之，作者在行文时，总是通过各种意义构造和积极谋划，使读者在接受这一切时，逐渐对文本的期待发生了认同。由于作者在行文时，对隐藏在话语和文本中的欲望和意图进行了多重伪装和编码，使之以一种合理性的面目出场，并借此以强烈牵引读者就范，以至于读者在无意识中产生了一种幻觉，似乎作者意图与自己的主观期待完全契合，自觉接受并认同了作者的精神肯认，而且在无意识构造能力的作用下，坚信这种肯认其实是读者自己的自我指认。对此，现代主义文本观认为，这种从深层支配并决定着文本系统特质及其发展变化、读者角色期待及其精神指向的作者意图，并非是对实体的内在结构或固有属性的主观反映，亦非是对主体心灵的心理特性及其主观意识的合理表达，而是由写作主体的心灵的心理机制无意识地创造的或者说是由作者的心灵无意识地投射于文本之中的。人的心灵中普遍存在的这种无意识的构造能力，便是一切文本中作者意图的本质和根源，也是作者创造文本的最本己、最原初的心理动因。因而，在阅读文本的方法上，现代主义文本观强调，必须忠实地、不折不扣地反映原作者的真实意旨。为此必须倡导一种整体性而非碎片性、系统性而非断裂性的把握，反对一切孤立、静止、表面、平面、局部性的阅读。因为，在他们看来，整体性的作者意图对它的构成部分或要素在逻辑上具有优先的重要性，它在功能上及精神指向上都内在地规定着各个部分或要素之间的关系、性质和意义，并使任何孤立的部分或要素只有纳入整体性的解释框架中，其意义才能被照亮、被激活，读者在阅读时必须触及文本的深层意蕴而决不能只满足于对生活经验的罗列和白描上。正由于作者旨趣是作者的心灵无意识地投射于文本之中的，因而要诠释和理解它，就不能单凭感性的生活体认，也不能通过对一些复杂而微妙的情感细节的直描来获得，而应采取一种"心理移情"去重构作者的原义，让作者视域与读者视域实现心灵中的无意识融通。为此，读者在心灵中契合作者旨趣时，必须撇开任何社会要素和历史事变的影响，更须摆脱任何主观上的一切先入之见，既须排除一切外在的干扰，又须放弃或悬置内在结构的牵引。既然文本的结构、性质和意义是由先验性的东西所规定的，不仅作者的制作活动受无意识的心理机制的操纵，而且读者的诠释活动也同样摆脱不了这种无意识规律的支配，因而无论作者或是读者都无可奈何地、先验性地处于无意识构造力及其规律的阴影中，那么只有双方自觉接受它的调控，而且只有当这种调控作用的发生具有同向性、同质性时，二者的视域交融才是可能的，积极正当的读写效果才会出现。可见，不是作者在自觉地构造一种文本意义，亦不是读者有意识地读出了一种文本意义，而是先验性的无意识心理机制在支配着作者与读者，并使二者在视域整合中同向性地构造了一种多出于作者意图、读者意图之外的"第三种意图"（或者叫"第三视界"），作者或者读者的视域只是这种"第三种意图"的载体和体现，只有把握住了它，无意识的构造能力及其发展规律才能获得彰显，读和写的真实意义才可能完全实现。为此，在读写过程中，应将诠释中心从作者意图移到读者意图上来，进而，再从读者意图移到"第三种意图"上来，只有经历这样两种移心化运动，同向性读写才是可能的。由于"第三种意图"自由地决定着一切并自由地创造着一切，因而，对文本的任何积极有效的读写，都只能先验主义的。若仅仅停留于词句上或现象的白描上，就只能获得类似于经验主义的表层读写或者现象学式的生活写作、基层写作以及当下阅读、泡沫化阅读；相反，只有通过文字的阅读、现象的分析并深入到文本逻辑的深层结构中，才能触摸到支配一切读写心理动机的"第三种意图"及其对文本意义的无意识构造。

但是，在后现代的文本视域中，上述所谓的"第三种意图"被语言学化了。在后学家看来，一切文本都与人的话语内在相关，一切意图

（读者意图、作者意图、"第三种意图"）都与人的话语结构、操作机制内在关联，最深层次的文本逻辑、文本结构就是最深层次的语言逻辑、话语结构，二者总是内在地混合在一切。这是由于，人是语言的生成物，语言是人存在的家，人生活在（栖身于）语言中，人的一切活动都为特定的语言所包围，人所从事的一切读写活动不是人在言说，而是语言自己在表白，自己向读者和作者敞亮语言特有的本质属性和构造能力。质言之，读写活动就是由语言本身所蕴藏着的内在丰富性引导着，在聆听、应和着这种本然所使的语言逻辑的特有召唤下，从而让一种无意识的语言意义出场，向作者或读者展现语言自身所特有的内在魅力的一种精神操作。这种操作不是在发现意义而实际上是在创造意义，因为，在文本操作中，无论作者或是读者都不断渗入个人的主观性成分或要素，使读写活动一开始便偏离了自己的初衷，虽然在追寻着原义且被原义所牵引，而得到的都总是不同于、多于原义的新的意义，在文本操作中所融入的新的意义不是被发现的而是被创造的，不是形上逻辑合理推演的产物，而是语言生成机制无意识投射的结果。这表明，文本操作一开始就置于一种前拥有、前把握、前见解的话语境遇中，决定性的事情不是从语言逻辑中脱身而是积极响应它的召唤并跟随着它进行积极而富有建设性的意义营建。人所操作的任何文本，都依赖于人生存于其中的语境，人须借助于语言来表达，借助于语言来沟通，任何文本都只能是语言中的文本。它依赖于语言而存在、而生成、而完善，脱离语言、语境的文本是不存在的，故而一切文本结构、逻辑和意图，不论其外表现象和状况如何复杂而凌乱，其本质上都要受潜藏于语言深层结构中的无意识构造外力所制约。这样，对文本意图的演示就变成了对语言逻辑的彰显，对"第三种意图"的诠释就变成了对语言内在生成机制的提示。然而，"语言内在的生成机制"，这种特殊的语言逻辑不是固定不变的，而是随语境的改变而改变，在后学语境中压根不存在同构性的范式或硬核，一切皆处于大化消散之中。但语言逻辑的改变却完全是无意识的，不为人所觉察，不为人所理解，是突如其来的无因可寻的。这样，要通过语言的内在结构而诠释各种文本意图，不仅经验论者的经验罗列、现象学者的生活回归等方法，因停留于生活的直接性事实里而无法通达其妙谛，而且即使采取结构主义的征兆阅读法、知识考古学等方法，仍无法显现其奥秘，无法达到其目的。这是因为，后学语境本身是一种不断熵化、异化、他者化的世界，是一个意义不断崩塌的世界，一个缺乏意义、缺乏深度的世界，一个虚无主义的世界，一个遭遇荒诞后使一切固定的意义和模式统统削平的世界，一个意义不断漂泊、不断流失的碎片化世界。在这样一个意义冰冻或面临死亡的精神世界里，语言逻辑的变迁显现出强烈的非连续性、偶然性、裂变性、边缘性、陌生性、歧义性等特征，使任何理性规则和带有总体性的记述都处于消解之中，唯有采用"幽灵学"的阅读或者欲望流式的注释，才有可能触摸到后学语境中无意识构造力这一玄机。在一些后现代者看来，文本既非作者的文本，亦非读者的文本，更非纯语言的文本，而是无意识之欲望流的文本。换言之，既非纯客观化的文本，又非纯主观化的文本，而是语言自我生成、自我演化的文本，是主客融通、交互生成的文本。不是文本构造语言，而是语言无意识地创造了文本；不是文本内在地生成了语言的意义，而是语言能动地创造了一切。读者和作者只有积极主动地参加到语言网络中去并被它宏大的游戏机所捕获，从而完全无意识地融入游戏之中，成为它的一个附件、听任它的摆布，严格遵循它的规则而运作，才能创造出有价值的读写意义来。此时的文本已穷尽了自身，完全变成了一个空壳，仅仅作为语言的载体或中介物而存在，文本的本质不在于它所传达的内容，而在于显现语言中的无意识的神秘力量。读者在诠释文本时，不是在有意识地再现或重构文本自身的结构或意义，当然亦不是有意识地发现或体认作者的意图，而在于用解构或消解的方法将内蕴于语境中的无意识构造力再现出现。由于这一无意识的语言学本质与外部现实无缘，亦与人的主观心灵状态无关，它只显现在语言自我构造、自我生成的、永远不确定的演变中，成为一种文化的"me me"①（谜米——文化的"自私的基因"），在欲望流中四处弥漫，因而后现代者大多反对任何抱有特定目的的有色写作或有意阅读。认为，真正的后学读写都应终结一切形而上的关怀，应抹去任何带有终极性的踪迹，反对为了一定的政治、伦理或其他意识形态的需要而读写，认为这种抱有元叙事风格（宏大叙事风格）的读写，如政治读写、价值读写、伦理

---

① 冯俊：《哲学家2006》，人民出版社2006年版，第35页。

读写等，都是有色的、有情绪的、有立场的、有原则的读写，他们的作者意图或读者意图暴露的太彻底以至于从一开始便暴露了文本背后所内蕴着的"第三种意图"，他们看到或构造出的文本意义是非常有限的，而且大多是已死的文化信息，永远不能切入到奔涌不息的欲望流中，与语言自身的那种神秘的构造力常常擦肩而过。真正能够彰显无意识本性并内在地捕捉语言的特殊逻辑的读写，应该是非功利的无意写作、无意阅读，是不涉及任何外在客观性内容与内在客观性成分的非介入式的读写，是悬置了作者意图与读者期待的零度读写，是放弃了任何精神指向、主观志趣、外在立场与目的的不及物读写，是不带任何情绪、判断、先见的，不受任何牵挂或干扰的无色读写、中性读写，是为了写作而写作，为了阅读而阅读，是为了游戏而读写，为了消遣或娱乐而读写。这种"读写就是一切，别无任何目的"的风格，彻底暴露了后现代文本崩溃性逻辑的颠覆本性，它在终结语言的一切精神指向的同时，也使自身面临绝境，它已解构了它的全部世界，剩下的只有摆弄碎片，使一切有意义的事都已穷尽，它消解的一切可能性的极限都达到了，读和写都变成了毫无意义的一种多余的活动。

文本本来是通过书写固定下来的话语，然而，在后学语境中却变成了相对主义和游戏主义的流动话语了，它在诠释活动中不断地远化，既从作者意图中抽身而去，又超越读者的当下视域而远去，成为仅存活于特定话语中的"流动视点"（或"思想的漂流物"）了。文本不是确定、自足、不变的，而是未完成的、不确定的可变的，它期待作者与读者共同来完成。因为，文本中留下了许多的未定点、空白和岔口，它期待诠释者通过想象性、创造性的理解活动将之填充起来、丰富起来，以便使之成为富有生命的真正的文本。这样，文本便成为历史地存在着的、随读者理解视域的变化而变化着的文本，文本的意义也随读者的不同理解、不同期待而任意改变。与其说文本有一种意义，倒不如说文本在读者期待中，重新构造了一种意义。读者成了阅读的中心，自然也成了文本及其意义构造的中心。有否及有怎样的意义与作者如何写无缘，而与读者如何读密不可分，因为阅读是真正自由自在的活动，它不受任何规则的限制，当然也会超越语言规则的束缚。后学视域下的语言规则，是不断走向解则和消解的，是一种张力不断增强、意义不断增殖，不断撒播、断裂和延异的崩溃性逻辑，它强烈要求读者超越一切成见和束缚而进行自我颠覆性的任意阅读，以便使那种无意识的构造力在读者视域的无限衍义、无穷放任中显现自身。为此，主张应将作者意图与读者意图分开，认为作者意图是单数的、固定的、已死去的，而读者意图则存在于读者的理解中，是分散的、流变的、活生生的，一个文本在不同语境中可以解释出不同的文化意义和文化能量，产生出不同的意义复合体。因而，文本只是用来阅读的本具，是读者进行创造性理解（游戏）并获得愉悦的通道、无意识的构造力才真正支配着这一切，所以真正切当有效的阅读，只能是无意识的先验性阅读。这种阅读是一种后文本的阅读，是一种以语言和文本为中介，并最终又超越之的纯粹自由式的阅读，它只存在于纯粹无意识的方法领域，存在于语言自我生成、自我构造的诠释过程中，实际上只存在于语言"谜米"自编自导的欲望流之中。读者不再是被动的消费者，不再以屈从的姿态阅读本文，相反，而是自主自足地阅读本文，他尽一切可能开释文本的意义，使之无穷无尽的放纵开来，不受限制地四处播撒。在读者欲望流的期待中不断再生性的文本，是一些零度写作的、张力最大化的文本，它无须尊重作者的意愿而赋予读者一种纯粹自由的思想天空，使之参与其中，介于、斡旋于其中，充分发挥自己的想象力、再造力，借助于哪怕是一丝一毫的裂隙，与原作者一道进行多重性的再写、续写和重写，使读写活动成为一种真正体现生命自由意义的"游戏"，使读者尽情陶醉于无意识的精神滑动带来的极度愉悦之中。此时，读者已不再是一个被教化的消费主体，而变成一个随心所欲地再造或重构话语意义的精神生产者和文本制造商；而文本及其作者意图，仅仅成为被抽离了任何真实内容的思想空壳，成为欲望主体借之任意绵延的一块浮冰。与之相反，读者不仅永动不息地构造着新义，而且又不知疲倦地为之创造着新的阅读模式、方法与理念，使阅读成为一种内爆性的意义无穷增殖的活动，无限超越作者视野并获得最大心灵快乐的活动。在这种极富创造性的阅读中就产生了互文本性或文本间性，一个原作品不仅可以有多个不同的文本，而且多个视域中的文本又并非是各自独立、互不相干的，而是彼此融贯、相互纠缠在一起的，它们之间既相互区别又相互补充，一切文本都处于先验性无意识构造力的迁移变化中，每个文本（每个视界）都可能与另一个文本（或视界）在无意识中彼此拼接、组合在一起，从而形成交互文本（视域融通或重叠共识），每一种文本新义都在无边绵延、迁移流动中不断生长着。它的任何一种流变都会相应地迁带出另一些文本意义的飘逝。可见，一方面，虽然作品最初只是作者的作品，而文本却只是属于读者的文本，是读者（读者群体）无穷创造的自由性的文本（文本群），它与作者如何写已无多大关系，一切无须征求作者的同意，而只与读者如何读有关，一切都听任读者们自由的创造，哪怕是自我颠覆性的诠释。若须读者再生，作者必须立即死去；另一方面，文本虽是读者视域中的文本，但文本意义如何增殖、如何衍义，却不是读者有意识、有目的的活动，而是无意识构造力支配着这一切，之所以文本意义会无边放任，之所以文本交融会在精神的绵延中无序地进行，这一切其实都是无意义构造能力积极发挥影响的结果。读者意图终结或缺席之时，恰恰是无意识的欲望流得以显现之日。

后学视域中，现代性所建构的一整套极具规训作用的语言规则及其为读写活动所预设的让人听任"话语中心主义"支配的一切合理化、正当化的诠释模式，都成了一种压迫性的幻觉和一种由于集体性的精神误认而生产和再生产的形上梦魇。相反，将语言视作一个非中心性的差异系统，以读写之无限开放且意义多重的交互文本（文本间性）来取代以直接性在场为前提的"话语中心主义"，以意义的无边放任和四处绵延而不断生成的视域整合来冲淡任何带来总体性记录的形上情绪。认为，只有张扬读写活动的多元化、多样性、异质性和歧义性，才能粉碎现代文体观的形而上学迷梦，从而防止传统读写习惯所可能形成的独断性、僵化和极权化，彻底扫除由一切元话语和权力话语所创制的宏大叙事方式及其所牵引出的虚幻幸福承诺，认为只有进行这样的话语革命，才能颠覆一切貌似合法化的知识霸权和文化帝国主义对思想和文化的窒息和扼杀，从而使无意识的构造力能够在不可通约性、零散性、间断性、边缘性的自由流动中向读者敞亮自身。但是，在新后现代主义者的视域中，语言未必优越于文本，语言不可能使意义获得当下呈现，更不能使一种神秘的无意识构造力显现自身。因而，反对后现代者一味抬高语言而压制文本的做法，认为后现代者在极力清扫"话语中心主义"的同时又内蕴一种抹不去的形上情绪，他们竭力为之辩护的所谓"无意识的欲望流主宰一切"的观念，仍然是某种在场性的形而上学，仍然带有整体性记录和宏大叙事风格的某种踪迹，它在颠覆一切的同时又成就了一种颠覆性的话语权，这使之处于两难性尴尬境地。在新后现代主义语境下，话语的在场与不在场、形上与形下、文本与话语、作者与读者，这一切都不是二元对立、互不关联的，相反，是相互牵连、互相推动的，正是由于它们之间的反向张力，才造成了文本意义的分延和播撒，并使话语中的显与隐、喻与象、光明与晦暗、表层与深层等融为一体，内蕴于其中的所谓无意识的构造力，不过是语言所特有的一种既自我解构又自我生成的理性力量和逻辑，它不仅不是什么神秘的欲望和期待，而实际上只是视域交融中所产生的一种意义扩张现象，而且它本身也不是封闭、僵化的东西，而是开放的、动态的、可变的、可重构性的解释力——文化的自我繁殖力和精神力量的自我释放力。这种"力"所造成的意义无穷增殖、无边放任、无限衍义的无深度播散过程，实现了多种视域的不断迁移、换位和漂泊，它既留下一些踪迹，又很快抹平了踪迹；既在语言之中腾挪，又在话语之外谋划，它的边界是如此的不确定以致呈现出无意识绵延的特性。然而，它实质上仍然是一种理性的力量，是形而上学及其终极关怀在语言学中的显现，是某种哲学的元解释力在现代语言学中的移植和生长。在这种观点看来，所谓"文本就是一切，文本之外别无他物"、"语言就是一切，语言之外别无意义"或者"符号就是一切，符号之外别无所指"的后学解构原则，其实是一种极端性的表达，因为它使一切意图终结，一切读写的意义荡然无存，一切都娱乐化、游戏化了，一切都因人而异，毫无对错之别，是非之分，使一切交流和通约都成为不可能了，总之，"无意识构造力"使一切积极的文化意义窒息了，谁还去读写呢？后现代的"游戏就是一切，别无目的"可言的读写风格，不是建设性的，而是自我毁灭性的，精神自杀性的，它仍然不是纯粹自由性的读写，而是消极的，充斥着各种杂念与噪音的读写，它也达不到那种娱乐最大化的效果，反而会使读写变成不可捉摸、不可理解的活动。与之不同，新后现代者倡导一种双向同构式的阅读，它要求读者与作者一道尽可能地发挥创造性天赋，极力寻找文本与语言中有歧义的空白、岔口与裂隙，并以之为突破口填入或嫁接上自己所理解、所需要的内容，充分展开心灵自由飞翔的天空，随意增补一切看似荒诞无稽的东西，使意义在无边放任中延异，使读写完全变成盲无目的的跟风写作和怡情阅读，在自由自在的自我陶醉中将一切旨在发现真理的宏大叙事消解。这样，读写完全成了私人化、生活化、快餐化的东西，一切严肃的意义将随风而去，一切煞有介事的"归化"将丧失其合法化外衣，一种低调、无色、自主性、无公害性的写作和阅读将成为一种时尚。当然，在我们看来，新后现代主义的这种玩世不恭的写作态度，也很成问题，也与现代文本观和后现代文本观一样陷入了认识误区。因为它误认为步入信息时代的人们只需要娱乐而不需要思想，任何抱有理想、抱有严肃主题的读写都要让位于嬉皮士式的平面读写，在放弃思想、拒绝思想、不再思想中甘愿轻浮和堕落，要冲淡终极关怀、放弃必要的伦理担当，消除一切责任和使命，让读写活动成为胸无大志者的精神鸦片。应该说，娱乐本身不是坏事，但高雅的读写却不能以之作为最高的价值选择，否则就会造就一种轻浮和软弱无力的文化氛围，久而久之，就会让世人们淡出主流意识之外，在无关痛痒地摆弄碎片中慢性自杀而尚不自知。假如娱乐能够替代一切，平庸化的读写就变成了一种反对精神性生活的一场游戏，读写活动本身所具有的通过高尚的思想的力量引导人们去思想，让人们在某种精神感召下站出来活的这种构造力，便会日益委顿，甚至会导致思想终结、精神荒废和集体脑死亡，其在思想中成全人，在爱智尚思中从事精神生产和再生产的文化使命就会成为泡影。诚如是，读写就成为了由一系列不可把捉的、非理性的情绪和感受而拼装在一起的集合（欲望流），一种给人带来某种虚妄和欺骗的心理的碎片，欲望的闪烁、语言的符号、思想的幽灵，那么，它怎样在思想上引人上路，又凭什么确保人的思想自由呢？可见，我们必须站在马克思主义文本观基础上，深入批判后现代主义文本观及其所导致的各种思想谬误，才能避免陷入文化危机之中。

第四节　现代哲学中的诠释模式

在认识论中，理解被视作是人对文本意义的诠释，是指文本意图与作者意图的视域整合，是在问答逻辑中所形成的交往互惠和重叠共识；而在存在论意义上，理解被视作对人的本质的基本规定，理解不仅是对文本的理解更是对人的存在的自我理解，其根本旨趣在于揭示人的自我生成性本质。在认识论意义上，理解被视作是对文本意义的诠释，是指文本视域与作者视域的实践整合，是在问答逻辑中所形成的交往互惠和重叠共识，其核心的理论要点如下：

自我理解内在于理解。任何理解都离不开自我理解，自我理解不可避免地被包含在理解之中，它内在于理解之中，"所有理解最终都是自我理解……在任何情况下都是：谁理解，谁就理解他自己，谁就知道按照他自身的可能性去筹划自身"。① 我们所理解的东西就是我们自身，我们将如何理解，我们就将如何存在；我们理解什么，决定我们是什么；我们怎样理解，我们就怎样存在；理解永远包含着筹划自身，我们如何理解我们自己，将对我们理解其他事物发生影响。一切理解都是自我理解，而一切自我理解都内在于理解之中。然而，自我理解虽内在于理解之中，但却不支配理解过程，换言之，理解并不由自我理解所指导，自我理解虽说不外在于或超越于理解，但它对理解却没有控制能力。理解离不开自我理解，却不受自我理解的操纵，那么理解得以进行的意义牵引是什么呢，又是谁诱导并支配着理解深入发展呢？

理解就是筹划意义。凡理解都在筹划，理解所筹划的东西就是先行于文本的期待，期待好像是"过早行动"，因为它们在达到整个意义之前为文本预期了这种意义。"谁想理解某个文本，谁总是在进行一种筹划。每当某个最初的意义在文本中出现了，那么解释者就为整个文本预先筹划了某种意义。同样，最初意义之所以出现，只是因为我们带着对某种特殊意义的期待去读文本。作出这样一种预先的筹划——这当然不断地根据继续进入意义而出现的东西被修改——就是对这里存在的东西的理解。"② 解释者预先筹划的意义是已经为他所熟悉的意义，他把这种意义作为可能性而提出。解释者筹划的东西是他自身，即他自己理解的可能性。若解释者不积极地预期意义而仅仅消极地等待意义，将没有什么会出现，将无从理解或者什么也理解不了。

---

① ［德］伽达默尔：《真理与方法》（第 1 卷），洪汉鼎译，商务印书馆 2010 年版，第 265 页。

② 同上书，第 271 页。

理解与先见内在相关。在理解时我们可能开始于这样一种由于筹划了一种不适当的文本意义，而完全是在错误方向进行筹划的过程，但即使因意义预期的不适当而导致误解，也并不意味着要放弃先见。理解的客观性不在于摒弃先见而在于确认它，并在理解的过程中不断地修正它，我们应当带着先见并开放性地走进文本。当然我们并不是顽固地要坚持先见而是准备修正它们，我们不能随心所欲地去理解，否则会使整体的意义遭到破坏。我们只强调在理解中要保持一种开放的态度，即以一种主体性的方式去理解，"我们要把他人的见解放入与我们自己整个见解的关系中，或者把我们自己的见解放入他人整个见解的关系中"①，我们对文本的主体性接受表明，理解与先见彼此关涉，只有把文本的意义与我们的先见加以整合并把它们带入理解中，同化它们到文本所启示的东西上，才能理解事物本身。

先见决定着理解的意义预期。理解者的先见具有积极意义，不仅不是理解的障碍反而是理解的必要条件。"消除一切前见这一启蒙运动的总要求本身被证明是一种前见，这一前见不仅统治了我们人类本性，而且同样支配了我们的历史意识，而扫除这一前见就必然为某种正当理解有限性开辟了道路。"② 易言之，摆脱一切先见是无法实现的，它本身又构成一种先见，而且是错误的先见。先见是获得理解的基础，我们的理解正是在先见的预期和牵引下在进行的，合理的先见把文本视域和读者视域、过去视域和现在视域等整合起来，实现视域融合。不仅如此，先见还支配着理解的深入，当我们理解文本时，我们总是对之有一个完全性的预期并在它的内在引领下从事理解，先见所假设的意义统一性成为支配一切理解的前提条件。不过，先见的完全性预期是不断地随着更多部分进入理解之中，而被修正的，直到全部内容被综合为一为止。所以，筹划一个整体即预期一种界限，当意义整体经过修正而被综合时，理解的目的最终就实现了，我们的先见也获得了最后克服。

理解实现意义的增殖。作品与文本不同，作品是作者已写成的东

---

① ［德］伽达默尔：《真理与方法》（第 1 卷），洪汉鼎译，商务印书馆 2010 年版，第 273 页。

② 同上书，第 280 页。

西，是确定、自足、不变的；文本则是尚未完成的、不确定的、可变的。作品是作者独立完成的，而文本必须是由作者与读者共同来完成。作者在作品中只是写下了文本的未完成的图式结构，其中充满许多未定点和空白点，只有读者通过他们的想象性的理解和再创造，才把这些缺失填充起来、丰富起来，成为活生生的富有文学生命和艺术价值的文本。作品是可以拿在手中、放在书架上的死东西，而文本则只存在于理解中、存在于具体的使用中，其意义有待于生成。文本之所以具有艺术生命和价值，主要不在于作者在作品中写下了什么样的图式结构，而在于读者发挥自己的主体性或想象力，把这个图式结构的未定点和空白点填充起来并加以具体化，从而成为一个有血有肉的、丰富多彩的、具有艺术生命和价值的文本。诚然，作者对于文本的图式结构的写作是必不可少的，然而它毕竟是第二性的，给文本以生命的是读者而非作者。只有通过读者创造性的理解，文本意义才能从死的材料中解脱出来，从而拥有现实的生命。

理解要遵循问答逻辑。每个文本的意义不是某个作者的意图和思想的表达，也不是作品本身真实意愿的自我流露，更不是某个特定历史时期精神潮流的体现，而是通过理解的视域融合而被捕捉到的文本意义，呈现出这样一种整体性的精神空间，在此展开作者、读者与文本之间的问答逻辑。对文本的理解就是把它理解为对它所提出的问题的回答，此时我们就活动在某种问题提问和回答的意义空间之内，也就活动在某种确定什么能有意义地被问和被回答的问答逻辑中。理解一个文本实际上就是在理解问题，"谁想寻求理解，谁就必须反过来追问所说的话背后的东西，他必须从一个问题出发把所说的话理解为一种回答，即对这个问题的回答，所以我们只有通过取得问题视域才能理解文本的意义：这个文本是对什么问题的一个回答"。① 理论是问题的答案，理论都是用来解决问题的，理论的意义就取决于它所解决的问题。同样，文本的意义是由它所答复的问题所规定的，它不能没有理解那个问题而被解释，只有在理解文本是对其回答的问题之后才能理解该文本。这种在问答逻辑中获得的理解具有开放性，它是文本提出的问题视域和读者视域辩证

① 洪汉鼎：《理解的真理》，山东人民出版社2001年版，第271页。

的融合，其目的在于通过问答而实现相互理解和重叠共识。

在存在论意义上，理解被视作对人的本质的基本规定，理解不仅是对文本的理解更是对人的存在的自我理解，理解存在论转向的根本旨趣在于揭示人的自我生成性本质，其核心要点是：

理解构成人的存在方式。在存在论意义上，不能将理解视为作者指向理解对象（文本）的行为方式，而是将理解本体论化，它被看作是人本身的存在方式。"此在"（人）是在理解中被建构起来并随着理解的深入而展开的，人的存在在于理解，人存在于理解之中，理解构成人的本质，而人的本质就在于理解，人便是在自己的理解活动中所呈现出来的东西。理解不仅建构理解者本身，而且还建构理解对象。作为理解对象的文本（人及其活动），不是语言学意义上的现成性的作品，而是意义有待生成的中间产品，是理解实践中的过渡性阶段，人正是通过理解才成为真正的"被给定物"，人存在的意义是在理解的筹划和预期中不断自我生成的。理解就是人在多种可能性基础上筹划自我的存在意义，理解就是对人生意义的筹划和选择，人存在着并总是理解着，没有理解就没有存在，理解是人的本质的构成因素和存在方式。[①] 理解对人来说是一种双重的建构，不仅是此在的"在世之在"本身的存在状态，而且作为被理解所指向的"给定物"，成为此在的自我塑造与确证之中介，使理解对象因人而存在、为人而存在。

理解敞亮此在的生存语义。认识论中的理解，追求的是客观真理，认为准确的理解是对对象的如实反映或如其所是地指明对象，虽不能完全通达它，却可无限地逼近它。而存在论中的理解，追求的是对生存命意和价值的领会，它具有创造性和建构性，它所通达的不是外在于人的物（文本），而是通过物并借助于它，实现对人的本性的复归，把属人的所有内容和关系还给人自身。任何一种理解，就其是此在的展开而言，就有其存在的合理性，理解是人的生命本质的展示口。的确存在着作者意图和文本意图，人对它的理解有正解和误解之分，但它们是无足轻重的而且不是固定不变的，它们是生成着的东西，归根到底是文本自身的东西在理解视域及其所预期的意义方向上的展开，是视域融合的结

---

① 夏基松：《现代西方哲学》，上海人民出版社 2006 年版，第 319 页。

果，理解的过程也就是"效果历史"产生和发展的过程。只有在一定的时间间距中即在理解的持续性中，才可望获得普遍有效的理解，消除误解，实现对人的解蔽，敞亮人的生存语义。视域整合使此在的本质从遮蔽状态得以出场，并使之获得了更大的视域，换言之，它被提升到一个具有更高的普遍性的视域。获得一个存在视域，我们就学会了超出近在咫尺的东西去看，避免使存在处于湮没不彰的状态，反而使存在得以自我生成、自我建构，使人能够在一个更大的整体性意义中按照一个更正确的尺度去更好地切身于自己的存在。

理解是自我澄明的寓所。作为存在视域中的文本，它自身提出了问题，人以此为出发点，通过介入这一问题并对之有所理解，从而获得了一种存在视域。但理解并没有到此止步，而是深入到了理解者的此在状态本身，试图对人的存在性状、生存悖谬、生命质量、人生之谜等予以解码。因为，在存在论中的理解对象，不是某种客观意义上存在的东西，而是在深入领会中被建构出来并被我们正确理解到的东西。任何一种被理解的对象，都是呈现于理解者生命意识中的、为我而存在的、属人的意义复合体，它不是一个给定的、既成的东西，而是介于并活跃于理解实践进程之中的一个阶段、一个碎片，它不独存于理解之外，而内在于理解之中，它在理解中被构造，并通过被构造而获得新生。其有否及有何价值完全取决于人的理解实践，而与外在于人的"给定物"无缘，其价值能否及在何种程度上、以何种方式实现，也同样取决于人的理解实践，而与远离人的自在性的外部世界无关。可见，存在视域中的理解，最终都是理解者对自我存在真谛的表白，谁理解，谁就知道按照他自身存在的可能性去筹划自我，如此看来，此在所进行的理解，绝不是对自在之物的意义预期，更不是毫无目的的无病呻吟，而是它的"在世之在"的自我现身。

理解具有"去存在"的本性。存在视域与认识视域并不处在同一个层面上，我们不可能以同一个理解方式来解决这两个不同视域中的问题，在认识论中理解表现为一种方法，而在存在论中理解则表现为一种实践。因为，一切被理解者（文本）皆因理解而存在，理解具有"去存在"的本性，是理解者在此存在出来从而显现自身的一个寓所。进入存在视域中的文本与认识视域中的文本的不同之处在于，它不是凝固的、与自己的存在漠不相关的存在者，"而是为了存在而存在的、始终处于去存在之中的、并且领悟自己的存在而且通过这一领悟规定着自己的存在、筹划着自己的未来的存在者"①，这就是生存之在。人作为在世之在总已处于某个理解境遇之中，而这种理解境遇必须在人的具体的理解实践中加以修正和选择，这表明理解并不是一个纯粹主观的意义期待行为，而是完成于具有"效果历史"的开放性的理解实践中。的确，存在有什么意义与理解者的筹划内在相关，它出现一种意义是因为理解者首先期待了这种意义，若没有这种期待和预期，存在的意义就无法理解，但是，这种预期并不是主观随意的，实际上是此在在先见的基础上对自我本质的筹划，是此在的自我存在方式或者人的本质的展示口，此在的一切意义都是此在以特种方式"在"（理解）出来的。

人的理解的"当下拘囿"。这体现在，理解具有历史性，也具有语言性，二者内在相关。人的意识是受历史作用的，实质上也就是受语言作用的，因为历史正是通过语言而作用于人的。理解不能离开语言，离不开语言的交流，是通过语言实现的，没有语言就没有理解。理解是一种对话的实践，是理解者与文本之间的平等的对话关系，通过对话实现视域融合。说话具有非自主性，说话是游戏，决定游戏的不是说话者而是游戏规则，同理，决定语言的也不是说话者的意识而是语言规则。换言之，不是人说话而是话说人。而且，存在视域中的文本是通过书写固定下来的任何话语，是一个由许多语句构成的有结构的整体。它因书面的固定化而使其与理解者的写作心境和社会历史背景相脱离而独立化，从而理解者具有从自己的存在视域——"当下拘囿"出发，对之作出能动的本体论理解的可能性。因此理解可以产生：一是理解意向的远化，即存在的意义被写进具体的实践中，理解者内心的意向外化于理解活动中；二是超越当下的存在境遇，即理解摆脱了理解者自身的当下性，超越了当时的社会心理情况，成为无数次可以去创造的待定物，理解者透过表层意义所构成的日常世界可涉猎意义深层所投影的文本世界或可能世界。可见，存在的意义具有客观和主观两方面内容，应将二者区分开来。文本意图是文本本身所固有的东西，而生存语义则超越了理

---

① 张志伟等：《西方哲学问题研究》，中国人民大学出版社 1999 年版，第 48 页。

解自身，它使理解与世界联系了起来，理解只有在具体使用中才有生存命意，说到底，人有何种存在境遇取决于他的理解方式，理解为了存在，存在在于理解，人因理解而存在，存在因理解而现身。

当代语言学关于理解的本质及其方法问题的研究，已经比较深入，大体上形成了三种把握方式："历史重构说"及其心理移情法，"合理应用说"及其意义预期法，"交往互惠说"及其视域融通法。分别地看，这三种把握方式都有道理。因为，任何合理解释既需要对文本结构的客观分析和细致甄别，也需要基于主观的意义期待对之进行二度创作，更需要读者与作者在交往对流中实现视域融通和普遍共识。但是，笔者认为只有将之内在结合起来，才能实现真正积极的理解。

理解本质上属于一种历史重构，其方法在于"心理移情"。有人反对在单纯技术或者方法层面规定文本理解的本质，而提出一种文本语义的"历史重构说"。认为，凡是理解都是历史性的理解，一部作品只有深深扎根于现实生活和文化根基中，基于特定历史背景和特定的"历史上下文"，才能获得真正的理解。如果它从这种历史语境中抽身出来并进入到历史文化的实际交往时（被不断应用），它的作者原意和文本意图就会在很大程度上丢失了，就再也不能很好地予以复原。由于经典文本远离了它的原始语境和本然世界，早已变成了不可理解的陌生物和一种不透明的光，故而，当代诠释学的根本任务就是要尽可能客观地重构这种原始语境和本然世界，尽可能详尽地收集与整理关于经典文本及其原始作者的写作过程、刊布情形以及版本源流和最初设想，以便重构出经典作品的生态原貌及其作者意图。

经典作品的内在意涵是文本产生时的那个原初世界所规定、所赋予的，对它的把握和理解，实际上，就是对原始文本所由产生的原初语境及其文化底蕴的重建或重构。离开经典作品所能从出的特定历史视域，任何真实意义和当代价值都变得不可理解。只有从它的内在本源处和思想发祥地出发，对经典文本所隶属的文化原貌、生活世界进行复制与复原，即通过历史重建和本性复归的方式，才能揭示经典文本的作者意图和文本结构，才能弥补由于历史间距和时间间距所造成的意义迷失。显然，倡导历史重构方法的学者，也意识到，作者意图和读者意图有着各自不同的视域间距，二者保持着内在的紧张关系，如果读者从自身存在的当代视域出发，展开对文本意义的当代性理解、应用性诠释，那么，读者纯粹性、主观化的意义预期，将会大大遮蔽经典文本中所蕴含的作者原意和文本结构，从而导致要么诠释不足、要么诠释过度的非正当性理解。

在对经典文本理解、解释和应用过程中，读者应尽可能悬置自己的主观预期和价值判断，努力借助于"心理移情"的内在体验方法来实现视域转换和历史还原。任何真正的解释既不是按照现代思想去理解古代文本、实现所谓"化腐朽为神奇"，更不是按照主观预期而肆意地构造新的意义，而是要重新认识作者和他的受众之间的原始关系，使读者回到文本生成时的原初氛围中"表一番同情的理解"，精确地进入原始作者创制经典文本时的文化根基里，以便彻底消除由于历史间距和时间间距所造成的理解障碍。

然而，吊诡的是，撇开历史重建的复杂性与艰难性不谈，即使能够实现本然如初的意义重构，真正返回经典文本的原生语境和作者原意，对文本实现了真正的历史理解，但这种历史性理解真的能够诠释出文本的实际意义和当代价值吗？答案显然是否定的。

虽然，对于一个历史上流传下来的经典文本的理解来说，重建其借以实现思想生成的原本规定的各种原始条件，不仅是不可或缺的，而且是非常重要的，但是，即便能够实现原始语境的二度创造，再造出来的也不是富有灵性的意义世界，而无非是提供了一个想象的僵尸而已。因为，时间的流逝、文化的交融、文明的演进、社会的变迁，注定了任何真正的历史还原都是不可能的，任何对历史语境的修补和恢复也都是"无意义的"和"无效的"；被历史重建的、从陌生化转换回来的文化生命，并非是原来的真实生命与活的灵魂，赢得的只不过是某种文化的外观，获得的也只是"一种僵死的意义的传达"[1]；而且历史重建只是一种外在性的抽象活动和各种文化碎片的理性杂凑与随意陈列，并不能真正召唤活生生的文化生命的再度还魂，非但不能实现文本思想的再生与转世，反而给予我们的只是对当代现实性诉求的朦胧般的回忆。

更重要的问题还在于，每一个经典文本都有自己特殊的地方性时空

---

① 洪汉鼎：《理解的真理》，山东人民出版社 2001 年版，第 139 页。

构架，都是对人们生存方式的某种特殊表达，都有它存活的特殊历史情境和内在生命周期，其超稳定结构很自然地造就了它的独特个性。读者能够通过心理移情真实还原作者当时所处的具体语境吗？即便能够成功回到作者思想源头，成就的也只是原始文本独特的话语系统和表达方式，又怎样通过爱心、同情心的内在体验而使其独特的精神品质和内在灵魂得以再生与转世？实现历史重建的同时又确保破除文化系统的封闭性和保守性及其深层结构中恪守文化惰性，并升华与活化出一种经典文本中原本蕴含的当代意义，这才是"历史重构说"内部的真正紧张并被"合理应用说"取代的关键之点。

理解本质上属于一种合理应用，其方法在于意义预期。在当代语言学界，有人认为，在进行语义诠释时，能否执行一种跨文化理解和对话的策略，对把握一个文本的复杂性语义来说，是至关重要的。每一种文本都必须被理解，理解本质上属于每一种语言的自觉运用，文本学必须并入语言学而且被视作语言学的内在组成部分，文本的语义才能因为获得合理理解而生成。一切文本只有在理解过程中，才能实现由"无生气的意义痕迹"（僵死的语义）向有生气的意义转换，文本的意义域、信息域是在其获得的对话和理解中不断自我生成的，它的复杂性的意义结构也是随着阅读者的恰如其分的接受中不断得以向深层开掘的。即使是对于那些历史性的经典文本的语义生成，阅读和理解同样发挥着关键性作用，一同被视作是属于颇具语言学意义的精神性事件。在他们看来，解释和理解是同一个东西，或者说，是一而二、二而一的，要达到理解必须要通过解释，而解释中理解无处不在，解释和理解其实水乳交融、内在一体，二者统一的过程其实就是文本被应用、意义被增殖的过程，只有在应用中的解释才是最高意义上的解释，只有在理解中的应用才是最准确的应用。现代诠释学在理解基础上分析语用时，反对那种"语义客观外在说"，从不主张有一个纯然外在的原始语义能够普遍地被应用到各处，更不认为读者只有完全悬挂自己的主观意见才能去做纯粹性的理解。而恰恰相反，认为读者往往是通过应用才达到合理理解的，理解、解释和应用三位一体这一事实本身表明，凡理解都是相互理解，凡解释都是跨文化交流、创造性的生成，凡应用都是合目的、合规范的自觉应用。积极的应用无论对于作者抑或读者来说都是一个不可或缺的主导因素，任何一个文本语义总是与它在某种具体范围的实际应用中，一道被照亮的，没有真正的应用，即使是再完美的语义甚至也不可能被接受。可见，语用学知识普遍地存在于一切文本诠释中，值得我们把它作为一个一般性的诠释学基础问题加以探讨。

理解的应用性与实践性表明，对文本的理解其实就是对文本意义的主观预期，是解释者对生活经验的未来可能性的一种筹划。文本的意义并非为文本自身所固有，并不存在一个纯然的客观外在的作者原意或者文本意图，文本意义是在与读者的接受关系中产生的，随着解释者主观预期的变化而变化的，一切都取决于解释者意义预期的能力与水平，离开读者对文本意义的筹划与预期，就不能实现任何积极的意义接受与合理应用。进一步地说，文本在与读者的接受关系中能够产生的意义并非一种可能性而是有许多种可能性，究竟哪一种可能性的意义能够实现，这完全取决于主观预期和意义筹划。文本的意义完全在于应用，它不是一个意义自足性的完成物，而是一个有待开发的处女地，它充满着各种各样为人所用的可能性，而积极正当的理解就是对各种可能性作出选择与规划，在应用中获得理解，在理解中获得超越。

可见，理解就是在文本的各种可能性中通过主观预期而筹划新意，没有应用就没有理解，应用是理解的本质构成，换言之，理解与应用在本质上是一致的。由于理解存在自己的前结构，应用也有自己的诠释学处境，因而理解和应用总是根植于解释者先前已有的东西，以某种预先假定的意义预期为前提、以某种先行理解和先入之见为基础，解释就本质地建立在前把握之中，任何解释都是主观期待与实际应用的结合。理解最终都是"自我理解"，理解都包含着对自身的筹划，都是对主观预期的意义作出理解。谁理解，谁就是在理解自己，也就是按照自己存在的可能性去筹划。而谁理解文本谁就是对之进行意义筹划，一旦这个最初筹划的意义在文本理解中出现了，解释者实际上就为整个文本的理解定下了基调，并带着这个意义的整体期待作出全面的理解。主观期待好像是过早行动，它为理解这个文本预先筹划了一种意义，作为一种内在牵引力促使解释者按照自我规定的方向作出解释。当然，这种前理解也有可能出错，但是持续不断的深入理解总是在对意义预期作出合理的修正，理解不是一成不变的，解释者也并非顽固地坚持其前把握，而是时时处处保持理解的开放性。这种"开放"是双向的，不是要放弃自己的前见，而是将之带入理解中并整合到文本所启示的东西上，从而实现文本意义的自我生成。

理解本质上属于一种交往互惠，其方法在于视域融通。其实，文本的意义并不是僵化、静态地凝固在原始文本中的，也不是纯粹主观上心灵预期的结果，作者意图、文本原意与读者的主观预期和积极应用密不可分。对文本的理解和诠释的过程，实际上就是作者和读者围绕文本意义的开发而不断展开的对话与交流的过程，而不是什么读者摆脱一切先见而洗耳恭听作者心灵独白的体认过程。作为理解和诠释的积极成果，文本意义的自我生成、自我创造与不断实现，不是对作者意图或者文本的原教旨意义的简单复归，而是在作者意图和读者期待这两种视域的交互作用、双向对流下产生的交往互惠、重叠共识。

具体说来，首先，任何一个文本，只有当它与解释者的积极理解与合理应用相结合时，才能不断生发出新的意义，离开了真正的理解和应用就没有任何意义可言，文本是用于被理解、被应用、被创造的，读者参与了作者对文本意义的一同创造，离开读者的意义接受，文本意义归于零。其次，任何一个文本，从根本上说来都是未完成性的，都具有许许多多的未定点和空白处，只有解释者通过主观性的预期、想象性的理解与合理性的应用，才能将这些未定点和空白处填充并丰富起来，为文本再造出各种各样的活生生的意义来。再次，文本意义并非自在的存在，任何文本都没有单独存在的权力，并不存在一个脱离解释的文本原意，文本意义不是等在那里需要读者客观性地予以描述和再现，而是与解释者的理解一同存在、一同生成的，若没有理解者对文本意义的积极筹划和善的选择，若撇开解释者不断从当下的可能性向着未来推进，文本就是一堆毫无价值、不可理解的文化垃圾。只有通过解释者的积极理解与合理应用，文本才能从死的语言材料中解脱出来，变成具有现实性意义的时代精神与活的灵魂。最后，文本理解总是受主观预期之"流动视点"的制约。解释者的意义期待也不是一成不变的，前理解和前结构也总是不断被修正，这样，基于意义期待而形成的内在牵引也不是凝固不变的，它总是引领着解释者向前向上地作出善的选择和意义提升。

对一个文本，不同历史条件下的不同读者，基于不同的而且是流动的意义期待从而获得了不同的理解，一个文本所潜在的所有意义不会也不可能为某一时代的读者都读尽，只有在不断发展的接受过程中为不同读者所不断挖掘。这表明，理解不仅是历史的，同时又是现代的，不仅是作者的创造而且也是读者的创造，文本意义在本质上既隶属于历史又隶属于当代，是历史与当代的意义汇合，是作者意图与读者意图的内在融通。

因为，理解不仅要以作者原意、文本结构为基础，而且基于主观期待经常对之实现意义增殖；解释不仅要以前理解为根基，而且在它的内在牵引下还要对当前的可能性作出未来的合理筹划。当读者以自己的当代视域去理解作者的原始意图时，两种意图就发生了内在紧张甚至会导致相互对立，只有各自放弃自己的片面性，而实现真正意义上的视域整合，才能构成一种新的和谐，合理的诠释事实上就是一种基于视域融合的内在沟通；也只有通过视域融通才能克服各种意图的局限性，使得理解能够向一个更高的普遍性上升，在效果历史基础上产生普遍交往的合理化，真正实现跨文化交际和主体间共识。

总之，正是在视域融通的意义上，这三种把握方式必须整合起来，唯此才能获得积极合理的理解。因为，文本理解的视域融合也存在限度问题，正像交往存在伪交往与合理交往一样，视域融通也存在文本如何实现内在契合的性质问题。有人认为，即使是真的存在文本理解的限度问题（一旦超出这一限度就不再有理解而只有误解），"这些限度也不是通过历史作者的理解或某个读者的理解确立下来的，而是通过文本的意义确定的"。[①] 即使文本的理解没有限度，也必定存在着先于理解的某物，或至少存在着作为"所指"（referent）起作用的某物，或至少存在着对那种理解的偏离。这表明："一切理解都是历史性的理解，这种历史性理解绝不是简单地回到过去，而是始终要将当下的视域和过去的视域相结合，它们之间是同时性的，这也就是他所谓的视域融合，只不过是从时间性的角度来讲的，而且他深刻地指出，这种视域融合证明

---

① ［美］乔治·J. E. 格雷西亚：《文本性理论：逻辑与认识论》，王常砚译，人民出版社 2009 年版，第 173 页。

'同时性是一种最高的辩证法问题'。"① 正是由于视域融合既非由文本决定，也非由解释者来完成，而是由两者的统一来实现的，因而提高文本之间、意图之间的契合程度，既依赖于对文本语境的历史还原、语境重建和语义复归，更需要提高文本之间和各种意图之间与当代现实视域的相关度、参与度，唯有将作者原意、文本建构与读者期待一同融入现实视域中，实现文本逻辑、问题逻辑与实践逻辑的内在统一，在文本所代表的普遍性指向与读者现实处境的特殊性指向之间建立一种双向批判性关系，才能使这种双向理解向更高的层次上跃迁，使文本语义在更高的普遍性中上升。

第五节　伽达默尔诠释学的主体性

在伽达默尔看来，文本理解都是在特定历史条件下、与历史一起反思着的视域整合过程，文本理解构成了人们全部历史性的活动内容和普遍性的世界经验，西方诠释学历史是一种在问答逻辑中产生的效果史；能被理解的存在就是语言，语言的界限就是世界的界限，视域整合实际上是语言整合和语言共生，理解的语言性本质上取决于效果历史的内在指引；理解不是一种文本原意的复现或重构，而且是一种创造和再生，它要永远超越作者意图、文本牵挂和读者预期的限制，并面向未来实现内在通约，从而在更高的普遍性语义中求得生长。

众所周知，伽达默尔在继承海德格尔存在论基础上，力意使存在论"诠释学化"以建立所谓存在论的现代理解体系，故而反对将诠释学"方法论化"的古典设想，而提倡诠释学存在论的现代转向。他认为，理解既不是一种避免误解的纯粹技术，也不是主观心灵的创造性活动，而是此在（人）本身的存在方式，是人向未来进行积极筹划生存意义的生命体验活动，是此在"向死而在"、"向死而生"的特殊存在方式。这种"存在方式"就是理解，人是在理解中存在的，人是理解着的存在，理解贯彻于人的一切生命活动中，是构成一切活动意义的最后基础。人如何存在，人的存在方式是什么，人生意义如何开拓，人生价值

---

① 何卫平：《解释学之维——问题与研究》，人民出版社 2009 年版，第 199 页。

如何实现，这一切都取决于人如何理解，我怎样理解、我就怎样存在，理解与存在不是二元对立的，而是浑然一体的。诠释学就是关于人在理解中如何获得存在的哲学，一切文本、一切考察对象都不是孤零零的存在，它都与人的理解不可分，都在人的理解中获得价值定位，是理解内在地赋予它以各种意义。理解不只是认识论主体的行为方式之一，而是存在论主体的根本存在方式，理解构成了人们的全部历史性的活动内容和普遍性的世界经验，理解旨在领会存在的意义，"回到事情本身"，对人实现存在论还原，将属于人的一切内容和关系还给人自身。易言之，理解是为了对人解密，揭示人存在的本质、方式、价值和意义，诠释学就是理解性的人学或者关于人的自我理解的生存论。伽达默尔诠释学就是在理解理论基础上通向了最大意义上的人学，所以被称为诠释学哲学。从学理上弄清伽达默尔诠释学的存在论向度及其基本特征，对于我们基于中西比较语境而建构自己的当代诠释学理论体系，将不无裨益。

在伽达默尔看来，既然理解是人存在的根本方式，由于人的存在具有有限性和历史性，因而理解必然也具有有限性和历史性，凡理解都是在一定历史条件下的理解。理解都有它的前结构，即前拥有、前把握、前预设以及前理解，这些先入之见必然带入理解之中，必然以之为前提。人总是生活在特定的历史环境中，历史境遇、文化传统、社会习俗、生活经验等历史流传物，赋予人以各种各样的先见或者前见，人们无论如何不能排除它对人的纠缠；相反，人就生活在各种先见或者前见之中，前理解构成人实际存在的基本要素，为人整个的生命体验、价值生成及其能力构造，赋予了最初的本源性与方向性，是实现人生意义向未来无限开拓的生命基底和原始倾向。以往，人们总是渴望在理解中尽可能地消除先见，认为只有不带入如何先入之见的理解，才是真正意义上的客观性理解，才能真实地表达文本的原始意图或者作者的写作用意。其实，在伽达默尔看来，消除前见本身就是一种偏见，因为前见并不构成理解的障碍，并不会导致诠释过度或者诠释不足，并不会由于前见的介入而影响理解的客观性、纯粹性，恰恰相反，前见是理解的必要条件，是理解者超越历史向度而走向未来的基础，是使历史价值活在当代的桥梁。

伽达默尔认为，理解不仅具有历史性而且具有现代性，凡理解都是历史视域与现代视域的融合。因为，理解不仅以前结构为基础，要受前把握、前拥有、前理解的提示、暗示和牵引，而且，理解还时时处处对人各种可能性的当下生存性状与未来发展前景作出积极筹划。理解的过程就是把过去与现在进行中介的过程，就是把作者意图与读者期待进行融通的过程，正如人们不可能使一个孤立的现代视域与一个封闭的历史视域脱离开来一样，理解也不可能抛开读者的意义预期而机械还原作者与文本的历史真实，理解始终是视域整合的过程、始终是作者与读者之间的相互沟通，这种整合与沟通不仅克服了读者自身的局限性，也克服了作者自身的局限性，是一个向更高的普遍性的语义提升，它将现代视域注入历史视域中进行整合，使历史视域获得了一次现代性跃迁、使现代视域也获得了厚重的文化底蕴。照这样看来，每个文本都不是对某个作者意图或者文本原意的写真，也不是对特定历史时期某种精神潮流的表现，文本语义揭示的是作者、读者与文本之间相互问答的思想空间。在理解中不必期待一种纯粹客观化的历史逻辑，适合诠释学发展的当代逻辑乃是一种"问答逻辑"；在理解中也不必期待一种纯粹的历史意识，适合诠释学发展的当代意识乃是一种"效果历史意识"，理解是一种与历史一起反思着的，但永远不会在完全透明里传达历史原教旨的东西，它是在视域整合、问答逻辑中产生的一种"参与历史效果的意识"，理解反映了人的普遍性的生存结构即有限性与开放性的统一，人在理解中存在，又在理解中生成，理解是人的生存法则，是人自我设计、自我奋斗的历程；理解也是一种集体性事件，是人类历史自身的运动，理解史就是视域整合的效果史。

在伽达默尔之前，施莱尔马赫曾经谈到过理解的语言性问题，认为语言在理解中具有基础性的优先地位，诠释学在理解中所预先假设的一切东西不过只是语言，理解离不开语言并通过语言来实现，没有语言就没有理解。海德格尔继承并发展了这种思想，认为语言是存在的家，在语言的破碎处，无物存在。海氏这种将语言本体论化的做法，得到了伽达默尔的继承与发挥，在他看来，能被理解的存在就是语言。语言不仅是理解的前提与基础，更重要的还在于语言是一切理解的目的与归宿，语言是理解的普遍中介和对话的实践，是多种不同视域的超距离、超时空的交流与融合，视域整合正是在语言中统一起来的。对历史流传物进行理解，不仅是对它的一个体验和把握，更是一种语言性的深入和构建，不仅是对历史视域的再现与重构，更是一种当代语义的开放与增殖。理解是对世界存在的理解，客观性的世界其实是语言所及的世界，人不仅通过语言而理解世界，而且还通过语言拥有世界，不与人的语言发生任何关系的世界是不存在的，即使存在也不可理解，世界之所以成为人的世界，就在于它进入到语言之中，语言的界限就是世界的界限，世界存在的一切都是语言，谁拥有语言，谁就拥有这个世界，能被理解的世界就是语言，语言就是世界观，语言与世界合二为一，处在本质性的相属关系中，离开语言谈世界或者离开世界谈语言，都是荒唐的。

伽达默尔认为，凡是理解存在的地方都毫无例外地包含着解释，都需要带着当代视域进入历史视域中，根据当代的意义预期而进行理解，这就不可避免地要产生误解。但是，吊诡的是，正是这种误解才能实现视域整合，误解并不比理解更自然而然，误解不仅不用消除，恰恰还是获得正确理解的条件。因为，任何真正的理解都是在效果历史意识指导下实现的，它总是力图扩大原有文本意图或者作者意图的思想边界，而实现意义增值和思想追加。理解决不是将自己置身于他人思想中而重新领会他人的原始体验或重构他人的思想意图，理解乃是语言解释的过程，是谈话各方得以相互了解并对某事取得一致意见的中心点，理解总是在问答逻辑中通过解释而形成的相互理解，所以整个理解过程其实就是语言过程，理解的真正问题以及那种巧妙地支配理解的东西，不能是别的，只能是语言。语言作为理解的媒介而起作用，但是在理解中必须把所要理解的意义预期植入原始文本的历史语境中，必须在另一种新的语言世界中发生作用而后被理解，这种通过视域融通而实现的相互理解，不仅仅是对原始意图、心里体验的重新唤起，也不仅仅是通过解释而获得的重叠共识，而是对原始文本的意义再生或者新生。可见，视域整合实际上是语言整合，重叠共识实际上是语言共生，理解过程就是力求获得一种共同语言的过程，只有通过谈话而在语言上取得一致，相互理解才是可能的，理解的语言性本质取决于效果历史意识的指引，是效果历史意识的具体化。

在伽达默尔看来，理解不仅具有历史性和语言性，而且具有创造性与共变性，它来自生活经验、说明生活经验并塑造生活经验，理解属于历史、参与历史并构造历史。理解不仅是一种意义的复制和再现，而且是一种创造和再生。对文本的理解就是对它的意义的理解，而文本的意义并非文本自身所固有，理解无论如何不能消除前理解以达到所谓客观性的描述，理解是解释者对生活经验的未来可能性的谋划和运用，是对未来的各种可能性的善的选择，使意义不断从当下向着未来推进。文本意义并非是客观、静态地存在于文本之中的东西，而是与人的理解密不可分。文本与读者的关系不是独白而是对话，只有在作者、文本、读者的相互问答中文本才产生意义，离开了读者的期待与接受，文本就没有真正的意义。文本从根本上说是未完成的、意义待定的，在其中充满各种各样的空白点，有待读者的解释，文本意义不是自在地独存的，不是在那里等待发现的，而是在理解中发生、在理解中实现、在理解中拓展的，由于理解的需要和读者的预期，文本意义可能是无所不在、无所不有，文本意义面向未来的生成具有无限性。由于理解都是历史性的理解，且都受特定历史条件的限制，又由于理解的语言性和共生性，理解不可能是任意的、主观的，在视域整合的相互理解中所生成的共同语言或者普遍共识，不会带来意义的无边放任和无限延异，而会遵循公共的历史逻辑和语言规则，克服因曲解而产生的"伪交往"、"伪一致"，通过理解者的诚意交流与合理交往而产生"主体间共识"，借此又可以消除因彼此理解的不同（远离或者疏离）而形成深度通约和交往互惠。

文本意义中具有的各种未定点、空白点，需要在读者的创造性理解中，通过发挥想象力再造出新意并予以界定和填充，使之具体化为拥有现实性生命的活的文本。文本意义不局限于作者意图和文本框架，而是在作者、读者与文本交互作用中共同完成的。凡理解都是交互性的共同理解，凡语言都是融通性的主体际语言，语义的生成是集体创造的。从这个意义上讲，的确，读者甚至比作者更理解文本真义，因为一个文本的潜在意义不会也不可能为某一时代的读者完全读尽，文本意义的生成不会也不可能在某一历史形式中得到完全体现，读者无论怎样发挥自己的想象、无论实现怎样的诗意添加，都不可能对文本意义的"信息域"给予彻底把握，只有在读者面向未来且不断向深层理解的开掘中，文本才不断获得最大化的意义增殖，离开主体性的意义期待和创造性理解，文本意义常常处于残缺不全状态。从存在论角度讲，理解就是此在的自我筹划、自我现身，此在的存在在于理解，此在存在着并总是理解着，理解构成此在的本体论条件，此在在理解中不断超越自己并实现未来。理解的这种开放性，意味着要把文本的原始意义与读者的意义期待加以整合，使二者同化到文本所启示的东西（第三视域）上，理解不是对作者意图及其内在结构的客观解释，也不是对读者预期及其心理状态的主观说明，凡理解都是自我理解，都受心理预期的牵引，但是，这种意义预期是不断被修正、被整合到公共理解中去的，"理解是一种创造性的活动，因为达到相互理解包含中介、整合和同化"①，理解始终是一种综合性的创造，它要永远超越作者意图、文本结构和读者预期而实现统一。

　　伽达默尔诠释学关于理解的历史境遇、语言构造、创造特性的界定与分析，带给我们深刻的理性启示：伽达默尔破除了传统认识论那种主客二分式的桎梏，认为理解不是对文本意义或者作者意图的客观反映、机械临摹、简单复制，也不是对读者意义预期的心理学解读、主观性测度，文本理解具有历史性，都是在特定历史条件下、与历史一起反思着的视域整合过程，理解构成了人的全部社会生活的基本内容和普遍性的世界经验，理解史是一种在问答逻辑中产生的效果史；文本理解具有语言性，凡是能被理解的存在都只能是语言性的存在，各种视域的整合实际上是语言性的整合，理解的语言性本质取决于效果历史的内在指引；理解还具有创造性，理解不仅是一种意义的复制和再现，而且是一种创造和再生，它要永远超越作者意图、文本结构和读者预期而实现交往互惠；的确，读者的自我理解与文本意义的交互生成是一切解释的基本问题，一个文本有否及有何意义并非取决于作者对原始文本意图的无意识投射，亦非取决于理解者对它的意义期待与实践筹划，实际上取决于读者视域、作者视域与文本视域的叠加效应。一个文本的那些意义及它在何种层次上、以何种方式上能够获得理解的问题，其实是诠释学从认识论向度如何向存在论向度转变的问题，毕竟一个文本的潜在意义不会也不可能为某一时代的读者完全读尽，文本意义的生成不会也不可能在某

---

① 洪汉鼎：《理解的真理》，山东人民出版社 2001 年版，第 214 页。

一历史形式中得到完全体现，各种视域的历史整合意味着文本意义面向未来的实践生成。因而，对文本的理解，任何历史还原、复归本文、固守原意的做法都是不恰当的，任何主观性的心理移情和生命体认也是不充分的，唯有建构一种集历史向度、文本自解与意义接受于一体的当代实践诠释学，并使之向着生活积极谋划、向着未来积极开敞，才能对文本意义获得积极合理的理解。

作为人对自我的积极筹划，理解具有主体性，它是人对未来各种可能性的善的选择和自觉运用，并使之不断从当下的可能性向着未来推进。一个文本有否及有何意义完全取决于理解者对它的意义期待，而它的何种意义又能在何种方式上实现则完全取决于理解者对它的实践筹划。任何主体性理解的目的都在于把人生语义从遮蔽状态中阐释出来，实现对人的生存本质和生命意识解蔽。可见，理解是人对存在的领会和本质的把握，是实现自己并超越自己的特殊的生存方式。

在古典诠释学看来，对一个作品的理解，其实就是对它自身固有意义的理解，它原本就是一门研究理解和解释的学科，其最初的动因正是为了正确解释文本的原有意义，以缓解或克服在文本流传中所产生的内在紧张，这样，一种正确理解和解释文本的诠释技术学或"技艺学"便诞生了。显然，对文本的理解绝不能只进行僵硬地、刻板地技术性诠释，而要发挥主观心灵的创造和再造作用。这样看来，理解的过程，并非仅仅是语言翻译的过程，而是主观心灵创造的过程。为此，理解必须遵循两条规则：一是客观性或历史性原则，即必须结合作者所处的具体条件来理解文本的意义；二是整体性原则，即必须在结合周围其他语词的意义的总体性语境中，去理解每个语词的意义。由于人的精神和心灵具有共通性，人同此心，心同此理，这样就为作者与读者的语义交流提供了基础。但由于人的精神和心灵又具有个性，即能动性和创造性，这就使得作者的书写活动的创造性与读者再创造的理解活动，并不一致，从而有了产生误解的可能。为了避免误解，读者必须走出自己的内心世界，进入作者创作时的精神境地即回到作者的思想源头，以重新体验或再现作者的心境。

因为，自然现象仅须说明，精神现象则须理解。人文学科研究的对象是客观精神（指外化于物的精神）和精神世界（各种外化的精神与人的理解的相互作用系统），对之研究不能实现性地说明，而须创造性地理解。在这个意义上，理解就是通过外在的东西去把握内在的东西，就是通过可感知的外部表现去把握不可感知的内在精神。换言之，要进行正确的理解，读者就必须发挥自己的主观能动性，就必须走出自己的内心世界进入作者的内心世界，通过这种心理移情作用，对作者"表一番同情之理解"，以把握作者当时的创作心境，再现作者原来的创作体验。

人们心灵的共通性（或"共通感"）仅使心理移情作用的发生成为可能，要真正实现这种可能，还需要一种善解文意的爱心或同情心，唯此才能心心相印、息息相通，达到对文本的完全理解。因为受心理移情作用的影响，的的确确，读者有时比作者更能理解文本，读者比作者得到的东西还多，有许多东西原先对于作者来说是无意识的，现在恰恰被读者理解到了，读者对作品进行了二度创造和意义追加；读者与作者之间产生了生命同化和心灵契合，即读者把自己融入作者当时的处境，设身处地地想象自己在他当时的情况下会如何思考、如何行动、如何喜怒哀乐等，这样，作者的生命就在读者自己的心灵际会中复活了，他们在心灵世界中就内在地交融在一起了。

理解不仅具有解释的功能而且具有实践的功能，传统解释学者认为，意义是文本自身所固有的，是不以解释者的理解所转移的客观的东西，因而解释的任务就在于清除自己的各种偏见，投入作者的原有处境，客观地理解和把握文本的意义。现代诠释学则认为，理解是解释者对生活经验的未来可能性的筹划，文本的意义并不完全是客观、僵化、静态地凝固于文本之中的东西，而是与解释者的理解密不可分的。文本与读者的关系不是独白而是对话，只有在读者与文本的相互问答的对话中文本才产生意义。因而任何一个文本只有当它们与人的主体性的理解相结合时，才具有活生生的意义，离开了主体性的理解就没有真正的意义。换言之，文本从根本上说都是未完成的，因为它还需要一个解释者，它的意义并不自在地存在，而是与读者发生联系的产物。意义不是在那里等待发现，而是在读者的创造性解释中发生的，并通过主体性的理解而实现的，只有把文本中的经验纳入读者的整个自我理解之中，这种经验对我们才有意义。既然文本有否及有何意义与主体性的理解相关，那么，是不是可以说文本意义完全应该由主观任意决定的呢？显然不是。因为理解具有历史性，读者对文本的理解受"前理解"和历史条件的制约；而且理解又具有语言性，语言游戏自身的规则不以游戏者的主体性为转移。须遵循对话逻辑，在问答中产生，而非独白的结果。可见，理解不是封闭的，而是开放的，因为理解具有主体性，它是一种对未来可能性的筹划和应用，是一种对未来各种可能性的善的选择，它使理解者对文本意义的理解不断从当下的可能性向着未来推进。任何文本都是对人类生活的某一问题的求解，而对文本的理解则是从它们的回答中提出新的问题，以推进新的理解，对文本的理解就是人的社会生活的理解，这是一个面向未来的无限性拓展的过程。

当然这种观点也具有片面性，比如：对文艺性作品，其意义随理解者的变化而变化，可以有不同理解。而对非文艺性作品如法律文本的理解，能无视作者的原有意义而任意理解吗？再如，理解是作者与读者的视域融合，通过融合，双方意见得到沟通，获得新的理解。但作者和读者对文本的理解不同，获得的意义不同，二者都具有创造性和主体性，这样，正确无误的交流其实就不可能了，这就构成了解释学的不可翻译性原则。正是基于此，在以后的发展中才通向了后结构主义的语言学，认为语言是不可交流的、完全是私人的、不可传递的。

那么，怎样才能消除误解而达到合理交往呢？必须首先区分两种不同的语言交往，即"曲解的交往与合理的交往"。自然语言是人类生活世界中的"元语言"，它与形式语言不同。形式语言是封闭的，其意义不随语境的变化而变化；自然语言则是开放的，其意义是随语境的变化而变化的，因而它可能常常产生"曲解"，构成人与人之间的理解的障碍，形成"曲解的交往"。当代解释学的任务就在于研究造成这种"曲解的交往"的原因，并提出消除它们的办法以达到"交往的合理化"。在不合理的阅读中，尤其是在诠释过度的危机时期，普遍地存在着"曲解的交往"。曲解交往的言语是病态言语。众所周知，精神病患者的言语是明显的病态言语，而"曲解交往"的言语则是一种看来似乎"正常"，实际上是病态的、很难察觉的、不明显的病态语言，它们构成的交往是"无效果的交往"或"伪交往"。伪交往也往往可以达到"意见一致"，但这不是真正的"一致"，而是"伪一致"，它们是一些

"误解的系统",是导致语义冲突的总根源。精神病人把语言私人化了,精神病医生对之医治的方法就在于,试译出他们私人病态语言的意义,从而引导他们把私人的语言内容重新纳入公共交往中。若一种理解理论只适用于正常的语言,对于分析曲解交往中的病态语言无效,那它怎能试图发现产生曲解交往并形成病态语言的深层原因呢?

可见,我们以前认为,理解必须以前理解即先见或传统为前提,传统是一致理解的出发点,人们只能接受之而不能批判之。显然,这种看法是错误的。因为传统往往来自曲解的交往,传统的意见一致往往不是真正的一致,而是伪一致。它们不是来自作者和读者双方的心灵际会,而是来自外在的权威和压力。只有建立主体性的解释学,才能澄清一贯被曲解的认识,获得真正的意见一致,这只能在理想的合理的交往条件——视域融合和效果历史中,才能实现重叠共识和意义增殖。理解的主体性表明,读者对文本的阅读过程就是对文本的理解过程,这个过程具有主体性,读者对文本的内容和意义的理解是可变的,是随读者的视域整合和意义期待的变化而变化的。这种整合和期待,构成了读者理解文本的起点和内在结构,不同的读者,透过不同的起点和期待,读出的意义是不一样的。一部作品的潜在意义不会也不可能为某一时刻的读者所读尽,只有在不断发展的接受过程中它们才能为读者所不断发掘,所以,从诠释学角度看来,文本发展史不是作品的积累史,而是文本的接受史,是其意义不断生产的历史。一个文本有否及有何意义完全取决于阅读主体对它的期待与筹划,而它的何种意义又能在何种方式上实现则完全取决于主体的选择或接受。

然而,在现代诠释学看来,对一个作品的理解,并非是仅仅遵守特定的技术规训,而刻意"回到事物本身"以发现它的原意;相反,而是认为主体理解作品的目的其实在于把人的存在和价值从隐蔽状态中显示出来,即对人的本质解蔽或去蔽,其根本任务就在于追问作品中阐发的人生意义及其实现方式。人生意义非天生固有,而在它与物、与人发生的各种关系中产生。若它不与物、不与人相接则无任何意义发生,与物、与人相接的方式不同而产生的意义也不同,可以为社会作出贡献,也可以为非作歹、危害他人。问题是它在与物、与人的相互关系中具有各种各样的可能性,究竟哪种可能性能够真正实现,即它作为何种面目出场且具有何种人生意义，这全凭它的自我筹划。所以，对于一个文本来说，理解它就是对之意义的筹划，若只看它而不用它，那么，愈是看它，我们就离开它的意义愈远，其意义在于用途，意义生发于使用。对于一个人的生命本质来说，又何尝不是如此呢？理解就是对人生意义的筹划，人的一生都在理解或筹划之中。人是非自愿地被抛进这个世界中的，人面临的世界是有待于实现的世界，即是包含着各种各样的为人所用的可能性的世界。理解就是人自由自在地对各种各样的可能性所作的自我筹划，从而以此种方式，在这个世界中实现自己并不断地超越自己，同时又向着未来筹划，不断放大自己的人生意义。换言之，理解就是人在可能性的基础上筹划自我的人生意义，理解本身就包含筹划这种内在结构，人存在着，并总在理解着，没有理解也就没有人的存在，理解是人的存在方式，是人的本体论结构，人的存在在于理解，人存在于理解之中。理解是对存在的理解，而能被理解的存在才有意义，人通过理解存在而拥有存在，存在通过人的理解而获得生成。不与人发生理解关系的存在是没有意义的，也是不可想象的，只有进入人的理解实践中存在，才成为具有现实性的存在，理解和存在合二为一。

理解不同于认识那种静态反思，理解是人对存在的理解，是对自己本质的把握，是人对实现各种可能性的谋划即实现自己并超越自己的实践性筹划。理解与人的存在不是二元对立的，而是融为一体、浑然不分的。人因理解而存在，人的存在在于理解。但二者又有区别，区别性在于存在的无限的时间性与人的有限的历史性之间的矛盾，即人对自我本质的理解总是历史的理解，即在一定的历史条件下受一定历史条件的规定性的理解。这表明理解具有前结构，理解有不可缺少的前提，它是在这些前提之下做出的，这个前提就是解释学的处境，它由"前有"、"前见"、"前设"（前把握）三者构成："前有"或前拥有，是指理解之前先已具有的东西，它包括解释者的社会环境、历史情况、文化背景、传统观念以及物质条件等，它们总是处于遮蔽状态，隐秘地影响并制约着人的理解，人的理解也总是植根于前有之中；"前见"或前见解，是指理解之前的见解，即成见。现实的人总是具有多种多样的可能性，究竟能把他解释成哪一种，他的哪一种可能性能够实现，那是由"前见"决定的。"前设"或前把握，是指理解之前必须具有的假设，任何理解都包含有假设，一个解释决不是无预设地去把握呈现于他面前的东西的。

理解之前必须排除一切先见，这是不可能的；没有先见作基础，也就不可能有理解；理解就是人在理解的"前结构"的基础上对未来进行的筹划。理解的"前结构"决定了理解，甚至可以说，理解是理解的"前结构"的重复，但这不是简单的重复，而是向着未来进行筹划的重复，是积极的循环。决定性的不是走出这一循环，而是要以正确的方式进入这个循环，经过多次循环，理解就能深入和提高。

从以上的分析中可以看出，理解本质上不是一种技术或方法，而是人的存在方式，是人向着未来筹划的存在方式。质言之，人是理解着的存在，存在因理解而生成，我理解我存在，理解贯穿于人的一生之中，是构成人生一切活动的基础。一个人是什么样的或者能够成为什么样的，这与他的自我理解是密不可分的。他只有存在于不断的自我理解中才拥有特定的人生意义，其人生价值才能不断被照亮。理解就是领会人的存在的意义，理解的任务在于把握人学真理，所谓人学真理，就是面向人的事情本身。或者说，理解就是回到人本身，回到事情本身，理解学就是最大意义上的人学，是人学本体论。

理解既然是人的存在方式，而人的存在是有限性的和历史性的即它是受历史条件制约的，它必须以前理解为前提，必须以"前有"、"前见"、"前设"为基础。任何理解都必须从已有的先见或偏见出发，都必须以之为前提，这是由于人总是生活在一定的历史环境中，历史文化赋予人以各种先见或偏见，人不能自由地选择它们，也无法轻易地摆脱它们。先见是必须的，要排除之是一种错觉，排除偏见本身就是一种偏见，因为正是我们的偏见才构成了我们的存在，偏见未必是不合理的，我们就存在于历史性的偏见中，偏见为我们整个经验的能力构造了最初的方向性，偏见就是我们对世界的开放的倾向性。

其实，不应该笼统地反对先见，应有区别地对待它。先见有两种：一是合法的先见或正当的先见，这是指来源于历史文化传统的先见，它不应该否定，也无法否定，否定了它就否定了历史，就会造成历史的中断，从而否定了发展。二是盲目的先见，即个人在现实人生中接触和吸收的先见，它是可以修正的，也是应当排除的。但这种区分对人来说是不易的，不能凭先验的直觉，而是在理解的实践中逐步做到的。理解不仅是历史的，而且又是现代的，是历史和现代的汇合或沟通。因为理解不仅应以"前理解"为基础，并且还应对当前的可能性做出未来的筹划。由于理解的对象是人及其一切活动，它们包括历史、文献、思想、创作等各种"文本"，这些历史性"文本"都是前人（作者）的历史视域的产物，因而，当理解者（读者）以自己的历史视域去理解这些"文本"时，就出现了两种历史视域的对立，只有把二者融合起来，即把历史的视域融合于现代的视域之中，构成一种新的和谐，才会出现具有意义的新的理解，这就是视域融合。理解就是视域融合的过程，正是这种融合和沟通，不仅克服了自身的局限性，也克服了他人的局限性，是向一个更高的普遍性的上升的过程，在这一过程中，产生一种发展了的新视域，即"效果历史"。理解在本质上是一种效果历史不断迭出又不断修复的过程。

作为人的存在方式的理解，不是静止不变，而是持续变化的，新旧视域的融合产生了新的理解，随时间的推移，这种新的理解又变成了先入之见，即旧视域，它与更新的视域融合又产生了更新的理解。人的理解就是在这种视域融合中辩证发展的。人的"文本"的意义也不是固定不变的，而是随历史的变化而变化；人生的意义和价值也是如此，也不是固定不变的，也随历史的变化而变化，在不同的历史条件下有不同的人生意义。理解（意义、价值）的变化是辩证的，是间断性与连续性的统一，因受历史的限制，在不同的条件下，内容是不同的，所以是间断的；因其视域融合，所以又是连续的，二者是相通的。可见，对人生意义的理解具有主体性和历史性。这种特性，既反对了客观主义、结构主义的理解观，因为人生意义随历史的变化而变化，没有客观的绝对不变的意义；又反对了主观主义、相对主义的理解观，因为人们对人生的理解又是受历史条件制约的，不能随心所欲的理解。

第六节 后结构主义的诠释阈限

后结构者强调作品"能指"的任意性和诠释的无限性，认为企图发现终极意义或永恒本质的做法显得十分傻气；艾柯反对无限衍义的过度诠释，认为文本意义若没有确定性就变成了一种无休止的绵延，最终将消解诠释自身的价值；罗蒂从实用主义立场出发，认为任何诠释都是一种运用，诠释不是为了复归始源本质而在于描述使用文本的不同方式，旨在激发阅读的兴趣；而卡勒则认为，只有诠释不足而没有诠释过度，诠释没有功利目的也无须实用主义来辩护，文本意义根本不受制于语境或其他目的，文本理解可以无边放任。但我们认为只有发生实践转向并接受实践的验证，才能获得一种视域整合或意义汇聚，文本才向人们不断敞开它的多重意义。

在西方，诠释（也叫释义）最初只具有神学意味，神学诠释学是指如何传达神谕的学问，是一门如实传递上帝的灵异之音或者《圣经》的秘密意义并将之转换成可理解的话语的学问。一种意义越是秘而不宣、深不可测，人们越是觉得它神乎其神、无法企及，而随着人们不断解开其神秘面纱，其神圣性的东西反而会昭示出更强大的诱惑力。德国哲学家施莱尔马赫，将之运用于对一般文本意义的诠释，使得专门研究意义如何获得理解的诠释问题成为真正的学术问题，强调诠释是一种避免误解的艺术，为此必须在理解中依靠心灵的内在体验才能获得意义再造。而狄尔泰将之进一步推向普遍化与理论化，使得诠释学成为探讨整个精神科学的基础，而心理移情、感同身受被视作是理解人类精神创造物不可或缺的基本方法，这种方法一直延续到结构主义和存在主义等众多学派。

在诠释学的发展中，诠释的边界或者限度问题是带有根本性的，它始终困扰着思想界很多人。譬如，对作品意义如何进行诠释，诠释是受制于一定语境的限制抑或是可以无边开放、无限衍义的？在诠释中如何把握解释的限度，在怎样的范围内、以什么样的方式、方法才能确切地把握住文本的意义？文本作为一种历史流传物，它是否受制于特定历史情境的限制，在怎样的时空构架下、基于什么样的立场才能适当地诠释出文本的真实意义来？对此，西方哲学史上，偏爱历史主义的哲学家重视对作品进行历史考察，更侧重对文本意义的历史构境与各种先在性的意图的揭示，强调诠释的历史性与社会性，强调诠释不能只局限在文本自身、作品自身。而具有理性至上主义、本质主义、存在主义的诠释学者，则强调对作品本身进行更精细的批评性解读，将作品视作一个独立的审美客体，无依无傍、自由自在地对文本意义及其动态生成机制进行纯粹客观性的解读，要排除各种主观的或者客观的所谓意图对本文意义的添加。

如果有谁强调作者意图、文本意图能够对文本意义的形成具有十分重要的作用的看法，就认为是一种偏见或者谬见。因为，在诠释中不可能宣示出作者的意图，任何先见或者前见都应该被否定掉。随着结构主义语言学的盛行及其在各门社会科学中的广泛运用，只看重读者意图而忽视其他先在性的强制作用的做法，受到了批判，认为纯粹主观性的解读存在明显的诠释不足，或者说，不足于揭示文本中的复杂性语义。要做到这一点，必须致力于寻求隐藏在纷繁复杂的表面现象下面的深层语义结构及其动态运行模式，必须对人类精神文化活动及其成果进行超验探寻，以深入揭示作品背后所蕴含的人类普遍性的存在真谛及其抽象性的文化符号。

后结构主义强调作品的"能指"具有任意性，并非固定在文本意图中或者作者意图上，而是可以泛指任何现有的或者虚拟的意义空间；譬如，德里达就认为文本之意义域具有更宽阔的空间，文本之写作意义具有多重性和不确定性，文本诠释不能只局限在某个或者某几个意图上，而且，说到底，文本并不存在约定俗成、众所周知的固定意涵，也不存在众人心照不宣、都能接受的一套所谓客观的解释原则、标准与方法。并对各种"专制主义"的文本诠释传统进行了批判，认为任何诠释都不能企图限制文本意义生成的语境范围，真正的诠释是无限制的、非中心的、无边衍义的，企图限制文本意义生成的任何一种努力注定都是失败的，在文本意义的诠释问题上应采取"怎么都行、不作限制"的原则。

再譬如福柯，他认为人都是语言的产物，人不可能离开语言及其理解活动而存在，人类就存在于自己的理解活动中。人类的一切诠释活动表面看似凌乱不堪、杂乱无章，实际上都内在地受制于人类语言逻辑深处的无意识的深层结构的制约，诠释实际上就是对这种深层结构及其变化的理解。由于这种深层结构纯粹是无意识的，其变化更是突如其来、无章法可循的，往往表现出非连续、非逻辑的断裂性、碎片性、延异性，因而诠释必然是无限的、多元的，诠释就是对那种不同寻常的边缘性、碎片性、延异性东西作出多方面、复杂性、无限性的理解。那种企图发现终极意义、超验意义或者永恒本质的做法，企图明确无误地打捞出始源性的意义之链或者作者的内在写作动机的做法，就显得十分傻气。文本一旦离开作者而进入历史的流传中，其写作的具体语境就难以复制、其创作意图更是难以复原，其语义必然会在无限多的诠释可能中无边延异、诗意滑动。

艾柯正是针对这一问题而发难的，并以诠释的可能性限度问题为切入点，才真正进入诠释学领域的。在他看来，后结构主义的诠释是一种过度诠释，是非正当、不合理的诠释，诠释并非具有无限的可能性，任何科学的、有意义的诠释只能说是有限制的诠释。那种天马行空、无拘无束的即兴地阅读文本的权利，应该受到必要的制裁，对德里达倡导的所谓文本意义的无边衍义、无限放任的极端观念与做法深表怀疑与忧虑，认为这是一种荒谬而拙劣的文本解读法，将会导致任何积极的文本解读及其写作的不可能，将会颠覆整个文化传统及其发展动力。

后结构主义诠释学注定是一种没有任何积极成果的、纯粹游戏性的方向，它主导的是一种自杀、自残、自虐式的崩溃性逻辑，不可能有任何前途。

为了树立合法诠释的边界，艾柯提出了自己的"作品意图"是文本意义之源的诠释学主张。认为作品意图在文本意义生成与发展过程中起着非常重要的作用，它才是文本意义生成与演绎的真正源头，也是主导文本获得可能的积极解读的内在牵引力，它提示、暗示并内在限定着作者与读者的读写活动，它并不受制于文本意义产生之前的所谓作者意图的限定，相反作者意图必须纳入作品意图中才能得到合理说明；同样，它也不会对读者意图及其任意发挥造成理解上的阻碍，相反，读者的阅读必须以之作为唯一的缆绳才能客观有效地进行。

否则，读者意图如果不加限定，如果没有依据作品意图而理解，就有可能发生诠释过度的问题，以至于使文本意义成为一种虚无缥缈的空穴来风或者无根的浮萍。只有重视了作品意图，才能在真正的阅读过程中不断克服任意性、随意性的强加、歪曲、误解，并不断创造出关于文本理解的一代代的标准读者和文化规范。艾柯认为，导致作者创制某种文本意义的所谓"前文本的意图"或者前理解、前见解、先见等，不可能成为诠释有效性的标准，更不可能成为诠释的唯一志趣，甚至这些先见与文本意义的生成与实现根本无关。所以，诠释不是对作者意图的复归或者复原，不是为了弄清什么作者的主观意图或者主观预期，当然也不是为了阐明作品的固定意义或者内在结构，纯粹的作者预期或者单一的作品意图，都有可能误导阅读，使得对文本意义的诠释产生误解。

艾柯虽然在承认有"标准读者"的同时并不否认有"经验作者"的存在，他认为，有经验的作者对文本的诠释具有某种特权，唯有他本人的特殊经验、创作欲望和文化意指，才可以将某些不合理的诠释摒弃在篱笆墙之外，"经验作者"凭借的正是这种前理解或者先见，当然是合理的先见或者前把握、前拥有。排除先见是最大的偏见，因为有些先见是根本无法消除的，它是理解所必需的，是理解得以进行的基础或者前提。即使是质疑式的阅读所导致的无限性的猜测，也必须设计出某些特别的方法与标准，旨在避免陷入无端的迷茫或者歧义的奔流，以便能够在文本中发现作者意欲说出的、文本自身独立表达的和通过综合二者而在读者心灵际会中真切体验到的东西来。作者基于特定语境而产生的创作意图、文本自身的连贯系统和深层义理、读者依据自身的期待系统，这三者的内在交互作用，必然实现文本意义向多元中生成、向无限中开放。

艾柯认为，根本性的问题在于，一个标准读者凭借其阅读经验在复杂多元的诠释实践中，之所以没有丢掉自己而陷入意义低迷状态以至于诠释出许许多多互不相干的东西来，那是因为他并不是一个狂妄的读者，他自始至终并没有远离文本意图这条轴心，相反而以之为基调而实现了"多元化生"、视域整合，使得意义的生成与开掘有了一定的方向与归结。确切的文本意图虽然难以追寻，合理的诠释限度也固然难以核准，但是任何诠释显然必须以文本意图为底线，它的存在无疑为积极的理解规划了潜在的航标，确保我们的诠释活动不至于四处漂泊、无穷回归，而是有所归依、有所会聚。否则，摒弃了文本意图的把控，诠释就会变得毫无边际，文本意义根本没有确定性，它只是一种无休止的绵延和漂浮，文本的意义域完全是一种开放性的，诠释其实就是在尽可能地拓展那种无穷无尽的、偶然巧合的相互联系。这种没有旨归的诠释，实际上最终消解了诠释自身的价值。

罗蒂以实用主义出发，对此持批判态度。罗蒂反对西方哲学史上的所谓追根溯源的根喻性思维，认为诠释若抱有对于"根基与本源的欲望"的奢望，是不正确的，诠释不能是形而上的、本质主义的。易言之，诠释不能仅仅停留在作者主观内部或者作品的内在结构上，诠释不是为了搞清楚作者的主观预期或者抱有什么先见、前拥有，不是为了弄清作者的主观志趣、心理动机，也不能留恋什么客观目的、固有意义之类的外在东西。文本诠释，其实只是文本创制、文化创新活动的一种，它只不过是参与文化交流与互动的一种精神性行为，其根本志趣不是为了弄清作者意图或者文本意图，而是为了自己在精神上的愉悦而已。只要能够满足读者理解文本时的精神性需求，诠释只要适应了我们的需要、达到了我们解释的目的，以我们的方法获得了一种合理的说明，诠释就是正当的。任何语音语调、任何言语结构、任何理论系统、任何思想观点，都可以在相互对话与交流中自由自在的表达自己、呈现自己，其表达与呈现的东西，其实是我们用以实现某种目的的一些精神上的设计，只要这些设计达到了我们的特殊用意，其诠释就是合理的，而不是说诠释非要弄清什么客观的真正本质或者主观的内在欲望不可。

罗蒂认为文本诠释与文本运用不可分，根本不存在离开文本的具体运用而单独存在的文本的本质或者本源，对文本的合理诠释不是为了挖掘客观存在的某种本质，文本的真正本质正在于它的具体运用，只要运用起来方便就达到了诠释目的，舍此别无其他目的。任何人对如何一种文本的诠释其实就是一种运用，诠释一种文本不是为了挖掘它的固有本质、内在结构或者读者的个人意欲、私人情感，而在于描述出使用文本的不同方式罢了。真正的诠释旨趣不是从作者写作的历史情境中或者文本的连贯性整体中获得，而是基于内在愿望和实际用途从诠释实践提供的趣味中发现。在诠释中，主体有什么样的目的和需要就会有什么样的诠释方法，人们不应超越于特定的目的和需要去寻找不必要的精确性或者普遍性，诠释的真正原意都是为了实际运用它。从各种先在性的语境或者意图中，人们根本不能发现文本的本质或者阅读的本质。"因为，它们根本就没有本质。"①

为此，他要求我们彻底放弃那种通过诠释企图发现文本的真正本质、作者的真正预期、作品的原初语境之类的想法；相反，他要求我们思考我们自己的诠释用意，我们通过各种不同的方法获得的各种诠释是否达到了我们自己的目的，获得了精神上的愉悦与满足，各种不同的诠释而达到的效果如何，才是我们应该考虑的，舍此而去思考作者意图、文本意图那才是最没有意义的。诠释的真正意义只在于的它的用途，合理的诠释发生在具体运用中。不用考虑其他因素，只要当下使用起来方便就是最好的诠释。人们逐渐发现，文本诠释活动之所以能够不断变化且持续深入，乃是由于实用主义地诠释造成的，在具体的使用过程中，不断诠释的结果是创造了大量的新词汇、新观念、新理论，这些新东西、新动向不是说怎么样复归了原始意义、原初语境，而是在当代的具体理解时更为方便快捷、得心应手，这些新东西运用起来更有趣味、更具有启发性。文本是如何被创制的、如何运作的问题，已经为文本是如何被使用的、用起来趣味如何的问题所替代了。

诠释学不再关心作者心理动机、主观预期、前把握的东西，作品自身的结构与内涵也不是讨论的重点，这些问题可能还没有解决，也可能永远都不能得到解决，但它已经不重要了，应该悬置起来，弃而不顾。诠释学真正关心的是自己为什么去诠释，为什么这样诠释而不那样诠释，这样的诠释是否及如何达到了诠释的真正用意，我们自己真正的立场和态度是否经过诠释而得到了合理辩护与强力说明，现代诠释学只探讨文本的运用问题，有用的诠释是那种达到了我们目的的诠释，而不管它是否忠实了原义、是否背离了作者的初衷，诠释是服务于我们的目的的，为了这样的目的，一切都可以任意创造，在诠释中我们能够做的唯一一件事就是使得诠释符合、改造自己的目的并以此获得了更加有意义的精神性生活，这也就是经典诠释之所以能够持续不断进行下去的真正原因。

乔纳森·卡勒认为，被罗蒂视作是诠释过度的东西恰恰是诠释不足

---

① ［意］安伯托·艾柯：《诠释与诠释过度》，王宇根译，生活·读书·新知三联书店1997年版，第129页。

的方面，换言之，根本不存在什么诠释过度的问题而只存在诠释不足的问题。"诠释本身不需要辩护；它与我们形影相随。"[①] 根本不能以是否有用来设置诠释的底线，诠释无边界，解释无限制，诠释没有功利目的，不须实用主义来辩护，它与我们的生活密不可分，人只要生活就会去诠释。诠释只有走向极端和无限才有趣，四平八稳、不温不火的诠释如白开水一样，索然无味。一种诠释要么什么也别说，要么不须使作者暴跳如雷。所以，文本意义根本不受制于语境，文本理解需要无限衍义。在诠释中人们总是可以就文本未曾说出的东西提出许许多多有趣的问题，因而人们根本无法事先对那些有待于探讨、有待于发现的问题的范围进行限定。也许文本意义的诠释，的确存在着某种语境的限制，但是，在具体的诠释活动中，究竟主体的诠释受制于什么样的语境限制，人们往往是无法事先确定的，因为语境自身是无限开放的，诠释欲望也是层出不穷的。

对文本意义进行操作过程中，如果对客观语境的存在范围进行划分，对诠释主体的诠释欲望进行某种规整，对读者的意义期待进行若干限定，这本身就会导致一系列新问题的大量涌现。如果像罗蒂那样，仅仅满足于文本的使用，满足于有趣地利用文本，而不管文本意义的发生机制与生成规律，这分明会导致诠释不足，怎么能是诠释过度呢？如果诠释仅仅取决于"我们"感兴趣的东西，这里的"我们""这完全是在故意套近乎"[②]，诠释的意义就太狭隘了。

其实，当他提出诠释对"我们"感兴趣、对"我们"有用时，我们真的会进一步质问究竟是什么东西决定着我们的兴趣，我们为什么能够按照我们自己的利益、目的与愿望去取舍文本意义，究竟是什么推动我们进行有目的的诠释的，产生诠释趣味的内在动因是什么？回答这些问题，势必又会牵引出一系列的其他方面的问题。可见，文本诠释的根本目的不在于对我们是不是满足了我们的一时趣味或者目的，而正在于弄清文本意义的生成原理及其动态发展机制，人们要对此保持特别的好

---

① ［意］安伯托·艾柯：《诠释与诠释过度》，王宇根译，生活·读书·新知三联书店1997年版，第135页。

② 同上书，第22页。

奇心，孜孜不倦地加以探索，以便为新的诠释的持续进行做好铺垫，为在诠释中获得新的发现做好充分准备。如果连这一点都否定的话，真如罗蒂所说：用就是一切、用过即扔，这无疑是在过河拆桥，那么，诠释还有什么积极意义呢？

事实上，文本意义就如写在羊皮纸上的东西，可以随意涂抹与擦洗，积极的诠释不应受制于任何方面的约束，完全是自由自在、随心所欲的。应坚决抵制那种企图回归到某种原始意义、原初语境、原有本质的形上诉求的努力，尽可能地发现新的诠释空间、新的意义阈限，尽力避免复归到那种单调乏味的作者意图或者文本意图的方面上，要大力提倡打破原有时空顺序、固有逻辑框架的重新诠释、重新创造与改写，为此才能发现无限丰富的多种诠释可能。文本意义的诠释是无穷无尽的，文本自身的特质与魅力正在于它拥有无限的解释力，它的意义可以而且能够在任何一种语境下打开，意义的自我生成、自我拓展，永不止息。

卡勒指出，罗蒂反对诠释具有本质主义的形上指向，无疑是合理的，因为诠释根本没有本质，既没有作者的本质也没有读者的本质。但是，罗蒂认为在诠释之前，诠释者事先就知道他能够在一个文本中将得到什么，将会借助文本的某种意义而改变自我甚至塑造自我，因为一旦读者与文本意义遭遇，就可能使读者陷入某种狂喜或者心神不宁的境地，这将会使读者意境发生自新、使文本意义发生裂变。罗蒂的实用主义诠释学中，不仅埋藏了一种神秘的"个人形象"（一种事先就全知全能的诠释主体），而且还赋予这种主体以某种先天的给定性和权威性。在他认为应该忽视或者摒弃的地方，恰恰又导致了诠释阈限的自我紧缩，他强调了诠释的实用性权威，却忽视了意义的无限开放性。

在卡勒看来，经典文本的意义空间虽然已经得到了全方位的开掘，但是，继续诠释不是不可能了而是需要另辟蹊径、锐意创新，不能仅仅满足于已有的诠释上面，或者仅仅对已有的诠释进行甄别并作出选择。对老经典文本意义的重新诠释，就要发现新方法、拓展新思路、提升新境界，敢于标新立异、敢冒风险以辟开新的诠释空间，使之意义获得新生与再生。更重要的还在于，那些看起来不够经典、被边缘化、非中心的文本正在向我们招手，新的诠释必须瞄准原来被忽视或者重视不够的非主流文本，这些算不上经典的文本恰恰许诺了我们获得新的宝藏的可能。尽管这些诠释可能会微不足道甚至不着边际，但是这些新诠释必然会产生新的文化意义和学术生命，必然会赢得并见重于学术界，只要它在诠释方法上有足够多的创新、诠释路径上敢于辟开新途，敢于开风气之先、富于挑战和刺激，做到这一点并不难。

那么，诠释阈限问题的论争能带给我们哪些启示呢？

在我们看来，诠释当然应该是开放性的和无限的，但却不是任意的或者随意的。开放性的阅读必须从作品本文出发，诠释显然是对作品的诠释。诠释有自己的对象、目的与方法，不能远离自己的对象进行漫无边际的、想当然的理解，诠释者有获得多重解释的权利，但文本本身也有自己特殊的本质与结构，诠释一定有读者的基本期望及其评价原则。如果将诠释者的权利强调得过头，诠释也就会变成恶意附加，必然会导致诠释过度。不论从诠释主体抑或客体出发，不论从意义预期的多种可能抑或从文本自身意义的多层次性来说，诠释潜在地是无限的。诠释不可能局限在特定历史情境下，不可能死在古人的句子下，积极的诠释不可能只做字句的奴隶，它虽受制于特定主客体关系的限制，但也一定要经常打破这种限制而获得发散性的理解。这种发散性的理解并非要达到什么无限衍义或者无边放任，诠释都是有目的、原则、方法与标准的诠释，诠释具有无限的潜能，也是针对一定对象来说的。诠释潜能的无限或者解释余地的扩大，只是说诠释不会滞留在某一点，更不会终结在某一刻，诠释永恒地要进行下去，而并不意味着诠释可以没有或者远离它的客观对象，并不意味着诠释可以像流水一样随心所欲地漂浮或者蔓延。

的确，文本意义要由读者对之构造，在接受中对之生成新的意义，但是这也并非意味着文本本身可以弃之如敝屣。什么样的诠释是过度的诠释，诠释的限度如何界定？在我们看来，放弃文本的诠释才是过度诠释。文本诠释过程是复杂多变的，它涉及的问题很多，诠释必须在社会历史背景下进行，一个时代的意识形态势必成为文本诠释时所不可忽略的东西，文本意义之诠释必然向着多方向开敞，这些都不能算诠释过度。而且，诠释是读者在理解，读者的意义预期也是多方面的，读者的理解能力也是多种多样的，诠释结果必然是见仁见智，无限多样、层出不穷，这也不是所谓的诠释过度。但是，如果远离文本本身的语言结构，甚至抛开文本而追求什么茫无边际的任意误读，抛弃文本自身创造的具体而特殊的情境，使得文本意义发生偏转或者扭曲，以至于增加了为原始文本所根本不具有的意义，这样的诠释才是过度的诠释，它否定、解构、肢解了诠释本身的积极意义，使得诠释走向了反面，弄出了许许多多的不属于文本本身的东西。

那么，问题的关键在于作者意图、文本意图和读者意图之间的相互关系如何确定？如果只强调诠释必须以作者意图为中心，文本就是一切，作者意图大于天，读者意图及其意义期待的多维性必须消除，不用考虑诠释的历史性、过程性和个体性，让作者意图支配读者的整个阅读过程，只有根据作者意图来对文本进行理解和解释，那么这种诠释滞留在了作者自身的界限内，读者被动地承载了作者释放的意义。的确，设计这样理想性的阅读策略，确保了诠释的阈限不会僭越，但却无疑泯灭了诠释者的能动性与创造性，积极有效的诠释仍然要落空；而如果时时处处以读者为中心进行诠释，只需考虑文本意义的自我接受与自我生成，完全颠覆文本解读过程中作者意图的支配作用，甚至可以偏离文本自身或者作者意愿，而任意进行语义创生和意义构造，这倒是突破了作者意图的限制，但惜乎又陷进了读者意图中，也并非是诠释学发展真正合理的走向。艾柯认为，作者意图、文本意图和读者意图的作用仅仅在于"将文本捶打成符合自己目的的形态"①，分别地看，似乎每一个都有道理，联系起来看，它们都陷入了极端。

其实，马克思实践观为我们找到了突破这一难题的正确出口。诠释学只有发生实践性转向，让诠释的意义接受实践的验证，强调诠释的互动性、对话性、参与性、现实性与整合性，在社会实践中经过多方参与其中而展开公共商讨，又经过"问答逻辑"而形成交往互惠和重叠共识，从而不再固守着单一而抽象的诠释图式，而是获得了一种实践基础上的视域整合或者意义集聚，诠释学的现代意义才能一次又一次地向人们不断敞开。文本诠释具有无限可能，唯有回归生活本身，倡扬实践性诠释，作者、文本、读者之间才能在不断展开与升迁的理解实践中保持

---

① ［意］安伯托·艾柯：《诠释与诠释过度》，生活·读书·新知三联书店1997年版，第30页。

双向对象性关系，才能与原始文本的意义空间、与读者的意义预期、与文本自身的内在意旨，都保持一种动态的历史对应关系，这样，一种动态的、不断演进的、多维统一的、积极而有序的诠释循环与效果历史，才能有所保证。

第七节 当代诠释学的阐释定向

存在主义者试图通过使"自在之在"走向"自为之在"、"自我理解"化为"公共商讨"，以避免诠释的纯粹主观性和任意性并努力发现一种客观的意义来。然而，吊诡的是，其借助生命体验而进行的"思想构境"或"语言塑造"，实际上却依然停留在思想的范围内，不过是诠释者自我意识内在构造之物，是人的主观心灵内在赋予的东西，非但不能回到事情本身，反而使存在的真义处于遮蔽状态。与之相反，马克思实践唯物主义诠释学则强调一种实践性的阐释定向，把各种主客观意图在实践基础上内在融通起来而生成一种实践意图，以能否及如何诠释到社会生活内在本源处作为衡量其诠释的正当性与否的真正标杆，从而对当代诠释学的实践性本质做出了科学解答，并从根本意义上克服了存在主义解释学的"强制诠释"或过度诠释引发的各种误解和曲解。

诚然，存在主义哲学的基础存在论与马克思的实践存在论的确具有很多相似点，二者在实际的交互作用中的确也实现了视域融通，也正是在二者的互动互融中催生了当代诠释学的产生与发展。当代诠释学研究已经取得了更为广阔的发展视界，取得了诸多可喜的研究成果，在很多问题、各个方向和诸多领域上，都为构建当代中国诠释学新体系奠定了坚实的理论基础。但是，笔者认为，在这些研究成果的背后却隐含着一个带有基础性的问题仍然没有得到合理解决，以至于不能从方法论的意义上保障马克思主义诠释学得出正确的结论，甚至一度阻碍了当代诠释学的深层次推进。这个基础性的问题就是如何在诠释学上划清存在主义与马克思主义的原则界限，要言之，如何对存在主义诠释学资源进行马克思主义的根本改造，如何使当代诠释学摆脱对存在主义诠释学的路径依赖与简单临摹。这就需要以一个宽泛的研究视野将源远流长、积淀深厚的中外诠释学资源，在存在论基础上实现内在整合与融通。显然，这是一个宏大的研究课题，本文旨在通过梳理并借助存在主义的诠释学框架，为当代马克思主义诠释学体系的构建开辟一个新路向。

当代诠释学研究不仅要从认识论视角解决为什么要进行及如何进行正确理解的问题，即需要解决正确理解的条件、途径和方法问题，还要进一步从本体论视角解决我们何以能够进行理解、理解的本质是什么的问题。对此，存在主义者如海德格尔、萨特、伽达默尔等人，曾经有过比较深入的分析，给我们提供了很多有益的启示。在他们看来，理解构成了"此在"（人）的本质，并成为"此在"（人）特殊的存在方式。"领会本身就是理解的一种形式，从而，理解构成了此在的生存方式本身。"① 人怎样理解，人就怎样存在。存在先于人的本质，人有什么样的本质或者说人究竟要成为什么样的人，事实上完全取决于人的理解方式。人不外是自己造成的东西，人的一切都完全是由自己创造出来的，即人是自己"在"出来的。这里所说的人的"在"的活动，其中最重要的就是人在主观意识内部的理解活动。理解者具有何种不同的自我意识，便会有何种不同的自我理解，理解主体在其自我意识中被心灵所捕捉、所感知、所把握到的那种存在，实际上就是理解者自我意识所规定的自我存在，是被把握在思想中的那种存在。质言之，理解是一种突如其来的非理性的个人体验，只有领悟了人的非理性体验的由来与去向，才能够理解存在何以能如实的显露自身，从而才能找到"一种基本的人本身存在状态和人之存在的必然归宿样态"。② "此在"是以思想的方式所把握到的存在，它使人的存在本质与本真生活得以在思想中被激活、被点亮。一个经典文本或文化事件，有没有及有什么样的意义和价值，关键不取决于原始文本自身的意图是什么以及它试图表达什么，而是取决于诠释者带有各自不同的目的去进行怎样的诠释或理解。根本没有什么客观的原意等待我们去发掘，任何意义也都只能是诠释主体自我理解的结果。

存在主义诠释学断言，作为诠释对象的某种客观意义已经被屏蔽、被悬置，存留下来的只是主观意识之中的存在。它并不依赖于被理解、

---

① 孙丽君：《伽达默尔的诠释学美学思想研究》，人民出版社 2013 年版，第 51 页。
② 高小斯：《关照西方科学哲学理性》，人民出版社 2010 年版，第 290 页。

被感知、被把握的对象是否真的客观存在，是否真的具有什么实际效用，即便在经典原意和原始文本中根本不存在的纯粹想象之物，只要是诠释者通过自己的诠释赋予它一种现实意义，我们就不能对之表示怀疑，或者感到困惑。因为文本意义只是存在于意识的想象或构造中，与它是否真的客观存在、以什么方式存在根本无缘。那么诠释学的任务就发生了根本转变，它不在于揭示原始文本中的客观意义及其意义联结方法如何，而在于为真实存在于意识之中的客观意义获得敞开探寻条件和寻找路径。它主要专注于探明诠释的方式、路径和原则，其根本目的在于说明每一种被给予我们的理解，都在心灵深处具有合法性基础，都是在自我意识中直接显现给我们的某种东西，当然也只有存在于意识限度之内的东西。所谓客观的意义，实际上，不过是诠释者自我意识内在构造之物，是人的主观心灵内在赋予的东西。唯有通过主观意识的这种被构造的方式，所谓客观的意义才敞亮自身、显现自身，才真正显示出其自身之所是。那么诠释的路径、方法和模式就不是指向某种客观之物（原始意图）而是给我们提供获取和感知某种意义的真实方法和路径。

海德格尔认为，这种在文本理解中自我呈现出来的意义，从本体论或存在论意义上看，就只能是"此在"（人）的自我理解。"此在"（人）当然是一种存在者，但它不是一般的存在者，而是一种特殊的存在者，其特殊之处在于它不是现成的存在者，而是一种未完成的或有待完成的存在者。换言之，它不是一种"定在"，而是一种"能在"。"此在"（人）显现的不是一种故步自封的己知领域，它开辟的是一种具有多种可能性的未知空间。"此在"（人）不过是多种可能性存在中获得了一种现实性意义的"真在"，它之所以能从"能在"显身为"在此之在"，从"可能之在"出离为"本真之在"，仅仅在于它能够被理解。理解是"此在"（人）之所以能够获得"真在"的开敞方式，它直接规定了"此在"（人）的本真状态，对存在的理解本身，就是"此在"（人）的自我规定性。只有进入"此在"（人）的理解所开辟的存在之域，才能达到一种本真性的领悟。在理解中所呈现的意义，便是"此在"（人）的存在本质的自我展露。以理解活动中所呈现出来的意义作为研究对象（即所谓的"意义构境论"），这种对象被认作是人的主观意识所规定的，是通过自己的存在本身而显现的。"此在"（人）就是人的本质的展露口，人总是积极地站出来活，并活出（"在"出）自己的一片天地来。意义不是物自身所固有的，而是它们在与"此在"（人）发生关系中产生的，是"此在"（人）"在"出来的结果。"此在"（人）构造出来的这些意义，在人与世界的真实的互相关系中，具有各种各样的可能性，究竟哪一种可能性能够获得实现，哪一种潜在的意义最终变成了现实的意义，这完全取决于"此在"（人）对它的筹划，而这种筹划就是通过人的理解而发现的。在海德格尔看来，人是非自愿的，无缘无故地被抛进这个世界中的（即所谓的"人生在世"），人所面临的世界不是"既成事物的集合体"，而是"过程的集合体"，其中蕴含着各种各样的、为人所用的可能性，换言之，意义实现的可能性空间极大。究竟哪一种意义、在何种程度上、以什么样的方式来实现，这完全依赖于人对它的理解和筹划。理解就是"此在"（人）自由地对各种各样的可能性所做的积极筹划，从而以自己在这个世界上的活动（即"此在"或在此）来展现这个意义世界，并不断超越自身而走向未来。人总是存在着，并积极地从事着理解。没有了理解，也就没有了"此在"（人）及其意义，所以，理解构成了"此在"（人）的意义，是人作为人所具有的独特存在方式。总之，意义的在或是不在，这样存在或是那样存在，都与实践无缘，而与人的主观体验一致。"无论是由沉沦之在到本真之在（海德格尔），抑或从'自在之在'走向'自为之在'（萨特），存在意义的实现都隔绝于改变世界的历史实践而仅仅或主要被理解为意识、观念领域的转换。"①

关于自我意识是如何在理解中筹划意义的问题，存在主义者认为，理解是诠释的基础，而诠释是对理解的建构，这二者在本质上是一致的，在诠释活动中，它们拥有一个共同的基础，这就是理解的"前结构"（即"前有"、"前见"、"前设"）。"前有"就是在理解之前就已经具有的东西，它包括诠释者的社会背景、历史景况、传统观念、受教育的背景以及各种物质条件的运用情况等，也就我们所说的理解的认知结构、认知顺序、认知图式及认知途径和认知手段。这些东西秘而不宣地、潜移默化地影响、限制并规定着人的理解，使得人的理解总是植根

---

① 杨国荣：《成己与成物：意义世界的生成》，人民出版社 2010 年版，第 207 页。

于它先前所拥有的东西上。人之所以能够这样或那样理解，在很大程度上是由"前有"决定的。人在理解中不可能排除"前有"，而恰恰相反，要以之作为理解的基础和条件。"前见"就是在人理解之前的一些见解，即成见、偏见或俗见，某种事物总是具有多种多样的可能性，其意义视界无限多样。究竟把它解释成那一种东西，才最恰当的，才在最大意义上实现人的价值，才在最符合人性的意义上开拓出未来，这都是由"前见"参与其中并规划出来的。"前见"在理解之中起着定向聚焦、统摄一切的内聚力作用，它"看见的"和"预见的"，就是可能生长起来的。"前设"就是在理解之前做出的必要的假设，理解也总是以某些预先的假定为前提，正是由于这些价值预设和意义预期，才真正规划出了它的意义走向和趋势，没有意义预期的理解是不可能的。无论如何，只要某种事物能够被解释，它总是在一种价值预判基础上得以完成的。一种理解绝不可能无预设地去把握呈现在我们面前的东西，换言之，理解都是在意义预期所规定和牵引下做出的理解。总之，没有"前有"、"前见"、"前设"（即"前结构"），就不可能有理解，所有理解都是在"前结构"基础上的"前理解"，没有"前理解"的理解，根本无从理解。"理解不仅是主观性的，理解本身还受制约于决定着它的所谓'前理解'这样一组存在于理解之前的因素"①（即"前结构"）的规约和限定。人正是在"前结构"基础上去规划存在的意义、发掘它的可能，理解的"前结构"决定着并引导着理解的实现与开展。甚至可以说，理解就是对"前结构"的某种复现或重演，并使之走向未来，向着普遍处生长，所有的理解都是人依此而建构出来的。

对理解的这种自我建构性特质，伽达默尔将之与人的语言关联起来，认为人之所以能够建构意义，离不开语言的中介性作用。他分析说，"能够被理解的东西，就是达乎语言的东西"，简言之，"能够被理解的存在就是语言"。② 在人的语言中所呈现出来的，就是我们自身之所是，就是我们存在的结构与本质。理解就是"此在"（人）的存在方

---

① 杜任之：《现代西方著名哲学家述评（续集）》，生活·读书·新知三联书店 1983 年版，第 444 页。

② 戴登云：《解构的难题：德里达再研究》，人民出版社 2013 年版，第 41 页。

式，是向未来进行筹划的一种体验和运动。人是一种不断从事着理解的特殊存在，理解贯穿于人的一切活动之中，并且决定着活动能否及如何展开。事物有没有及有什么意义，与人如何理解密不可分；亦言之，物只有存在于人的理解中，才能显现出意义来，可理解的也就是有意义的，不可理解之物其意义也自然备受质疑。理解就是为了领会"此在"（人）的真义，离开正确的理解，意义只能处于遮蔽状态或者晦而不明之中。语言不再被视为一种工具，一种人与他人交流思想和与世界打交道的工具性的语言，只是语言的副产品。语言的真正本质在于，它是人的存在本身，语言乃是我们生长于其中而须臾不可分离的精神家园，语言构成了我们生活于其中的共同的意义视界即共同的存在领域。人的理解是一种有限性的、历史性的活动，它受一定主客观条件的制约，根本不可能摆脱先见或前见，恰恰相反，而要以此为基础，没有前见的理解才是不可思议的。任何历史的流传物，都是前人基于特定历史视域而进行理解的产物。当后来的理解者以自己的视域去理解时，就产生了原始意图与理解意图这两种视域的不一致，如何将这两种视域实现融合既达到视域交融，把历史视域融合于现代视域中，以实现一种和谐意义上的重叠共识，这正是当代诠释学研究的根本任务。这种视域融合不仅克服了历史视域或意图的局限性，同时也克服了现代视域或意图的局限性，通过激活并使之向一个更高的普遍性上生长，以成就一个更加普遍的、新的意义视域（有人称之为"第三视域"或"第三重视域"）。这表明，意义理解本质上是由多重视域内在融通、交互作用而实现的"效果历史"，理解具有历史性与交互性。人的理解是受历史背景影响的，同时也受语言结构的影响，历史背景正是通过语言而作用于人的，理解也正是凭借语言来实现的，没有语言就没有理解。语言是理解的媒介，也是处在两种不同历史境遇下的人，跨越时空间距进行链接和思想交流的中介，是实现视域整合、重叠共识、效果历史的基础。语言是一种对话的实践，也是一种对话的艺术，正是在双方对话中，视域逐渐融合，理解也逐渐深入。理解是对人的存在的意义、本质和价值的理解，人是通过语言来理解自身的，也是通过语言来拥有世界的。没有进入人的语言中的世界是没有意义的，也是不可理解的，能被理解的存在或者意义只能是人的语言。世界之所以能够成为属人的世界，意义之所以能够成为我们的意义，就在于它进入了我们的语言中，它能被我们所理解、能被把握、能被表述。总之，谁拥有语言，谁就拥有了这个世界，也就拥有了我们自身的本质及其存在的真义。

不可否认，存在主义者的这种"基础存在论"，在一定意义上强调了人的"在"的活动的积极意义，很接近马克思实践生存论的科学内涵，但二者显然具有明显的区别。在马克思实践诠释学看来，对同一个精神性事件、对同样的话语，之所以会有各种不同的理解，会产生见仁见智的不同理解效果，关键并不在于不同的理解者原本在存在论意义上具有什么不同的领会，也不在于理解者本身具有什么神秘的生命体验，更不在于理解主体自身具有不同的生存状态、认知方式、精神境界，真正决定人究竟应该如何理解的，实际上应该是社会实践及其需要。可见，理解不是纯粹的理论问题，而是一个实践问题，必须从实践出发来理解，都能在人的实践中以及对这种实践的理解中得到合理的解决，离开实践谈理解的本质，只能使问题陷入形而上学的虚妄之中。

应该说，存在主义诠释学只是诠释学的一个支脉而非全部，我们完全可以对一个作品进行各种各样的、存在论之外的诠释，如技艺性诠释、创造性诠释、误导性诠释、共通性诠释、独断性诠释等。譬如，对陶渊明《桃花源记》的诠释。王维在《桃源行》中说："初因避地去人间，及至成仙遂不还。"末句说："春来便是桃花水，不辨仙源何处寻。"刘禹锡在其《桃源行》中说："俗人毛骨惊仙子，争来致词何至此。"这显然是一种依靠想象而获得的世外仙境，有超过诠释之嫌。而韩愈在《桃源图》中，首句说："神仙有无何渺茫，桃源之说诚荒唐。"末句说："世俗宁知伪与真，至今传者武陵人。"而苏轼在其《和桃源诗序》中也认为："世传桃源事，多过其实。……又云杀鸡作食，岂有仙而杀者乎？"这种刻板地诉求事实而忘记了文学想象，则有一点诠释不足之嫌。其实，任何一个伟大的作品都蕴含了深不可测的隐性意义的可能结构，其意义不可能为哪一个时代的人完全穷尽，应拥有它在多元文化语境下普遍的有效性、普适性、无限性。其可能性的意义空间是无限开放的，留下了太多的空白点等待人们去填补，其内在的"召唤结构"预期了各种不同的意义，会发生正解、曲解、误解、别解。而存在论诠释学就是通过自己的理解，把理解的前结构带入所研究经典文本的阅读中，当自己的主观意图与作者原意相遇时，就形成了自己独特的思想——意义之链，它实际上是给自己打造了一方生存的境遇，来证明自己的存在。就此而论，根本不存在什么强制性，一切诠释都是创造性的、有效性的诠释。作品根本不存在原义，作者意图抑或文本意图都只能是一种文学上的幻想，作者抑或文本都应该被否定。甚至为了读者的诞生，作者必须死去。任何作品都只是半成品，其意义具有未完成性、有待完成性和可接受性，其意义发生于并依存于文本诠释活动中，没有人阅读、理解和诠释的文本，其意义就是"无"。中国儒学传统源远流长、博大精深，而其中的经学传统则是中国儒学的主脉，其训诂、注疏、正义、章句、解蔽、说义、发微等谱系，构成了浩如烟海的诠释学资源。今天，我们如何在中西会通的意义上，弘扬经学传统并为当代所用，则是当代诠释学研究的一个重要论域。古人云："圣贤之道存于经，经非诂不明。"又云："经非诂不明，有诂训而后有义理。"这都强调了经典诠释的至关重要性。中国古代诠释学认为"诗无达诂"，《诗经》没有通达的或一成不变的解释，因时因人而有歧义。但"从变从义，而一以奉人"，对诗的注解都是为了人伦日用，"圣人之极致，治世之要务也"，诠释的目的在于追寻正统和经世致用，明确封建性的等级序列，这显然是中国经学诠释具有生存论意义的一个明证，它经过一番改造完全可与马克思实践生存论实现内在对接。

马克思诠释学认为，在理解文本及其意义的过程中，之所以会发生见仁见智的不同效果，根本原因在于各个不同时代社会实践的不同需要。马克思主义诠释学与存在主义诠释学具有实质上的差别，就在于它对文本做了一个实践的把握和理解，而非将理解视作一种"思想的构境"或语言的塑造。存在论诠释学是有局限性的，它限定了思想的边界，一定意义上也窒息了文化灵性，毕竟存在着语言不能述及或者个人体验不到东西，这些东西怎样去把握呢？仅仅依靠意识的作用是说不清的。在未对诠释学的前提进行反思批判的情况下，仅仅依据主观意图进行任意性的"强制诠释"，就会因消解诠释的"客观性告诫"而无法面对事情本身，会使诠释学真义"在很大程度上未经真正触动而滞留于晦暗之中"。① 虽然，马克思也同样重视理解的主观意图对诠释的主动作用，强调要带着自己的主观意图而对文本进行了这样那样的自我理解，但认为不能将这种理解直接归结于主观性的理解。因为这种理解是根据实践的客观需要而不断作出调适的，说到底，它不是自我意识规定的，而是实践规定的。人是根据自己实践的需要而不是根据别的什么而激活了一种意义，生成并发展了一种意义，正是由于这样我们才将马克思诠释学称为实践诠释学。实践诠释在马克思那里被赋予一种独特的含义，他把文本意图、作者意图、读者意图在实践基础上内在融通起来，生成一种实践意图，不是以能否对它实现什么客观的理解为标准，而是以能否及如何诠释到社会生活内在本源处作为衡量其诠释的正当性与否的真正标杆。实践诠释学把文本历史流变过程中借助并通过对当代问题的解决而来在我们面前的一切意义，内在的联结成一种真实的生活，并在指导和引领社会生活发展的过程中重演经典文本的当代价值。这种理解所开启的方向被视作一种实践本体论或者是一种生活视界，这种方法也被当代学界普遍指认为是一种实践唯物主义的哲学诠释学。它关注的重点不再指向外在于理解者的客观对象是什么，而是指向了经典诠释的实践功能和实际效用。如此一来，诠释的旨趣从对外在于理解者之客观对象的认识，转向了对诠释的实践功能的认识。诠释固然是对某种经典文本原意的诠释，任何诠释都离不开文本意图和作者意图，相反，要借助它生发出一种新的意义来。但是，生发出的这种新的意义却不存在于某种客观的文本意图或作者意图身上，而是对这种意图的实践重构和意义再造。

在当代马克思诠释学看来，诠释属于实践性的智慧，理解不仅具有理论的功能，而且具有实践的意指。一种理论理性只能给我们提供理解世界的理性智慧，它追求的是普遍必然的一般原则，它在思想中经常由于滥用、不正当运用和非法使用而压制了人性自由。而马克思诠释学则能为我们提供破解生存矛盾的实践智慧，它始终处于人类生活的整个领域，因而具有整体性和全面性，能给我们提供在广泛生活中的自由选择。在这一点上，马克思主义者与存在主义者一样，认为一种意义并非

---

① 吴晓明：《论诠释的客观性》，《哲学研究》2016 年第 5 期。

为文本自身所固有，而是以解释者的不同理解为转移，理解的任务就在于根据自己的主观预期而对文本进行二度创造。但所不同的是，马克思诠释学认为，理解是解释者对生活经验、生存意义及其未来可能性的一种实践筹划，文本的意义并不完全是客观的、静态的存在于文本之中，而是与人如何理解及能理解到什么密不可分，意义随着实践而不断生成。文本与文本的理解者之间是在公平的意义上进行对话和商讨的关系，只有在公平对话、公共商讨中才能产生新的意义，离开了人的理解，就没有任何新的意义的发生。任何一个文本都是未完成的，它都需要一个解释者在实践中对之进行二度创造，而文本的意义也不是自在于文本中并等着我们去发现。相反，是理解者根据自己的实践需要而主观预期的结果，只有将人的自我意识或主观预期纳入人的实践活动中，新意义的产生才是可能的。这表明理解具有实践性，它不是封闭的而是开放的，它是一种对多种可能性的意义筹划和"善"的选择。

由此看来，马克思实践诠释学与一切旧的哲学诠释学的根本区别就在于它以一种独特的方式来理解世界和人的意义，这种理解方式既高于消极被动的"唯客体论"那种"见物不见人"的理解观，也高于存在主义那种"见人不见物"的抽象能动的理解观。"唯客体论"追求一种纯粹的客观性理解，以不以人的意志为转移的、具有可感特征的外部存在作为第一性去理解世界，这一般来说也没有错。但在如何规定这种外在存在并进而凸显外在存在的世界与人的关系及其意义问题上，却犯了机械论的错误。因为，它只是提出了解释世界的客观原则，却不能证明这种客观解释是合理的，从而陷入主客观关系上的二律背反、进退维谷等严重的理论困难。而存在主义者倒是发挥了人的自我意识的能动作用，认为理解就是意识对它自身所实行的一种合理筹划的作用，强调了意义自我构造、自我推展的能动作用。显然，这只是抽象地发挥了人的能动作用，因为这种作用仅仅停留在精神内部，是精神的自我创设、自我规定性的理解，它仍然从属于思想而隔绝了事物本身。马克思把人的本质、人的自由、人的发展都归结为社会变革的实践活动，认为人的这种自由自觉的活动，是以改造世界为目的的、客观的物质活动，是"见人又见物"的、主观见之于客观的活动。在这种活动中所实现的理解，是在实践基础上并通过人的实践活动而实现的真实理解，尽管在既有的条件下我们还不能立即实现完全客观的合理理解，但他给人类社会指明了这一科学理解的历史方向。因为马克思诠释学把理解的客观原则与实践的能动原则结合起来，达到了理解的主动性与受动性的统一、主客观的统一。"现实世界的真正存在不是实体、物质和生命体，而是人的应有、愿望、观念性在其中的现实和落实。将两者连接起来的是人的实践活动。"① 马克思实践诠释学以受动性和能动性之统一的实践为基础，用客观的物质原因去理解人的生存与发展问题，从而才有了实践唯物主义诠释学的诞生，从而把旧唯物主义和一切唯心主义的诠释学都抛在了脑后，对理解的实践性本质问题作出了科学解答。马克思把实践认作人类存在的基本方式和人类发展史的现实基础，这样，以人类实践的自然过程和历史过程、自然史和人类史内在统一为基础，从而构成了完整严密的当代诠释学体系，并从根本意义上超越了存在主义解释学的纯粹主观性臆造。

第八节　如何确保诠释的客观性

从诠释学的原始意义上看，文本、作者及其意图的存在（先在、外在、自在）是毋庸置疑的，否则就无从阐释。所谓阐释就是依据原始文本而对之所蕴含的文本原意、作者意图的理解与说明，若不承认意义存在的客观性而是随心所欲地进行诠释，就有可能陷入"强制诠释"② 或过度诠释中，产生这样那样的误解或曲解，而这恰恰就是现代西方哲学诠释学的通病之所在。现代诠释学认为，对作者与文本关系的理解，是一切诠释学的原点性、基础性问题，这一问题不解决，诠释学很难获得深层次共识和现代研究的深层次推进。然而，在西方哲学史中自从尼采宣布"上帝之死"、罗兰·巴特宣布"作者之死"到福柯宣布"主体之死"和"人之死"以来，现代西方诠释学发展过程中流行着一种基本的诠释学主张，即疏离作者、否定文本，阻断作者与文本的内在联系，将文本视作是一种可有可无的漂浮物，将作者视作一种写完立即

① 聂锦芳：《何为关照和理解世界的"哲学思维"?》，《哲学研究》2016 年第 2 期。
② 张江：《强制阐释论》，《文学评论》2014 年第 6 期。

死去的、与诠释无缘的"零存在"，理解或诠释无须顾及文本或作者是否同意，理解实际上就是对自我的理解，诠释也完全是撇开文本与作者的任意诠释。但是，在笔者看来，无视或抹杀文本及作者的客观存在，能实现积极、有效而正当的理解吗？文本是书写者的文本，作者是原始文本的作者，无论如何理解与诠释，无论多么深奥的学问，它们都是一种先在、外在、自在的东西，都是刻在羊皮纸上可以触摸、翻阅和留存的不容否认的事实。作者书写文本是为了表达情感和思想，这些精神层面的东西通过语言文字而建构成文本，使作者主观的精神客观化为物质性的存在。自此，精神转化为物质并定格与此，作者主观的思想、情感与精神以文本的形式留存与流传下去，这是一个贯注与播散的过程。文本是作者精神的对象化、物化或客观化，也是作者思想成为历史流传物的存在方式，在文本与后人的不断对话中，无穷无尽地再现与延展自己的思想，作者可以自然性地死去却可以精神性地永生。文本成为精神的客观化的物质存在，但是，文本所承载的精神内容和意义却是一种精神性的存在，诠释学的根本旨趣就在于通过客观化的文本而深度解析文本所承载的意义。一个富有思想创造和精神生产的作者，创造了极具个性化的精神产品，其他任何人无法复制、再造与临摹，文本与作者、文本意图与作者意图高度融合在一起，作者赋予文本以特定的思想内容，而文本也把作者变成了物质性的存在，二者相得益彰、互为一体。丢掉了文本抑或作者，理解或者诠释就无从着手。这显然是一种唯客体主义的诠释定向。

与之不同，西方后现代诠释学不仅将文本与作者分割开来，而且将之对立起来。在他们看来，作者的书写不是为了表达什么，书写本身就是一切，是为书写而书写，完全虚构的东西，既不主张什么也不反对什么。书写已经从表达思想的窠臼中逃离了出来，从作者意图、文本意图中解放出来了，决不投放任何个人性的主观意见和价值判断。人们完全没有必要计较究竟是谁在说、谁在写，作者的任何预期与情感都不会停留在文本中。书写不承担任何意义、也不承载、不传达任何教化功能，它不接受任何逻辑句法的规训、经验事实的依凭、意识形态的期待，它完全随心所欲、怎么都行。它纯粹是一种语言游戏、文字游戏，是一种不存在任何价值负载、精神使命、伦理担当的词句操练，纯粹是一种符号与另一种符合的任意链接，是文字或非文字的无声的累积和繁衍。它的能指与所指均为零，是纯粹的零度写作、白色写作、无意义写作，文本与作品是作者游戏人生的一种方式，并不试图说明什么或意味着什么，它有没有、有什么意义与作者无缘、与作品无关，你怎样理解就会生成什么意义，意义的存在与否完全取决于人的理解，文本的意义根本不在文本之中，也不在作者意图中，而在于你的诠释活动中，诠释学必须超越"语言唯心主义"或"语音中心主义"。

文本语义并不是静止地存在于文本中的东西，它是人的一种文化活动而已，唯有与人的游戏活动相关联，其真实的意义才明朗起来。为文本设想一种意义，实际上就是设想一种人的生活方式，人的生活方式发生了变化，文本的意义空间也会得到调整。那么，作者为什么还要进行书写呢？福柯认为，"关键不是表现和抬高书写的行为，也不是使一个主体固定在语言之中，而是创造一个可供书写主体永远消失的空间"。①即书写不是为了表达或者揭示作者试图要表达的东西，在书写中作者是被消灭的，作者永远不会出现在自己的作品中，唯有消灭了作者，才能给文本一个无穷无尽的意义绵延空间。写作不是为了让书写主体活在自己构造的文字下、句子下，死在特定的语言系统或者结构中，写作纯粹是为了进行游戏，它传达作者的玩世不恭，认为意义不局限于字里行间。在福柯看来，作者其实是一种"话语的创造人"——精神的生产者，他不仅仅创造了自己的文本可供自己和大家游戏，而且还创造出了比自己文本内涵多得多的东西来，这种创造构成了其他文本存在的可能性及其意义规划，奠定了话语无穷无尽的可能性，写作完全是为了实现话语和意义在文本之外的不间断地再生与繁衍。写作完成了，但是精神生产的任务才刚刚开始。文本或作品完成了，但是话语的制造并没有完成，而是通过并借助文本源源不断地被牵扯出来。任何一个伟大的作品，它的意义都不可能被人阐发殆尽，恰恰相反，它的意义会在人们反复的阐释活动中获得新生与再生。在文本书写中，作者不仅使某种类同的东西得到实现，而且还会产生大量的与别的文本不一致的东西；作者不仅完成了自己刻意构造的游戏性话语，而且还会为他人进行更复杂的

---

① 王岳川：《后现代主义文化与美学》，北京大学出版社1992年版，第288页。

文字游戏开辟无穷无尽的可能性空间；它的意义远不止于自己完成的文字堆砌，而是为某种创造性活动提供了可能性的出口；文本的意义不仅在自己的作品中将会产生深远的影响，而且以此为基础，文本还会对话语的扩张、意义的繁衍、思想的延异，产生方向性的引导作用。这样看来，作者的立场与意图不可能完全取缔，它恰恰成为人们进行话语创造、精神生产、思想绵延的支点，作者在原始文本中所写的语言，是语言背后看不见的一种东西，是可思、可说、可写、可再生的功能系统——支配人进行思想构境、意义生成的隐性系统。若将之也消解，任何诠释也就成为不可能的了。

福柯曾经在其《事情的秩序——词与物》中认为，在写作和阅读中，人只是晚近的一个发明，它犹如沙地上的一张脸，将无情地被海水轻轻抹去，主体是如此，作者也是如此，一个没有主体、没有作者的、充满了可能性的真空，将主导一种新文化发展的未来。让作者死去，旨在解构历史主义的诠释学方法，填平那种无歧义理解的语言泥沼，实现多元异质、无边演义的理解，这是一种反叛，也是一种进步。历史主义解读方法，使人们的诠释离开了文本自身，而去文本之外的社会历史背景及作家生平和逸事中去考证文本，使诠释失去了自由，成为社会历史的附庸。宣布作者之死就是为了读者的诞生，为了读者在诠释过程中实现强力扩张，读者成为最高意义上的诠释者和文本的制造者。在文本的多维思想空间中，一切都是可能的和许可的，任何诠释都是可行的，人人都可以衍生自己的结论，不必苟同他人的意见。作者死了，文本没有了归属，意义没有了源头，诠释就不再受任何方面的约束，完全可以自由自主、随心所欲地进行，任何诠释都是正当的，各种互相反对着的意见都是可以大行其道、毫无约束的。作者完全是虚构出来的一种意识形态幻觉，宣布存在一个统一的作者，实际上就是在压制自由的解读、意义的增殖；文本也不是单一释放"神学"意义的一行固定的语词，文本也不是为了传达作者意图而搭建的舞台，而是具有多种、多维的意义可能性。各种各样的写作与阅读，自由地出入其间，根本不存在什么始源性的文本与意义。文本就是来自各种不同文化背景的东西所交媾后而产生的交织物，作者被消解后，任何一个理解哪怕是最荒谬的理解，都变得冠冕堂皇了。没有作者在场的理解，才是真正意义的理解，没有误解或曲解的理解，根本无法理解。要诠释就会产生误解或曲解，没有一点误解或曲解的东西，只能是机械的复制或临摹，毫无意义可言。给文本或作品一个作者，就是给文本意义的诠释套上了枷锁，给文本留下了最顽固的桎梏，是封闭了文化的灵性并堵死了语义再生的可能通道。这样看来，强制诠释或过度诠释是完全必要的，文本理解成为各种理论任意发挥和互相论争的试验场。要远离文本、颠覆原教旨，要打破能指与所指的思想界限、文本与作者的内在关联，要消解文本话语背后的一切经验蕴含和意识形态牵挂，要铲除此前的一切理论框架或诠释模式对即将进行的诠释活动的限制，对文本只做符合于读者意图的期待式解读，读者预期一种意义，就会暗示或提示理解活动朝着这种方向运行。这样，文本的诠释就从作者中心、文本中心之后，转到了读者中心、实践中心了，读者出于自己的个人好恶进行自由性的理解，纯粹自由性的个人理解就是自我理解。在文本诠释的历史上，从克罗齐的直觉主义、弗洛伊德的精神分析、荣格的神话原型思想等，作者中心论一个个彰显出来但又逐步式微了；从雅各布森的形式主义、兰塞姆的新批评到罗兰·巴特的结构主义，文本中心论也曾经一而再、再而三的获得人们的青睐，但遭遇后现代解构后，都已经成为风光不再的明日黄花；而从施莱尔马赫的一般诠释学、狄尔泰的生命诠释学到海德格尔的存在论诠释学，再从伽达默尔的哲学诠释学、哈贝马斯的批判诠释学到姚斯、伊索尔的接受美学，读者中心论则一再崛起，消解诠释的客观性立场而实现纯粹主观性的解读，就成为了一种风靡全球的强力主张，诠释是无限的、无边界的，过度诠释不仅是正当的，而且是不可或缺的。在读者中心论的背后，实际上还存在一种更为隐秘的、也更为强硬的诠释依据，无所不在地支撑着读者中心论进行那种意义放任的游戏解读。它构成了诠释的最高标准和最后目的，它是刚性的诠释要求，一切与之相悖的东西都要被修正，一切诠释都要以它为中心。它是诠释可以无限膨胀的唯一根据，也是对文本进行强制诠释、过度诠释的保障，是要求作者去死、文本去死的直接性原因。这种读者中心背后的强力依据与标准只能是后现代的反理性，是后现代主义反抗理性的需要才获得了进行各种异质性解读的最终权利，作者与文本的不在场，恰恰为读者进行任意解读开启了新生视域。

但关键性的问题在于，在诠释活动中，如果将作者的思想、情感与立场及原始文本的结构、意图及逻辑，统统予以消解，游戏性的任意解读又如何保证诠释的客观性呢？诠释的客观性问题，无论在文本中心、作者中心抑或在读者中心、实践中心的各种理论论域中，始终是晦暗不明、未经触动的前提性问题，成为了当代诠释学进一步发展的理论障碍，只有首先对之进行批判性的澄清，才可能获得最起码的学术对话和普遍共识，当代诠释学研究才有望获得深层次的推进。关于"诠释的客观性"的第一层含义，十分浅显而易懂，几乎是在常识的意义提出问题的。那就是，首先承认诠释对象对于诠释者来说，是外在的、自在的，独立自存的，在这个意义上，客观性就是指它的外在性、先在性。这实际上是一般经验论或实在论的基本主张。在诠释学上则表现为文本中心与作者中心，认为文本或者作者及其意图是独立自存的，除非我们对它保持足够的尊重，否则诠释就不可能触及事情本身。诠释不能从主观的、臆想的前提出发，而必须遵循特定的"客观性告诫"，以肯认诠释对象及其意义的外在性、先在性、自足性为前提。这种客观性的诠释定向，要求拒斥或摒弃主观意见或任意臆想，认为任何一种学术都不可能长期滞留于主观妄断或随意猜测中。那种试图消解客观存在的文本或作者意图，而仅仅依据主观意图（理解的前结构、主观的预期）所进行的诠释，实际上就是把自己的主观臆测和武断强加给自己设定的诠释对象上，它完全是一种非反思的主观性诠释，背离了诠释的客观性，是纯粹的僭越性诠释或超过性诠释，是一种主观任意的多余性诠释，西方诠释学中的读者中心论及接受美学大都持此观点。

客观性诠释并非纯粹技术性的诠释或唯客体主义的诠释，在诠释中当然不能只见物不见人。只重视诠释的客观性而忽视了诠释者的能动性，同样不能获得有效的诠释。原始文本及作者的原始意图，显然都是外在的、自存的，意义是作者投放在文本中的，其意义自足且逻辑自洽，诠释当然只能以文本及作者为中心来进行，不能将不属于作者或文本的东西附加于它身上，主观的意见是不能带进诠释中去的。但是，诠释者个人的主观体验不是可有可无的，不可能化为零，为了避免误解或曲解的发生，它也要求心灵的创造活动参与到诠释活动中，要依据整体性的理解和心灵的移情作用而对文本及作者的意图进行主动性的诠释，在生命与生命的交融中共同体验原本的原义。意义不是从外在方面赋予文本的，而是文本自身原来就有的，诠释的目的就是要尽可能地排斥个人先见，这种看似非常公正的要求，实际上在诠释中很难做到。诠释是有着个人爱好、情感、意志的人在诠释，诠释中不可能完全悬置个人的主观意见，总是带着前理解而进行的、有着特定意义预期的理解。为了做到这点，当然也须走出自己的内心而进入作者的内心，对它表达一种同情式的理解，使理解进入到每个人普遍具有的共通性的生命体验的层次中，每个人的个体生命感知虽然千差万别，但是人类又具有共同的生命体验即生命的共通感，它是保证诠释客观性的普遍根据。这种由于生命的普遍的共通性感知而产生的所谓客观性诠释，是从主观内部走向客观的诠释，是个人主观心灵走向客观普遍心灵的诠释，实际上是主观心灵的扩大化，主观体验的普遍化、绝对化。这种诠释说到底仍然停留于纯粹的主观世界内部，个人的"小我"糅进了人们之间的"大我"，生命共通感的诠释不过是主体客体化的老话重谈而已，它根本保证不了诠释的客观性。

在康德那里，诠释的客观性等同于知识的普遍必然性，这是一切以理性反思为特征的科学体系得以确立的基础与前提。而各个人的个体感觉或体验都是本己的、私人的，完全因人而异，将之带入诠释当然会造成严重的误解或曲解，科学知识大厦的基石当然不能建立在这种主观性的流沙上，而只能建立在知性范畴和原理所拥有的一般原则上。以先验性的知性范畴与形式为基础进行的诠释当然就是客观性的诠释，就是舍弃了每个人纯粹主观经验而达到普遍必然的客观诠释。普遍必然的东西是主体的先验性的知性形式，以之去整理那些受"物自体"的刺激而显现"物自体"的各种感性经验，就会形成各种各样的关于"物自体"的知识，这就是对"物自体"的一种理解或诠释。由于他把这种普遍必然的东西导向了纯粹的自我意识（先天的认识形式），在知识体系的构成中，主体的认识形式是积极的、能动的、主动的，认识材料则是被动的、消极的，认识形式作为客观的"思想之我"和作为"一己之我"的感性材料，就形成了具有普遍必然的客观性的诠释。这种诠释要求排除那种独立自存于主体认识活动之外的东西，而将纳入主体认识形式内部的东西作为诠释对象，实际上就是把自我意识的内在构造活动作为诠释对象，诠释的对象不是从外部直接给定的东西，而是经过我们的知性形式主观地建构出来的。康德发动的这种哥白尼式革命，实际上并没有超出主观意识而通达客观诠释，在本体论上却仍然是主观的，仍然停留在主观思想领域而与"物自体"隔着不可逾越的鸿沟。"物自体"在我们主观意识的彼岸，我们通过感性能力、知性能力只能接受来自于它的外部表象，对"物自体"我们只能仰望或信仰。借助知性形式获得的具有普遍必然的知识，仍然从属于我们的主观思想并与"物自体"分属于不同领域，主观形式上的统一并不能保证诠释的客观性，并不能通达或直接归属在主观的知性形式之外的"物自体"，这实质上是一种主观主义的余波、唯灵主义的后续，仅仅具有客观性的外观（把知性的普遍必然的认识形式当作了诠释的客观性基点）而不是客观性本身。尽管如此，我们可以看到康德的伟大之处在于，超越了原来非反思的素朴的自然实在论的诠释定向，开始了对诠释客观性原则的理性反思，要求从思想的普遍必然的认识形式上来把握诠释对象，诠释的客观性观念大大提升了，它不再满足于粗陋的实在论的客观性上，而是更看重那种依靠主体的内在构造活动而达到的客观性（普遍必然性），这显然是一个伟大的进展和非同寻常的理论高度，当然是在纯粹理性内部所能抵达的高度。因为，在知性范畴及其认识形式上获得的客观诠释，不仅极大地遏制了独断性、任意性的主观诠释，也摒弃了素朴的、直观式的客观诠释，使诠释具有了反思的性质和统一的形式，为真正的客观性诠释的未来进展开辟了一条正确道路。

黑格尔对康德开辟的道路进行了苛刻式的批判，认为康德的诠释定向是一种主观反思、外部反思和推理式反思，很少能够接触真理（事物自身）的反思，当然无法保证诠释的客观性。与此相反，他在诠释学上主张一种客观反思、内在反思和辩证性反思。在黑格尔看来，之所以说康德那种以知性形式为基准的诠释是一种主观反思，原因就在于，他主张的诠释仍然停留在了主观思想中，貌似客观而非客观，取得了客观性的形式（普遍必然性）而远离了客观的"物自体"自身，诠释的对象恰恰是主观的自我意识的统觉能力。之所以又说康德的诠释学是一种外部反思，原因在于康德把诠释者与诠释对象分割开来，认为诠释只能接触来自"物自体"呈现在我们面前的一些现象，只能对显现在我们经验或感觉中的东西进行诠释，人的理性虽然有透过现象捕捉本质的奢望，但是因为缺乏相应的理性认识形式，因而只能权且使用知性认识形式来把握理性才能把握的对象，从而不可避免地陷入了二律背反和先验幻想中。这表明，人，说到底，是不能认识"物自体"自身的，人只能对外在的经验材料进行现象学意义的外在反思和表层释义。之所以还说康德的诠释是一种推理式的反思，原因在于他将空疏的知性反思普遍化，把借由知性思维而获得的一般原则（普遍必然的知识）自由地运用到一切事物的无定型的内容上，恰恰与事物自身的实体性内容无缘。返回到了空疏自我的抽象反思，使得关于自我的知识飘浮在事情表面，而不能深入到事情内部，反而与之隔断。这样，外展性的推理而获得的普遍必然的诠释，只是对诠释对象表达了一种限制而不能揭示出真理来，这就是我们早已熟知的、被称为形式主义或教条主义的东西。这种诠释不是客观性的而是主观性的、独断的和任意的，虽然它外表上具有知性形式的一般原则，但仍然是一种非客观的诠释，或者说它只具有"阉人般的客观性"、"天真的客观性"、"教条化的客观性"，他恰恰取缔了客观性的诠释而实现了一种主观任意的强制诠释。黑格尔主张的真正的客观性诠释是对事情自身的诠释，诠释的客观性是指思想所把握的事情本身。他提出关于客观事物的思想这一概念，以区别于只是我们的思想，与事物的实质或事情本身有区别的主观思想。他认为，诠释的对象是客观事物的固有内容，是客观世界本身而非主观的知性形式，任何将主观的东西作为诠释基点的做法，都表明他只是一个门外汉，没有也不可能把握住真理——客观思想。唯有摒弃主观外在的推理式的反思，诠释学才真正抵达客观精神（客观事情）本身，让自由的意志沉入事情本身，让内容按照自己的本性、依照自身的要求自行运动，并从客观意义上来考察这种运动。可见，黑格尔不满足于康德主观形式上的阐释定向，试图超越主观思想的限制而回到事情本身，这种努力值得我们汲取。但不要忘记黑格尔所说的事情本身不是外部的客观物质世界，而是客观性的绝对精神，他所说的返回事物本身就是回到绝对精神上，说到底，仍然不是诠释的客观性，而只能是超越了主观思想而达到的客观思想，诠释仍然停留在思想的界限内，它所达到的诠释与诠释对象的一致也是在精神内部的统一，这种诠释体现出来的辩证性也是一种客观精神的辩证法。

黑格尔试图超越主观思想而通达客观精神的诠释定向，"革命的方面就被过分茂密的保守的方面所窒息"①，并遭到了马克思实践唯物主义哲学对它的决定性的批判。在尼采宣布"上帝死了"之后，超感性的纯粹理性王国已然腐烂而崩塌了，不再具有思想的约束力了，不再深入人民生活并成为时代精神之精华了，其护持的诠释的客观性不再能够从绝对精神的同一性上获得最终保障了。但是，黑格尔对客观思想的诠释定向的真正意义在于，它开启了诠释学要能深入到社会现实生活——社会历史的实体性内容中，要对社会现实生活的具体内容进行客观性诠释。那么，至于这种现实性的具体内容是什么，则众说纷纭，莫衷一是。如，新康德主义者主张的"先验逻辑"，胡塞尔现象学主张的"先验主体性"，存在主义者揭示的"临界体验"，狄尔泰生命诠释学主张的生命"共通感"，伽达默尔哲学诠释学描述的"效果历史"，哈贝马斯批判诠释学的"交互主体性"，等等，这些貌似客观性的诠释实际上仍然驻足于理性或非理性内部，没有深入到社会现实的内在本源处，仍然的一种主观性的诠释定向。而马克思实践诠释学是一种真正客观性、现实性的诠释，它要求深入社会生活的内在本质处那一度进行反思，并依据这种反思达到本质与实存的内在统一，通过客观性的诠释来开展出事情本身的全面的具体化，复归它早已失落的生活世界中，而不能仅仅停留在抽象的一般原则上进行外在性的演绎。上述黑格尔之后的各种诠释学所开展的、外在于社会生活实践所达到的诠释，实际上依然驻足于思想内部，仍然是一种主观性的强制诠释。马克思哲学正是通过批判康德主观性诠释和黑格尔客观性诠释，才开启了一条通达理解社会现实本质的正确道路。我们今天依然生活在马克思所开启的这样的社会现实及其客观诠释中，任何主观性思想及其外部反思方式都必须丢掉，唯有深入社会现实本质处，根据社会实践的具体化要求来开展诠释并达到理解的客观性，这才是一种基于实践要求的现实性诠释、客观性诠释。马克思实践诠释学具有理论上无与伦比的优越性，那就是它通过批判黑格尔从主观思想到客观思想过渡的诠释定向，而将诠释学真正引入社会现实的原则高度

---

① 《马克思恩格斯选集》（第 4 卷），人民出版社 2012 年版，第 223 页。

上，从而破天荒地开辟了诠释的客观性——社会历史性，成就了一次划时代的诠释学革命，拥有了一种非凡的现实诠释力。相比之下，费尔巴哈也不满意于黑格尔的纯粹抽象性的诠释定向，而要求突破纯思的界限而诉诸感性直观。但由于其思想是如此之贫乏，以至于真正现实性的社会历史仍然是费尔巴哈通不过的思想领域，当其诠释学不能够深入社会生活内在本源处进行运思时，感性的诠释学只能停留在抽象理智所制造的各种对立中，只能将一般原则到处机械地运用，形成一些外在性、主观化的诠释学杂草——完全外在于社会现实的主观主义。

马克思实践诠释学之所以是真正体现了现代诠释学精神的哲学思考，原因就在于它一开始就遵循诠释的"客观性告诫"，力图使诠释活动超越各种主观性的臆断，尽可能摒弃各种主观任意而回到事情本身，实现一种客观性的诠释，而绝不会对主观任意的诠释有一丝一毫的姑息或留恋，这显然是本质、重要的一步，这一步使得马克思实践诠释学与黑格尔的思辨诠释学保持了内在性的关联，或者说，马克思以实践诠释学的立场重新恢复了黑格尔客观思想的诠释理路。但更为重要的问题还在于，这种客观性的诠释不是简单模仿黑格尔开启的客观性诠释定向而驻足于客观思想的范围内，恰恰相反，而是必须突破这种客观思想的神圣性维度而被导回到人们实际的生活过程中去，从实现的人及其历史活动入手，使诠释活动深入到社会历史的本质处即具体化的现实生活本身，从人们的社会存在方式及其内在矛盾入手，以社会实践（阶级斗争和社会革命）的方式提供了诠释人的生活世界的生存论维度。在马克思看来，真正客观性的诠释是摒弃主观性、任意性而吸纳主体性、能动性的诠释，客观性与主体性是本质相关的，马克思实现了对康德哲学的辩证扬弃；遵循黑格尔开启的客观性告诫但又要超越绝对精神的神秘体系而深入到现实生活中，使诠释学不能滞留于思想范围内进行纯粹的抽象思辨，而必须首先作为时代的任务——社会变革的需要而被揭示和凸显。实践诠释学的根本旨趣和任务在于期望超越释义活动的主观性及其意识形态幻觉，积极地开启一种自我推动、自我建构的实践理性和批判意识，并使诠释活动真正克服主客观之间的"悲剧性的冲突"而重新回到鲜活的生活世界，在引领时代变革的社会实践活动中实现诠释学上的视域交融。

结语 言·在·思
——现代语言哲学研究的核心论域

　　《马克思主义语境下当代语言哲学问题研究》这本书实际想尝试从语言与存在、语言与经验、语言与诠释三个方面，来分析并解决西方哲学的语言学转向与马克思主义语言观之间存在的各种关联问题。我不仅在完成初稿反复校勘与修正中发现，而且在与我院师生课堂内外共同切磋中也深刻感到，本书其实只是在提出问题而非解决问题。由于我常年从事马克思主义哲学教学与科研工作，马克思主义哲学的理论框架与考察方法自然成为分析问题的核心支点，在本书中马克思主义哲学观构成了对现代语言哲学问题分析的当然语境。明了这一点，对于广大读者尤其是高校马克思主义哲学专业的硕博研究生群体来说，以马克思主义哲学的世界观方法论批判、审视与衡量现代西方哲学语言学转向的得失对错，借此深化对马克思主义语言观的认识并推进当代中国语言哲学的问题研究，都将不无裨益。

　　首先，在语言与存在的关系问题上，自从哲学家们把语言问题纳入哲学的中心地带进行研究，哲学就变成了不折不扣的语言哲学或哲学的语言学了。这一工作虽然并非开创于现代的分析哲学学派，在很早以前的哲学那里就表现出了对语言现象的特别兴趣，诸多哲学家及其派别都曾经以哲学的方式对语言问题进行过这样那样的探索，形成了自己特殊的语言观。但的确是从现代分析主义那里开始，语言哲学才真正成为一种哲学分支的，它所主导的哲学的语言学转向的的确确影响了以后哲学发展的历史走向：从理想的逻辑分析到实用的经验分析，从统一的科学分析到游戏的日常分析，从主张语义确定论的绝对主义分析到主张语义不确定的后期相对主义分析，从对语言内部的结构分析到对语言外部的历史分析，从对语言的现象学方法的分析到对语言的存在依据的分析，从对语言的现代本体论的分析到对语言的后现代解构分析，从对语言的认识论分析到对语言的实践论分析，这一切使科学主义与人文主义日益靠拢并实现了合流，如此等等。这主要是由于西方哲学受现代科学发展的严重影响所致，现代微观物理学的巨大成功及以高度抽象化、数学化和逻辑化为特征的一大批新兴学科的迅猛发展，促进了与人工语言密切相关的现代数理逻辑的发展，显现出自然科学语言的巨大优越性：高度的精确性、理解的一致性和运用的无歧义性。这促进了人文社科领域的思想家们尤其是哲学家的深入思考，使之萌生了将这种优越性的人工语言引入人文领域的冲动，主张以这种精密而确定的人工语言来矫治极度混乱、纷争不断的人文学科及哲学语言，使之得到逻辑的净化和统一规范性的运用，这就是理想语言或科学的人工语言学派的发生。

当然，这种以经验主义的意义确定论为核心点、关键点的科学语言的分析运动，其理想性的基础是经验实证原则，其意义划界的标准也是语句或命题的经验蕴含。"只有能被经验证实或否证的命题，才是有意义的命题，否则是毫无意义的伪命题"①，应拒斥在科学大门之外，如传统哲学的形而上学的各种伦理命题、宗教命题等。这种理想语言分析运动初看起来的确很理想，既合理又可行，得到许多哲学家、语言学家及科学家的纷纷响应。但在深入的运用中人们却发现了它的致命性错误，在其随后的一步步发展中暴露出了统一的语言分析会导致诸多教条化、机械化的弊病，它不能回答下述问题：科学上的全称判断大多不能证实或证伪，难道全部科学体系的科学性均应受到质疑吗（波普尔）？科学命题的整体性及其对经验的可包容性，使之可以逃避经验的最终判决，经验语义的不确定性如何保证语言的同一性运用呢（奎因、拉卡托斯）？理论污染观察，经验观察在受到理论的暗示和引导下，既可证实又可证伪同一命题，这又怎能确保人工语言的理想分析呢（戴维森、施特劳森）？理想的经验分析学派遭到来自学派内外的各种批判后，客观上宣布了这种人工语言分析尝试的失败。但失败的只是这种分析运动的经验基础及其实证主义原则，作为一种分析方法不可能失败，失败的

---

① 张之沧：《科学哲学导论》，人民出版社 2004 年版，第 27 页。

不是语言分析方法而是经验论的教条。

事实也是如此，人工语言分析失败后，这种语言分析方法反而与各种不同的哲学理论相继牵手，促进语言学家思考从意义的经验蕴含的分析转到语言结构的逻辑分析，从逻辑图式的经验论考察转到后经验论的语言游戏论的理解，从意义确定论的逻辑考察转到意义不确定论的实用主义考察，这就引发了实用主义分析学派、历史主义分析学派、日常语言分析学派、后现代语言分析学派的相继发生与发展，导致了科学主义与人文主义的视域整合。本来，"科学主义的路数是尽量地向数学化靠拢，它难免使世界因数学化的抽象而失却感性的诗意光辉，人文主义咬住具体的感性的生活世界不放，坚持对血肉之躯、情感、欲望的肯定"①，但是，在语言分析运动中原本相互对立的双方似乎共同捐弃了前嫌，并在语言行为研究中走到了一起，这不能不说是语言分析运动的一个积极后果。

在实用主义语言分析的催化下，语言分析运动开展得如火如荼，在其中蕴含了一种共同的思想倾向即通过语言的实用主义考察而发生了实践转向，并在某种意义上显现了它与马克思实践唯物主义哲学具有某种异曲同工之妙。在实用主义语言分析学派那里，科学语句的意义并非固定不变的，而是随着科学系统整体性的变化而变化。究竟如何调整科学系统以决定某个科学语句的意义，则要看它是否能够给人的行为带来实用性与方便性，而这是由科学家依据自己的需要任意决定的。科学追求的不是什么客观的真理，而是对人有价值、有用，要依据人的实用性效应来断定科学语句的意义。有意义的命题就是对人的行动方便实用的命题，就是能够影响到人的真实生活的命题，至于这个命题是如何反映经验内容、是怎样依据逻辑规则的都不重要，重要的是语言对人的行为、人的生活能够带来什么影响。科学语句的意义有赖于具体的使用环境，因而对意义的分析要建基于语境的分析，语境就是"一种确定意义的限度、范围和条件"②，它要求加强对概念的语义分析、语境的文化—历史考察、对知识情景的分析。语句分析是如此，科学的整个理论系统

---

① 喻承久：《中西认识论视域整合之思》，人民出版社 2009 年版，第 123 页。
② 江怡：《语境与意义》，《科学技术哲学研究》2011 年第 2 期。

也如此。科学理论内在核心处的"范式"（库恩）、科学研究纲领方法论中的"硬核"（拉卡托斯）、科学理论中的"信息域"（夏佩尔）及"研究传统"（劳丹）等，作为一个"科学共同体"所有成员共同恪守的信念、习惯和方法，都不能被经验证实或证伪。它有否及有何意义也不能依据其经验蕴含而确定，同样也不能依据它们之间是否及怎样符合了逻辑句法关系来确定。它们之间是内在不可同约、不可比较的，它们是多元的、非理性的，只要有利于增进人们的信念（理论增生）就应该得到扶植和提倡，而不能受到压制和取缔，只要能够解释生活并对人的行为带来积极有效的影响，就是有意义的（无论它是宗教抑或科学）。

　　理想语言学派认为，"语言哲学认为实体本体论的形而上学是由于语言的误用造成的，维特根斯坦认为形而上学混淆了形式概念和专有概念，语言学转向中的日常语言学派认为形而上学犯了'范畴错误'，它运用语言概念时使用的是一种'系统地引人误解的表达式'，并从语言分析的批判中揭示出实体本体论错误的根源在于抽象概念或抽象名词的实体化，这就决定了一切形而上学的问题都是假问题"。① 对此，日常语言学派则持不同见解，认为日常语言的混乱与误解也不是来自语言本身，而是来自语言的用法。根治传统形而上学的"哲学病"的方法不是依靠建立什么理想的人工语言，不在于探寻语言背后的经验基础与逻辑关系，只有深入研究语言的使用规则（将之视作一种特殊的游戏规则）才能做到这一点。因为，语言是人的一种生活方式，是一种实践行为，语言的意义与语言外部的各种东西（经验基础、宗教信念、生活习惯、研究方法、操作程序、研究传统，等等）无缘，而由语言内部的使用规则所决定的，如同游戏由游戏的规则所决定的一样。因而对人有重要价值的不是外部语言学而是内部语言学（即语言行为理论），语言的意义不是固定不变的，而是无定的或待定的，它有否及有何意义完全取决于人的行为，只要有利于人的实践或对人的实际生活能产生积极有效的影响的，就是有意义的。基于实用主义的内在催化作用，现代

① 宋伟：《批判与解构：从马克思到后现代的思想谱系》，人民出版社 2014 年版，第148 页。

分析哲学所开辟的在语言学上的实践转向即从语义研究—语形研究—语用研究的变化，当然不能与马克思实践唯物主义的语言学相提并论，二者的确存在着太多的实质性的差异。而且，更关键的还在于，"如果把全部哲学问题统统归结为语言问题，那就否定了哲学作为世界观的意义，改变了哲学的性质，缩小了哲学的任务，在一定意义上把作为一种世界观的哲学归结为作为一门具体科学的语言学"。① 但又要看到在当代西方哲学两大思潮的合流过程中，的的确确它们与马克思主义实践哲学越走越近，在后现代主义哲学那里不期而遇后就一度实现了内在联手，并促使当代语言哲学在马克思科学实践观基础上再次发生了后现代主义转向。这既表明了马克思实践哲学的科学语言观对西方现当代哲学的吸引与影响，也表明了西方语言学的语用转向，的确内蕴了一种通向生活、注重行为的实践性本质，正是因为这样才参与了当代马克思主义语言哲学理论体系共同的思想营建，也使当代语言哲学发展到了一个新阶段、新高度。

诗人，有书卷气而少世俗气，超出规训窠臼外，等闲拈出便超然。若情关未透，识锁难开，则通身窠臼，自陷理碍，诗仍然"堕在玄妙窟里"，而不能"出新意于法度之中，寄妙理于豪放之外"。正所谓"欲令诗语妙，无厌空且静"。以禅说理、以诗点破，虽不立文字、不涉名言，却可超然独脱、不留痕迹，看得破、放得下、得大自在。禅诗"入于般若，横说竖说，了无剩语"。禅宗认为教外别传，不立文字。直指人心，见性成佛。超然居意象之表，无物可以比伦。禅诗独证颖脱，泯然净尽，彻此渊源，以入悟觉，于转变处得幽深之旨，向流动时彻见本性，超出言外，不居词间。哲理之高妙，不仅可表达那种不可直说的心境、情境、意境，甚至可表达难以道说的禅境、理境和心曲，"一拍一歌无限意，知音何必鼓唇牙"。

所谓禅意或禅境，就是那种超越荣辱进退、不恋烟云逝水的宁静与淡定，正所谓，"禅心已作沾泥絮，不逐春风上下狂"。在我国古典诗中的唐宋诗词，主情言性、尚理说事、强调意胜和情胜，如，"频呼小玉原无事，只要檀郎认得声"。尤其是宋诗，援佛入儒、引禅入诗，借

① 涂纪亮：《英美语言哲学概论》，人民出版社1988年版，第15页。

诗谈禅、借诗说理，轻情采、重说理，尚议论、崇严毅。诗人放浪形骸，不落红尘，"忍把浮名，换了浅斟低唱"，以心灵的直觉和率然的怡情，来烘托开悟之境，来言说人间至理。诗人吟哦绝妙句，不入情理胜情理，如，"向来枉费推移力，此日中流自在行"；又如，"一月普现一切水，一切水月一月摄"。这无非是借诗说理、绕路说禅，蕴含了超言象、不说破，以悟入、以意胜的新格调，别开生面、得意达理，倜傥隽永、诗味无穷。

唐代诗人司空图在其《诗品》中认为，不著一字，尽得风流。哲理诗，妙用无体、但见性情。理蕴物中，"说似一物即不中"，须以诗言之。道不当言、道不可致，不涉里路、不落言筌，不能不说、又不能明说。境在象外、意与境会，旨趣宏远、不著文字。诗家之景，如蓝田日暖，良玉生烟，可望而不可置于眉睫之间。哲理诗有奇妙，妙不可言，只可意会；浅深聚散，万取一收。悠悠天韵、妙合圆润；自然造化、自见道心。诗的意境，张之于意，而思之于心，得其真趣，含而不露。

其次，在语言与经验的关系问题上，每个人在生活中都会形成一些类似经验、常识一样的看法，它是世世代代生活经验的累积，它不仅对人们的生活极其可贵，而且还包含着对世界整体的经验性的理解，具有朴素的世界观意义。这种经验性的把握"带着诗意的感性光辉，对人的全身心发出微笑"①，尽管有简化世界的优点与理论吸引力，然而由于它所认识的只是世界在各个时刻的横断面和固定点，而没有认识作为"过程集合体"而存在的客观世界及其发展规律，因而是一种模糊经验的混合体，其理性基础异常薄弱和脆弱，科学含量极低、充满了不彻底性，禁锢了人们的头脑，形成了各种偏见与幻想。正如恩格斯所说，在人们对世界的经验性的理解中，"事物及其在思想上的反映即概念，是孤立的、应当逐个地和分别地加以考察的、固定的、僵硬的、一成不变的研究对象"。② 把握在经验理解中的东西，是一些跟着感觉走的东西，人对于周围发生的事件特别是日常发生的神秘现象总是不断地并且几乎

① 《马克思恩格斯全集》（第2卷），人民出版社1957年版，第163页。
② 《马克思恩格斯选集》（第3卷），人民出版社2012年版，第396页。

是自动地寻求经验性的解释，这种解释也会成为必要的生活应对技巧。"然而，常识在日常应用的范围内虽然是极可尊敬的东西，但它一跨入广阔的研究领域，就会碰到极为惊人的变故。"①

事实也是如此，当我们真正切入语言哲学研究领域就会遇到很多复杂的心物、主客、言在、思在、诗意、释义等的关系问题，单凭自发的唯物主义经验论，单靠日常生活经验，就难以抵挡唯心主义哲学的进攻，难以抵制主观主义的影响。常识虽然尽可能地将经验勉强地结合在一起，甚至可以归结为一定的秩序，但它不可能深入到理论与实践的逻辑深层，它能够用于言说，却不能用于生产；只富于争辩，而没有实践价值。若以之来指引人们的生活，就非常危殆了，不可能在思想上得到真理，更不可能在行动上得到自由。这只是问题的一个方面，它要求人们不能仅仅停留于经验层面，而必须超越自发、零碎的经验性的理解而上升到系统化、理论化的哲学理解上来。这正是，语言制约人们对世界的看法，语言甚至能构造不同的世界。不同语言，拥有不同世界。

问题的另一个方面是，一般地，知识包含理性但不局限于理性，还有经验知识、实践知识，知识必然要通达经验领域和实践领域。同样，语言哲学如其他哲学类别一样，其基本特点是抽象，但它不能止于抽象，它必然要通达具体而微的各种细节而有所深入，语言哲学也是可诉诸实践的、全面的智慧（大全智慧），语言哲学也是一种既讲究"信"也讲究"达"的一门学问。这就需要语言哲学研究必须向着实践谋划、对着时代发言、回应人民需要、发思想之先声，在精神上要自由开放，即自由地开创一个从理性到实践并使二者内在链接的意义视界，从而以独特的概念化方式为自然立法、为世俗立则，它既要摆脱既往的一些窠臼与桎梏，又要创造一些鲜活的灵异与哲思。语言哲学研究上的创造性，意味着理性自己给自己设定对象，自己给自己开创一个意义空间，它研究的对象不是给定的，而是自由开创的。它时时处处都要反对独断主义、教条主义，而提倡以精神还乡的怀疑方法，回到思想原点并进行锐意创新。语言哲学家并非是天马行空、我行我素的孤家寡人，也并非是蜗居象牙塔中的苦行僧人，他们恰恰是最能反映时代精神和人的自

---

① 《马克思恩格斯选集》（第3卷），人民出版社2012年版，第791页。

由、最能触摸到社会生活本质及民族文化魂魄的一类人。

语言哲学专业是一个最不容易进入的学术领域，它要求于人的甚多，除非能将自己的知识层级及思维能力提高到特定的理论高度，否则是不能认哲学为友的，也不能领悟哲学之堂奥。如黑格尔所说，一个人之所以徘徊在哲学大门之外，原因无非就是两方面，要么他只看到了经验的世界而不能达到对它的概念把握、要么他进入了概念世界却遗忘了其生活源头。换言之，要么滞留于观念世界，语言哲学研究就要面临一种形而上学的历险，就摆脱不了理性自身的自我缠绕和各种智力洞穴的诱惑，在理性王国中作茧自缚、画地为牢、要么驻足于生活的直接性事实领域，以乡愿、媚俗等下贱的方式向世俗生活示好。这两方面都不能"思入"生活的内在本质处而把握"概念中的非概念物"，这种文化庸人就会成为仅仅使用一些哲学概念并到处机械搬运的哲学工作者，它不可能登堂入室，更遑论成为优秀的哲学研究者了。

一个人若是没有真正的哲学素养，他对哲学家感到费解的难题可能终生不疑，安之若素、生活坦然，既平庸又可怜，老死床第间，甘做"自了汉"。一个时代若将哲学也排斥在主流思想的局外，那就会很危险和很可拍，就会使深度模式消解、英雄主义隐退、精英文化失落、理性权威弱化、精神家园坍塌、价值标杆摧折、社会道德沦丧、人的性格扭曲的局面。进而就会成为一个拒绝思想、不再思想的贫乏的时代、无意义的时代、无深度的时代，这个时代及在其中生活着的人，如马克思所说，都会在神圣形象和非神圣形象中走向全面异化。语言就只一种，它一仆二主，被迫既要用之表述生活经验又要用之描述形上本体。问题在于，哲学在非神圣形象（理性王国）中的自我异化，是不是已经造成了理性的放荡及本质主义的肆虐，成为人们在生活中的不堪忍受之重？哲学能不能使用概念来通达自己的对象，形上本体是确有其事抑或只是语言的产物？哲学是概念化的理性王国，它存在于语言的特定界限内，是语言造就了哲学这种特殊的理性世界，它在遭受了这种形上历险后，哲学又该如何从天上降到人世，"思入"生活、引领时代呢，又如何搭建实现理性与实践内在关联的中介与平台，这个问题还可以转换为另一种提问方式，即人们是否能够及怎样用概念的辩证法来把握经验世界？这是我们这个时代面临的最重要的哲学课题。语言哲学研究是一种通向思维的历史和重大成就基础上的理论科学，没有理性辩证法的历史底蕴就不可能真正面对现实并实现创新，没有饱蘸、浸染理性文化，哲学的文化之根就枯萎了，它就不能自觉容身于时代变革中实现浴火重生。

西方经验论哲学强调经验对于知识的基础性地位与意义，一个命题的真假及是否有意义完全取决于它的经验蕴含，能被经验证实或能还原为经验的就是科学的。这种经验实证立场受到来自实证主义内外的批判（如波普尔证伪主义及蒯因的整体论的批判）后，虽然有所退让（如从强实证到弱实证，从可实证性、可检验性到可检验度、检验的概率等），但其主旨并无大改，经验是支撑理论的基点，这是硬道理。但若一切观念都来自经验，因果关系之必然性的问题又该如何解决呢？因果关系的观念并非来自于理性自身，因果关系之间的必然性关联，更不能依靠理性来确定，那它只能来自于经验的观察。经验并不能从事物的可感性质中揭示对象的必然关系，它只能从过去指导现在与未来。过去具有如此这般性质的事物产生了如此这般的结果，将来有与此类似的事物，我们就会期望它也会产生类似的结果，这实际上就是一种经验上的归纳推理。在休谟看来，归纳推理的合法性，无论从必然性上还是从或然性上，都不能得到有效辩护，那它又依靠什么来保证呢？这就是著名的休谟难题。休谟认为因果关系的存在毫无疑问，但其合理性得不到证明，实际上只是人们心理上、主观上的习惯性联想而已，而不是客观事物本身的性质，这实际上就否定了因果关系以及普遍必然关系的经验基础。

对此，康德认为因果关系及其普遍必然性不能来自经验，而是来自知性的先天认识形式，知性为自然立法，因果关系及其普遍必然性是人的知性内在赋予事物的。而自然决定论者认为，因果关系及其普遍必然性是事物本身所固有的、客观的，一切（或在某种程度上）都是被决定的、都是必然的，根本没有偶然性。这些努力因把归纳与演绎、经验与理性割裂开来，显然并没有真正解决休谟的疑问。其实，不唯经验论陷入了困境，以主客二分、基础主义和表象论为基本特征的近代认识论（经验论与唯理论），认为知识的合法性与确定性，要么来自经验的支持（外赋性），要么来自不证自明的观念（内赋性），因为割裂了经验与理性的内在关联，因而都走入死胡同。曾经作为哲学荣耀的认识论现在却备受质疑，但受质疑的并不是认识的合理性，而只是传统认识论中经验性基础的三个教条，即无约束的主体、"点自我"（自我中心困境）、社会的原子论。如现代语言哲学家们认为，经验蕴含根本不可能提供认识的统一根基，倒是此在的生存活动、语言的公共性、交往的主体间性才能达成人们的重叠共识。而后现代、新后现代者又试图破解近现代以来的所有的经验基础主义、自然之镜的图像论、理性主义、逻各斯中心主义为知识提供的合法性，认为正是知识的这个经验论支点导致了思想的独断、僵化、极权与封闭，窒息并扼杀了认识论的发展。唯有排除一切带有整体性踪迹的东西的限制，人类的认识科学才能有所进展。诚然，颠覆了这个支点，后哲学只能是一种无根浮萍或空穴来风。

最后，在诠释与语言关系的研究中，必须做到德业双修、学思并重、史论结合、中西对比、古今贯通，正所谓"多维互动，漫汗通观儒释道；积杂成纯，从容涵化印中西"（萧萐父先生的一副对联）。在诠释过程中要实现中西对比，既要遵照理性主义路线，通过抽象辨析、逻辑推演，使之达到极致和纯化，又要还原为经验常识，实现泛化、大众化，做到雅俗共赏、博通合一，要用多元取经、多元化生的研究范式，代替原来的"对子结构"（唯物与唯心、辩证法与形而上学）、"二分框架"（主客体二分）的教条。在古今贯通的关系上，既要重视传统（其中，语言的传统，尤其弥足珍贵），因为摒弃传统将无从理解（即使是创造性的理解也离不开传统，为此必须把诠释学方法论的研究，实现朝着人文主义传统诠释的方向转变，不应忽视本民族的解释思想，恰恰相反要认真吸收利用中国几千年的诠释学资源。在这个问题上，没有必要去争论中国有无哲学的问题、中国哲学合不合法的问题，因为今天已是中西不可分割的对话时代，非对比的研究再也不可能了），当然也要重视"继绝开新"，返本格义，继往开来，以开放的心理实现文本的多元打开、全面开放。须知，唯有"思入"时代、贴近生活，才能赢得并见重于未来；唯有把历史的具体化解读和开放的心理相结合，才能实现传统与当代的视域整合。

在学思并重、史论结合问题上，既要有学术的思想，也要有思想的学术，二者必须高度结合而不能两离，无论学术登台、思想淡出抑或思想登台、学术淡出，都会给哲学研究带来内在伤害，须知：思想离开了学术那是空疏，学术离开思想那是盲目。诠释学大师伽达默尔在其101岁接受记者采访时，就曾经告诫过中国学者，不应忽视自己本民族及文化传统中极其宝贵并具有特色的解释学思想的分析与提炼，它也可以给西方提供某种借鉴与启示。譬如，美籍华裔学者傅伟勋就曾经提出"五层创造诠释法"，很值得向全世界推介。在他看来，诠释分为"实谓"—"意谓"—"蕴谓"—"当谓"—"必谓"（或"创谓"）五个层次或五个逻辑环节。

任何诠释都是特定历史情境中的诠释，它依存于诠释者的语言行为与历史情境的互动和循环，并随着诠释情境的变化而变化，因而诠释的第一个逻辑环节就是弄清文本的"实谓"：通过版本考证、原典校勘、作者传记、求教背景、定稿内容、刊布情况、历史流变等历史文献的严密考察，尽量忠实客观地梳理出作者以及原典的本来面目。根本目的在于弄清楚文本实际上说了什么，作者真正表达了什么。这就是文本中心论者所刻意强调的那种"原教旨主义"，认为一切诠释都只能是对文本自身的诠释，文本自身有何意义、有何结构、有何特点，这就是诠释的全部内容。古人说，"道法自然"，道就像它自身存在的那个样子。诠释文本必须老老实实地回到事情本身、回到文本自身，不能把自己的先见、偏见带进诠释，这正如中国古代的训诂学、文字学、文献学、考据学，非常重视资料、史料、文献的鉴别、爬梳与点校，重视对已有成果的研读和文献综述。一个文本有没有、有什么意义，必须进行内在诠释，必须本照着文本原意来进行，多处于或高处于文本原意的任何诠释，都是不能容许的，也都是不合法、不正当的。对此，材料史学和新材料史学走的更为极端，认为历史是什么？历史就是材料的堆砌和拼装。史学要完全依靠碎片化的材料说话，有一分材料说一分话，有多少材料说多少话，网络了一切材料才可说话，因而需要"上穷碧落下黄泉、动手动脚找材料"。

"意谓"是第二个层次，它是指作者想要表达什么，须在"实谓"的话语或文字表达之中，通过脉络分析、逻辑分析、结构分析、层面分析，对于原典尽量求得语义的了解与整理，以期弄清楚作者的真正意图。作者中心论者一般很重视"意谓"的发掘，在诠释中强调一种同情地理解，要设身处地、换位思考，因为人们都是人同此心、心同此理，心理交融、有所感悟。有人认为"实谓"还不是真正的诠释，它只是诠释的基础或准备，真正的诠释应该从"意谓"开始，这种说法也存在一定道理，毕竟从诉求"意谓"开始，才真正发挥了诠释者的主体性理解。

"蕴谓"是诠释的第三个环节，它是指作者可能要说什么，进一步设法寻求原典可能蕴藏着的种种不同的诠释理路及其丰富的义理内涵。这就要透过文字表层的语义结构深入到深层结构中，分析出字里行间之外的、作者在文本中投放的多种可能性的思想空间，以尽可能开掘出文本语义的多维性、多层次性。显然，这种开掘更需要诠释者主体性能力的全面介入，其诠释的深度、广度与高度，完全取决于诠释主体有什么样的认知结构与释义能力。在"蕴谓"层次中，诠释的对象和重点仍然是文本与作者，只不过它要求更深入细致地阐发作者意图与文本意图。诠释仍然停留于崇拜式、尊敬式的诠释层面，没有过渡到怀疑式、否定性诠释上。忠实原意和原教旨，仍然是其核心旨趣，但已经不满意那种"唯客体主义"和实在论的诠释路径，不满意完全受动性的诠释定向，而要求积极主动地发挥诠释者对原典和原意的创造性的理解与释义。可见，"蕴谓"虽然还是对原典原意的内在性诠释，但是已然开始了主体性的自主诠释、创造诠释，大大拓宽了原典原意的意义空间和思想边界，虽然并不是重构、再写与构境，但是已开始为此做好了准备，因而这是一个中介性、过渡性的环节。

"当谓"是第四个层次的诠释，旨在弄清楚作者应当说了什么，原始文本应当具有什么意义。它强调要努力跳过"蕴谓"层次所获得的各种诠释进路、范式与框架，超越前人的路径依赖与思维洞穴，努力发挥自己创造性的想象力、构造力，并依靠自己在诠释过程中形成的深刻洞见与主观预期，尽可能地开掘原典原意思想内容、逻辑结构之内或之外存在的各种义理，使原本、原意呈现出多维性、多向性、多重性的意义层级。诠释对象与重点发生了初次翻转，从以文本为中心、作者为中心的诠释模式，开始转变为以读者、接受者为中心的解读路径。认为有没有、有什么意义，不完全局限在文本自身或作者意图上，而有待于读者抱着自己的意义预期而对之进行的多重创造、多向释义、多层构境。

　　第五个诠释层次是"必谓"（或"创谓"），它是指作者若在当代语境下必然会说些什么，依据原本读者从中能够创造性地解读出什么。以接受美学的思想原则出发，使诠释对象和重点发生完全的转换，不是让读者围绕着文本或作者进行诠释，而恰恰相反，要让文本和作者围绕着读者的解读活动进行。一个文本有否及有何意义，与原作者的意义投放和主观意图无缘，实际上与原始文本的内在结构也关系不大，完全取决于读者是以怎样的解读方式进行意义接受的。意义是读者开发出来的，而不是原本就有的，读者自身的创造能力、鉴赏能力、阐释能力、分析能力（这就是"主观构境论"刻意追求的各种能力）是诠释的多重意义可能性空间得以扩张的唯一根据。这种一味强调主体接受的诠释，要求一种强制性诠释、僭越性诠释，这样的诠释势必会带来误解，但没有误解就没有诠释。任何诠释都是基于主观意义预期下的创造性诠释，那种没有意义预设的纯粹客观化的诠释，只能是一种天真的幻想。在因加尔登看来，创造性诠释依赖于人的意识活动，是人的主观的意向性的投射决定了作品的意义。这种意义是多义的、可变的、不定的、含混的，它是客体的虚拟化的再现，随"意向性相关物"的变化而变化。正是这种歧义性才构成了作品的特有魅力，诱导人们进入朦胧与空灵的神秘境界，借助本质直观而将蕴含在或潜存于作品中的多层次意义获得再现。这就需要发挥读者的独特想象与意义再造功能，通过对未定点或空白点的想象性补充或"意向性填充"，使作品中的意义图式不断展开，获得丰富化、生动化、具体化而成为一个"新作品"。作品的意义完全是读者在意识直观中经过恰当的虚拟或建构而产生的，在朦胧诗意的空灵世界的主观投射下，作品的意义不断显现和展开其图式结构及其艺术的、审美的价值来，没有这种意向性的填补就不会有真正的文本及其意义的发生。当然，这种从作者中心走向读者中心，的确，深化了人们对作品的意义结构及其层次的认识，深化了对意向性及其本质直观作用的肯定，但也极易陷入唯心主义先验论的泥潭。

　　有人认为今天中国的语言哲学研究，"道已然为天下裂"，众说纷纭、莫衷一是尚且不谈，关键是大都"汉话胡说"、"我注六经"。我们再也不能"胡说"了，而要"汉话汉说"，"自己讲"且"讲自己"，完全进行"六经注我"式的研究。在笔者看来，这种主张明显地走向了另一个极端，有一点矫枉过正之嫌，诠释不足当然不行，那么诠释过度就一定可取吗？若在诠释中搁置尊敬而一味地怀疑，消解客观性而一味地进行任意性的解读，有谁还会去认真的书写和理解？若诠释活动完全变成了诠释主体进行的一场语言游戏，伤害的将不仅仅是诠释学本身，而将是哲学及一切人文社会科学体系，它使得一切严肃的科学学术活动都成为了"嬉皮士"式的荒诞笑料，这样的诠释活动将在摧毁现代理性主导下的文化帝国主义及其知识霸权、精神垄断的同时，也会营造出另一种精神沙漠和反科学、反理性、反文化的智力洞穴。目前，西方后现代主义哲学及后后现代主义哲学所开展的解构式阅读、互文式阅读、延异性阅读、放任性阅读、反讽式阅读，就是这种刻意发现诠释的"必谓"或"创谓"的过度性诠释，它必将使哲学研究陷入自我崩溃性逻辑中，前景非常有限且布满荆棘，新后现代主义哲学早已开始了对它的纠偏与矫正，就可以说明这一点。有人认为中国语言哲学研究唯有发生一场后现代转向，才能代表先进文化的前进方向。这种观点实在很可疑且很危险，它没有看到后现代理性本身埋葬着的自我颠覆的原则，在现代与后现代视域冲突和交融中，我们稍不警惕就有可能丧失自己的文化基因、话语系统，发生民族身份的认同危机。当代中国语言哲学研究如何"兼容儒释道、涵化马中西"，通过研判语言与诠释关系问题而在科际整合中走向现代化、走向世界和未来，这就是本章写作的初衷与志趣。

参考文献

一　经典著作类

1.《马克思恩格斯选集》1—4 卷，人民出版社 2012 年版。

2.《马克思恩格斯文集》1—10 卷，人民出版社 2009 年版。

3.《马克思恩格斯全集》1—50 卷，人民出版社。

4.《列宁全集》1—50 卷，人民出版社。

5.《列宁选集》1—4 卷，人民出版社 2012 年版。

二　论文类

1. 张江:《强制阐释论》,《文学评论》2014 年第 6 期。

2. 吴晓明:《论阐释的客观性》,《哲学研究》2016 年第 5 期。

3. 江怡:《语境与意义》,《科学技术哲学研究》2011 年第 2 期。

4. 杨大春:《梅洛 – 庞蒂哲学中的诗意之思或非哲学倾向》,《文史哲》2005 年第 2 期。

5. 陈志良:《虚拟:哲学必须面对的课题 》,《光明日报》2000 年 1 月 18 日。

6. 赵敦华:《"大哲学"视野中的现代中国哲学》,《云南大学学报》2005 年第 3 期。

7. 张文军:《哲学为谁而说——哲学:在诠释者与接受者之间》,《东岳论丛》2004 年第 5 期。

8. 张世英:《哲学的身份——哲学的非哲学化》,《北京大学学报》2006 年第 4 期。

9. 何萍:《马克思历史辩证法的理性结构》,《南京大学学报》2012 年第 3 期。

10. 张法：《从四句哲学名言看西方哲学的特质》，《中国政法大学学报》2013 年第 4 期。

11. 俞吾金：《哲学是"关于世界观的学问"吗?》，《哲学研究》2013 年第 9 期。

12. 朱永生：《论语义波的形成机制》，《外国语》2015 年第 4 期。

13. 秦海鹰：《文化与象征——罗兰·巴尔特的五种代码分析法及相关问题》，《中国人民大学学报》2015 年第 4 期。

14. 孙利天：《哲学理论如何落到实处》，《社会科学战线》2015 年第 5 期。

15. 聂锦芳：《何为关照和理解世界的"哲学思维"?》，《哲学研究》2016 年第 2 期。

16. 汪行福：《灾难与历史——走向否定的历史哲学》，《哲学研究》2014 年第 2 期。

17. 范馨悦：《德里达解构主义管窥》，《学术交流》2013 年第 12 期。

18. 黄瑜：《生活哲学：现代性与后现代性存在论基础的实践场》，《哲学研究》2014 年第 3 期。

19. 张亮：《福柯、阿多诺和跨文化研究观念》，《学术研究》2013 年第 10 期。

20. 于文秀：《论后现代主义与马克思哲学》，《黑龙江社会科学》2009 年第 2 期。

三　国内专著类

1. 黄颂杰：《古希腊哲学》，人民出版社 2009 年版。

2. 叶秀山：《前苏格拉底哲学研究》，生活·读书·新知三联书店 1982 年版。

3. 苗力田等：《西方哲学史新编》，人民出版社 1990 年版。

4. 邓晓芒：《〈纯粹理性批判〉句读（下)》，人民出版社 2010 年版。

5. 李荣：《马克思实践哲学的他者解释》，人民出版社 2011 年版。

6. 李明：《生命存在与心灵超越——现代新儒家人生境界说研究》，人民出版社 2011 年版。

7. 叶秀山：《思、史、诗——现象学和存在哲学研究》，人民出版社

1999 年版。

8. 刘放桐等：《马克思主义与西方哲学的现当代走向》，人民出版社 2001 年版。

9. 王岳川：《后现代主义文化与美学》，北京大学出版社 1992 年版。

10. 张之沧：《科学哲学导论》，人民出版社 2004 年版。

11. 宋伟：《批判与解构：从马克思到后现代的思想谱系》，人民出版社 2014 年版。

12. 洪晓楠：《哲学通论十五讲》，人民出版社 2012 年版。

13. 邹广文：《当代文化哲学》，人民出版社 2007 年版。

14. 赖亦明：《科学发展观对党的三代中央领导集体发展思想的新贡献》，人民出版社 2014 年版。

15. 梁漱溟：《东西文化及其哲学》，商务印书馆 2012 年版。

16. 张庆熊等：《二十世纪英美哲学》，人民出版社 2005 年版。

17. 涂纪亮：《英美语言哲学概论》，人民出版社 1988 年版。

18. 吴毅等：《中华人文精神论纲》，人民出版社 2011 年版。

19. 李景源：《新中国哲学研究 50 年（中）》，人民出版社 2005 年版。

20. 沈亚生等：《人学思潮前沿问题探究 》，社会科学文献出版社 2010 年版。

21. 康渝生：《马克思主义哲学的人学致思理路》，社会科学文献出版社 2004 年版。

22. 何平：《伽达默尔科学技术反思研究》，人民出版社 2010 年版。

23. 曾永成：《回归实践论人类学——马克思主义文艺学新解读》，人民出版社 2005 年版。

24. 杨大春：《身体的神秘——20 世纪法国哲学论丛》，人民出版社 2013 年版。

25. 喻承久：《中西认识论视域整合之思》，人民出版社 2009 年版。

26. 杨楹等：《马克思生活哲学引论——生活世界的哲学审视》，人民出版社 2008 年版。

27. 叶启绩等：《马克思主义人学视域中的现代人生问题》，人民出版社 2006 年版。

28. 张雄、鲁品越：《新时代哲学探索（下）》，人民出版社 2014 年版。

29. 汪胤：《本质与劳动：马克思哲学思想的现象学解读》，人民出版社 2014 年版。

30. 周燕：《科学认知的哲学探究——观察的理论渗透与科学解释的认知维度》，人民出版社 2007 年版。

31. 俞吾金：《问题域转换——对马克思和黑格尔关系的当代理解》，人民出版社 2007 年版。

32. 韩庆祥：《思想是时代的声音——从哲学到人学》，新世界出版社 2005 年版。

33. 刘华初：《实用主义的基础——杜威经验自然主义研究》，人民出版社 2012 年版。

34. 陈修斋：《欧洲哲学史上的经验主义和理性主义》，人民出版社 2007 年版。

35. 陈学明等：《二十世纪西方马克思主义哲学》，人民出版社 2012 年版。

36. 江怡：《当代西方哲学演变史》，人民出版社 2009 年版。

37. 张之沧、林丹：《当代西方哲学》，人民出版社 2007 年版。

38. 张玉能：《新实践美学论》，人民出版社 2007 年版。

39. 段德智：《哲学人生——陈修斋先生 90 周年诞辰纪念文集》，人民出版社 2011 年版。

40. 张志伟等：《西方哲学问题研究》，中国人民大学出版社 1999 年版。

41. 北大哲学系外哲史教研室编：《古希腊罗马哲学》，商务印书馆 1962 年版。

42. 苗力田：《古希腊哲学》，中国人民大学出版社 1995 年版。

43. 张志伟：《西方哲学史》，中国人民大学出版社 2002 年版。

44. 邓晓芒：《思辨的张力——黑格尔辩证法新探》，湖南教育出版社 1992 年版。

45. 张有奎：《形而上学之后：马克思的实践哲学思想及其流变》，人民出版社 2013 年版。

46. 邢贲思：《哲学和启蒙》，人民出版社 1980 年版。

47. 汪子嵩等：《希腊哲学史》（第 1 卷），人民出版社 2014 年版。

48. 李维武：《中国哲学的传统更新》，人民出版社 2012 年版。

49. 蒙培元：《心灵超越与境界》，人民出版社 1998 年版。

50. 张世英：《哲学导论》，北京大学出版社 2002 年版。

51. 张汝伦：《思考与批判》，上海三联书店 1999 年版。

52. 洪汉鼎：《理解的真理——解读伽达默尔〈真理与方法〉》，山东人民出版社 2001 年版。

53. 冯玉珍：《理性—非理性批判：精神和哲学历史逻辑考察》，人民出版社 2013 年版。

54. 尚志英：《寻找家园——多维视野中的维特根斯坦语言哲学》，人民出版社 1992 年版。

55. 张海涛：《澄明与遮蔽：海德格尔主体间性美学思想研究》，人民出版社 2013 年版。

56. 张世英：《天人之际——中西哲学的困惑与选择》，人民出版社 1995 年版。

57. 李泽厚：《批判哲学的批判——康德述评》，人民出版社 1979 年版。

58. 周辅成：《西方著名伦理学家评传》，上海人民出版社 1987 年版。

59. 史巍：《理性的轨迹与思想的镜像：现当代哲学思潮及其对青年教育的影响》，人民出版社 2013 年版。

60. 杨耕等：《马克思主义哲学研究》，中国人民大学出版社 2000 年版。

61. 吴晓明：《形而上学的没落——马克思与费尔巴哈关系的当代解读》，人民出版社 2006 年版。

62. 王素芬：《顺物自然——生态语境下的庄学研究》，人民出版社 2011 年版。

63. 卢世林：《美与人性教育——席勒美学思想研究》，人民出版社 2009 年版。

64. 杨大春：《身体的神秘——20 世纪法国哲学论丛》，人民出版社 2013 年版。

65. 郭湛：《关于文化与非文化的断想》，冯俊：《哲学家 2006》，人民出版社 2006 年版。

66. 李跃红：《个体生命的终极吟唱——思想史视域中的汉语神学研究》，人民出版社 2012 年版。

67. 刘慧妹：《克尔凯郭尔文艺审美思想研究》，人民出版社 2012 年版。

68. 何卫平：《解释学之维——问题与研究》，人民出版社 2009 年版。

69. 孙丽君：《伽达默尔的诠释学美学思想研究》，人民出版社 2013 年版。

70. 高小斯：《关照西方科学哲学理性》，人民出版社 2010 年版。

71. 杨国荣：《成己与成物：意义世界的生成》，人民出版社 2010 年版。

72. 杜任之：《现代西方著名哲学家述评（续集）》，生活·读书·新知三联书店 1983 年版。

73. 戴登云：《解构的难题：德里达再研究》，人民出版社 2013 年版。

四 国外专著类

1. ［古希腊］亚里士多德：《形而上学》，苗力田译，中国人民大学出版社 1993 年版。

2. ［德］卡西尔：《人论》，甘阳译，西苑出版社 2009 年版。

3. ［日］广松涉：《物象化论的构图》，彭曦、庄倩译，南京大学出版社 2002 年版。

4. ［意］安伯托·艾柯：《诠释与诠释过度》，王宇根译，生活·读书·新知三联书店 1997 年版。

5. ［德］伽达默尔：《真理与方法》，洪汉鼎译，蒂宾根出版社 1986 年版。

6. ［德］胡塞尔：《生活世界现象学》，倪梁康、张廷国译，上海译文出版社 1988 年版。

7. ［德］李凯尔特：《文化科学与自然科学》，涂纪亮译，商务印书馆 1986 年版。

8. ［意］克罗齐：《历史学中的理论和实际》，傅任敢译，商务印书馆 1982 年版。

9. ［英］柯林武德：《历史的观念》，何兆武译，中国社会科学出版社 1986 年版。

10. ［法］孔德：《实证主义概观》，萧赣译，商务印书馆 1938 年版。

11. ［苏］T. H. 奥伊泽尔曼：《元哲学》，高晓惠译，人民出版社 2013 年版。

12. ［德］康德：《实践理性批判》，韩水法译，商务印书馆 1999 年版。

13. ［德］康德：《未来形而上学导论》，庞景仁译，商务印书馆 1982
年版。

14. ［法］利奥塔：《后现代性与公共游戏》，谈瀛洲译，上海人民出版
社 1997 年版。

15. ［德］海德格尔：《面向思的事情》，陈小文、孙周兴译，商务印书
馆 1996 年版。

16. ［美］杰姆逊：《晚期资本主义的文化逻辑》，陈清桥译，生活·读
书·新知三联书店 1997 年版。

17. ［德］哈贝马斯：《后形而上学思想》，曹卫东译，译林出版社 2001
年版。

18. ［德］黑格尔：《哲学史讲演录》，贺麟、王太庆等译，商务印书馆
1981 年版。

19. ［德］海德格尔：《存在与时间》，陈嘉映译，上海三联书店 1987
年版。

20. ［德］黑格尔：《精神现象学（上）》，贺麟、王玖兴译，商务印书
馆 1979 年版。

21. ［德］康德：《康德三大批判合集（上）》，邓晓芒译，人民出版社
2009 年版。

22. ［德］黑格尔：《精神哲学——哲学全书（第 3 部分）》，杨祖陶译，
人民出版社 2006 年版。

23. ［美］格里芬：《后现代科学》，马季方译，中央编译出版社 1995
年版。

24. ［美］罗蒂：《后哲学文化》，黄勇译，上海译文出版社 1992 年版。

25. ［法］德里达：《马克思的幽灵》，何一译，中国人民大学出版社
1999 年版。

后　记

本书是笔者近年来为本院研究生开设《西方哲学史专题研究》《中西哲学对比研究》《现代语言学哲学专题研究》等课程时累积下的一些研究成果，其中主要是关于马克思主义哲学与西方哲学在语言学比较方面思考与探索的点点滴滴。全书共包括《引论》、三章正文和一个《结语》，集中探讨了在西方哲学语言学转向与马克思主义语言观内在关系方面的三个问题。第一章《"非言之在"——语言是"存在"的诗意家园》九节内容，从分析西方哲学语言寻根的古代情结入手，详细剖解了自然哲学的语言学发端及其语言学转向、西方哲学存在论的生存语境及其诗意表达，指出了西方形而上学对生活真意的遮蔽和对"最终的根"的遗忘，从而表明了理性主义至上的研究路径造成了一片人文空地。第二章《"不验之词"——语义的经验蕴含及其构造》九节内容，研究了西方经验论哲学从古代、近代到现当代发展中产生的各种问题，分析了它的形上特质、语用转向、意义构造及实证原则，借助康德、黑格尔哲学对它的批判扬弃，揭示了西方经验论哲学的物化弊病和必然走向自我消解的思想趋势。第三章《"不思之说"——能被理解的存在就是语言》八节内容，阐述诠释学哲学的人文关怀、现代发展、诠释模式、主体性特质、诠释阈限及文本与话语的对立等诸问题，指出诠释学哲学在当代已经成为一种与普通大众之忧乐休戚相关的公共性话语，以致专业领域内的论争时常会成为公众关注的对象和焦点，但是由于内在的精神弊病它不可避免地走向了虚无主义道路。最后在《结语》中，指出了现代语言哲学研究中语言与存在、语言与经验、语言与诠释构成了它的核心论域，并分析了它们的未来走向。本书在写作过程中得到了恩师易小明先生、张兴茂先生及我院"马克思主义语言观"研究团队其他各位教授的教导与协助，吸收了我院师生在学术商讨与交流中的许多观点，参考了国内外学者的研究报告、著述和论说，并基于马克思主义语言观对之做了各种各样的评析，这里不再一一注明，谨以此表示谢意。本书完稿于 2016 年夏，虽略显稚嫩而蹩脚，但有些字句还算工整，其中还有一些可以细细玩味的意趣，想来或许能使读者有所领悟、启迪、联想和反思。他山之石，可以攻玉。抱着急切以文会友、求教同人的目的，故而来不及耐心斟酌就匆忙地予以付梓了。因行文匆匆、才疏学浅且雕饰不够，势必存在一些纰漏和谬谈，竭诚欢迎广大读者批评之、质疑之、商榷之。

朱荣英

2016 年 8 月完稿于河南大学苹果园新东区